Horácio
Odes

EDIÇÃO BILÍNGUE

ORGANIZAÇÃO, TRADUÇÃO, INTRODUÇÃO E NOTAS
Guilherme Gontijo Flores

HORÁCIO

Odes

autêntica C|L|Á|S|I|C|A

Copyright da tradução © 2024 Guilherme Gontijo Flores
Copyright desta edição © 2024 Autêntica Editora

Todos os direitos reservados pela Autêntica Editora Ltda. Nenhuma parte desta publicação poderá ser reproduzida, seja por meios mecânicos, eletrônicos, seja via cópia xerográfica, sem a autorização prévia da Editora.

AUTOR
Quinto Horácio Flaco
(65 - 8 a.C.)

EDITORAS RESPONSÁVEIS
Rejane Dias
Cecília Martins

COORDENADOR DA COLEÇÃO CLÁSSICA, EDIÇÃO E PREPARAÇÃO
Oséias Silas Ferraz

ORGANIZAÇÃO, TRADUÇÃO, INTRODUÇÃO E NOTAS
Guilherme Gontijo Flores

REVISÃO
Carolina Lins

CAPA
Alberto Bittencourt
(sobre imagem de *Musa tocando a lira*, de Pintor de Aquiles)

DIAGRAMAÇÃO
Waldênia Alvarenga

Dados Internacionais de Catalogação na Publicação (CIP)
(Câmara Brasileira do Livro, SP, Brasil)

Horácio, 65 a.C. - 8 a.C.
   Odes / Horácio ; tradução e notas Guilherme Gontijo Flores. -- Belo Horizonte : Autêntica, 2024. -- (Clássica).

Edição bilíngue: português/latim
ISBN 978-65-5928-355-2

1. Poesia latina I. Flores, Guilherme Gontijo. II. Título. III. Série.

23-179187   CDD-871

Índices para catálogo sistemático:
   1. Poesia : Literatura latina 871

Cibele Maria Dias - Bibliotecária - CRB-8/9427

Belo Horizonte
Rua Carlos Turner, 420
Silveira . 31140-520
Belo Horizonte . MG
Tel.: (55 31) 3465 4500

São Paulo
Av. Paulista, 2.073, Conjunto Nacional
Horsa I . Sala 309 . Bela Vista
01311-940 . São Paulo . SP
Tel.: (55 11) 3034 4468

www.grupoautentica.com.br
SAC: atendimentoleitor@grupoautentica.com.br

para nanda, íris e dante.
no começo desta história éramos 2
em 4 tudo é tanto mais

Agradecimentos

Inevitável agradecer a algumas pessoas que me ajudaram muito no desenvolvimento e aprimoramento deste livro, de modos os mais diversos e muitas vezes mesmo sem perceberem: a eles toda minha gratidão. Em ordem alfabética, sem hierarquias: Adriano Scandolara, Adriano Scatolin, Alessandro Rolim de Moura, Alexandre Hasegawa, Amélia Reis, André Capilé, Bernardo Brandão, Brunno Vieira, Bruno D'Abruzzo, Caetano Galindo, Érico Nogueira, Fábio Frohwein, Fernanda Baptista, Fernanda Scopel, Gladys Gontijo, Guilherme Bernardes, João Angelo Oliva Neto, João Paulo Matedi Alves, João Triska, Leandro Battisti, Leandro Cardoso, Leonardo Antunes, Leonardo Fischer, Luana Prunelle, Luciane Alves, Luiza Souza, Marcelo Tápia, Marcio Gouvêa Junior, Maria de Lourdes do Nascimento, Mauricio Cardozo, Nair Rubia Baptista, Nina Rizzi, Odete Gontijo, Oséias Ferraz, Patrícia Lino, Philippe Brunet, Rafael Dabul, Raimundo Carvalho, Raphael Pappa Lautenschlager, Reynaldo Damazio, Roberto Pitella, Robson Cesila, Rodrigo Tadeu Gonçalves, Sandra Bianchet, Sergio Flores, Sergio Maciel Junior, Simone Petry, Valquiria Araujo, Vinicius Barth.

Viver na intimidade de um ser estranho, não para nos aproximarmos dele, para o dar a conhecer, mas para o manter estranho, distante, e mesmo inaparente – tão inaparente que o seu nome o possa conter inteiro. E depois, mesmo no meio do mal-estar, dia após dia, não ser mais que o lugar sempre aberto, a luz inesgotável na qual esse ser único, essa coisa, permanece para sempre exposta e murada.

(Giorgio Agamben, "Ideia do Amor", em *Ideia da prosa*)

Abreviações

BRINK	BRINK, 1963; BRINK, 1971 (*Arte poética*); BRINK, 1982 (*Epístolas 2*).
BEKES	BEKES, 2005.
COLLINGE	COLLINGE, 1961.
FRAENKEL	FRAENKEL, 1957.
MAYER	MAYER, 2012 (livro 1).
K-H	KIESSLING & HEINZE, 1968 (*Odes* e *Epodos*); KIESSLING & HEINZE, 1970 (*Epístolas*).
N-H	NISBET & HUBBARD, 1970 (livro 1); NISBET & HUBBARD, 1978 (livro 2).
N-R	NISBET & RUDD, 2004 (livro 3).
ROMANO	ROMANO, 1991.
SHACKLETON BAILEY	*HORATIUS OPERA*, 2001.
SYNDIKUS	SYNDIKUS,1972 (livros 1 e 2); SYNDIKUS, 1973 (livros 3 e 4).
THOMAS	THOMAS, 2011 (livro 4 e *Carmen saeculare*).
VILLENEUVE	VILLENEUVE, 1946.
WEST	WEST, 1995 (livro 1); WEST, 1998 (livro 2); WEST, 2000 (livro 3).
WILLIAMS	WILLIAMS, 1969 (livro 3).

15   Apresentação
      Guilherme Gontijo Flores

      CARMINA / ODES
29   Odes 1
115   Odes 2
163   Odes 3
251   Odes 4
299   Canto secular

      NOTAS
307   Notas às *Odes 1*
413   Notas às *Odes 2*
457   Notas às *Odes 3*
517   Notas às *Odes 4*
555   Notas ao *Canto secular*

561   Referências

585   Lista de metros das *Odes*

Apresentação

Um viajante senta à sombra e toma um trago: treze anos na estrada com Horácio

Guilherme Gontijo Flores

A poesia do poeta romano Quinto Horácio Flaco (65-8 a.C.) nunca foi deixada para segundo plano. Seu estatuto canônico, por mais que se possa alterar ao longo do tempo e do espaço, nunca foi efetivamente contestado, e exemplos da sua influência na poesia ocidental são inúmeros: temos Boileau e Ronsard, na França; Fernando Herrera, na Espanha; Pope e Milton, na Inglaterra; Ezra Pound nos Estados Unidos; Fernando Pessoa em Portugal, dentre vários outros que atestam a força poética de sua obra e confirmam os vaticínios de *Odes* 3.30, de que não morreria completamente, mas que cresceria com o louvor dos pósteros: *non omnis moriar* e *usque ego postera crescam laude recens* (vv. 6-8); oráculo certeiro, sua imortalidade vem se garantindo pela recorrência viva na boca de outros poetas, muito além da duração caduca do Império Romano. Para além dessa reescritura literária, e mais especificamente na língua portuguesa, ele também foi um dos poetas romanos mais traduzidos: são pelo menos três traduções poéticas completas das *Odes*, nove da *Arte poética*, duas dos *Epodos* e uma das *Sátiras* e *Epístolas*, pelo que posso averiguar; além delas, são incontáveis traduções esparsas em prosa e verso.

Dos tradutores recentes, temos, só no Brasil, Paulo Leminski, Augusto de Campos, Haroldo de Campos, Décio Pignatari, Bento Prado de Almeida Ferraz, Maria Luiza Roque, Dante Tringali, Ariovaldo Augusto Peterlini e Paulo Sérgio Vasconcellos, dentre outros – cf. várias traduções que aparecem em Achcar (1994, *passim*): o poeta não morreu de todo. Simultaneamente, sua obra continuou sendo muito estudada no último século. No entanto, é surpreendente que o Brasil parece ter se interessado menos por sua poesia nos últimos anos. Há estudos, não se pode negar, mas têm sido poucos, e as traduções realmente continuaram existindo, mas falta mais tradução completa das obras em geral. As exceções são uma versão dos *Epodos* por

Alexandre Pinheiro Hasegawa, em sua tese de doutorado (2010), minha própria tradução da *Arte poética* (2020) e uma das *Epístolas*, por Bruno Francisco dos Santos Maciel, em sua dissertação de mestrado (2017, que inclui a *Arte poética*); entretanto, seguimos sem nenhuma tradução poética nova e completa das *Odes* e das *Sátiras*, há mais de um século e meio.[1]

É uma lacuna grande demais para ignorarmos.

Traduzir é gesto de ação no presente, e não mera comunicação de informações do passado.

Aqui tento dar o sumo do que importa. Esta apresentação não precisa apresentar quem foi o autor do livro, um dado que pode ser consultado facilmente na Wikipédia ou em qualquer outra enciclopédia de papel ou *gigabytes*. E muito do que eu poderia repetir aqui está escrito em outros lugares, da minha própria lavra, entre notas e ensaios que indicarei logo adiante. Então digo o que mais vale, para encurtar assunto. Este livro começou cerca de treze anos atrás, quando dei uma disciplina optativa no curso de Letras da Universidade Federal do Paraná, que propunha um percurso por toda a poesia de Horácio a partir de traduções experimentais que buscassem recriar a variedade de metros (vinte, no total da obra) e também a variedade discursiva (do mais baixo dos *Epodos*, passando pelo coloquial das *Sátiras* e pelo irônico-reflexivo das *Epístolas*, até chegar a píncaros de sublime de certas *Odes*). Vejam o que diz Giuliano Bonfante sobre o conjunto da obra:

> As *Odes* e as *Sátiras*, obras da mesma época e do mesmo autor, ocupam aqui aquilo que podemos definir como os dois polos opostos da língua latina: as *Odes* estão escritas na língua mais nobre, mais refinada, mais pura que se possa imaginar; as *Sátiras* naquela mais popular que o estilo literário da época poderia permitir (1994, p. 159).

Era necessário também retomar a dimensão experimental de tudo aquilo, sobretudo das *Odes*, que são o maior conjunto de polimetria romana registrado num só autor; uma aventura tão radical que, além de não ter antecessores do mesmo nível, não gerou imitadores no futuro. Quer dizer, era preciso tirar Horácio do lugar de conservador estático da tradição, para que pudesse ser

---

[1] Há que se lembrar que Pedro Braga Falcão publicou em Portugal uma tradução, a meu ver, sem pretensões poéticas, das *Odes*, *Epodos* e *Epístolas*; sendo que a edição das *Odes* saiu no Brasil em 2021. Até o momento, não tenho conhecimento de uma edição das *Sátiras*. No fim de 2023, foi publicada pela editora Quetzal uma tradução integral de Horácio em Portugal, intitulada *Poesia completa*, feita por Frederico Lourenço. Nosso volume já estava em fase final de diagramação; e por isso não tive ainda oportunidade de consultar o trabalho em minúcia; mas posso dizer que, como a de Falcão, não se pretende uma tradução poética.

lido de novo como poeta de risco e dificuldade, como figura afetiva e sutil ao mesmo tempo. Podemos ver um antecedente nas *Sátiras* de Ênio, nos primeiros livros das *Sátiras* de Lucílio, na lírica de Lévio (que praticamente desconhecemos), no *Livro de Catulo* e nos próprios *Epodos* horacianos. Destes, temos conhecimento mais detalhado apenas dos *Epodos* e de Catulo, mas no caso deste não temos tanta clareza sobre sua disposição original.[2] Outro ponto a ser lembrado é a herança alexandrina da variedade (ποικιλία); pois, como diz Paolo Fedeli (2010), "O livro de poesia era vário pela estrutura, motivos, metro e estilo: o exemplo típico é constituído pelo livro dos *Jambos* de Calímaco", mas, mesmo nesse caso, ainda é pouco o que sabemos sobre a organização métrica, e nada resta de teorização a respeito. Trocando em miúdos: até segunda ordem, tudo indica que as *Odes* eram um acontecimento experimental que exigia muito esforço do leitor romano e estava longe de poder ser lido como um pretenso "clássico" de sua própria época; se eu fosse traduzir o anacronismo, dava mais para pensar que Horácio estava bebendo na Grécia arcaica para dar um salto vanguardista no Principado romano. Por isso tudo, eu queria, já naquela época, demonstrar que, ao contrário do que o senso comum do mundo das letras não clássicas repete com frequência, a poesia de Horácio, longe de ser um modelo de classicismo estanque e conservador, é talvez um dos grandes momentos de experimentalismo entre as letras romanas. Monumento não de uma ordem fechada, mas do próprio movimento complexo da vida, dos impérios, dos colapsos.

Tanto me moveu esse experimento tradutório, que no fim do mesmo ano me candidatei para o doutorado em Letras Clássicas na Universidade de São Paulo, com um projeto de tese que viria a se tornar *Uma poesia de mosaicos nas* Odes *de Horácio*. Aviso aos navegantes que o texto revisado dessa tese é uma espécie de duplo das traduções que aqui estão, e poderá ser acessado em formato digital disponibilizado pela Autêntica Editora como um dos duplos desta tradução. Não é absolutamente obrigatório para compreender os poemas traduzidos, mas dará, por assim dizer, um norte do modo de entender poesia antiga, sobretudo a romana, para um público que pode ir do leigo curioso ao classicista de cabeça aberta.

Mas aqui quero contar um pouco mais do que aconteceu.

Na época, ainda em 2010, eu tentava demonstrar que uma leitura das *Odes* pode se formular pela tendência de conectar níveis heterogêneos (tema, metro, fraseologia, léxico, figuras, contextos, etc.) numa espécie de unidade fractal. Para isso acontecer com toda sua força, cada ode convida o leitor a cruzar informações para produzir leitura, por tópica, métrica, sintagma ou

---

[2] Há uma tendência para a tripartição do *Livro de Catulo*, que resultaria em pelo menos duas obras polimétricas catulianas. Cf. Skinner, 2003 e 2007, e Oliva Neto, no prelo.

o que mais se sugira; de modo que a delimitação dessas correlações acaba sendo a função do leitor em resposta à materialidade da obra. Isso (assim eu depreendia um tanto intuitivamente, e hoje posso dizer com convicção) está em toda a obra horaciana, numa espécie de prazer da desautorização da leitura imediata, para colocar sempre cada poema em perspectiva, seja em abismo para dentro da sua estrutura, seja em vertigem para fora, na organização de cada livro. Só que, no caso das *Odes*, isso se tornava ainda mais radical, porque o excesso de tudo imediatamente impõe a delimitação, por oposição às suas multiplicidades.

Nesse sentido, graças a tal entrecruzamento de feixes heterogêneos, senti-me tentado a sugerir que uma leitura em obra aberta das *Odes* horacianas poderia também dialogar com o conceito de rizoma em Deleuze & Guattari. Para estes, seu principal efeito é aplicável ao nosso entendimento do real e, por conseguinte, ao nosso pensamento sobre as subjetividades; então "qualquer ponto de um rizoma pode ser conectado a qualquer outro e deve sê-lo. É muito diferente da árvore ou da raiz que fixam um ponto, uma ordem" (1995, p. 15), e essa ideia pode ser aplicada ao modo de um conceito para efeitos diversos. Diz a dupla francesa que "toda vez que uma multiplicidade se encontra presa numa estrutura, seu crescimento é compensado por uma redução das leis de combinação" (p. 14). Ora, se seguirmos tal linha de raciocínio, esse seria o grande mal do pensamento dicotômico, radicular, portanto, ocidental, porque encerra a multiplicidade na racionalidade categórica do pensamento num centro unitário, dando assim um formato simplificado ao caos (ou *caosmo*, como preferirá nomear Guattari anos mais tarde) inapreensível da realidade, e reduz as leis de combinação à simplicidade da explicação lógica, sem assumir que algo escapa ao pensamento. Obviamente ninguém ali estava pensando em poesia romana ao fazer essas afirmações; e sim no estruturalismo francês, com sua tendência a delimitar uma pequena série de regras que possam explicar a complexidade dos acontecimentos empíricos, como no caso exemplar das *Estruturas elementares do parentesco*, de Lévi-Strauss, ou da *Morfologia do conto maravilhoso*, de Vladímir Propp (1984).

De modo um pouco diverso, mas ainda perto, eu dizia, já pensando em poesia, que *toda multiplicidade demanda uma redução*, o que, por sua vez, faz dela um processo estruturante por onde se inicia o processo humano de interpretação e produção de sentido. Uso o termo "estruturante" (derivado do particípio presente latino, portanto *infectum*, inacabado, a caminho), e não "estrutural", por não ver na poesia, muito menos nas *Odes*, uma estrutura fechada, e sim uma série heterogênea (daí possivelmente rizomática) que pode se fechar estruturantemente diante de cada leitor para assim ganhar sentido. Na introdução ao livro digital, eu tento desenvolver isso com mais calma, do ponto de vista tanto teórico como analítico. Aqui não é o caso, mas busco apenas dar a entender que esta tradução das *Odes* de Horácio é uma tentativa de criar (em criação e crítica, como dizia Haroldo de Campos do processo tradutório) um paralelo também dessa multiplicidade acachapante que nos força a alguma redução interpretativa.

A proposta deste trabalho como um todo (livro digital e tradução anotada) sempre foi mostrar um caminho possível, ainda que bastante aberto; para tanto, não podia me fiar numa tentativa de recriação da *forma mentis* do período romano do principado sob Otaviano Augusto, porque simplesmente não existe uma teoria antiga específica sobre o que pretendia tratar: não há um conceito bem definido de abertura textual entre os antigos; não nos chegou uma clara teorização antiga sobre o que fazer com um livro composto, por exemplo, de vários metros diferentes (Horácio é um caso peculiar na poesia romana, com pouquíssimos sucessores, nenhum com a mesma ousadia); e praticamente nada acerca de como *iunctura* e *series* (dois termos tratados na *Arte poética* do próprio Horácio) se inter-relacionam num poema para criar um efeito poético, que não é necessariamente o mesmo da oratória; a não ser, é claro, nas palavras de Horácio. Isso não implica, como já se pode depreender, que deixei de lado a pesquisa filológica, os comentadores, o aparato crítico editorial, ou as informações sociais, religiosas, políticas, históricas, etc. que hoje temos à nossa disposição; nem nos comentários aqui, nem no estudo lá. Pelo contrário. Eu não desejo reafirmar nenhuma espécie de polarização entre, de um lado, os "teóricos" e, de outro, os "tradicionalistas", como aponta Susanna Morton Braund (2002, pp. 55-56); já que ela mesma afirma que hoje temos uma variedade muito maior de modos de leitura dos textos antigos do que há cem anos e que isso deveria gerar maior versatilidade e tolerância mútua (pp. 59-60). Ao contrário, pretendo, tanto quanto possível, tirar proveito de tudo o que puder, por ver, como Gian Biagio Conte, que "a boa filologia é aquela que [...] desqualifica tanto o empirismo como atenção obsessiva [...], quanto a teoria como algo de nebuloso, genérico, que perde de vista as articulações ou o tecido fino e específico do texto" (1991, p. 145). Eu já chamei isso em outro momento de "filologia dos sonhos"; e é o que continua sendo para mim. Assim, este trabalho teve, ao longo de décadas, seu lugar no entrecruzamento premeditado das duas frentes.

E o que aconteceu nesse tempo todo? Bom, comecei considerando que, para dar conta dessa heterogeneidade significante da poesia das *Odes*, a recorrência dos metros era fundamental. Quer dizer, dois poemas num mesmo metro dialogam, mesmo quando estão muito distantes (é o caso da ode 1.1 e da ode 3.30, a primeira e a última do longo ciclo dos três primeiros livros de *Odes*), assim como dois poemas estranhamente diversos podem dialogar em contraste por sua proximidade (compare-se a mesma ode 1.1 com a 1.2, para não complicarmos o meio de campo). Tudo isso está anotado ao fim das traduções, e aqui apenas indico como exemplo. Então, assim eu pensei em 2010, preciso criar uma métrica paralela para cada um dos vinte metros utilizados por Horácio em sua poesia. E especificamente para cada um dos treze metros das *Odes* (que vocês poderão conferir ao fim deste volume, na "Lista de Metros das *Odes*"). A primeira tentativa buscava criar estrofes com metros lusitanos, isto é, aclimatar os desafios da métrica greco-romana, baseada em quantidades, à métrica de língua portuguesa, baseada na contagem de sílabas e no acento tônico das palavras. Assim eu fiz uma primeira tradução dos dois primeiros livros das *Odes*, até que pude conferir o trabalho impressionante dos franceses Philippe Brunet e Fantine Cavé-Radet, que vieram ao Brasil e performaram com canto, música e dança a poesia grega arcaica e um pouquinho de poesia romana. Ali eu compreendi que poderia recriar os metros como formas cantáveis (e cantadas) em português. E assim começou uma longa aventura de recriação desses metros greco-romanos sem mediação direta da métrica tradicional lusófona.

Eu terminei a tese em 2014, pouco antes de nascer o meu segundo filho; precisei fazer uma pausa para colocar a vida em dia, mas sabia que não estava ali o fim do projeto. Ele precisava se desdobrar na poesia completa de Quinto Horácio Flaco, para que as *Odes* também tivessem seu sentido específico dentro do projeto maior de uma vida e de um tempo. Precisei fazer uma melodia para cada um desses metros, que agora estão disponíveis em gravações caseiras também publicadas *on-line*, de modo a oferecer, para quem quiser saltar da posição de leitor à de ouvinte, um desdobramento dessa métrica estranha aos ouvidos sem treino. E preciso dizer que foram as melodias que me serviram de guia final na revisão tradutória: já não era mais o esquema métrico como abstração, e sim a curva melódica, o contorno das palavras em música, que me fazia encontrar deslizes na transcrição do latim e na versão brasileira. E isso acontece porque uma melodia para um esquema métrico serve perfeitamente para qualquer outro poema escrito no mesmo metro; canto se torna metro, medida, organização geral do discurso. E isso eu só pude incorporar, no sentido etimológico de "colocar dentro do corpo", com o tempo, a prática, a abertura do lugar de tradutor para o lugar de *performer*.

Houve mais: passei a fazer parte do grupo Pecora Loca desde 2015, que passou a se especializar em tradução e(m) performance, onde foram parar algumas dessas traduções, como a da ode 2.15, que é realizada quase obrigatoriamente em todos os nossos shows; ou a 1.11, que já performamos nas mais variadas formações. Traduzi os *Fragmentos completos de Safo* (2017); publiquei a *Arte poética de Horácio* (2020) com muitas notas, dando início a essa poesia completa; traduzi também as *Trobairitz* provençais (2022) com metros para manter as melodias existentes ou ainda por serem descobertas. Mas também publiquei, com Rodrigo Tadeu Gonçalves, e fotos de Rafael

Dabul, um livro inteiro dedicado a pensar as implicações de poesia, tradução e performance, quando o corpo está em jogo: *Algo infiel* (2017). Eu diria que muito do que discuti nessa tese está no germe de tudo o que fiz dali em diante; seja no ensaio *A mulher ventriloquada*, a respeito de Arquíloco, seja nos recantamentos de cantos iorubanos, fon ou bantos, presentes em *Tradução-Exu* (2022), feitos com André Capilé. E digo tudo isso porque este livro, mais do que uma tradução de poesia romana clássica, é um esforço que tenho feito há anos de dar à voz (assim, com crase mesmo, "dar para a voz"), anacronicamente, cheio de vida e erro e delícia, um modo de interagir com gregos e romanos do passado distante que não passe por botá-los num pedestal da tradição incontornável.

E a voz é ponto central pra isso.

Como é hoje de conhecimento bem difundido entre os latinistas, a performance da poesia romana seguia uma prática vocal, mesmo quando se difundia também pela escrita. Ao tentar extrair um ritmo dessa poesia que nos chega por escrito, podemos depreender que os pés da poesia antiga funcionariam como uma partitura desprovida de notas, como apenas uma sequência alternada, fundada na oposição entre sílabas longas e breves. Se, por um lado, recebemos um *corpus* de textos escritos que convidam à "leitura silenciosa na mente", por ser essa a nossa prática moderna (cf. MINARELLI, 2010, p. 28), por outro, não podemos deixar de lado a questão factual de que a poesia em Roma acontecia majoritariamente em ambientes orais, mesmo que projetada como escrita. Isso quer dizer que um poema como de aparência quase tratadística, como a *Arte poética*, é simultaneamente um texto para leitura solitária e uma poesia de acontecimento oral, marcada por ritmos musicais de uma poética grega, feita para ser performada em ambientes coletivos e recebida também pelos ouvidos. Philippe Brunet (2014) demonstra vários casos em que o hexâmetro datílico francês se revela ritmicamente indeterminado na escrita, o que demanda do intérprete vocal uma decisão que aparece apenas na performance: dessa forma, escrita e oralidade não se opõem pura e simplesmente, mas formam uma rede intricada, já que o texto se dá tanto ao olho como ao ouvido.

As vagas fronteiras entre oral e escrito não se restringem ao mundo greco-romano e são tema de Ruth Finnegan, em seu clássico livro *Oral poetry* (1977, *passim*). O caso da poesia antiga clássica, helenística e romana, é exemplar para demonstrar essa porosidade. Se levarmos isso em consideração, podemos concluir que a realização de uma leitura em voz alta de um poema romano não é tão genérica a ponto de cada leitor poder emiti-la de qualquer modo, porque, como percebe Paul Zumthor (2014, pp. 55-57), mesmo na leitura solitária, o leitor passa por uma espécie de performance ausente: o metro, por exemplo, é uma exigência de identificação do subgênero e de formatação do ritmo da leitura, porque interfere sobre o corpo do leitor/ouvinte; a presença ou não do instrumento musical e da entoação também poderia interferir profundamente sobre o resultado de uma performance, muito embora não tenhamos tantos dados materiais que explicitem em detalhe como seria a performance da poesia horaciana em específico.

Assim, apesar de traduzir um texto escrito, que nos chegou sem notação musical, pretendo levar em consideração a oralidade inerente ao substrato métrico de um texto antigo quando traduzo, sinto, canto ou penso a poesia antiga.[3] Nesse sentido, os já famosos comentários de Gregory Nagy (1996, pp. 7-39) sobre as relações entre a poética homérica e a *cansò* dos trovadores provençais, em especial de Jaufré Rudel, poderiam ser ainda mais efetivos, se fossem uma comparação entre os trovadores e a poesia helenística e romana, já que nesses dois casos há uma inter-relação complexa entre escrita e performance oral que não interviria na criação dos aedos homéricos antes da fixação escrita das epopeias. Com isso, se estabelece uma relação dupla entre o criador e o intérprete: no caso do período helenístico – grego e romano –, podemos pensar em cantores e liricistas, citaredos, ou pantomimos profissionais, bem como em cortesãs, ou até mesmo um escravo encarregado de leituras, supondo que tal escravo deveria marcar adequadamente as oposições de longas e breves num poema, mesmo que não cantasse (*Arte poética*, vv. 273-274, e *Odes* 4.6, vv. 35-36, tratam do gesto físico do dedo na marcação do tempo do poema); tal como fazia, *mutatis mutandis*, o jogral no período medieval, encarregado de performar as cantigas do trovador (cf. ZUMTHOR, 1993, pp. 55-74). Nos dois casos, a importância da mídia oral na transmissão interfere no seu caráter escrito, mesmo que as variantes não tenham chegado integralmente até nós: "Nas tradições trovadorescas,

---

[3] Philippe Zimmermann (2009, p. 44). Emanuelle Valette-Cagnac (1997) leva a questão adiante e problematiza a tendência a vermos na cultura romana apenas a leitura em voz alta, para então modular essas afirmações. Interessante também é conferir o vocabulário latino usado para leitura em diversos modos (pp. 19-26 e 313): por um lado, "*legere*" e *lectio*" (com uso mais neutro e amplo, servindo para a leitura em voz alta ou silenciosa, em geral na esfera privada), por outro, "*recitare*" e "*recitatio*" (mais especializado, com a união entre o trabalho do olho e da voz, em geral na esfera pública, com um destinatário em mente); enquanto a fala feita de memória usaria outros termos, como "*dicere*", "*declamare*", "*narrare*", "*habere*", "*pronuntiare*", "*expoente*" ou "*agere*". Em todo caso, temos uma gama de termos que implica a vocalização dos textos, o que demonstra a importância da incorporação do vocal desses textos como acontecimento da cultura. Ou, nas palavras acertadas de Giovanni Comotti (1991, p. 7): "A difusão e transmissão de textos acontecia por meio de audição e memorização. Mesmo quando os poetas já não mais improvisavam, mas escreviam suas composições, elas continuavam a ser conhecidas pela audiência por meio da performance oral".

o transmissor das canções torna-se um *troubadour* em potencial pelo fato de re-performar a canção" (NAGY, 1996, p. 20), mesmo que a cultura trovadoresca insista sem parar na divisão entre trovador e jogral: quer dizer, no momento em que o jogral performa, ele assume a voz do trovador, de modo similar ao aedo que, quando narra a épica, torna-se Homero (pp. 4-61).

Então, o que se faz é uma dupla relação: por um lado, o primeiro veículo é a performance (declamações, recitações, cantos) do poema escrito, seja na própria voz do poeta ou de um profissional específico, e geralmente só depois este mesmo poema será publicado com o intuito de leitura; por outro, até que ocorra a publicação, certamente o poema é alterado pelas performances e pelas recepções do público e, portanto, tem uma vida de variante oral. Porém aqui entra um novo fator, o poema publicado para leitura inevitavelmente guarda sua vocalidade e, por isso, é passível de novas performances nos/por seus leitores/tradutores, quando estes se investem da máscara de *performers*. Uma série de exemplos da recepção moderna da poesia antiga em geral, mesmo que mais centrados nos textos de Catulo e Horácio, é a coleção de partituras apresentada Stuart Lyons (2010, pp. 132-176), com base em códices medievais que musicavam poemas antigos; ou a organizada por Giovanni Battista Pighi (1958, pp. 145 e ss.) com partituras do séc. XVI ao séc. XX; ou Draheim & Wille (1985), num conjunto ainda maior dedicado apenas às partituras em torno da obra horaciana; nessas recolhas, é possível ver como os metros dos poemas antigos foram interpretados musicalmente até meados do século XX.

Esse efeito de "re-performance" derivada da leitura pode ser ainda mais forte em nosso contexto se tentarmos recriar a oralidade dos textos originais em português, seja de uma *cansò* provençal ou de uma ode horaciana. É, em linhas gerais, o que já havia feito Augusto de Campos (2003, p. 70) nas suas versões de Arnaut Daniel, como na "Chanson do·ill mot son plan e prim" ("Canção de amor cantar eu vim"), comentada por Carlos Rennó, que conclui que "os versos de Augusto são perfeitamente cantáveis sobre suas frases melódicas" (2003, p. 51). Na verdade, Augusto de Campos segue o mesmo projeto métrico que as versões de Ezra Pound (2003, p. 481) para o mesmo poema, "A song where words run gimp and straight": no caso, trata-se de respeitar até o final do verso, manter rimas oxítonas ou paroxítonas, para preservar as possibilidades do canto. Augusto de Campos (1998, pp. 49-69) ainda verteu os poemas franceses do *Pierrô Lunar* de Albert Giraud, com o intuito de manter sua cantabilidade na composição homônima de Arnold Schönberg. O próprio Rennó já apresentou versões de Cole Porter (1991), com o projeto de serem cantáveis segundo a mesma melodia: "Fui ortodoxo nesses aspectos, fazendo coincidir o mais rigidamente possível as sílabas fortes e fracas com os tempos fortes e fracos dos compassos" (p. 42). A lista de traduções pensadas para execução vocal poderia ir longe, mas convém parar por aqui. Em todos os casos, a tradução é o modo da performance oral, mesmo que escrita.

Voltemos à Antiguidade: como bem afirmou Rosalind Thomas, "por ideal, deveríamos ler toda a literatura antiga em voz alta – ou melhor, tentar recitá-la ou 'performá-la'" (1992, p. 117). Thomas trata sobretudo da cultura grega, mas sabemos que, no caso de Roma, a consciência oral de um auditório teria sido imensa, se acreditarmos nas palavras de Cícero (*Do orador*, 3.196): "Pois quantos são os que compreendem a arte dos metros e dos ritmos? Mas se alguém por acaso comete apenas um pequeno deslize neles, seja uma abreviação por contração ou um alongamento por produção, todo o auditório reclama". Uma passagem similar aparece no *Orador* 173: "por certo que no verso o auditório brada, se uma sílaba foi mais breve ou mais longa". Plínio, o Jovem (*Epístolas* 5.3.7-11) comenta como ele próprio recitava em público e incorporava críticas que aconteciam nesses momentos. E por aí vai.

Já nossa contemporânea Valette-Cagnac (1997, pp. 111-169) analisa diversas passagens das cartas em que Plínio trata da *recitatio* romana, para concluir que esta "não é a exibição de uma obra pronta, mas um lugar de produção, onde se cria um monumento literário" (p. 138), exatamente por meio das críticas incorporadas após a performance vocal de um leitor. Desse modo, transpondo as palavras de João Angelo Oliva Neto acerca dos estudos de poesia grega arcaica para os de poesia romana, eu diria com ele que "de modo deveras curioso, assume-se a oralidade de bom grado e com justeza, mas não se assumem ulteriores implicações dela" (2013, p. 32).

Ora, é certo que a oralidade que determina os textos romanos do Principado romano não é igual àquela que vemos na Grécia arcaica, mas é preciso insistir que, a seu modo, os estudiosos da poesia romana também tendem a centrar seus estudos na materialidade escrita dos textos, e muitas vezes deixam de lado suas possibilidades de performance como um meio que altera os modos de produção e percepção dessas mesmas obras. Há certamente casos interessantíssimos de estudo sobre performance em Roma. Eis alguns exemplos: Wiseman (1985) considera a possibilidade de Catulo 63 ter sido apresentado com um dançarino solo nos Jogos Megalenses. Sargent (1996) sugere a hipótese de que as *Heroides* de Ovídio possam ser encaradas como libretos para pantomimos performarem, enquanto Ingleheart (2008) defende que as *Metamorfoses* teriam servido aos atores. Panayotakis (2008) indica que os textos virgilianos (das *Bucólicas* e dos livros 4, 6 e 10 da *Eneida*, ao menos) serviram de material para a adaptação de mimos e pantomimas, com base nos comentários de Sérvio às *Bucólicas*, 6.11, e de Suetônio (*Dos poetas* 103-104). Aqui no Brasil há gente desdobrando possibilidades interessantíssimas de presença do corpo e da voz nos Estudos Clássicos, como Leonardo Antunes, Renata Cazarin, Marcelo Tápia, Érico Nogueira, Rodrigo Tadeu Gonçalves, etc. Porém, como venho argumentando, isso não se restringe à Antiguidade; e no convívio do presente, existe uma atenção cotidiana à oralidade, já que, de modo similar ao descrito por Cícero, o público do século XXI também pode explodir em vaias, caso o intérprete erre o tempo da música numa canção popular. Este livro, com seus duplos digitais num estudo em formato digital (*Uma poesia de mosaico nas* Odes *de Horácio*) e as gravações caseiras (*Outro findável verão*), é apenas um dos modos possíveis de experimentar agora, no corpo, na garganta, a poesia do passado e fazê-la poesia vocal do presente.

Aqui o leitor vai encontrar todas as 103 odes publicadas nos quatro livros de *Carmina* (que também poderíamos traduzir apenas por *Cantos*), que Horácio publicou ao longo de vários anos, seguidas do *Canto secular*, uma ode feita sob encomenda para ser performada por um coral nos Jogos Seculares promovidos por Augusto. A edição de base utilizada foi a de Shackleton Bailey (2001), pela editora Teubner, e todas as divergências estão indicadas em nota. Além de recriar os metros e tentar fazer essa poesia cantar de novo, senti que era necessário habilitar Horácio ao leitor contemporâneo com um bom bocado de notas e comentários, entre uma reflexão introdutória aos livros e poemas, e também com as notas pontuais para esclarecer questões literárias, históricas e culturais. Estas estão ao fim da tradução, para deixar o formato bilíngue do poema fluir livremente (como faço sempre desde a publicação das *Elegias de Sexto Propércio*, em 2014), mas indicam com precisão o poema e o verso a que se referem; então cabe ao leitor decidir se precisa, ou não, delas. Eu penso, cada vez mais, que as notas, longe de serem um empecilho à leitura, ou uma assunção de fracasso do tradutor, são o verdadeiro trampolim onde o poético se faz no cruzamento de tempos e culturas muito distantes. As notas são, portanto, mais que esclarecimento intelectual, um ponto onde se cria a oportunidade para uma estese do presente. Só existem em diálogo contínuo com os poemas em tradução, servem a eles, vivem com eles, partem e retornam a eles. E, no emaranhado delas, há uma boa lavra de outros poemas, sobretudo gregos, também traduzidos, para criar as relações de uma literatura hoje longínqua, mas que sabemos tão viva.

Outra coisa: talvez a primeira leitura seja estranha, mas optei por fazer três procedimentos de base na tradução, além da recriação métrica. Em primeiro lugar, guardo a sintaxe tortuosa, cheia de ambiguidades, dos poemas em latim. Sim, o latim já tem uma liberdade na ordem das palavras muito maior que o português; mas eu não imitei essa ordem, e sim busquei o efeito da expressividade na poesia, que Horácio leva aos limites do latim, então forcei também na sua recriação brasileira. Em segundo lugar, para inclusive reforçar o efeito de mosaico truncado e ambíguo, diminuí ao máximo a pontuação, o que convida o processo de leitura a tomar suas próprias decisões interpretativas, por vezes sustentando um suspense frasal por alguns versos a fio. Em terceiro e último lugar, arrisquei o repertório da língua como Horácio, juntei coloquialismos com arcaísmos, alguns neologismos, passei do íntimo ao sublime em poucas linhas, usando deliberadamente o tratamento em "tu" e "vós" para distanciar os poemas da fala e aproximá-los da afetação que as *Odes* alcançam. Nesse sentido, entendo que o efeito final das *Odes* precisa ser lido em contraponto com os efeitos (tanto de pontuação quanto de linguagem, estilo, tom e metro) do resto da obra, nos *Epodos*, *Sátiras*, *Epístolas* e *Arte poética*, porque as *Odes* existem também dentro da obra maior, em contraponto e contraste, de um jeito que o nosso poeta manipulava como ninguém, como marquei na citação de Bonfante, mais acima; então o estilo horaciano aqui emerge pelas suas potências em outra língua, recriado, e não pela uniformidade monótona. Poemas das *Odes*, notas a tudo, estes estão aqui. O canto e o ensaio aguardam o leitor ainda mais insaciável na internet; assim como as traduções por vir.

Preciso dizer, antes de acabar, que com Horácio eu aprendi pelo menos duas coisas. Na vida, a dura lida do convívio, com a força do silêncio, o carinho do silêncio, a ironia da frase bem colocada, e talvez o único modo de conviver num mundo conturbado de política e morticínio sempre à vista; por exemplo, rir de si mesmo em primeiro lugar, dar-se ao ridículo como modo de poesia e pensamento. Na forma, a sutileza máxima, o peso de cada palavra em seu lugar devido, ponderado, mesmo que seja para fingir o mais banal dos pensamentos; a arte de um sorriso leve, com a queridagem que nos dá sentido. Nos dois casos, forma e conteúdo, que na prática nunca se diferem por inteiro, aprendi com Horácio que somos seres absolutamente complexos, difíceis. O que me lembra uma resposta de entrevista dada pelo poeta britânico Geoffrey Hill (*The Paris Review* 154, Primavera de 2000), que certa feita me veio, assim, já traduzida como um presente, em um e-mail pessoal de Érico Nogueira:

> Somos difíceis. Os seres humanos somos difíceis. Difíceis para nós mesmos, difíceis uns para os outros. — E um mistério para nós mesmos, um mistério uns para os outros. Topa-se com muitíssimo mais dificuldade real num dia comum do que na mais "intelectual" das obras de arte. Por que julgam que a poesia, a prosa, a pintura, a música devam ser menos do que somos? Por que a música e a poesia têm de nos interpelar por meio de simplificações, quando seria aviltante se descrevessem o que somos com termos simplificados? Creio que a arte tem o direito — embora não a obrigação — de ser difícil, se quiser. E, porque daqui é um passo para falar-se em elitismo contra

democracia, acrescento que a arte genuinamente difícil é verdadeiramente democrática. E é a tirania que requer simplificação.

Com Horácio tenho aprendido a não querer um milímetro a menos do que somos.
Difíceis.
Fascinantes.
Daí que não acaba. E o plano é que, depois de publicar a *Arte poética* em 2020, e agora as *Odes*, possamos seguir para a obra completa de Quinto Horácio Flaco, acrescentando os *Epodos* ou *Iambos*, as *Sátiras* (ou *Conversas*) e as *Epístolas* (ou *Cartas*). A primeira tradução integral e poética a ser feita por uma só pessoa em língua portuguesa, que eu saiba, todas anotadas. Se for mesmo o caso, acho que também posso dizer que ergui um monumento, mesmo que ele não dure mais que o bronze. Meus últimos treze anos foram muito dedicados a isso, e quase tudo o que fiz foi uma espécie de satélite derivado desta aventura que começa a tomar mais claramente sua forma. Aqui ela não termina, apenas abre vias, dá sentido a algumas novas encruzilhadas, beiras de estrada onde tomar um trago, por onde quero passar e trazer amigos.

Curitiba, 7 de novembro de 2023.

Ouça uma gravação das melodias e metros horacianos

Leia o ensaio *Uma poesia de mosaicos nas Odes de Horácio*

CARMINA 1

ODES 1

1.1

Maecenas, atauis edite regibus,
o et praesidium et dulce decus meum:
sunt quos curriculo puluerem Olympicum
collegisse iuuat, metaque feruidis
euitata rotis palmaque nobilis   5
terrarum dominos euehit ad deos;
hunc, si mobilium turba Quiritium
certat tergeminis tollere honoribus;
illum, si proprio condidit horreo
quicquid de Libycis uerritur areis;   10
gaudentem patrios findere sarculo
agros Attalicis condicionibus
numquam demoueas, ut trabe Cypria
Myrtoum pauidus nauta secet mare;
luctantem Icariis fluctibus Africum   15
mercator metuens otium et oppidi
laudat rura sui, mox reficit ratis
quassas, indocilis pauperiem pati;
est qui nec ueteris pocula Massici
nec partem solido demere de die   20
spernit, nunc uiridi membra sub arbuto
stratus, nunc ad aquae lene caput sacrae;
multos castra iuuant et lituo tubae
permixtus sonitus bellaque matribus
detestata; manet sub Ioue frigido   25
uenator tenerae coniugis inmemor,
seu uisa est catulis cerua fidelibus
seu rupit teretes Marsus aper plagas.
Me doctarum hederae praemia frontium
dis miscent superis, me gelidum nemu   30
Nympharumque leues cum Satyris chori
secernunt populo, si neque tibias
Euterpe cohibet nec Polyhymnia
Lesboum refugit tendere barbiton.
Quod si me lyricis uatibus inseres,   35
sublimi feriam sidera uertice.

1.1

Meu Mecenas que tens sangue de antigos reis,
meu refúgio maior, doce destaque meu:
há quem ame exibir pó da olimpíada
quando o carro esquivou o eixo tão férvido
contra a meta ao ganhar glórias com seu troféu   5
que o conduz para os céus donos de todo o chão;
este gosta de ver tantos quirites vãos
combater por ganhar honras trigêmeas;
outro quer construir bases de um armazém
para ali estocar trigos da Líbia;   10
quem prefere o arado entre seus pátrios
campos nem com os bens régios de um Átalo
poderás impelir para com cíprio
mastro o nauta adentrar tímido o mírteo mar;
quando um Áfrico rasga ondas icárias   15
mercador com pavor louva seus ócios
junto aos campos, depois logo renovará
nau que já naufragou – foge às misérias;
um não perde o ancião Mássico em cálices
nem despreza uma luz certa pro seu labor   20
mas descansa seu corpo entre o verdor na paz
de uma moita ou então na água puríssima;
este é bom militar e ama o entrelaçar
de trombeta e clarim, guerras que a pobre mãe
detesta; outro aguentou frígido Júpiter   25
ao caçar e esqueceu sua mulher e amor
quando à cerva avistou um dos seus cães fiéis
ou algum javali mársio rompeu ardis.
Quanto a mim uma hera, honra do sabedor,
junto aos Deuses me uniu, bosque congélido,   30
Ninfa em dança sutil junto dos Sátiros
me afastou do vulgar pois nem às tíbias
minha Euterpe negou nem Polihímnia
se recusa a tocar lésbico bárbito.
Se me deixas viver vate entre os líricos   35
com a fronte sublime astros irei ferir.

1.2

Iam satis terris niuis atque dirae
grandinis misit Pater et rubente
dextera sacras iaculatus arces
     terruit urbem,

terruit gentis, graue ne rediret   5
saeculum Pyrrhae noua monstra questae,
omne cum Proteus pecus egit altos
     uisere montis,

piscium et summa genus haesit ulmo,
nota quae sedes fuerat columbis,   10
et superiecto pauidae natarunt
     aequore dammae.

Vidimus flauum Tiberim retortis
litore Etrusco uiolenter undis
ire deiectum monumenta regis   15
     templaque Vestae,

Iliae dum se nimium querenti
iactat ultorem, uagus et sinistra
labitur ripa Ioue non probante u-
     xorius amnis.   20

Audiet ciuis acuisse ferrum
quo graues Persae melius perirent,
audiet pugnas uitio parentum
     rara iuuentus.

Quem uocet diuum populus ruentis   25
imperi rebus? Prece qua fatigent
uirgines sanctae minus audientem
     carmina Vestam?

Cui dabit partis scelus expiandi
Iuppiter? Tandem uenias precamur   30
nube candentis umeros amictus,
     augur Apollo;

1.2

Muita neve à terra com mais terrível
gelo o Pai mandara e com sua rubra
destra então feriu cidadelas sacras,
    à Urbe aterrava

e aterrava o povo que nem voltassem   5
séculos de Pirra prodigiosos
quando o seu rebanho Proteu guiava em
    montes imensos,

peixes repousaram nos altos olmos
que antes eram típico lar das pombas   10
e nadaram tímidas sobre o céu ma-
    rítimo as corças.

Vimos louro Tibre com retorcidas
ondas violentando no mar Etrusco
quando derrubou monumentos régios,   15
    templos da Vesta,

pelo pranto de Ília se proclamava
vingador e assim invadiu a margem
pela esquerda sem permissão de Jove o u-
    xório rio.   20

Ouvirão que o povo afiava o ferro
que melhor matara os malditos persas,
ouvirão da luta em paterno crime
    jovens escassos.

A que Deus iremos clamar que guarde   25
nosso império pútrido? Com que prece
santas virgens convencerão a Vesta
    surda a seus cantos?

A quem incumbiu de expiar o crime
Júpiter? Pedimos que não demores   30
com a nuvem sobre teus alvos ombros,
    áugure Apolo;

siue tu mauis, Erycina ridens,
quam Iocus circum uolat et Cupido;
siue neglectum genus et nepotes 35
        respicis auctor,

heu nimis longo satiate ludo,
quem iuuat clamor galeaeque leues,
acer et Marsi peditis cruentum
        uultus in hostem; 40

siue mutata iuuenem figura
ales in terris imitaris almae
filius Maiae, patiens uocari
        Caesaris ultor:

serus in caelum redeas diuque 45
laetus intersis populo Quirini,
neue te nostris uitiis iniquum
        ocior aura

tollat; hic magnos potius triumphos,
hic ames dici pater atque princeps, 50
neu sinas Medos equitare inultos
        te duce, Caesar.

tu talvez, ridente Ericina, caso
queiras revoar com Cupido e Gozo;
ou se a raça e netos desamparados   35
        vês, ó patrono,

saciado pelo alongado jogo
pois clamor adoras com elmos leves
e o feraz semblante do mársio contra
        sangue inimigo;   40

ou se sob a forma de algum garoto
queres vir à terra, ó alado filho
da alma Maia, e ser "vingador de César"
        pelo renome,

não te apresses para teu céu e longas   45
alegrias cede aos quirites todos
nem por ira contra estes nossos crimes
        a ávida brisa

vai levar-te: aqui os triunfos magnos
vais amar e aqui ser o pai e *princeps*   50
ncm permitas sem a vingança os medas:
        guia-nos, César.

1.3

Sic te diua potens Cypri,
sic fratres Helenae, lucida sidera,
    uentorumque regat pater
obstrictis aliis praeter Iapyga,
    nauis, quae tibi creditum   5
debes Vergilium; finibus Atticis
    reddas incolumem precor
et serues animae dimidium meae.
    Illi robur et aes triplex
circa pectus erat, qui fragilem truci   10
    commisit pelago ratem
primus, nec timuit praecipitem Africum
    decertantem Aquilonibus
nec tristis Hyadas nec rabiem Noti,
    quo non arbiter Hadriae   15
maior, tollere seu ponere uolt freta.
    Quem mortis timuit gradum
qui siccis oculis monstra natantia,
    qui uidit mare turbidum et
infamis scopulos, Acroceraunia?   20
    Nequicquam deus abscidit
prudens oceano dissociabilis
    terras, si tamen impiae
non tangenda rates transiliunt uada.
    Audax omnia perpeti   25
gens humana ruit per uetitum nefas.
    Audax Iapeti genus
ignem fraude mala gentibus intulit;
    post ignem aetheria domo
subductum macies et noua febrium   30
    terris incubuit cohors,
semotique prius tarda necessitas
    leti corripuit gradum.
Expertus uacuum Daedalus aera
    pennis non homini datis;   35
perrupit Acheronta Herculeus labor.
    Nil mortalibus ardui est;
caelum ipsum petimus stultitia neque
    per nostrum patimur scelus
iracunda Iouem ponere fulmina.   40

1.3

Que a fortíssima Cípria,
que de Helena os irmãos, astros dilúcidos,
   e que o padre dos vendavais
solte Jápige só para te proteger,
   cara barca a quem confiei   5
meu Virgílio com fé para que à Ática
   tu conduzas incólume
a metade de minha alma que ali se vai.
   Roble e bronze num triplo nó
circundou o coração do homem que ao fim ousou   10
   o seu frágil no fero mar
barco alçar sem temor no Áfrico rábido,
   combativo entre os Áquilos
ou as Híades vãs, Noto esbravejador,
   onde és mestre marítimo,   15
ó Adriático, e sóis ondas depor e pôr.
   Temeria o umbral fatal
se sem água no olhar monstros aquáticos
   encarou no mar túrbido
e o infame recife Acroceráunio?   20
   Foi em vão que um prudente Deus
com o oceano afastou insociávcis as
   terras se hoje esses ímpios
barcos podem singrar ondas que interditou.
   Audaz tudo suportará   25
esse humano e por fim sempre no nefas cai.
   Audaz filho de Jápeto
com seu logro levou fogo às populações,
   foi-se o fogo do etéreo lar
logo a terra se encheu toda de males mil   30
   num tropel patológico
e a penúria sem fim antes tardíssima
   apressou-nos o umbral do fim.
Então Dédalo entrou pelo vazio do ar
   quando a pluma inumana fez   35
e Aqueronte se abriu dando-se a Hércules.
   Aos mortais nada é árduo:
por nossa estupidez vamos tentar o céu,
   criminais não deixamos mais
que Jove ouse depor fúrias de fulminar.   40

1.4

Soluitur acris hiems grata uice ueris et Fauoni,
 trahuntque siccas machinae carinas,
ac neque iam stabulis gaudet pecus aut arator igni,
 nec prata canis albicant pruinis.
Iam Cytherea choros ducit Venus imminente luna 5
 iunctaeque Nymphis Gratiae decentes
alterno terram quatiunt pede, dum grauis Cyclopum
 Volcanus ardens uersat officinas.
Nunc decet aut uiridi nitidum caput impedire myrto
 aut flore terrae quem ferunt solutae; 10
nunc et in umbrosis Fauno decet immolare lucis,
 seu poscat agna siue malit haedo.
Pallida Mors aequo pulsat pede pauperum tabernas
 regumque turris. O beate Sesti,
uitae summa breuis spem nos uetat inchoare longam; 15
 iam te premet nox fabulaeque Manes
et domus exilis Plutonia; quo simul mearis,
 nec regna uini sortiere talis
nec tenerum Lycidan mirabere, quo calet iuuentus
 nunc omnis et mox uirgines tepebunt. 20

1.4

Solve-se o inverno amargo à feliz primavera e ao Favônio
    roldanas correm sobre as quilhas secas,
gado não quer mais curral, lavrador não procura mais por fogo
    nem prados na geada então se alvejam.
Vênus Citérea guia seu coro por sob a lua clara,   5
    acompanhando as Ninfas belas Graças
batem os pés alternados na terra e assim Vulcano ardente
    incita as oficinas dos Ciclopes.
Hoje convém coroar na cândida fronte murta verde
    ou flor que inculta terra florescera,   10
hoje à sombra dos sacros bosques convém sagrar a Fauno
    cabrito ou anho – como assim prefere.
Pálida Morte idêntico pé baterá em casas pobres
    ou régias torres. Ó alegre Séstio,
esta brevíssima vida nos veta de longas esperanças,   15
    a noite já te oprime, os Manes (mitos)
e o ínfimo paço Plutônio; logo que para lá partires
    não tentarás no dado reinos víneos,
não mais verás o teu Lícidas tenro por quem se abrasam jovens
    e em breve as virgens todas viram fogo.   20

1.5

Quis multa gracilis te puer in rosa
perfusus liquidis urget odoribus
    grato, Pyrrha, sub antro?
        Cui flauam religas comam,

simplex munditiis? Heu quotiens fidem   5
mutatosque deos flebit! Vt aspera
    nigris aequora uentis
        emirabitur insolens,

qui nunc te fruitur credulus aurea,
qui semper uacuam, semper amabilem   10
    sperat, nescius aurae
        fallacis! Miseri, quibus

intemptata nites! Me tabula sacer
uotiua paries indicat uuida
    suspendisse potenti   15
        uestimenta maris deo.

1.5

Mas que fino rapaz pleno de rosa em flor
com perfumes e afins, Pirra, pressiona-te
   na delícia da gruta?
      Por quem queres te pentear

em singela elegância? Ah! mas que fim infiel   5
chorará contra um Deus quando notar que vem
   o mar áspero em negros
      ventos, como se espantará

este que hoje te frui, pensa que és ouro e brasa
e estarás sempre aqui, sempre disposta a amar   10
   sem sacar essa brisa
      enganosa. Infeliz de quem

deslumbraste intocada. Ah! quanto a mim mural
consagrado depõe pelos ex-votos que
   dei as úmidas vestes   15
      aos poderes do Deus do mar.

1.6

Scriberis Vario fortis et hostium
uictor Maeonii carminis alite,
qua rem cumque ferox nauibus aut equis
   miles te duce gesserit:

nos, Agrippa, neque haec dicere nec grauem   5
Pelidae stomachum cedere nescii
nec cursus duplicis per mare Ulixei
   nec saeuam Pelopis domum

conamur, tenues grandia, dum Pudor
imbellisque lyrae Musa potens uetat   10
laudes egregii Caesaris et tuas
   culpa deterere ingeni.

Quis Martem tunica tectum adamantina
digne scripserit aut puluere Troico
nigrum Merionen aut ope Palladis   15
   Tydiden superis parem?

Nos conuiuia, nos proelia uirginum
sectis in iuuenes unguibus acrium
cantamus, uacui siue quid urimur,
   non praeter solitum leues.   20

1.6

Vário vai te escrever "forte e devastador
do inimigo" ao voar na arte meônia
e que segue feroz entre corcel e naus
   o soldado que ordenarás;

eu, Agripa, não sei graves canções assim   5
nem Pelida em furor de iras estomacais
nem Ulisses no mar dúplice a derivar
   nem o paço Pelópida,

parco ao grande ousarei nunca se meu Pudor
junto à Musa que faz liras imbélicas   10
me impedir o louvor teu e de César pois
   sem talento o rebaixarei.

Marte em túnica armada entre adamante e luz
quem pudera escrever ou em troiano pó
já Meríone negro ou por paládios dons   15
   o Tidida que iguala um Deus?

Só banquetes e só brigas de virgens cruéis
de unhas mais que sutis soltas no seu rapaz
canto livre e ao léu ou se me leva o ardor
   como sempre levíssimo.   20

1.7

Laudabunt alii claram Rhodon aut Mytilenen
    aut Epheson bimarisue Corinthi
moenia uel Baccho Thebas uel Apolline Delphos
    insignis aut Thessala Tempe;
sunt quibus unum opus est intactae Palladis urbem   5
    carmine perpetuo celebrare
indeque decerptam fronti praeponere oliuam;
    plurimus in Iunonis honorem
aptum dicet equis Argos ditisque Mycenas:
    me nec tam patiens Lacedaemon   10
nec tam Larisae percussit campus opimae
    quam domus Albuneae resonantis
et praeceps Anio ac Tiburni lucus et uda
    mobilibus pomaria riuis.
Albus ut obscuro deterget nubila caelo   15
    saepe Notus neque parturit imbris
perpetuo, sic tu sapiens finire memento
    tristitiam uitaeque labores
molli, Plance, mero, seu te fulgentia signis
    castra tenent seu densa tenebit   20
Tiburis umbra tui. Teucer Salamina patremque
    cum fugeret, tamen uda Lyaeo
tempora populea fertur uinxisse corona,
    sic tristis affatus amicos:
"Quo nos cumque feret melior Fortuna parente,   25
    ibimus, o socii comitesque.
Nil desperandum Teucro duce et auspice Teucro.
    Certus enim promisit Apollo
ambiguam tellure noua Salamina futuram.
    O fortes peioraque passi   30
mecum saepe uiri, nunc uino pellite curas:
    cras ingens iterabimus aequor."

1.7

Outros assim louvarão Mitilene e claríssima Rodes,
    Éfeso e aquele bímare muro
feito em Corinto, a Tebas de Baco, a apolínica Delfos
    ou talvez a tessálica Tempe;
uns somente a pólis da virgem Palas Atena   5
    vão celebrar com seu canto infinito e
cingem em torno da própria fronte qualquer oliveira;
    graças a Juno muitos honraram
Argos com seus cavalos e aquela rica Micenas;
    quanto a mim nem a Lacedemônia   10
nem sequer o campo da fértil Larissa me tocam
    como o lar de Albúnea ecoante,
quedas do Ânio, bosque tiburno por onde os pomares
    foram regados em córregos móveis.
Tal como afasta do tétrico céu as nuvens um claro   15
    Noto e não provoca infinitas
chuvas, saibas tu também o tempo em findares
    com tristezas e dores da vida
quando aplacares, ó Planco, com vinho nas claras bandeiras
    duma milícia ou mesmo nas densas   20
sombras da tua Tíbur. Teucro quando escapava
    da Salamina pátria, nos dizem,
se coroou com álamo puro em Lieu embebido
    para falar aos tristes amigos:
"Sigo a Fortuna mais justa que o pai: aonde levar-nos   25
    sócios iremos, meus companheiros.
Sem desespero: Teucro guia e Teucro augura.
    Firme promessa fez-nos Apolo
de que haverá Salamina ambígua e nova na terra.
    Fortes varões, o pior já sofrestes   30
muito e comigo; agora ao vinho, adeus aos tormentos:
    mas amanhã aos mares imensos".

1.8

      Lydia, dic, per omnis
te deos oro, Sybarin cur properes amando
      perdere? Cur apricum
deserit Campum patiens pulueris atque solis?
      Cur neque militaris   5
inter aequalis equitat, Gallica nec lupatis
      temperat ora frenis?
Cur timet flauum Tiberim tangere? Cur oliuum
      sanguine uiperino
cautius uitat neque iam liuida gestat armis   10
      bracchia, saepe disco,
saepe trans finem iaculo nobilis expedito?
      Quid latet, ut marinae
filium dicunt Thetidis sub lacrimosa Troiae
      funera, ne uirilis   15
cultus in caedem et Lycias proriperet cateruas?

1.8

Lídia, me diz, por todos
Deuses peço: por que de amor arruinar pretendes
Síbaris? Por que ao Campo
Márcio abandonou se no sol sobre a poeira andava?
Por que com seus parceiros   5
militares não quer montar nem por controle enlaça
brida em gaulesa boca?
Por que não mergulha no Tibre áureo? Por que de unguentos
qual serpentino sangue
foge e já não quer macular no uso de uma arma os braços   10
lívidos se perito em
disco e dardo além do limite antes os disparava?
Por que se esconde agora
qual de Tétis filho na dor fúnebre ao fim de Troia
para que não viessem   15
no hábito viril conduzi-lo entre a carnagem lícia?

1.9

Vides ut alta stet niue candidum
Soracte, nec iam sustineant onus
  siluae laborantes, geluque
 flumina constiterint acuto?

Dissolue frigus ligna super foco   5
large reponens atque benignius
  deprome quadrimum Sabina,
 o Thaliarche, merum diota.

Permitte diuis cetera, qui simul
strauere uentos aequore feruido   10
  deproeliantis, nec cupressi
 nec ueteres agitantur orni.

Quid sit futurum cras fuge quaerere et
quem Fors dierum cumque dabit lucro
  appone, nec dulcis amores   15
 sperne puer neque tu choreas,

donec uirenti canities abest
morosa. Nunc et Campus et areae
  lenesque sub noctem susurri
 composita repetantur hora,   20

nunc et latentis proditor intimo
gratus puellae risus ab angulo
  pignusque dereptum lacertis
 aut digito male pertinaci.

1.9

Vês como é alta a neve no alvíssimo
Soracte e mal seu peso sustentará
     o bosque fatigado e em gelo
   rígido os rios estão parados?

Dissolve o frio em fogo fartando-nos   5
na lenha e venhas logo benéfico
     tirar do teu sabino vaso,
   ó Taliarco, esse vinho antigo.

Entrega o resto aos Deuses, que em férvido
oceano quando amainam os vendavais   10
     em vãs batalhas nem o velho
   freixo ou cipreste sequer se agita.

Que vai ser do amanhã? Que delírio!
O dia que a Fortuna te conceder,
     vai, põe no lucro e não desprezes   15
   doces amores, garoto, ou danças:

ao teu verdor grisalha inda não chegou
a lenta idade. O Campo e as áreas
     e o leve sussurrar à noite
   entre um encontro: aproveita agora,   20

agora o riso lúdico a delatar
o canto onde a menina escondera-se e
     penhores pegos desses braços
   ou dos dedinhos em falsa fúria.

1.10

Mercuri, facunde nepos Atlantis,
qui feros cultus hominum recentum
uoce formasti catus et decorae
       more palestrae,

te canam, magni Iouis et deorum   5
nuntium curuaeque lyrae parentem,
callidum quidquid placuit iocoso
       condere furto.

Te, boues olim nisi reddidisses
per dolum amotas, puerum minaci   10
uoce dum terret, uiduus pharetra
       risit Apollo.

Quin et Atridas duce te superbos
Ilio diues Priamus relicto
Thessalosque ignis et iniqua Troiae   15
       castra fefellit.

Tu pias laetis animas reponis
sedibus uirgaque leuem coerces
aurea turbam, superis deorum
       gratus et imis.   20

1.10

Ó Mercúrio, neto eloquente de Atlas,
brutos cultos do homem arcaico numa
voz sagaz moldaste e os modos para
      nobre palestra,

te celebro, ó núncio do grande Jove,   5
de outros Deuses, pai desta lira curva,
mestre em ocultar o que mais adoras,
      falso nos furtos.

Tu, criança, para que devolvesses
todo o roubo dos bois veio e pra ti com dura   10
voz gritou, mas e vendo vazia a aljava
      rira-se Apolo.

Por tua guia Príamo parte de Ílion:
ao soberbo Atrida e aos tessalenses
fogos e às barracas dos inimigos,   15
      tudo enganava.

Tu conduzes a alma piedosa às terras
venturosas, tanges um bando leve
com teu áureo ramo, querido aos Deuses
      do alto e de baixo.   20

1.11

Tu, ne quaesieris, scire nefas, quem mihi, quem tibi
finem di dederint, Leuconoe, nec Babylonios
temptaris numeros. Vt melius, quidquid erit, pati,
seu pluris hiemes seu tribuit Juppiter ultimam,
quae nunc oppositis debilitat pumicibus mare   5
Tyrrhenum: sapias, uina liques, et spatio breui
spem longam reseces. Dum loquimur, fugerit inuida
aetas: carpe diem, quam minimum credula postero.

1.11

Tu nem vás perguntar (ímpio saber) sobre o que a mim e a ti
que fim Deuses darão, Leuconoé, nem babilônios
astros ouses tentar. Antes viver o que vier sem mais,
quer invernos sem fim ou só mais um ceda-nos Júpiter
que hoje a se debater rasga o rochaz leito em Tirreno mar.   5
Saibas saborear, coa este vinho, anda! e num curto chão
poda a espera maior. Nesta conversa ínvido o tempo já
foge: colhe este dia, ai! sem pensar nunca nos amanhãs.

1.12

Quem uirum aut heroa lyra uel acri
tibia sumis celebrare, Clio?
Quem deum? Cuius recinet iocosa
      nomen imago

aut in umbrosis Heliconis oris   5
aut super Pindo gelidoue in Haemo,
unde uocalem temere insecutae
      Orphea siluae,

arte materna rapidos morantem
fluminum lapsus celerisque uentos,   10
blandum et auritas fidibus canoris
      ducere quercus?

Quid prius dicam solitis Parentis
laudibus, qui res hominum ac deorum,
qui mare et terras uariisque mundum   15
      temperat horis?

Vnde nil maius generatur ipso
nec uiget quidquam simile aut secundum.
Proximos illi tamen occupabit
      Pallas honores,   20

proeliis audax; neque te silebo,
Liber, et saeuis inimica uirgo
beluis, nec te, metuende certa,
      Phoebe, sagitta.

Dicam et Alciden puerosque Ledae,   25
hunc equis, illum superare pugnis
nobilem; quorum simul alba nautis
      stella refulsit,

defluit saxis agitatus umor,
concidunt uenti fugiuntque nubes,   30
et minax, quod sic uoluere, ponto
      unda recumbit.

1.12

Que homem, qual herói, com a lira ou acre
tíbia tu virás celebrar, ó Clio?
Ou que Deus? Que nome a jocosa imagem
       há de ecoar-nos

no Hélicon à margem das suas sombras   5
sob um Hemo gélido ou sobre o Pindo
donde ao mel do mélico Orfeu seguiam
       cegas as selvas

quando controlava com dons maternos
o correr do rio e velozes ventos   10
pois tocou carvalhos na orelha os trouxe ao
       canto das cordas?

Que direi avante dos meus louvores
para o Pai que os bens divinais e humanos
sobre céus e mares e terras rege   15
       todos os climas?

Dele nada surge que então supere,
nada iguala e nada sequer secunda.
Junto dele se aproximou somente
       Palas nas honras,   20

tão audaz na luta, jamais não te esqueço,
Líber, nem a Virgem contrária às duras
feras nem a ti, ó temível Febo
       no arco certeiro.

Falarei do Alcida e dos dons de Leda: 25
um montado e outro o melhor na luta,
gêmeos que refulgem a sua estrela
       clara aos marujos:

mar reflui da fúria no meio às rochas,
cessam ventos, nuvens se põem em fuga   30
pois se assim quiserem a ameaçadora
       onda se amansa.

Romulum post hos prius an quietum
Pompili regnum memorem an superbos
Tarquini fascis, dubito, an Catonis   35
      nobile letum.

Regulum et Scauros animaeque magnae
prodigum Paulum superante Poeno
gratus insigni referam Camena
      Fabriciumque.   40

Hunc et incomptis Curium capillis
utilem bello tulit et Camillum
saeua paupertas et auitus arto
      cum Lare fundus.

Crescit occulto uelut arbor aeuo   45
fama Marcelli: micat inter omnis
Iulium sidus uelut inter ignis
      luna minores.

Gentis humanae pater atque custos,
orte Saturno, tibi cura magni   50
Caesaris fatis data; tu secundo
      Caesare regnes.

Ille, seu Parthos Latio imminentis
egerit iusto domitos triumpho
siue subiectos Orientis orae   55
      Seras et Indos,

te minor laetum reget aequus orbem;
tu graui curru quaties Olympum,
tu parum castis inimica mittes
      fulmina lucis.   60

Rômulo então ou o tranquilo reino
de Pompílio ou os soberbos fasces
de Tarquínio? Hesito. Catão, quem sabe,   35
      nobre na morte.

Régulo e os Escauros, a imensa alma
com que Paulo aos púnicos combatia,
hoje vou contar em Camena excelsa
      mesmo Fabrício.   40

Cúrio canto todo descabelado
ou Camilo, bravos os dois na luta
graças à pobreza e ao Lar modesto
      de antepassados.

Como planta cresce num tempo oculto   45
fama de Marcelo então bem no centro
brilha o astro Júlio entre fogos frágeis
      feito uma lua.

Guardião e pai desta humanidade,
ó satúrnia prole, te deram Fados   50
o cesáreo cargo de governante,
      César secunda.

Pois quem amansara iminentes partas
para o Lácio num merecido triunfo
ou nas margens orientais domara   55
      séricos e indos

te secunda e rege este mundo alegre:
tu abaterás com teu carro o Olimpo,
tu atacarás com teu raio iroso
      bosques incastos.   60

1.13

Cum tu, Lydia, Telephi
ceruicem roseam, cerea Telephi
    laudas bracchia, uae, meum
feruens difficile bile tumet iecur.
    Tum nec mens mihi nec color   5
certa sede manet, umor et in genas
    furtim labitur, arguens
quam lentis penitus macerer ignibus.
    Vror, seu tibi candidos
turparunt umeros immodicae mero   10
    rixae siue puer furens
impressit memorem dente labris notam.
    Non, si me satis audias,
speres perpetuum dulcia barbare
    laedentem oscula, quae Venus   15
quinta parte sui nectaris imbuit.
    Felices ter et amplius
quos irrupta tenet copula nec malis
    diuulsus querimoniis
suprema citius soluet amor die!   20

1.13

Lídia, sempre que a Télefo
céreo braço e cerviz rósea, que a Télefo
   louvas, ai! o meu fígado
ferve de inflamação crônica biliar.
   Quase perco a cabeça, a cor   5
logo sai do lugar, leve me desce o humor
   pela face e furtivo diz
como o fogo feroz lento macera-me.
   Queimo quando o alvíssimo
ombro teu se tornou alvo na embriaguez   10
   de uma briga de vinho e se um
jovem louco marcou dente nos lábios.
   Atenção! não esperes mais
este bárbaro vil contra os dulcíssimos
   beijos que em quintessencial   15
mel de néctar verteu Vênus celestial.
   É três vezes feliz ou mais
quem formou relação longa na cópula
   pois sem lívidas lástimas
só no dia final vai dissolver-se o amor!   20

1.14

O nauis, referent in mare te noui
fluctus. O quid agis? Fortiter occupa
    portum. Nonne uides ut
        nudum remigio latus

et malus celeri saucius Africo   5
antemnaeque gemant ac sine funibus
    uix durare carinae
        possint imperiosius

aequor? Non tibi sunt integra lintea,
non di, quos iterum pressa uoces malo.   10
    Quamuis Pontica pinus,
        siluae filia nobilis,

iactes et genus et nomen inutile,
nil pictis timidus nauita puppibus
    fidit. Tu, nisi uentis   15
        debes ludibrium, caue.

Nuper sollicitum quae mihi taedium,
nunc desiderium curaque non leuis,
    interfusa nitentis
        uites aequora Cycladas!   20

1.14

Barca, a vaga novel volta a lançar-te ao mar.
O que queres fazer? Força para aportar
   no cais! Não percebeste
      já sem remos teu corpo nu,

que teu mastro sofreu baques com o África,   5
toda a verga gemeu, foram-se teus cordões
   e mal podem as quilhas
      fazer frente a intempérie

destas águas? A vela há de desintegrar:
neste mal nem sequer Deuses te escutarão.   10
   Vens de um pôntico pinho,
      de uma selva ilustríssima,

mas não vão te salvar nome ou família:
os marujos jamais fiam-se na ilusão
   de uma popa. E se evitas   15
      ventos ávidos, vem me ouvir!

Antes tinha por ti todo o meu tédio,
mas sem leve aflição sinto um desejo atroz:
   foge às águas que beiram
      as translúcidas Cíclades!   20

1.15

Pastor cum traheret per freta nauibus
Idaeis Helenen perfidus hospitam,
ingrato celeris obruit otio
    uentos ut caneret fera

Nereus fata: "Mala ducis aui domum   5
quam multo repetet Graecia milite
coniurata tuas rumpere nuptias
    et regnum Priami uetus.

Heu, heu, quantus equis, quantus adest uiris
sudor! Quanta moues funera Dardanae   10
genti! Iam galeam Pallas et aegida
    currusque et rabiem parat.

Nequicquam Veneris praesidio ferox
pectes caesariem grataque feminis
imbelli cithara carmina diuides,   15
    nequicquam thalamo grauis

hastas et calami spicula Cnosii
uitabis strepitumque et celerem sequi
Aiacem; tamen, heu, serus adulteros
    crines puluere collines.   20

Non Laertiaden, exitium tuae
gentis, non Pylium Nestora respicis?
Vrgent inpauidi te Salaminius
    Teucer, te Sthenelus sciens

pugnae, siue opus est imperitare equis,   25
non auriga piger; Merionen quoque
nosces. Ecce furit te reperire atrox
    Tydides, melior patre,

quem tu, ceruus uti uallis in altera
uisum parte lupum graminis inmemor,   30
sublimi fugies mollis anhelitu,
    non hoc pollicitus tuae.

1.15

O pastor sobre o mar ia num barco ideu
quando Helena arrastou, pérfido à hóspede,
mas com hórrida paz pausa o mais rápido
    vento e canta um fatídico

fim Nereu: "Levarás triste no augúrio   5
essa que hão de buscar hostes helênicas
vindas para anular teu matrimônio
    e o reinado de Príamo.

Ai, ai, entre corcéis e homens eu vejo suor!
Vejo morte que tu dás ao dardâneo   10
povo! Palas já vem, o elmo e a égide,
    carro e fúria, prepara-se.

Vênus guarda-te em vão porque feroz tu vás
te pentear e na paz plena da cítara
canções para mulher tu poderás compor;   15
    em vão sobre teu tálamo

duras lanças de horror, dardos gnósios
driblarás e o clamor e Ájax agílimo
que te segue pois tarde hás de imundar no pó
    tuas tranças adúlteras.   20

Laertíade não vês, genocídio
do teu povo? E Nestor vindo de Pilos vês?
Sem temor te conclama o salamínio
    Teucro e Estênelo prático

na batalha e se deve outro corcel montar,   25
incessante cocheiro. Ei-lo Meríone
que conheces e atroz corre por te encontrar
    o Tidida maior que o pai;

como o veado que vê logo que o lobo entrou
pelo vale e olvida onde se vai pastar   30
dele tu fugirás flácido e sôfrego:
    a promessa não era assim.

Iracunda diem proferet Ilio
matronisque Phrygum classis Achillei;
post certas hiemes uret Achaicus   35
    ignis Iliacas domos."

Iracundos, o fim de Ílio e das frígias
bem que Aquiles e as naus podem te protelar,
mas invernos depois saibas que o fogo aqueu   35
   arde os lares ilíacos".

1.16

O matre pulchra filia pulchrior,
quem criminosis cumque uoles modum
      pones iambis, siue flamma
   siue mari libet Hadriano.

Non Dindymene, non adytis quatit   5
mentem sacerdotum incola Pythiis,
      non Liber aeque, non acuta
   sic geminant Corybantes aera,

tristes ut irae; quas neque Noricus
deterret ensis nec mare naufragum   10
      nec saeuus ignis nec tremendo
   Iuppiter ipse ruens tumultu.

Fertur Prometheus addere principi
limo coactus particulam undique,
      desectam et insani leonis   15
   uim stomacho apposuisse nostro.

Irae Thyesten exitio graui
strauere et altis urbibus ultimae
      stetere causae cur perirent
   funditus imprimeretque muris   20

hostile aratrum exercitus insolens.
Compesce mentem; me quoque pectoris
      temptauit in dulci iuuenta
   feruor et in celeris iambos

misit furentem. Nunc ego mitibus   25
mutare quaero tristia, dum mihi
      fias recantatis amica
   opprobiis animumque reddas.

1.16

Ô filha linda mais do que a linda mãe,
tu podes dar o fim que melhor te apraz
     contra estes criminosos jambos
  seja no Adriático, seja em chamas.

Nem Dindimene ou Deus colonizador   5
que em templo pítio abala o pontífice
     na mente ou Líber quando toca
  com coribantes o bronze agudo

são tristes como as Iras: nem nórica
espada espanta-as nem o mar náufrago   10
     nem fero fogo ou mesmo Jove
  no estrepitar do trovão tremente.

Na história Prometeu por princípio
moldou no barro toda partícula
     e assim tirou do léo insano   15
  pro nosso estômago a força bruta.

As Iras a Tiestes um lúgubre
desfecho deram, causa mais última
     da queda de altas cidadelas
  ou dos ataques aos muros – feito   20

do arado de insolentes exércitos.
Controla a mente! Pois que pra mim também
     tentou-me em doce juventude
  férvido o peito e aos velozes jambos

lançou-me em fúria. Hoje eu queria só   25
trocar em calmaria tristeza e dor
     se nesta palinódia, amiga,
  tu me entregares a tua a alma.

1.17

Velox amoenum saepe Lucretilem
mutat Lycaeo Faunus et igneam
  defendit aestatem capellis
 usque meis pluuiosque uentos.

Impune tutum per nemus arbutos   5
quaerunt latentis et thyma deuiae
  olentis uxores mariti,
 nec uiridis metuunt colubras,

nec Martialis haediliae lupos,
utcumque dulci, Tyndari, fistula   10
  ualles et Vsticae cubantis
 leuia personuere saxa.

Di me tuentur. Dis pietas mea
et Musa cordi est. Hic tibi copia
  manabit ad plenum benigno   15
 ruris honorum opulenta cornu.

Hic in reducta ualle Caniculae
uitabis aestus et fide Teia
  dices laborantis in uno
 Penelopen uitreamque Circen.   20

Hic innocentis pocula Lesbii
duces sub umbra, nec Semeleius
  cum Marte confundet Thyoneus
 proelia, nec metues proteruum

suspecta Cyrum, ne male dispari   25
incontinentis iniciat manus
  et scindat haerentem coronam
 crinibus immeritamque uestem.

1.17

Veloz cruzando o ameno Lucrétile,
vem Fauno do Liceu para proteger
      tal como sempre minhas cabras
   contra verão, ventania e chuva.

Impunemente em bosque quietíssimo   5
tomilho e arbusto oculto virá buscar
      a esposa de homem fedorento,
   não temerão à serpente verde

as cabritinhas nem lobo márcio
se ao doce som da flauta, ó Tindáride,   10
      os vários vales em declive
   da Ústica ecoam as suas rochas.

Me guardam Deuses. Deuses acolhem-me
por Musa e piedade. E aqui brotou
      – fartura de um bondoso corno –   15
   cópia das honras que dão no campo.

Aqui num vale esquivo à canícula
não há calor e em cordas de Teos tu
      saudades cantas que um só homem
   dera a Penélope e vítrea Circe.   20

Aqui na taça um Lésbio melífluo
terás à sombra e ao filho de Sêmele,
      Tioneu, com Marte a guerra nunca
   junta. Jamais temerás que os males

de Ciro enciumado aproximem-se   25
de ti que és fraca com indecentes mãos,
      e rasguem tal coroa sobre
   tua madeixa e inocentes vestes.

1.18

Nullam, Vare, sacra uite prius seueris arborem
circa mite solum Tiburis et moenia Catili.
Siccis omnia nam dura deus proposuit, neque
mordaces aliter diffugiunt sollicitudines.
Quis post uina grauem militiam aut pauperiem crepat?   5
Quis non te potius, Bacche pater, teque, decens Venus?
Ac ne quis modici transiliat munera Liberi
Centaurea monet cum Lapithis rixa super mero
debellata, monet Sithoniis non leuis Euhius,
cum fas atque nefas exiguo fine libidinum   10
discernunt auidi. Non ego te, candide Bassareu,
inuitum quatiam, nec uariis obsita frondibus
sub diuum rapiam. Saeua tene cum Berecyntio
cornu tympana, quae subsequitur caecus Amor sui
et tollens uacuum plus nimio Gloria uerticem   15
arcanique Fides prodiga, perlucidior uitro.

1.18

Nada plantes, meu Varo, antes do pé santo de vinha ali
sobre a Tíbur sutil, solo em que estão muros de Cátilo,
porque o Deus logo impôs vida sem paz sôbolos sóbrios:
não há mais solução contra aflições nem para a dor mordaz.
Quem lamenta-se pobre ou militar junto de um vinho bom?   5
Quem não busca por vós, Baco meu pai, Vênus lindíssima?
Pra ninguém transgredir módicos dons desses que Líber deu
ouve a dura lição: lápitas na luta centáurica —
vinhos. Ouve a lição de Évio cruel dada aos sitônios
quando nefas e fás com precisão não discerniam mais   10
nos afãs do prazer. Cândido Deus, bom Bassareu, a ti
não perturbo no mal, tudo de oculto entre teu folharal
à luz nunca trarei. Busca acalmar o ávido tímpano em
berecíntico corno: eis que lá vem cego o Amor de si,
vem a Glória a elevar alta nos céus sua cabeça vã   15
e Lealdade de véus pródiga e mais lúcida que os vitrais.

1.19

Mater saeua Cupidinum
Thebanaeque iubet me Semelae puer
   et lasciua Licentia
finitis animum reddere amoribus.
   Vrit me Glycerae nitor   5
splendentis Pario marmore purius;
   urit grata proteruitas
et uultus nimium lubricus aspici.
   In me tota ruens Venus
Cyprum deseruit, nec patitur Scythas   10
   et uersis animosum equis
Parthum dicere nec quae nihil attinent.
   Hic uiuum mihi caespitem, hic
uerbenas, pueri, ponite turaque
   bimi cum patera meri: 15
mactata ueniet lenior hostia.

1.19

Mãe cruel dos Cupidos nus
e o tebano rapaz filho de Sêmele
    e a Licença lasciva diz:
dá tua alma ao amor velho que terminou!
    Ardo ao lume de Glícera,   5
na pureza passou mármores pários;
    ardo em seu despudor de mel
se essa cara me dá tantas malícias.
    A mim Vênus arrasa-me,
sai de Chipre a vetar: nada de cita nem   10
    parta inverso no seu corcel
me deixou relatar, nada de mais valor.
    Aqui relva inda viva, aqui
a verbena trazei, jovens, e olíbano,
    vinho bimo das ânforas: 15
pois mais mansa virá ante uma imolação.

1.20

Vile potabis modicis Sabinum
cantharis, Graeca quod ego ipse testa
conditum leui, datus in theatro
      cum tibi plausus,

clare Maecenas eques, ut paterni   5
fluminis ripae simul et iocosa
redderet laudes tibi Vaticani
      montis imago.

Caecubum et prelo domitam Caleno
tu bibas uuam: mea nec Falernae   10
temperant uites neque Formiani
      pocula colles.

1.20

Beberás Sabino barato em simples
cântaros que na ânfora grega eu mesmo
reservei no dia em que o teatro deu-te
      tantos aplausos,

meu Mecenas, célebre equestre, e logo   5
margens do teu rio paterno foram
te louvar e o som brincalhão que ecoa
      no Vaticano.

Cécubo ou a uva pisada em Cales
tu bem sorverás pois falernas vinhas   10
nem formianas serras aqui temperam
      minhas bebidas.

1.21

Dianam tenerae dicite uirgines;
intonsum, pueri, dicite Cynthium
   Latonamque supremo
      dilectam penitus Ioui.

Vos laetam fluuiis et nemorum coma   5
quaecumque aut gelido prominet Algido
   nigris aut Erymanthi
      siluis aut uiridis Gragi,

uos Tempe totidem tollite laudibus
natalemque, mares, Delon Apollinis   10
   insignemque pharetra
      fraternaque umerum lyra.

Hic bellum lacrimosum, hic miseram famem
pestemque a populo et principe Caesare in
   Persas atque Britannos   15
      uestra motus aget prece.

1.21

A Diana cantai, virgens em tenra flor;
ao intonso cantai, moços, ao Cíntio,
   e a Latona adorada
      pelo altíssimo Júpiter.

Vós àquela que em paz entre as ribeiras vai,   5
que entre as selvas sorri no Álgido gélido
   sobre o negro Erimanto,
      sobre o Grago verdíssimo;

vós a Tempe tecei vosso o maior louvor,
ó varões, e à natal Delos de Apolo Deus: 10
   no ombro ilustre uma aljava
      junto à lira fraterna traz.

Peste, guerra infeliz, fome misérrima
deste povo e do grão César afastará
   e aos bretões ou aos persas   15
      lançará pela súplica.

1.22

Integer uitae scelerisque purus
non eget Mauris iaculis neque arcu
nec uenenatis grauida sagittis,
      Fusce, pharetra,

siue per Syrtis iter aestuosas   5
siue facturus per inhospitalem
Caucasum uel quae loca fabulosus
      lambit Hydaspes.

Namque me silua lupus in Sabina,
dum meam canto Lalagen et ultra   10
terminum curis uagor expeditis,
      fugit inermem;

quale portentum neque militaris
Daunias latis alit aesculetis
nec Iubae tellus generat, leonum   15
      arida nutrix.

Pone me pigris ubi nulla campis
arbor aestiua recreatur aura,
quod latus mundi nebulae malusque
      Iuppiter urget;   20

pone sub curru nimium propinqui
solis in terra domibus negata:
dulce ridentem Lalagen amabo,
      dulce loquentem.

1.22

O íntegro na vida e nos crimes puro
não carece de arcos ou dardos mauros
nem de ervadas setas em sua aljava,
     Fusco, onerada

quando passa pelas ardentes Sirtes,   5
quando tenta a estrada do inabitável
Cáucaso ou lugares lambidos pelo
     mítico Hidaspes.

Se ando pela mata sabina um lobo
(eu cantava Lálage desatento,   10
desarmado, longe no meu descuido)
     foge pra longe:

a um portento desses nem mesmo a Dáunia
belicosa em seus carvalhais nutrira
nem de Juba a terra, aos leões famosa   15
     árida ama.

Põe-me em campo infértil no qual nenhuma
árvore aproveita da brisa estiva
ou em negro espaço de névoas onde
     Júpiter urge,   20

põe-me muito próximo ao sol num carro
ou em terra indócil às moradias:
Lálage amarei no seu doce riso,
     doce palavra.

1.23

Vitas inuleo me similis, Chloe,
quaerenti pauidam montibus auiis
   matrem non sine uano
      aurarum et siluae metu.

Nam seu mobilibus uepris inhorruit   5
ad uentum folliis, seu uirides rubum
   dimouere lacertae,
      et corde et genibus tremit.

Atqui non ego te, tigris ut aspera
Gaetulusue leo, frangere persequor: 10
   tandem desine matrem
      tempestiua sequi uiro.

1.23

Sempre foges de mim feito um cervato, Clóe,
à procura da mãe tímida em ínvios
   montes quando espantado
     teme a brisa e o bosque em vão.

Pois se o vento vernal chega nos espinhais   5
e uma folha se mexe ou se o lagarto verde
   entre os galhos se move
     tremem pernas e coração.

Te persigo, porém, como tigresa cruel
ou getúlio leão, não pra te estraçalhar: 10
   deixa agora a mãezinha,
     vem madura seguir varão.

1.24

Quis desiderio sit pudor aut modus
tam cari capitis? Praecipe lugubris
cantus, Melpomene, cui liquidam Pater
   uocem cum cithara dedit.

Ergo Quintilium perpetuus sopor   5
urget: cui Pudor et Iustitiae soror,
incorrupta Fides nudaque Veritas
   quando ullum inueniet parem?

Multis ille bonis flebilis occidit,
nulli flebilior quam tibi, Vergili.   10
Tu frustra pius, heu, non ita creditum
   poscis Quintilium deos.

Quid si Threicio blandius Orpheo
auditam moderere arboribus fidem?
Num uanae redeat sanguis imagini   15
   quam uirga semel horrida,

non lenis precibus fata recludere,
nigro compulerit Mercurius gregi?
Durum. Sed leuius fit patientia
   quidquid corrigere est nefas.   20

1.24

Haveria pudor, regras às ânsias
pelo corpo de alguém? Canta-nos lúgubre,
ó Melpômene, pois sei como o Pai te deu
   a voz límpida, a cítara.

Se Quintílio se vai preso no intérmino   5
sono, acaso o Pudor ou da Justiça a irmã
(Lealdade inconteste) ou a Verdade nua
   poderá ver alguém igual?

Ao morrer nos legou choros aos homens bons
mas, Virgílio, ninguém mais do que tu chorou.   10
Piedoso e em vão tu exigias ai!
   contra os Deuses Quintílio.

E se fosses sutil mais do que o trácio Orfeu
pra que ao som dos cordões plantas seguissem-te?
Sangue iria voltar para uma sombra vã   15
   se com ramo terrífico

e indisposto a abrir fados às orações
o tangera na grei negra Mercúrio?
Duro. E leve será com paciência
   se é nefasto na correção.   20

1.25

Parcius iunctas quatiunt fenestras
iactibus crebris iuuenes proterui,
nec tibi somnos adimunt amatque
      ianua limen,

quae prius multum facilis mouebat 5
cardines. Audis minus et minus iam
'me tuo longas pereunte noctes,
      Lydia, dormis?'

In uicem moechos anus arrogantis
flebis in solo leuis angiportu, 10
Thracio bacchante magis sub inter-
      lunia uento,

cum tibi flagrans amor et libido,
quae solet matres furiare equorum,
saeuiet circa iecur ulcerosum, 15
      non sine questu

laeta quod pubes hedera uirenti
gaudeat pulla magis atque myrto,
aridas frondes hiemis sodali
      dedicet Euro. 20

1.25

Pouco atacam contra as janelas juntas
impudicos jovens com tantos baques,
já nem cortam mais o teu sono e a porta
     ama a soleira

onde outrora tanto batia as fáceis   5
dobradiças. Quase já não escutas:
"Morro em longas noites por ti enquanto,
     Lídia, cochilas?"

Mas teus putos brutos em troco, velha,
chorarás a sós nalgum beco, inútil,   10
quando o vento trácio tornar-se no inter-
     lúnio um bacante,

quando a ti amor e libido ardente
dessas que enlouquecem a mãe das éguas
o ulceroso fígado confrontarem   15
     não sem lamentos

contra a juventude que alegre agora
a hera verde adora ou a negra murta
dando para o amigo do inverno as folhas
     secas ao Euro.   20

1.26

Musis amicus tristitiam et metus
tradam proteruis in mare Creticum
      portare uentis; quis sub Arcto
  rex gelidae metuatur orae,

quid Tiridaten terreat, unice   5
securus. O quae fontibus integris
      gaudes, apricos necte flores,
  necte meo Lamiae coronam,

Piplea dulcis! Nil sine te mei
prosunt honores. Hunc fidibus nouis,   10
      hunc Lesbio sacrare plectro
  teque tuasque decet sorores.

1.26

As Musas me amam! Medo, tristeza e dor
no mar de Creta entrego pro despudor
        do vento: acaso um rei temível
        manda sob Ursa nas frias margens?

Algo aterrou Tirídates? Eu estou   5
seguro. Tu que adoras as íntegras
        nascentes, trança em flor aprica,
        trança a coroa ao querido Lâmia,

sutil Pipleia! Pois meu louvor sem ti
de nada vale. A ele em novíssimo   10
        cordame, a ele em lésbio plectro
        tu sagrarás com tua irmandade.

1.27

Natis in usum laetitiae scyphis
pugnare Thracum est. Tollite barbarum
      morem uerecundumque Bacchum
  sanguineis prohibere rixis.

Vino et lucernis Medus acinaces   5
immane quantum discrepat. Impium
      lenite clamorem, sodales,
  et cubito remanete presso.

Vultis seuerum me quoque sumere
partem Falerni? Dicat Opuntiae   10
      frater Megyllae quo beatus
  uulnere, qua pereat sagitta.

Cessat uoluntas? Non alia bibam
mercede. Quae te cumque domat Venus,
      non erubescendis adurit   15
  ignibus, ingenuoque semper

amore peccas. Quidquid habes, age,
depone tutis auribus. A miser!
      Quanta laboras in Charybdi,
  digne puer meliore flamma!   20

Quae saga, quis te soluere Thessalis
magus uenenis, quis poterit deus?
      Vix illigatum te triformi
  Pegasus expediet Chimaera.

1.27

Usar as taças feitas ao bom prazer
em briga é coisa trácia. Deixemos pois
     os modos bárbaros e ao santo
  Baco salvemos de rixa e sangue.

A bruta cimitarra dos medas só   5
destoa em meio aos vinhos em plena luz!
     Calai o ímpio brado, amigos,
  e descansai no sofá deitados.

Quereis que eu tome um trago do ríspido
Falerno? Que da opúntia Megila o irmão   10
     nos conte sobre os dardos, como
  foi perecer em feliz ferida.

Cansou da ideia? Nego-me a aqui beber
por outra causa. Seja qual Vênus for
     que te domou, ardeu em fogos   15
  sem os rubores: por teu honesto

amor tu pecas. Conta o teu caso então
para um ouvido fiel. Miserável que és!
     Perdido jovem em Caríbdis,
  bem merecias melhores chamas!   20

Que mago ou bruxa ou que tessálica
poção te livraria? Que Deus? Me diz!
     Tão preso à tríplice Quimera
  Pégaso mal poderá salvar-te.

1.28

Te maris et terrae numeroque carentis harenae
    mensorem cohibent, Archyta,
puuleris exigui prope litus parua Matinum
    munera, nec quidquam tibi prodest
aerias temptasse domos animoque rotundum   5
    percurrisse polum morituro.
Occidit et Pelopis genitor, conuiua deorum,
    Tithonusque remotus in auras,
et Iouis arcanis Minos admissus, habentque
    Tartara Panthoiden iterum Orco   10
demissum, quamuis clipeo Troiana refixo
    tempora testatus nihil ultra
neruos atque cutem morti concesserat atrae;
    iudice te non sordidus auctor
naturae uerique; sed omnis una manet nox   15
    et calcanda semel uia leti.
Dant alios Furiae toruo spectacula Marti,
    exitio est auidum mare nautis.
Mixta senum ac iuuenum densentur funera. Nullum
    saeua caput Proserpina fugit.   20
Me quoque deuexi rabidus comes Orionis
    Illyricis Notus obruit undis.
At tu, nauta, uagae ne parce malignus harenae
    ossibus et capiti inhumato
particulam dare: sic, quodcumque minabitur Eurus   25
    fluctibus Hesperiis, Venusinae
plectantur siluae te sospite, multaque merces
    unde potest tibi defluat aequo
ab Ioue Neptunoque sacri custode Tarenti.
    Neglegis immeritis nocituram   30
postmodo te natis fraudem committere? Fors et
    debita iura uicesque superbae
te maneant ipsum. Precibus non linquar inultis,
    teque piacula nulla resoluent.
Quamquam festinas, non est mora longa; licebit   35
    iniecto ter puluere curras.

1.28

Tu que todo o mar, a terra e a areia incontável
   já mesuraste, Arquitas, te premem
estes parcos dons de um pó exíguo em Matina
   costa pois de nada valeu-te
entre aéreos palácios andar ou correr pelo curvo   5
   polo com tua alma findável.
Foi-se o pai de Pélops velho conviva dos Deuses,
   foi-se Titono alçado nos ares
bem como Minos mestre em mistérios de Júpiter e hoje
   Tártaro ainda guarda o Pantoide   10
birretornado ao Orco; e embora no escudo largado
   testemunhasse outra vida Troiana,
só concedeu a pele e os nervos à tétrica morte,
   tu o julgaste um autor infalível
da natureza. Sobre todos paira uma noite,   15
   uma estrada só pra saída.
Fúrias adoram dar alguns aos joguetes de Marte,
   ávido é o mar por tragar marinheiros:
jovens e velhos mortos se empilham – cadáveres; nada
   pode escapar de Prosérpina impune.   20
Eis que a mim o Noto, insano amigo de Oríon,
   aniquilou-me nas ondas da Ilíria.
Ah marinheiro, não me negues poucas areias
   sobre os ossos ainda insepultos,
só um grão: e mesmo que então ameace-te o Euro   25
   sobre o hespério mar, venusinos
bosques se curvam pedindo por tua saúde e bastante
   tu ganharás melhor de um propício
Jove e Netuno, o grande guardião da sagrada Tarento.
   Tu não vês o mal que a inocentes   30
filhos farás com fraude tanta? Certo será que
   justa paga pela soberba
paire sobre ti porque não tardarei sem vingança
   nem sacrifícios podem salvar-te.
Sei da pressa mas é rápido e logo prossegues: 35
   três punhados de pó eu te peço!

1.29

Icci, beatis nunc Arabum inuides
gazis et acrem militiam paras?
      Non ante deuictis Sabaeae
   regibus horribilique Medo

nectis catenas? Quae tibi uirginum   5
sponso necato barbara seruiet?
      Puer quis ex aula capillis
   ad cyathum statuetur unctis,

doctus sagittas tendere Sericas
arcu paterno? Quis neget arduis   10
      pronos relabi posse riuos
   montibus et Tiberim reuerti,

cum tu coemptos undique nobilis
libros Panaeti Socraticam et domum
      mutare loricis Hiberis,   15
   pollicitus meliora tendis?

1.29

Ó Ício, hoje invejas o dom feliz
da Arábia, tramas mais uma ácida
      batalha contra os imbatíveis
    reis de Sabá e ao terrível meda

teces grilhões? Que bárbara virginal   5
com noivo morto vem para te servir?
      E que menino palaciano
    unta seus cachos e traz-te taças,

depois de distender dardos séricos
no pátrio arco? Quem poderá negar   10
      que os rios cairiam monte
    acima e o Tibre retornaria,

se os livros de Panécio em qualquer lugar
que tu compraste e a escola socrática
      por tal couraça ibéria agora   15
    trocas, ó tu promissor que foste?

1.30

O Venus regina Cnidi Paphique,
sperne dilectam Cypron et uocantis
ture te multo Glycerae decoram
      transfer in aedem.

Feruidus tecum puer et solutis   5
Gratiae zonis properentque Nymphae
et parum comis sine te Iuuentas
      Mercuriusque.

1.30

Vênus ó rainha de Cnido e Pafos,
deixa a amada Chipre pois já te invoca
Glícera com maços de incenso e ao belo
  templo te apressa.

Vêm contigo aquele menino ardente,   5
Graças com a cinta alargada, Ninfas,
Juventude vem, que sem ti se apaga,
  junto a Mercúrio.

1.31

Quid dedicatum poscit Apollinem
uates? Quid orat de patera nouum
      fundens liquorem? Non opimae
  Sardiniae segetes feraces,

non aestuosae grata Calabriae   5
armenta, non aurum aut ebur Indicum,
      non rura quae Liris quieta
  mordet aqua, taciturnus amnis.

Premant Calena falce quibus dedit
Fortuna uitem, diues et aureis   10
      mercator exsiccet culillis,
  uina Syra reparata merce,

dis carus ipsis, quippe ter et quater
anno reuisens aequor Atlanticum
      impune. Me pascunt oliuae,   15
  me cichorea leuesque maluae.

Frui paratis et ualido mihi,
Latoe, dones et precor integra
      cum mente, nec turpem senectam
  degere nec cithara carentem.   20

1.31

Ao consagrar a Apolo o que rogará
o vate? O que lhe implora se então verter
    do vaso um vinho novo? Nada
    quer da Sardenha em colheitas férteis

nem uma amável grei da Calábria   5
ardente ou ouro nem os marfins hindus
    nem campos onde morde a água
    calma do Líris, tranquilo rio.

Que pode a vinha em foices de Cales quem
ganhá-la da Fortuna, que em cântaros   10
    dourados rico comerciante
    seque seus vinhos de luxo sírio:

é caro aos Deuses já que por três ou mais
vezes ao ano encara o Atlântico
    impune; eu como agora a oliva,   15
    como a chicória e a leve malva.

Gozar do que eu já tenho, ó Latônio,
aqui te peço: corpo e espírito
    bem vivos sem velhice torpe
    sem que da cítara enfim me afaste.   20

1.32

Poscimur: si quid uacui sub umbra
lusimus tecum quod et hunc in annum
uiuat et pluris, age, dic Latinum,
      barbite, carmen,

Lesbio primum modulate ciui,   5
qui ferox bello tamen inter arma,
siue iactatam religarat udo
      litore nauim,

Liberum et Musas Veneremque et illi
semper haerentem puerum canebat   10
et Lycum nigris oculis nigroque
      crine decorum.

O decus Phoebi et dapibus supremi
grata testudo Iouis, o laborum
dulce lenimen medicumque, salue   15
      rite uocanti!

1.32

Rogam-me: se à toa por sob a sombra
leve em ti eu toco algum tom que viva
muitos anos, dita-me então latino,
     bárbito, um canto

antes modulado por vate lésbio   5
que feroz nas armas e nas batalhas
amarrava quando se extraviava a
     barca nos mares

e cantava Líber, as Musas, Vênus,
o menino sempre colado nela   10
e o seu lindo Lico dos olhos negros,
     negros cabelos.

Grande glória a Febo e festins de Jove,
ó testude amada que sempre trazes
doce alívio e paz para as dores, salve!   15
     grito no rito.

1.33

Albi, ne doleas plus nimio memor
immitis Glycerae, neu miserabilis
decantes elegos, cur tibi iunior
    laesa praeniteat fide.

Insignem tenui fronte Lycorida   5
Cyri torret amor, Cyrus in asperam
declinat Pholoen; sed prius Apulis
    iungentur capreae lupis

quam turpi Pholoe peccet adultero.
Sic uisum Veneri, cui placet imparis   10
formas atque animos sub iuga aenea
    saeuo mittere cum ioco.

Ipsum me, melior cum peteret Venus,
grata detinuit compede Myrtale
libertina, fretis acrior Hadriae   15
    curuantis Calabros sinus.

1.33

Álbio, deixa de dor tanta por recordar
tua Glícera nem cantes tristíssimas
elegias de quem jovem te eclipsou
    deslumbrando essa ex-fiel.

Ao semblante sutil, dom de Licóride,   5
Ciro abrasa em amor, Ciro por áspera
Fóloe sofre e bem mais fácil seria unir
    cabra ao lobo da Apúlia

do que Fóloe pecar junto do adúltero.
Assim Vênus dispôs, curte quando ímpares   10
formas e almas se vão presas num brônzeo
    jugo sob o seu jogo atroz.

Quando a mim a melhor Vênus me procurou
só gozei os grilhões firmes de Mírtale,
a liberta que iguala iras do Adriático   15
    sobre os golfos calábrios.

1.34

Parcus deorum cultor et infrequens
insanientis dum sapientiae
      consultus erro, nunc retrorsum
  uela dare atque iterare cursus

cogor relictos. Namque Diespiter   5
igni corusco nubila diuidens
      plerumque, per purum tonantis
  egit equos uolucremque currum,

quo bruta tellus et uaga flumina,
quo Styx et inuisi horrida Taenari   10
      sedes Antlanteusque finis
  concutitur. Valet ima summis

mutare et insignem attenuat deus,
obscura promens. Hinc apicem rapax
      Fortuna cum stridore acuto   15
  sustulit, hic posuisse gaudet.

1.34

Um vão cultor dos Deuses sem prática
em minha insipiente sapiência
      perito errei: em retroverso
   devo dar velas, voltar ao curso

outrora abandonado. Diéspiter   5
cortando nimbo em fogos fulmíneos
      pelo éter puro alçou cavalos
   tonitruantes no carro alado

por quem a terra bruta e os ribeirões,
por quem o Estige, a sede terrífica   10
      do Tênaro e os confins de Atlante
   se estremeceram. O excelso em baixo

transmuda o Deus, amansa o mais ínclito,
ao parco aclara. De um a avidíssima
      Fortuna com agudo grito   15
   toma a coroa e a pousa noutro.

1.35

O diua, gratum quae regis Antium,
praesens uel imo tollere de gradu
      mortale corpus uel superbos
   uertere funeribus triumphos,

te pauper ambit sollicita prece   5
ruris colonus, te dominam aequoris
      quicumque Bithyna lacessit
   Carpathium pelagus carina.

Te Dacus asper, te profugi Scythae
urbesque gentesque et Latium ferox   10
      regumque matres barbarorum et
   purpurei metuunt tyranni,

iniurioso ne pede proruas
stantem columnam, neu populus frequens
      ad arma cessantis, ad arma   15
   concitet imperiumque frangat.

Te semper anteit saeua Necessitas,
clauos trabalis et cuneos manu
      gestans aena, nec seuerus
   uncus abest liquidumque plumbum.   20

Te Spes et albo rara Fides colit
uelata panno, nec comitem abnegat
      utcumque mutata potentis
   ueste domos inimica linquis.

At uulgus infidum, ut meretrix, retro,   25
periura, cedit, diffugiunt cadis
      cum faece siccatis amici
   ferre iugum pariter dolosi.

Serues iturum Caesarem in ultimos
orbis Britannos et iuuenum recens   30
      examen Eois timendum
   partibus Oceanoque rubro.

1.35

Ó Deusa que governas sobre Âncio
propícia para erguer da poeira vil
      um ser mortal ou aos triunfos
   ávidos transfigurar em lutos,

a ti depreca inquieto o paupérrimo   5
campestre e a ti, senhora de todo o mar,
      também quem com Bitínia quilha
   cárpatas ondas sempre adentra.

A ti o duro Daco, a ti prófugos
citas, cidades, povos, o Lácio audaz,   10
      as mães de bárbaros regentes
   e empurpurados tiranos temem

pois desdenhosa tu poderás com pé
tombar pilares bem como a multidão
      "Às armas!" incitar "Às armas!"   15
   e aniquilar nosso império inteiro.

A ti pra sempre a Necessidade cruel
antecedeu levando nas suas mãos
      de bronze prego e cunha: chumbo
   líquido e firmes anzóis não faltam.   20

A ti segue Esperança e a rara Fé
velada em alvo lenço nem fogem-te
      se convertida em veste avessa
   aos poderosos palácios deixas.

Porém o povo infiel feito meretriz   25
perjura já recua (e a ânfora
      assim que seca foge o amigo
   falso que não compartilha o jugo).

Protege César: logo conduzirá
contra o bretão longínquo o novíssimo   30
      enxame jovem tão temível
   contra o oriente e o Mar Vermelho.

Heu heu, cicatricum et sceleris pudet
fratrumque. Quid nos dura refugimus
    aetas? Quid intactum nefasti
  liquimus? Vnde manum iuuentus

metu deorum continuit? Quibus
pepercit aris? O utinam noua
    incude diffingas retusum in
  Massagetas Arabasque ferrum!

35

40

Ai! que pudor por chagas, por crimes vis
e por irmãos! Acaso fugimos nós,
    ó geração cruel? Que males   35
    nunca tocamos? A juventude

por medo destes Deuses conteve a mão?
Poupou altares? Peço-te então novel
    bigorna pra afiar o ferro
    contra os masságetas, contra a Arábia!   40

1.36

Et ture et fidibus iuuat
placare et uituli sanguine debito
   custodes Numidae deos;
qui nunc Hesperia sospes ab ultima
   caris multa sodalibus,   5
nulli plura tamen diuidit oscula
   quam dulci Lamiae, memor
actae non alio rege puertiae
   mutataeque simul togae.
Cressa ne careat pulchra dies nota,   10
   neu promptae modus amphorae
neu morem in Salium sit requies pedum,
   neu multi Damalis meri
Bassum Threicia uincat amystide,
   neu desint epulis rosae   15
neu uiuax apium neu breue lilium.
   Omnes in Damalin putris
deponent oculos, nec Damalis nouo
   diuelletur adultero
lasciuis hederis ambitiosior.   20

1.36

Entre cordas e olíbanos
hoje quero ofertar sangue de vítulo
aos bons Deuses de Númida
porque salvo voltou longe da Hespéria
e aos amigos caríssimos   5
beijos vai repartir mas a ninguém dará
mais que a Lâmia e recorda-se
como a infância se foi juntos num mesmo rei
quando as togas mudaram-se.
Nem no dia feliz falte giz crético   10
nem moderem as ânforas
nem repousem os pés como os dos sálios
nem a Dámalis vínea
vença Basso ao beber tragos da Trácia
nem a rosa nos vá faltar   15
nem alegres salsões, lírios fragílimos.
Sobre Dámalis lânguidos
olhos todos terão vendo que Dámalis
nunca larga esse adúltero
enlaçando-se mais que hera em lascívia.   20

1.37

Nunc est bibendum, nunc pede libero
pulsanda tellus, nunc Saliaribus
     ornare puluinar deorum
   tempus erat dapibus, sodales.

Antehac nefas depromere Caecubum   5
cellis auitis, dum Capitolio
     regina dementis ruinas
   funus et imperio parabat

contaminato cum grege turpium,
morbo uirorum, quidlibet impotens   10
     sperare fortunaque dulci
   ebria. Sed minuit furorem

uix una sospes nauis ab ignibus
mentemque lymphatam Mareotico
     redegit in ueros timores   15
   Caesar ab Italia uolantem

remis adurgens, accipiter uelut
mollis columbas aut leporem citus
     uenator in campis niualis
   Haemoniae, daret ut catenis   20

fatale monstrum; quae generosius
perire quaerens nec muliebriter
     expauit ensem nec latentis
   classe cita reparauit oras,

ausa et iacentem uisere regiam   25
uultu sereno, fortis et asperas
     tractare serpentis, ut atrum
   corpore combiberet uenenum,

deliberata morte ferocior,
saeuis Liburnis scilicet inuidens   30
     priuata deduci superbo
   non humilis mulier triumpho.

1.37

Então bebamos, vamos então bater
na terra o pé liberto e enfeitar então
    divãs divinos, vamos feito
  sálios, amigos, nos seus banquetes.

Nefasto outrora fora duma ânfora   5
verter o Cécubo: ao Capitólio
    uma rainha preparava
  louca ruína e o fim do império,

com seu rebanho imundo – torpíssimos
varões – descontrolada fiava-se   10
    inteira e ébria na Fortuna
  doce. Essa fúria porém findou-se

ao ver fugir dos fogos um barco só
e à mente embriagada em Mareótico
    lançou um verdadeiro medo   15
  César assim que voou da Itália:

com remo a perseguiu como a águia
às dóceis pombas ou como o caçador
    atrás da lebre em campo hemônio
  níveo até conseguir prendê-la   20

e o monstro assim fatal preferiu sofrer
a morte nobre sem parecer mulher
    que teme espada: não guardava
  rápidas frotas em praia oculta,

ousou olhar com ar sereníssimo   25
seu paço solapado e sem ver temor
    no abraço das cruéis serpentes
  negro veneno embebeu no corpo;

ao preferir a morte era mais feroz
nem destronada quis que liburno atroz   30
    a conduzisse: não seria
  mais humilhada em soberbo triunfo.

1.38

Persicos odi, puer, apparatus.
Displicent nexae philyra coronae;
mitte sectari, rosa quo locorum
      sera moretur.

Simplici myrto nihil allabores   5
sedulus curo. Neque te ministrum
dedecet myrtus neque me sub arta
      uite bibentem.

1.38

Meu menino, odeio essas pompas persas.
Eu dispenso a tília ao trançar coroa:
não procures onde talvez a rosa
      tarda perdura.

Não me ponhas nada na simples murta.   5
Murta não destoa de ti que serves
nem de mim destoa na sombra desta
      vinha bebendo.

CARMINA 2

ODES 2

2.1

Motum ex Metello consule ciuicum
bellique causas et uitia et modos
        ludumque Fortunae grauisque
    principum amicitias et arma

nondum expiatis uncta cruoribus,   5
periculosae plenum opus aleae,
        tractas et incedis per ignis
    suppositos cineri doloso.

Paulum seuerae Musa tragoediae
desit theatris: mox, ubi publicas   10
        res ordinaris, grande munus
    Cecropio repetes cothurno,

insigne maestis praesidium reis
et consulenti, Pollio, Curiae,
        cui laurus aeternos honores.   15
Delmatico peperit triumpho

Iam nunc minaci murmure cornuum
perstringis auris, iam litui strepunt,
        iam fulgor armorum fugacis
    terret equos equitumque uultus.   20

Videre magnos iam uideor duces
non indecoro puluere sordidos
        et cuncta terrarum subacta
    praeter atrocem animum Catonis.

Iuno et deorum quisquis amicior   25
Afris inulta cesserat impotens
        tellure, uictorum nepotes
    rettulit inferias Iugurthae.

Quis non Latino sanguine pinguior
campus sepulcris impia proelia   30
        testatur auditumque Medis
    Hesperiae sonitum ruinae?

2.1

Desde Metelo cônsul, tremor civil,
a guerra, as causas, vícios e práticas,
    o jogo da Fortuna, os duros
   laços de dois generais, as armas

por sob o sangue imersas sem punição   5
e o perigoso lance de dados, sim,
    tu cantas e andas sobre um fogo
   já soterrado por falsas cinzas.

Que a Musa da tragédia abandone seus
teatros; ao findares teus públicos   10
    deveres voltas à grandeza
   que num cecrópio coturno entoas,

famoso defensor para os tristes réus,
ó Polião, primeiro da Cúria,
    por teu triunfo dalmatense   15
   glória perpétua te oferta o louro.

Por sob as ameaças da trompa atroz
tu já atroas, já ressoou clarim
    e a luz das armas já afugenta
   todo cavalo e o cavaleiro.   20

Já vejo agora enérgicos generais
manchados numa honrosa visão do pó
    e dominado o mundo inteiro
   menos Catão com seu peito indócil.

Pois Juno e um Deus amigo dos áfricos   25
deixaram impotentes sem punição
    a terra e aos Manes de Jugurta
   sagram os netos dos vencedores.

Que campo não se engorda na itálica
carnificina e nega em seus túmulos   30
    a vil batalha e o som que os medas
   ouvem na queda da Hespéria inteira?

Qui gurges aut quae flumina lugubris
ignara belli? Quod mare Dauniae
      non decolorauere caedes?   35
   Quae caret ora cruore nostro?

Sed ne relictis, Musa procax, iocis
Ceae retractes munera neniae,
      mecum Dionaeo sub antro
   quaere modos leuiore plectro   40

Que mares ou que rios não saberão
das duras guerras? Qual oceano não
     se tinge pela dáunia morte?   35
   Qual litoral não provou do sangue?

Ó Musa falastrona, não vás trocar
lamentações de Ceos em teu jogo e dom:
     comigo em grutas de Dione,
   busca leveza em suave plectro.   40

2.2

Nullus argento color est auaris
abdito terris, inimice lamnae
Crispe Sallusti, nisi temperato
      splendeat usu.

Viuet extento Proculeius aeuo,   5
notus in fratres animi paterni;
illum aget penna metuente solui
      Fama superstes.

Latius regnes auidum domando
spiritum quam si Libyam remotis   10
Gadibus iungas et uterque Poenus
      seruiat uni.

Crescit indulgens sibi dirus hydrops
nec sitim pellas, nisi causa morbi
fugerit uenis et aquosus albo   15
      corpore languor.

Redditum Cyri solio Phraaten
dissidens plebi numero beatorum
eximit Virtus populumque falsis
      dedocet uti   20

uocibus, regnum et diadema tutum
deferens uni propriamque laurum
quisquis ingentis oculo irretorto
      spectat aceruos.

2.2

Prata não tem cor encoberta em terras
avarentas, ó detrator do gume
que não brilha em prática temperada,
     Crispo Salústio.

Viva Proculeio por longas eras   5
pois com seus irmãos teve um ar paterno:
na asa indissolúvel em breve o leva
     Fama perene.

Reinas largo se ávido peito domas
mais do que se a Líbia à longínqua Gades   10
anexares para que só te sirvam
     duas Cartagos.

O indulgente hidrópico cruel consigo
se infla e a sede segue se aquela causa
não sair das veias nem do alvo corpo as   15
     mórbidas águas.

Fraates torna ao trono e poder de Ciro;
contra a multidão a Virtude o afasta
dos felizes desensinando ao povo
     todo ditado   20

falso e leva a salvo coroa e reino
com o laurel de um homem apenas certo
porque sem olhar sorrateiro espreita
     grandes riquezas.

2.3

Aequam memento rebus in arduis
seruare mentem non secus ut bonis
      ab insolenti temperatam
    laetitia, moriture Delli,

seu maestus omni tempore uixeris,   5
seu te remoto gramine per dies
      festos reclinatum bearis
    interiore nota Falerni.

Quo pinus ingens albaque populus
umbram hospitalem consociare amant   10
      ramis? Quid obliquo laborat
    lympha fugax trepidare riuo?

Huc uina et unguenta et nimium breuis
flores amoenae ferre iube rosae,
      dum res et aetas et sororum   15
    fila trium patiuntur atra.

Cedes coemptis saltibus et domo
uillaque flauus quam Tiberis lauit,
      cedes, et exstructis in altum
    diuitiis potietur heres.   20

Diuesne prisco natus ab Inacho
nil interest an pauper et infima
      de gente sub diuo moreris,
    uictima nil miserantis Orci.

Omnes eodem cogimur, omnium   25
uersatur urna serius ocius
      sors exitura et nos in aeternum
    exsilium impositura cumbae.

2.3

Igual mantém nas horas mais árduas
a tua mente e na ocasião melhor
     modera longe de insolentes
    ímpetos, meu morituro Délio,

até se vives sempre em tristezas mil,   5
até se em longe relva nos festivais
     sagrados deleitoso deitas
    com um Falerno de selo antigo.

Por que altos pinhos, choupos alvíssimos
adoram associar-se na sombra mais   10
     hospitaleira? E pelo rio
    curvo uma linfa fugaz se esforça?

Mandai trazer os vinhos, os bálsamos
e aquela amena, efêmera rosa em flor
     enquanto os bens, a idade e as negras   15
    linhas da tríade irmã permitem.

Tu deixarás o prado comprado, o lar
e a quinta na áurea margem do Tibre, sim,
     tu deixarás – e ao alto monte
    dessas riquezas virão herdeiros.   20

Se rico e bem-nascido de um Ínaco
ou com família pobre viveres tu
     a céu aberto, pouco importa:
    hóstia serás do implacável Orco.

Pois todos sofreremos o mesmo mal,   25
por todos roda a urna e a sorte sai
     ou cedo ou tarde e nós no eterno
    exílio adentramos a barca imposta.

2.4

Ne sit ancillae tibi amor pudori,
Xanthia Phoceu; prius insolentem
serua Briseis niueo colore
     mouit Achillem,

mouit Aiacem Telamonem natum   5
forma captiuae dominum Tecmessae,
arsit Atrides medio in triumpho
     uirgine rapta,

barbarae postquam cecidere turmae
Thessalo uictore et ademptus Hector   10
tradidit fessis leuiora tolli
     Pergama Grais.

Nescias an te generum beati
Phyllidis flauae decorent parentes;
regium certe genus et Penatis   15
     maeret iniquos.

Crede non illam tibi de scelesta
plebe dilectam, neque sic fidelem,
sic lucro auersam potuisse nasci
     matre pudenda.   20

Bracchia et uultum teretesque suras
integer laudo; fuge suspicari
cuius octauum trepidauit aetas
     claudere lustrum.

2.4

Deixa de vergonha no amor da escrava,
fócio Xântias! Antes ao insolente
queima a cor-de-neve, servil Briseida
      queima um Aquiles;

queima então Tecmessa cativa bela   5
sobre o Telamônio Ajax seu dono,
nos triunfos arde o Atrida pela
      virgem tomada

quando todos bárbaros se prostravam
ao senhor tessálio e Heitor caído   10
– leve de levarem – então entrega
      Pérgamo aos gregos.

Vai que os ricos pais da dourada Fílis
querem decorar com teu nome um genro
e ela chora o fim de uma estirpe régia e in-   15
      justos Penates?

Ouve: não vem tua mulher amada
de uma plebe vil nem assim avessa a
lucro e assim fiel nasceria de uma
      mãe vergonhosa.   20

Braços, rosto, todo o vigor das coxas
puro eu louvo. Deixa de vãs suspeitas
contra alguém que em sua velhice encerra
      oito dos lustros!

2.5

Nondum subacta ferre iugum ualet
ceruice, nondum munia comparis
     aequare nec tauri ruentis
  in Venerem tolerare pondus.

Circa uirentis est animus tuae   5
campos iuuencae, nunc fluuiis grauem
     solantis aestum, nunc in udo
  ludere cum uitulis salicto

praegestientis. Tolle cupidinem
immitis uuae: iam tibi liuidos   10
     distinguet autumnus racemos
  purpureo uarius colore,

iam te sequetur; currit enim ferox
aetas et illi quos tibi dempserit
     apponet annos. Iam proterua   15
  fronte petet Lalage maritum,

dilecta quantum non Pholoe fugax,
non Chloris, albo sic umero nitens
     ut pura nocturno renidet
  luna mari, Cnidiusue Gyges,   20

quem si puellarum insereres choro,
mire sagacis falleret hospites
     discrimen obscurum solutis
  crinibus ambiguoque uultu.

2.5

Ainda não consegue no colo erguer
um jugo, ainda não se emparelha com
      bom companheiro nem suporta
    túrgido touro em furor de Vênus.

Em campos verdejantes divagará   5
a tua bezerra ora aplacando o ardor
      severo sobre os rios, ora
    junto aos vitelos se deleitando

num salgueiral. Mas poda essas ambições
por uva azeda! Logo de lívidos   10
      racemos te ornamenta o outono
    variegado em purpúreas cores

e logo segue pois ferocíssima
a idade corre e à jovem decide dar
      os anos que te toma, logo   15
    Lálage vai procurar marido:

amável mais que a tímida Fóloe
ou Clóris reluzente de todo alvor
      tal como brilha pura à noite a
    lua no mar ou o cnídio Giges   20

pois se entre as jovens ele puder dançar
engana convidados dos mais sutis
      por leve diferença quando
    solta os cabelos no rosto ambíguo.

2.6

Septimi, Gadis aditure mecum et
Cantabrum indoctum iuga ferre nostra et
barbaras Syrtis, ubi Maura semper
      aestuat unda,

Tibur Argeo positum colono   5
sit meae sedes utinam senectae,
sit modus lasso maris et uiarum
      militiaeque.

Vnde si Parcae prohibent iniquae,
dulce pellitis ouibus Galaesi   10
flumen et regnata petam Laconi
      rura Phalantho.

Ille terrarum mihi praeter omnis
angulus ridet, ubi non Hymetto
mella decedunt uiridique certat   15
      baca Venafro,

uer ubi longum tepidasque praebet
Iuppiter brumas et amicus Aulon
fertili Baccho minimum Falernis
      inuidet uuis.   20

Ille te mecum locus et beatae
postulant arces; ibi tu calentem
debita sparges lacrima fauillam
      uatis amici.

2.6

Ó Setímio, a Gades comigo irás e ao
cântabro incapaz de nos suportar e
para Sirtes bárbaras onde sempre
      arde onda maura:

Tíbur, fundação do colono argivo,   5
seja um lar no dia em que eu fique velho,
seja abrigo a quem se cansou de estradas,
      mares e guerras.

E se injustas Parcas de lá me afastam,
sigo até Galeso, um riacho doce   10
da encoberta ovelha e ao rural e régio
      chão de Falanto.

Pois de toda a terra somente aquela
ri pra mim, ah! nada ela deve a Himeto
no sabor do mel e nas azeitonas   15
      bate Venafro,

primavera imensa e ameno inverno
Jove oferta e Áulon, o monte amigo
do fecundo Baco, jamais inveja
      vinhas falernas.   20

Sim, a ti e a mim uma alegre altura
nos convida e lá tu espargirás com
choro certo as cálidas cinzas deste
      vate querido.

2.7

O saepe mecum tempus in ultimum
deducte Bruto militiae duce,
      quis te redonauit Quiritem
    dis patriis Italoque caelo,

Pompei, meorum prime sodalium?   5
Cum quo morantem saepe diem mero
      fregi coronatus nitentis
    malobathro Syrio capillos.

Tecum Philippos et celerem fugam
sensi relicta non bene parmula,   10
      cum fracta uirtus et minaces
    turpe solum tetigere mento.

Sed me per hostis Mercurius celer
denso pauentem sustulit aere;
      te rursus in bellum resorbens   15
    unda fretis tulit aestuosis.

Ergo obligatam redde Ioui dapem
longaque fessum militia latus
      depone sub lauru mea, nec
    parce cadis tibi destinatis.   20

Obliuioso leuia Massico
ciboria exple, funde capacibus
      unguenta de conchis. Quis udo
    deproperare apio coronas

curatue myrto? Quem Venus arbitrum   25
dicet bibendi? Non ego sanius
      bacchabor Edonis. Recepto
    dulce mihi furere est amico.

2.7

Tu que comigo tanta aflição brutal
sofreste enquanto Bruto guiava-nos,
     quem te recomendou quirite ao
    Deuses da pátria e ao céu da Itália,

meu grande companheiro, meu bom Pompeu   5
com quem em meio aos vinhos eu retardei
     o dia coroando aromas
    sírios na coma que reluzia?

Contigo por Filipos passei veloz
na fuga e vil do escudo me debandei,   10
     as forças se quebraram quando
    quem mais bradara beijava a terra.

Porém veloz Mercúrio do campo hostil
me alçou medroso aos ares compactos
     e te sorvendo em novas guerras   15
    ondas levaram num mar ardente.

Portanto oferta a Júpiter teu festim
devido e o corpo farto em longuíssimas
     pelejas ao meu louro estende
    sem temperança nas tuas jarras.   20

De esquecidiço Mássico assenta enfim
as leves taças, verte teu bálsamo
     com amplas conchas. Quem pretende
    nos ofertar as coroas de aipo

ou murta? Mas quem Vênus fará juiz   25
dos vinhos? Eu me bacanalizarei
     pior que edônios. No retorno,
    doce enlouqueço com meu amigo.

2.8

Vlla si iuris tibi peierati
poena, Barine, nocuisset umquam,
dente si nigro fieres uel albo
      turpior ungui,

crederem; sed tu, simul obligasti   5
perfidum uotis caput, enitescis
pulchrior multo iuuenumque prodis
      publica cura.

Expedit matris cineres opertos
fallere et toto taciturna noctis   10
signa cum caelo gelidaque diuos
      morte carentis.

Ridet hoc, inquam, Venus ipsa, rident
simplices Nymphae ferus et Cupido,
semper ardentis acuens sagittas   15
      cote cruenta.

Adde quod pubes tibi crescit omnis
seruitus crescit noua, nec priores
impiae tectum dominae relinquunt
      saepe minati.   20

Te suis matres metuunt iuuencis,
te senes parci miseraeque nuper
uirgines nuptae, tua ne retardet
      aura maritos.

2.8

Se por teus perjúrios ao menos uma
punição já te perigou, Barine,
fosses feia, um dente pretinho ou branca
    mancha nas unhas,

eu até creria; porém mal fazes   5
com perfídia teu juramento – brilhas
só beleza e aos jovens por fim ofertas
    pública angústia.

Segues solta: pelas maternas cinzas
com que enganas, pelos calados astros   10
sobre o céu noturno e por Deuses sem a
    gélida morte.

Vênus já gargalha, também gargalham
as singelas Ninfas e atroz Cupido
sempre armando flechas ardentes sobre   15
    seixos sangrentos.

Digo mais: por ti é que os jovens crescem,
cresce a escravidão do presente e os velhos
nunca largam lar da senhora ímpia:
    só ameaçam.   20

Teme-te uma mãe pelos seus novilhos,
teme-te o velhote avarento e as pobres
virgens que casaram pois tua brisa
    atrasa os maridos.

2.9

Non semper imbres nubibus hispidis
manant in agros aut mare Caspium
     uexant inaequales procellae
  usque, nec Armeniis in oris,

amice Valgi, stat glacies iners   5
mensis per omnis aut Aquilonibus
     querqueta Gargani laborant
  et foliis uiduantur orni:

tu semper urges flebilibus modis
Mysten ademptum, nec tibi Vespero   10
     surgente decedunt amores
  nec rapidum fugiente solem.

At non ter aeuo functus amabilem
plorauit omnis Antilochum senex
     annos, nec impubem parentes   15
  Troilon aut Phrygiae sgorores

fleuere semper. Desine mollium
tandem querelarum et potius noua
     cantemus Augusti tropaea
  Caesaris et rigidum Niphaten   20

Medumque flumen gentibus additum
uictis minores uoluere uertices
     intraque praescriptum Gelonos
  exiguis equitare campis.

2.9

Nem sempre a chuva escorre de uma áspera
tormenta ao campo nem o mar Cáspio
    retalham desiguais borrascas
  nem no recorte de armênias margens,

meu caro Válgio, o gelo não firmará   5
por todos meses do ano nem de Aquilões
    gargâneos carvalhais padecem
  nem uma folha enviúva os freixos:

tu sempre em canto e pranto procuras teu
perdido Mistes, Vésper nascente não   10
    apaga nunca os teus amores
  nem os afasta este sol rapace.

Nem quem viveu por três gerações porém
chorou senil o amável Antíloco
    por anos vários nem os frígios   15
  pais e as irmãs dum imberbe Troilo

prantearam sempre. Deixa esses moles, vãos
lamentos – é melhor que os novíssimos
    troféus de Augusto nós cantemos
  ou os de César, Nifates rijo,   20

o rio meda que entre as populações
vencidas verte manso o seu vértice
    ou mais gelonos já cercados
  que hoje cavalgam estreitos campos.

2.10

Rectius uiues, Licini, neque altum
semper urgendo neque, dum procellas
cautus horrescis, nimium premendo
       litus iniquum.

Auream quisquis mediocritatem   5
diligit, tutus caret obsoleti
sordibus tecti, caret inuidenda
       sobrius aula.

Saeuius uentis agitatur ingens
pinus et celsae grauiore casu   10
decidunt turres feriuntque summos
       fulgura montis.

Sperat infestis, metuit secundis
alteram sortem bene praeparatum
pectus. Informis hiemes reducit   15
       Iuppiter, idem

summouet. Non, si male nunc, et olim
sic erit: quondam cithara tacentem
suscitat Musam neque semper arcum
       tendit Apollo.   20

Rebus angustis animosus atque
fortis appare; sapienter idem
contrahes uento nimium secundo
       turgida uela.

2.10

Reto viverás, meu Licínio, se alto
mar não queres sempre nem por temeres
as tormentas muito te estreitas sobre
       praia e recife.

Quem adora a áurea mediania   5
salvo evita as máculas de uma casa
decadente e sóbrio evita toda
       corte invejável.

Mais feroz é o vento que afronta excelso
pinho e em queda mais agravada as grandes   10
torres caem e mais o corisco fere
       montes imensos.

Num azar espera e na sorte o peito
teme preparando-se contra todo
caso. Se um terrível inverno trouxe   15
       Jove ele pode

removê-lo, se hoje vai mal um dia
muda: às vezes tácita Musa atiça
cítara entre sons e nem sempre no arco
       firma-se Apolo.   20

Nos constrangimentos aguça a mente,
sê mais forte mas igualmente sábio
quando o vento vem a favor controla
       túrgidas velas.

2.11

Quid bellicosus Cantaber et Scythes
Hirpine Quinti, cogitet Hadria
      diuisus obiecto, remittas
   quaerere, nec trepides in usum

poscentis aeui pauca; fugit retro   5
leuis iuuentas et decor, arida
      pellente lasciuos amores
   canitie facilemque somnum.

Non semper idem floribus est honor
uernis, neque uno luna rubens nitet   10
      uultu. Quid aeternis minorem
   consiliis animum fatigas?

Cur non sub alta uel platano uel hac
pinu iacentes sic temere et rosa
      canos odorati capillos,   15
   dum licet, Assyriaque nardo

potamus uncti? Dissipat Euhius
curas edacis. Quis puer ocius
      restinguet ardentis Falerni
   pocula pratereunte lympha?   20

Quis deuium scortum eliciet domo
Lyden? Eburna dic, age, cum lyra
      maturet incomptam Lacaenae
   more comam religata nodo.

2.11

Que pode o cita e o bélico cântabro
tramar, Hirpino Quíntio, se estão além
    do mar Adriático sequer per-
    guntes e não te perturbes pelo

que a idade pouco exige: de retro nos   5
escapa o leve viço, o fulgor se vai
    e uma aridez arcaica expulsa
    fortes amores e sonos fáceis.

Nem sempre dura a glória primaveril
da flor nem uma face somente luz   10
    na lua rubra. Por que cansas
    o ânimo frágil num tema eterno?

Por que não sob os pinhos ou plátanos
inertes nos deitarmos, rosáceos
    perfumes sobre os pelos brancos   15
    (tempo nos resta) e de sírios nardos

ungidos nós bebermos? Pois Évio
desfaz o afã mordaz. Que rapaz veloz
    extingue a taça do Falerno
    árdego sob as correntes d'água?   20

Quem vai tirar do lar a vulgívaga
da Lide? Diz assim que se apresse com
    a lira elefantina enquanto
    liga o cabelo em lacônio laço.

2.12

Nolis longa ferae bella Numantiae
nec durum Hannibalem nec Siculum mare
Poeno purpureum sanguine mollibus
    aptari citharae modis,

nec saeuos Lapithas et nimium mero   5
Hylaeum domitosque Herculea manu
Telluris iuuenes, unde periculum
    fulgens contremuit domus

Saturni ueteris; tuque pedestribus
dices historiis proelia Caesaris,   10
Macenas, melius ductaque per uias
    regum colla minacium.

Me dulces dominae Musa Licymniae
cantus, me uoluit dicere lucidum
fulgentis oculos et bene mutuis   15
    fidum pectus amoribus,

quam nec ferre pedem dedecuit choris
nec certare ioco nec dare bracchia
ludentem nitidis uirginibus sacro
    Dianae celebris die.   20

Num tu quae tenuit diues Achaemenes
aut pinguis Phrygiae Mygdonias opes
permutare uelis crine Licymniae
    plenas aut Arabum domos,

cum flagrantia detorquet ad oscula   25
ceruicem aut facili saeuitia negat
quae poscente magis gaudeat eripi
    interdum rapere occupat?

2.12

Tu não queres feroz guerra em Numância
nem Aníbal cruel nem o mar sículo
que de púnico sangue hoje está púrpura
    pôr na cítara em leves tons

nem os Lápitas vis nem esse bêbado   5
víneo Hileu e os que a mão de Hércules amansou,
esses filhos do Chão, causa do risco atroz
    que abalou o luzente lar

de Saturno ancião: tu com histórias
mais pedestres dirás César a guerrear,   10
ó Mecenas, e então ruas por onde vão
    os pescoços de duros reis.

Eu? A Musa ordenou versos de doce mel
à senhora Licímnia: eu canto lúcido
seu olhar reluzente e entre recíprocos   15
    bons amores o peito fiel,

canto o charme nos pés quando convém dançar
e brincar de brigar, dar com satisfação
os seus braços com mais virgens alvíssimas,
    quando o dia a Diana dá.   20

Por acaso o poder todo de Aquêmenes,
da fartíssima Frígia os migdônios bens
trocarias num só fio de Licímnia
    ou por lares dos árabes

se o pescoço curvar para o maior o calor   25
de um beijinho ou negar (doce de tão cruel)
que roubado ela quer mais que rogado e vai
    na rapina atacar veloz?

2.13

Ille et nefasto te posuit die,
quicumque, primum et sacrilega manu
      produxit, arbos, in nepotum
   perniciem opprobiumque pagi;

illum et parentis crediderim sui   5
fregisse ceruicem et penetralia
      sparsisse nocturno cruore
   hospitis; ille uenena Colcha

et quidquid usquam concipitur nefas
tractauit, agro qui statuit meo   10
      te, triste lignum, te, caducum
   in domini caput immerentis.

Quid quisque uitet numquam homini satis
cautum est in horas. Nauita Bosphorum
      Poenus perhorrescit neque ultra   15
   caeca timet aliunde fata;

miles sagittas et celerem fugam
Parthi, catenas Parthus et Italum
      robur: sed improuisa leti
   uis rapuit rapietque gentis.   20

Quam paene furuae regna Proserpinae
et iudicantem uidimus Aeacum
      sedesque discretas piorum et
   Aeoliis fidibus querentem

Sappho puellis de popularibus,   25
et te sonantem plenius aureo,
      Alcaee, plectro dura nauis
   dura fugae mala, dura belli!

Vtrumque sacro digna silentio
mirantur umbrae dicere sed magis   30
      pugnas et exactos tyrannos
   densum umeris bibit aure uulgus.

2.13

Nefasto fora o dia em que te plantou
quem quer que seja e dedos sacrílegos
      te ergueram, árvore, uma peste
    contra seus netos e horror da aldeia;

pois ele – penso – contra seu próprio pai   5
esmigalhou pescoço e depois verteu
      no seu sacrário à noite um sangue
    de hóspede, colcas magias ele

(e coisas mais nefastas que não se vê)
manipulou e pôs-te num campo meu   10
      e tu, caduco e triste lenho,
    cais na cabeça de um inocente.

O que evitar, ninguém o prediz jamais
a cada instante. O nauta cartaginês
      só teme o Bósforo e se o passa   15
    nunca receia o destino cego,

soldados temem lanças e o célere
recuo parta, o parta às itálicas
      prisões; porém uma imprevista
    morte roubou, roubará seus povos.   20

Por pouco o lar da negra Prosérpina
e o arbitrante Éaco eu não vi
      e a divisão das casas pias
    ou numa eólica lira os prantos

de Safo contra as jovens da pátria   25
e tu com voz mais ampla em teu áureo
      plectro, ó Alceu, cantando a dura
    sina de barcas, exílios, guerras!

Em cantos de um sagrado silêncio
mais sombras se deleitam porém é mais   30
      a luta e queda de tiranos
    que esses ouvidos unidos sorvem.

Quid mirum, ubi illis carminibus stupens
demitttit atras belua centiceps
      auris et intorti capillis   35
   Eumenidum recreantur angues?

Quin et Prometheus et Pelopis parens
dulci laborem decipitur sono,
       nec curat Orion leones
   aut timidos agitare lyncas.   40

E espanta se ante os cantos atônito
o centicípite entre por rebaixar
     os seus ouvidos e torcidas   35
      serpes de Eumênides ganhem vida?

Até o pai de Pélops e Prometeu
enganam suas dores nos doces sons
     e Oríon já nem pensa em caça
     contra leões ou medrosos linces.   40

2.14

Eheu fugaces, Postume, Postume,
labuntur anni, nec pietas moram
      rugis et instanti senectae
   afferet indomitaeque morti,

non si trecentis quotquot eunt dies,   5
amice, places illacrimabilem
      Plutona tauris, qui ter amplum
   Geryonen Tityonque tristi

compescit unda, scilicet omnibus
quicumque terrae munere uescimur   10
      enauiganda, siue reges
   siue inopes erimus coloni.

Frustra cruento Marte carebimus
fractisque rauci fluctibus Hadriae,
      frustra per autumnos nocentem   15
   corporibus metuemus Austrum:

uisendus ater flumine languido
Cocytos errans et Danai genus
      infame damnatusque longi
   Sisyphus Aeolides laboris.   20

Linquenda tellus et domus et placens
uxor, neque harum quas colis arborum
      te praeter inuisas cupressos
   ulla breuem dominum sequetur.

Absumet heres Caecuba dignior   25
Seruata centum clauibus et mero
      tinget pauimentum superbo
   pontificum potiore cenis.

2.14

Ai! quão fugazes, Póstumo, Póstumo,
deslizam anos, mas piedade não
    retarda rugas ou velhice
    rábida nem indomável morte

nem se trezentos touros por dia tu,   5
amigo, imolas para o senhor Plutão
    ilacrimável pois que a Tício
    e a Gerião tricorpóreo prende

nas tristes ondas: certo é que todos nós
a quem a terra nutre de fartos dons   10
    navegaremos quer sejamos
    reis ou carentes agricultores.

Corremos deste Marte sangrento em vão,
do ronco e das marés do Adriático
    e em vão tememos entre outonos   15
    o Austro que ataca nos nossos corpos:

veremos negro em lânguido ribeirão
Cocito errante e a raça de Dânao
    infame e num labor infindo
    Sísifo Eólide condenado.   20

A terra deixaremos e lar e afã
da esposa, mas nenhuma das árvores
    que plantas – só cipreste ingrato –
    há de seguir o seu breve dono.

Mais justo o herdeiro bebe o teu Cécubo   25
guardado a sete chaves até manchar
    mosaicos com soberbo vinho
    caro ao pontífice em seus banquetes.

2.15

Iam pauca aratro iugera regiae
moles relinquent, undique latius
      extenta uisentur Lucrino
   stagna lacu, platanusque caelebs

euincent ulmos; tum uiolaria et   5
myrtus et omnis copia narium
      spargent oliuetis odorem
   fertilibus domino priori,

tum spissa ramis laurea feruidos
excludet ictus. Non ita Romuli   10
      praescriptum et intonsi Catonis
   auspiciis ueterumque norma.

Priuatus illis census erat breuis,
commune magnum: nulla decempedis
      metata priuatis opacam   15
   porticus excipiebat Arcton,

nec fortuitum spernere caespitem
leges sinebant, oppida publico
      sumptu iubentes et deorum
   templa novo decorare saxo.   20

2.15

Uns poucos acres para lavrar reais
palácios deixarão e em qualquer lugar
      serão mais largos que o Lucrino os
    tanques e os plátanos (bons solteiros)

superarão os olmos, com violal   5
e murta e olores vários se espargirão
      perfumes sobre as oliveiras
    férteis outrora ao seu velho dono

e logo densos louros impedirão
um golpe ardente – não por auspícios   10
      de Rômulo ou Catão intonso
    nem prescrição das antigas normas.

Seus bens privados eram parquíssimos,
imenso o bem comum: nenhum pórtico
      decêmpede se fez privado   15
    para apanhar a sombria Ursa,

nem desprezar aos céspedes casuais
a lei lhes permitia. Com pública
      despesa edificando ornavam
    templos divinos com pedra nova.   20

2.16

Otium diuos rogat in patenti
prensus Aegaeo, simul atra nubes
condidit lunam neque certa fulgent
      sidera nautis,

otium bello furiosa Thrace,   5
otium Medi phareta decori,
Grosphe, non gemmis neque purpura ue-
      nale neque auro.

Non enim gazae neque consularis
summouet lictor miseros tumultus   10
mentis et curas laqueata circum
      tectca uolantis.

Viuitur paruo bene, cui paternum
splendet in mensa tenui salinum
nec leuis somnos timor aut cupido   15
      sordidus aufert.

Quid breui fortes iaculamur aeuo
multa? Quid terras alio calentis
sole mutamus? Patriae quis exsul
      se quoque fugit?   20

Scandit aeratas uitiosa nauis
Cura nec turmas equitum relinquit,
ocior ceruis et agente nimbos
      ocior Euro.

Laetus in praesens animus quo ultra est   25
oderit curare et amara lento
temperet risu. Nihil est ab omni
      parte beatum.

Abstulit clarum cita mors Achillem
longa Tithonum minuit senectus,   30
et mihi forsan, tibi quod negarit,
      porriget hora.

2.16

Ócio aos Deuses pede quem fica preso
pelo Egeu enquanto uma nuvem negra
vela a lua e já não refulgem firmes
     astros aos barcos,

ócio – a Trácia em fúria nas suas guerras,   5
ócio – os belos medas levando aljavas,
caro Grosfo, e não comprarão por joias,
     púrpura ou ouro.

Nem tesouros nem o litor do cônsul
pode demover a infeliz discórdia   10
de uma mente nem aflições que assaltam
     tetos pintados.

Vive bem com pouco quem tem na mesa
mínima o saleiro paterno em lustre
sem que ao sono leve lhe tome o medo ou   15
     sujos desejos.

Por que fortes nós dardejamos tanto
nesta curta vida? Por que buscamos
terras de outro sol? Um expatriado
     foge a si mesmo?   20

Sobe em brônzeos barcos a viciosa
Aflição nem larga a cavalaria,
mais veloz que cervos e mais que o Euro
     guia de nimbos.

Uma mente alegre no agora odeia   25
se afligir no após e à amargura em lento
riso adoça: nada será completa-
     mente ditoso.

Morte jovem rouba o famoso Aquiles,
a Titono a longa velhice esmaga,   30
e que a ti se nega, pra mim, quem sabe,
     ceda-me o tempo.

Te greges centum Siculaeque circum
mugiunt uaccae, tibi tollit hinnitum
apta quadrigis equa, te bis Afro   35
    murice tinctae

uestiunt lanae: mihi parua rura et
spiritum Graiae tenuem Camenae
Parca non mendax dedit et malignum
    spernere uulgus.   40

Cem rebanhos, sículas vacas mugem
junto a ti, por ti na quadriga a égua
já relincha e em múrices africanos   35
    duplitingida

lã te veste: a mim estes parcos campos
e este alento fraco em Camena grega
deu-me a Parca e o dom para desprezar o
    povo perverso.   40

2.17

Cur me querelis exanimas tuis?
Nec dis amicum est nec mihi te prius
      obire, Maecenas, mearum
    grande decus columenque rerum.

A, te meae si partem animae rapit   5
maturior vis, quid moror alteram,
      nec carus aeque nec superstes
    integer? Ille dies utramque

ducet ruinam. Non ego perfidum
dixi sacramentum: ibimus, ibimus,   10
      utcumque praecedes, supremum
    carpere iter comites parati.

Me nec Chimaerae spiritus igneae,
nec, si resurgat, centimanus Gyges
      diuellet umquam. Sic potenti   15
    Iustitiae placitumque Parcis.

Seu Libra seu me Scorpios aspicit
formidolosus, pars uiolentior
      natalis horae, seu tyrannus
    Hesperiae Capricornus undae,   20

utrumque nostrum incredibili modo
consentit astrum. Te Iouis impio
      tutela Saturno refulgens
    eripuit uolucrisque Fati

tardauita alas, cum populus frequens   25
laetum theatris ter crepuit sonum:
      me truncus illapsus cerebro
    sustulerat, nisi Faunus ictum

dextra leuasset, Mercurialium
custos uirorum. Reddere victimas   30
      aedemque uotiuam memento:
    nos humilem feriemus agnam.

2.17

Pra que matar-me em tuas lamentações?
Se não apraz aos Deuses nem mesmo a mim
     que partas, meu Mecenas, minha
    glória, destaque e pilar na vida.

Ó parte da alma minha, se te roubar   5
a força prematura o que vai restar
     de mim sem gosto ou sobrevida
    íntegra? Dupla ruína traz-nos

o mesmo dia pois que jamais jurei
com falsidade: "iremos, iremos, sim,   10
     aonde fores e a suprema
    rota faremos – os dois parceiros".

A mim nem vil Quimera com fogaréu
nem ressurrecto Giges centímano
     jamais me afasta: assim decretam   15
    pelo poder a Justiça e as Parcas.

Se me contempla Libra ou Escorpião
formidoloso, a parte violenta em meu
     horóscopo, ou o grão tirano
    de ondas hespérias, o Capricórnio,   20

parece incrível: nossas junções astrais
se alinham sempre. Júpiter do ímpio
     Saturno te salvou brilhando,
    teu protetor, e do Fado alado

tardou as asas quando uma multidão   25
lançou ao palco um tríplice alegre som:
     em mim um tronco cairia
    sobre a cabeça se acaso Fauno

não segurasse o golpe, esse guardião
dos homens mercuriais. Mas as vítimas   30
     e um templo é bom que enfim ofertes:
    eu levarei uma humilde ovelha.

2.18

Non ebur neque aureum
  mea renidet in domo lacunar,
non trabes Hymettiae
  premunt columnas ultima recisas
Africa, neque Attali   5
  ignotus heres regiam occupaui,
nec Laconicas mihi
  trahunt honestae purpuras clientae.
At fides et ingeni
  benigna uena est pauperemque diues   10
me petit: nihil supra
  deos lacesso, nec potentem amicum
largiora flagito,
  satis beatus unicis Sabinis.
Truditur dies die   15
  nouaeque pergunt interire lunae:
tu secanda marmora
  locas sub ipsum funus et sepulcri
immemor struis domos
  marisque Bais obstrepentis urges   20
summouere litora
  parum locuples continente ripa.
Quid quod isque proximos
  reuellis agri terminos et ultra
limites clientium   25
  salis auarus? Pellitur paternos
in sinu ferens deos
  et uxor et uir sordidosque natos.
Nulla certior tamen
  rapacis Orci fine destinata   30
aula diuitem manet.
  Erum quid ultra tendis? Aequa tellus
pauperi recluditur
  regumque pueris, nec satelles Orci
callidum Promethea   35
  reuexit autor captus. Hic superbum
Tantalum atque Tantali
  genus coercet, hic leuare functum
pauperem laboribus
  uocatus atque non uocatus audit.   40

2.18

Nem marfim nem áureos
    artesoados brilham nesta casa
nem a viga himética
    comprime bases recortadas longe
na África; eu não ocupei   5
    palácios feito atálida secreto
nem me tecem púrpura
    lacônico as clientes de nobreza.
Tenho veia em ser leal
    e talentoso, embora pobre o rico   10
me procura e nada mais
    contesto aos Deuses nem ao meu amigo
poderoso pedirei
    feliz e farto no meu lar sabino.
Dia acossa dia, assim   15
    as luas novas correm para a morte:
tu colado ao funeral
    contratas mármor bem talhado e esqueces
teu sepulcro, um lar constróis
    e buscas no ruidoso mar de Baias   20
afastar o litoral:
    cercado pelas margens não ostentas!
Mas então arrancarás
    até a cerca mais vizinha além dos
teus clientes na avidez   25
    do avaro? Expulsos, junto ao peito levam
cada Deus familiar
    marido e esposa com a prole imunda.
Mas não há maior mansão
    no lote ao homem rico destinado   30
nos confins de um Orco atroz.
    Por que ampliar teus bens? A mesma terra
o homem pobre cobrirá
    e o rei com seus bebês. Nem guarda do Orco
ao astuto Prometeu   35
    revive em troca de ouro: ao soberbo
Tântalo e tantálica
    estirpe oprime e traz por fim descanso
para o pobre em seu labor —
    se for chamado ou não chamado escuta.   40

2.19

Bacchum in remotis carmina rupibus
uidi docentem (credite posteri)
      Nymphasque discentis et auris
    capripedum Satyrorum acutas.

Euhoe! Recenti mens trepidat metu   5
plenoque Bacchi pectore turbidum
      laetatur. Euhoe! Parce, Liber,
    parce, graui metuende thyrso.

Fas peruicacis est mihi Thyiadas
uinique fontem lactis et uberes   10
      cantare riuos atque truncis
    lapsa cauis iterare mella;

fas et beatae coniugis additum
stellis honorem tectaque Penthei
      disiecta non leni ruina,   15
    Thracis et exitium Lycurgi.

Tu flectis amnes, tu mare barbarum,
tu separatis uuidus in iugis
      nodo coerces uiperino
    Bistonidum sine fraude crinis.   20

Tu, cum parentis regna per arduum
cohors Gigantum scanderet impia,
      Rhoetum retorsisti leonis
    unguibus horribilique mala,

quamquam choreis aptior et iocis   25
ludoque dictus non sat idoneus
      pugnae ferebaris; sed idem
    pacis eras mediusque belli.

Te uidit insons Cerberus aureo
cornu decorum leniter atterens   30
      caudam et recedentis trilingui
    ore pedes tetigitque crura.

2.19

Baco em remota rocha a ditar canções
(acreditai, ó pósteros, pois eu vi)
     regendo as Ninfas e o ouvido
    fino dos Sátiros pés-de-cabra.

Evoé! A mente treme em novel temor   5
e o peito em puro Baco já túrbido
     se alegra. Evoé! Me poupa, Líber,
    poupa, temível do grave tirso!

Justo é cantar a tíade em frenesi,
a fonte vínea, os rios mais pródigos   10
     de leite e repetir o mel que
    flui pelo meio dos troncos ocos,

justo é cantar a glória multiestelar
da alegre esposa e o estraçalhado lar
     do rei Penteu, feroz ruína e   15
    trácio Licurgo na sua morte.

Tu curvas rios, tu, o barbário mar,
tu nas distantes serras vais úvido
     prender no laço viperino
    cachos sem mácula das bistones.   20

Tu, quando o excelso reino paterno a vil
caterva dos Gigantes tentou subir,
     a Reto repeliste unhando
    feito um leão com a cara horrenda,

embora mais afeito a dançar, jogar,   25
brincar, como és descrito, sem propensão
     por combater; porém tu foste
    firme na paz e na plena guerra.

Te viu o insonte Cérbero andar com teu
dourado chifre e manso te viu partir   30
     roçando o rabo e com a trilíngue
    boca tocando teus pés e pernas.

2.20

Non usitata nec tenui ferar
penna biformis per liquidum aethera
      uates, neque in terris morabor
   longius, inuidiaque maior

urbis relinquam. Non ego pauperum   5
sanguis parentum, non ego quem uocas,
      dilecte Maecenas, obibo
   nec Stygia cohibebor unda.

Iam iam residunt cruribus asperae
pelles, et album mutor in alitem   10
      superne, nascunturque leues
   per digitos umerosque plumae.

Iam Daedaleo notior Icaro
uisam gementis litora Bosphori
      Syrtisque Gaetulas canorus   15
   ales Hyperboreosque campos.

Me Colchus et qui dissimulat metum
Marsae cohortis Dacus et ultimi
      noscent Geloni, me peritus
   discet Hiber Rhodanique potor.   20

Absint inani funere neniae
luctusque turpes et querimoniae;
      conpesce clamorem ac sepulcri
   mitte superuacuos honores.

2.20

De indelicadas plumas insólitas
biforme em meio líquido éter vou
     de vate sem demora nesta
    terra e maior que qualquer inveja

deixo as cidades. De uma paupérrima   5
estirpe venho entrar em teu círculo,
     meu bom Mecenas, eu não morro
    nem beberei das estígias ondas.

Agora mesmo a pele mais áspera
na perna nasce e no alto transmudo-me   10
     numa ave alva e logo nascem
    penas ligeiras por ombro e dedo.

Agora mais famoso do que Ícaro
verei a costa uivante do Bósforo,
     getúlias Sirtes (pois canoro   15
    pássaro sou) e hiperbóreos campos.

A mim o colco e o dácio que esconde o horror
aos mársios e o gelono longíssimo
     vão me estudar junto ao ibero
    culto e àquele que bebe o Ródão.   20

Sem nênias no vazio do funeral
nem toscos lutos nem cerimônias
     segura o pranto e pro sepulcro
    larga de lado as inúteis honras.

CARMINA 3
ODES 3

3.1

Odi profanum uulgus et arceo.
Fauete linguis: carmina non prius
      audita Musarum sacerdos
   uirginibus puerisque canto.

Regum timendorum in proprios greges,   5
reges in ipsos imperium est Iouis,
      clari Giganteo triumpho,
   cuncta supercilio mouentis.

Est ut uiro uir latius ordinet
arbusta sulcis, hic generosior   10
      descendat in Campum petitor,
   moribus hic meliorque fama

contendat, illi turba clientium
sit maior: aequa lege Necessitas
      sortitur insignis et imos;   15
   omne capax mouet urna nomen.

Destrictus ensis cui super impia
ceruice pendet, non Siculae dapes
      dulcem elaboratum saporem,
   non auium citharaeque cantus   20

somnum reducent: somnus agrestium
lenis uirorum non humilis domos
      fastidit umbrosamque ripam,
   non Zephyris agitata tempe.

Desiderantem quod satis est neque   25
tumultuosum sollicitat mare,
      nec saeuus Arcturi cadentis
   impetus aut orientis Haedi,

non uerberatae grandine uineae
fundusque mendax, arbore nunc aquas   30
      culpante, nunc torrentia agros
   sidera, nunc hiemes iniquas.

3.1

Detesto o povo infausto e afasto-o.
Contei-vos, línguas, pois um inédito
     cantar, pontífice das Musas,
  para meninos e virgens canto.

Temíveis reis imperam por sobre as greis   5
e sobre os reis impera-os Júpiter
     que triunfou sobre os Gigantes
  tudo movendo com seus olhares.

Pois uns mais longe enxertam as árvores
do que outros: este nobre deseja vir   10
     ao Campo como candidato,
  outro famoso por bons costumes

disputa e aquele tem clientelas mil:
Necessidade justa na sua lei
     sorteia o ínfimo e excelso,   15
  todos os nomes na mesma urna.

Se alguém na ímpia nuca pressente enfim
a espada nua, as festas dos sículos
     já não lhe dão doçura alguma
  nem uma cítara ou som das aves   20

lhe traz o sono: o sono suave não
renega a humilde casa do camponês
     nem mansas margens sob a sombra ou
  vales que os Zéfiros arrevesam.

Quem busca o que lhe baste não sofrerá   25
perante o tumultuoso revés do mar
     nem mesmo os ímpetos de Arturo
  sobre o poente e o nascente Capro

nem vinhas que o granizo açoitara nem
terreno traiçoeiro em que a plantação   30
     acusa a água, acusa ardentes
  astros, acusa o inverno injusto.

Contracta pisces aequora sentiunt
iactis in altum molibus: huc frequens
      caementa demittit redemptor 35
   cum famulis dominusque terrae

fastidiosus, sed Timor et Minae
scandunt eodem quo dominus; neque
      decedit aerata triremi et
   post equitem sedet atra Cura. 40

Quod si dolentem nec Phrygius lapis
nec purpurarum Sidone clarior
      delenit usus nec Falerna
   uitis Achaemeniumque costum,

cur inuidendis postibus et nouo 45
sublime ritu moliar atrium?
      Cur ualle permutem Sabina
   diuitias operosiores?

O peixe sente aperto no pélago
se um cais decai no abismo; e o construtor
      aqui com seus escravos molda   35
   pedras enquanto o senhor das terras

se entediou; Ameaças e vil Temor
porém ascendem junto com tal senhor;
      negra Aflição não sai do barco,
   senta-se atrás do seu cavaleiro.   40

Pois se a quem sofre o mármore frígio
de nada servirá nem o púrpura
      que vem de Sídon nem falernas
   vinhas nem mesmo o aquemênio costo

por que farei com ritos inéditos   45
colunas invejáveis num átrio?
      Por que trocar sabino vale
   só por riquezas laboriosas?

3.2

Angustam amice pauperiem pati
robustus acri militia puer
      condiscat et Parthos ferocis
   uexet eques metuendus hasta

uitamque sub diuo et trepidis agat   5
in rebus. Illum ex moenibus hosticis
      matrona bellantis tyranni
   prospiciens et adulta uirgo

suspiret, eheu, ne rudis agminum
sponsus lacessat regius asperum   10
      tactu leonem, quem cruenta
   per medias rapit ira caedes.

Dulce et decorum est pro patria mori.
Mors et fugacem persequitur uirum,
      nec parcit imbellis iuuentae   15
   poplitibus timidoue tergo.

Virtus repulsae nescia sordidae
intaminatis fulget honoribus
      ne sumit aut ponit securis
   arbítrio popularis aurae.   20

Virtus, recludens immeritis mori
caelum, negata temptat iter uia
      coetusque uulgaris et udam
   spernit humum fugiente penna.

Est et fideli tuta silentio   25
merces: uetabo, qui Cereris sacrum
      uulgarit arcanae, sub isdem
   sit transibus fragilem mecum

soluat phaselon. Saepe Diespiter
neglectus incesto addidit integrum.   30
      Raro antecendentem scelestum
   deseruit pede Poena claudo.

3.2

Amigo da pobreza angustíssima
vigore o jovem em duras milícias,
    aprenda a afugentar o fero
  parta e cavalgue com lança horrendo

vivendo a céu aberto em situações   5
extremas. E que o veja do muro hostil
    a esposa do belaz tirano
  junto da filha madura e virgem:

suspirem, ai! que o noivo de clã real
e inculto em guerras não acometa o leão   10
    arisco ao toque e compelido
  para a carnagem com toda a ira.

Morrer por nossa pátria é dever e dom.
A morte também segue o varão fugaz
    nem poupa a juventude imbele   15
  contra o jarrete medroso e as costas.

Virtude desconhece o mais vil revés
e brilha em meio às honras incólumes,
    não toma nem depõe secures
  solta na brisa do populacho.   20

Virtude abrindo o céu aos iméritos
da morte arrisca a via mais ínvia,
    despreza o povo sobre os solos
  úmidos com sua pluma em fuga.

Persiste um prêmio certo ao silêncio   25
leal: e quem divulga os mistérios
    de Ceres vetarei que venha
  junto comigo num teto e frágil

jangada deslanchar. Pois Diéspiter
se desprezado junta o correto ao vil.   30
    Se um criminoso sai à frente
vem Punição com pé manco e pega.

3.3

Iustum et tenacem propositi uirum
non ciuium ardor praua iubentium,
      non uultus instantis tyranni
    mente quatit solida neque Auster

dux inquieti turbidus Hadriae,   5
nec fulminantes magna manus Iouis:
      si fractus illabatur orbis,
    impauidum ferient ruinae.

Hac arte Pollux et uagus Hercules
enisus arcis attigit igneas,   10
      quos inter Augustus recumbens,
    purpureo bibet ore nectar;

Hac te merentem, Bacche pater, tuae
uexere tigres indocili iugum
      collo trahentes; hac Quirinus   15
    Martis equis Acheronta fugit,

gratum elocuta consiliantibus
Iunone diuis: "Ilion, Ilion
      fatalis incestusque iudex
    et mulier peregrina uertit   20

in puluerem, ex quo destituit deos
mercede pacta Laomedon, mihi
      castaque damnatum Mineruae
    cum populo et duce fraudulento.

Iam nec Lacaenae splendet adulterae   25
famosus hospes nec Priami domus
      periura pugnacis Achiuos
    Hectoris opibus refringit,

nostrisque ductum seditionibus
bellum resedit. Protinus et grauis   30
      iras et inuisum nepotem,
    Troica quem peperit sacerdos,

3.3

Ao homem justo e firme nas intenções
nem mesmo o ardor civil que compele o mal
      e a tez intensa de um tirano,
    nada lhe pode abalar nem Austro,

feroz senhor do inquieto Adriático,   5
nem mesmo a mão fulmínea de Júpiter:
      se o mundo se acabar caduco
    restos acertam um ser tranquilo.

Assim tentara Pólux ou Hércules
errático alcançar pirotécnicas   10
      cidades: entre os dois Augusto
    néctar trará na purpúrea boca;

assim mereces, Baco, meu pai, que te
carreguem tigres que no pescoço têm
      o indócil jugo; assim Quirino   15
    sai do Aqueronte em corcéis de Marte

depois que no conselho divino bem
falou-lhes Juno: "Ílion, Ílion,
      juiz fatal e incestuoso
    e a forasteira por fim te fazem   20

pó desde quando Laomedonte quis
quebrar o acordo aceito dos Deuses, com
      Minerva casta condenei-te
    junto a teu povo e teu rei doloso.

Não brilhará à lacônia adúltera   25
seu hóspede nem Príamo com seu lar
      perjuro e Heitor de tanta força
    resistirão aos aqueus na luta

e postergada em nossas altercações
a guerra chega ao fim. Esta ira atroz   30
      e aquele neto detestado,
    filho de sacerdotisa troica,

Marti redonabo. Illum ego lucidas
inire sedes, ducere nectaris
            sucos et ascribi quietis   35
      ordinibus patiar deorum.

Dum longus inter saeuiat Ilion
Romamque pontus, qualibet exsules
            in parte regnanto beati;
      dum Priami Paridisque busto   40

insultet armentum et catulos ferae
celent inultae, set Capitolium
            fulgens triumphatisque possit
      Roma ferox dare iura Medis.

Horrenda late nomen in ultimas   45
extendat oras, qua medius liquor
            secernit Europen ab Afro,
      qua tumidus rigat arua Nilus.

Aurum, irrepertum et sic melius situm
cum terra celat, spernere fortior   50
            quam cogere humanos in usus
      omne sacrum rapiente dextra,

quicumque mundo terminus obstitit,
hunc tangat armis, uisere gestiens
            qua parte debacchentur ignes,   55
      qua nebulae pluuiique rores.

Sed bellicosis fata Quiritibus
hac lege dico, ne nimium pii
            rebusque fidentes auitae
      tecta uelint reparare Troiae.   60

Troiae renascens alite lugubri
fortuna tristi clade interabitur,
            ducente uictricis cateruas
      coniuge me Iouis et sorore.

a Marte entregarei pra que possa entrar
no lar de luz e os sucos nectáreos
      sorver e se inscrever nas calmas   35
    ordens dos Deuses – assim consinto.

Enquanto em fúria houver entre Ílion
e Roma um mar que reinem no exílio
      prosperamente em tudo. Enquanto
    sobre esse Príamo com seu Páris   40

pisar o gado e a fera se acomodar
com seus filhotes, fica com seu fulgor
      o Capitólio e a fera Roma
    triunfará suas leis nos medas.

Temida ao longe em lares longínquos   45
verá seu nome onde águas separarão
      a Europa e os africanos onde o
    Nilo na cheia cultiva os campos.

Um ouro indescoberto (e melhor assim
por sob a terra) forte é quem desprezar   50
      em vez de dar-lhe um uso humano
    manipulando o que foi sagrado.

Aonde o mundo estanca com seus confins
as armas levará desejando olhar
      por onde o fogo bacaniza,   55
    junto de névoa e de chuva densa.

Mas para os belicosos quirites eu
por lei profiro o fado pra que jamais
      por piedade e confiança
    restabeleçam a antiga Troia.   60

Se Troia volta, em lúgubre augúrio
a tal fortuna em triste carnagem cai:
      levando os bandos vencedores
    eis-me a esposa e irmã de Jove.

Ter si resurgat murus aeneus 65
auctore Phoebo, ter pereat meis
        excisus Argiuis, ter uxor
  capta uirum puerosque ploret."

Non hoc iocosae conueniet lyrae.
Quo, Musa, tendis? Desine peruicax 70
        referre sermones deorum et
  magna modis tenuare paruis.

Se ressurgir três vezes o muro sob   65
os dons de Febo perecerá mais três
          por meus argivos, por três vezes
     hão de chorar o marido e os filhos".

Em lira alegre o assunto não tem lugar.
Que queres, Musa? Não me provoques mais   70
          em relatar sermões divinos
     pra atenuá-los em tons menores.

3.4

Descende caelo et dic, age, tibia
regina longum Calliope melos,
      seu uoce nunc mauis acuta
    seu fidibus citharaque Phoebi.

Auditis? An me ludit amabilis   5
insania? Audire et uideor pios
      errare per lucos, amoenae
    quos et aquae subeunt et aurae.

Me fabulosae Vulture in Apulo
nutricis extra limina Pulliae   10
      ludo fatigatumque somno
    fronde noua puerum palumbes

texere, mirum quod fore omnibus
quicumque celsae nidum Aceruntiae
      saltusque Bantinos et aruum   15
    pingue tenent humiles Ferenti,

ut tuto ab atris corpore uiperis
dormirem et ursis, ut premerer sacra
      lauroque collataque myrto,
    non sine dis animosus infans.   20

Vester, Camenae, uester in arduos
tollor Sabinos, seu mihi frigidum
      Praeneste seu Tibur supinum
    seu liquidae placuere Baiae.

Vestris amicum fontibus et choris   25
non me Philippis uersa acies retro,
      deuota non exstinxit arbor,
    nec Sicula Palinurus unda.

Vtcumque mecum uos eritis, libens
insanientem nauita Bosphorum   30
      temptabo et urentis harenas
    litoris Assyrii uiator;

3.4

Devém do céu e diz com a tíbia
um longo melos, régia Calíope,
      com voz aguda se preferes
    ou com a cítara e sons de Febo.

Estás ouvindo ou sofro por ilusões   5
da doce insânia? Agora pareço ouvi-
      la errando em sacros bosques onde
    seguem amenas as brisas e águas.

No apúlio Vúltur quando me desgarrei
da fabulosa Púlia que me nutriu   10
      cansado de brinquedo e jogo,
    pombas me deram, menino, novas

folhagens e espantaram-se todos que
detêm o ninho na alta Acerúntia
      nos vales dos bantinos e entre   15
    campos do humilde Forento férteis

porque com corpo a salvo de víboras
e de ursos eu dormia no acúmulo
      sagrado de laurel e murta:
    Deuses inspiram aquele infante!   20

Camenas eu sou vosso se à íngreme
Sabina vou e podem o gélido
      Preneste e Tíbur escarpada
    e águas de Baias me conquistar.

Amando vossas danças e círculos   25
na fuga de Filipos me conservei
      e contra a árvore execrável
    e em Palinuro siciliano.

Enquanto estou convosco com gosto vou
singrar o mar insano do Bósforo,   30
      eu tentarei a areia ardente
    quando passar por assírias praias,

uisam Britannos hospitibus feros
et laetum equino sanguine Concanum,
   uisam pharetratos Gelonos   35
  et Scythicum inuiolatus amnem.

Vos Caesarem altum, militia simul
fessas cohortis additit oppidis,
   finire quaerentem labores
  Pierio recreatis antro.   40

Vos lene consilium et datis et dato
gaudetis almae, scimus ut impios
   Titanas immanemque turbam
  fulmine sustulerit caduco,

qui terram inertem, quie mare temperat   45
uentosum et umbras regnaque tristia
   diuosque mortalisque turmas
  imperio regit unus aequo.

Magnum illa terrorem intulerat Ioui
fidens iuuentus horrida bracchiis   50
   fratresque tendentes opaco
  Pelion imposuisse Olympo.

Sed quid Typhoeus et ualidus Mimas,
aut quid minaci Porphyrion statu,
   quid Rhoetus euulsisque truncis   55
  Enceladus iaculator audax

contra sonantem Palladis aegida
possent ruentes? Hinc auuidus stetit
   Vulcanus, hinc matrona Iuno et
  numquam umeris positurus arcum,   60

qui rore puro Castaliae lauit
crinis solutos, qui Lyciae tenet
   dumeta natalemque siluam,
  Delius et Patareus Apollo.

verei bretões ferozes com hóspedes
e o côncano feliz de sangrar corcéis,
   verei gelonos com aljavas   35
  sem me ferir na ribeira cita.

E vós ao alto César que dos quartéis
afasta a tropas lassas, entrega um lar
   e busca um fim aos seus labores,
  vós confortais em piéria gruta;   40

vós concedeis conselhos que com ceder,
ó amas, vos alegram. Os ímpios
   Titãs em bando (bem sabemos)
  todos caíram perante o raio

que à terra inerte salga, tempera o mar   45
ventoso, as sombras, reinos tristíssimos,
   os Deuses, os mortais em tropas,
  tudo ele impera sozinho e justo.

Causaram grande horror para Júpiter
horrendos jovens firmes em suas mãos   50
   e irmãos que tentam pôr o monte
  Pélion por sobre o opaco Olimpo.

Mas quanto valem Mimas feroz, Tifeu
e as ameaças vãs de Porfirião,
   que valem Reto e Encélado, entre   55
troncos na aljava um audaz flecheiro,

no ataque contra Palas com a égide
sonora? Porque sôfrego aqui se ergueu
   Vulcano e ali matrona Juno
  junto daquele perene arqueiro   60

que lava em puro orvalho castálico
o seu cabelo solto e na Lícia
   detém o natalício bosque:
  Délio e também Patareu Apolo.

Vis consili expers mole ruit sua: 65
uim temperatam di quoque prouehunt
      in maius, idem odere uiris
   omne nefas animo mouentis.

Testis mearum centimanus Gyges,
sententiarum, notus et integrae 70
        temptator Orion Dianae
   uirginea domitus sagitta.

Iniecta monstris Terra dolet suis
maeretque partus fulmine luridum
       missos ad Orcum; nec peredit 75
   impositam celer ignis Aetnen

incontinentis nec Tityi iecur
reliquit ales, nequitiae additus
      custos; amatorem trecentae
   Pirithoum cohibent catenae. 80

A força sem razão arruína-se: 65
à força temperada os divinos hão
        de alçar excelsa – odeiam forças
    quando conferem no cor o nefas.

São testemunhas Giges centímano
por minha fala e Oríon que provocou   70
        Diana em sua castidade
    mas se prostrou por virgíneas setas.

A Terra sofre em cima dos próprios
portentos enviados à lividez
        do Orco por um raio e o fogo   75
    célere não devorou o Etna

e a ave não dá tréguas ao fígado
do incontrolado Tício e vigiará
        seus crimes e Pirítoo amante
    hoje está preso em trezentos ferros.   80

3.5

Caelo tonantem credidimus Iouem
regnare: praesens diuus habebitur
      Augustus adiectis Britannis
   imperio grauibusque Persis.

Milesne Crassi coniuge babara   5
turpis maritus uixit et hostium
      (pro Curia inuersique mores!)
   consenuit socerorum in aruis

sub rege Medo Marsus et Apulus
ancioliorum et nominis et togae   10
      oblitus aeternaeque Vestae
   incolumi Ioue et urbe Roma?

Hoc cauerat mens prouida Reguli
dissentientis condicionibus
      foedis et exempli trahentis   15
   perniciem uieniens in aeuum,

si non periret immiserabilis
captiua pubes. "Signa ego Punicis
      affixa delubris et arma
   militibus sine caede" dixit   20

"derepta uidi; uidi ego ciuium
retorta tergo bracchia libero
      portasque non clausas et arua
   Marte coli populata nostro.

Auro repensus scilicet acrior   25
miles redibit. Flagitio additis
      damnum; neque amisssos colores
   lana refert medicata fuco

nec uera uirtus, cum semele excidit,
curat reponi deterioribus.   30
      Si pugnat extricata densis
   cerua plagis, erit ille fortis

3.5

No céu, nós cremos, reina-nos Júpiter
troante e aqui será diviníssimo
      Augusto pois bretões e persas
brutos anexa ao poder romano.

Quem militou por Crasso com bárbaras   5
se casa vil e vive pra envelhecer
      (ó Cúria! ó costumes tortos!)
junto às searas do sogro infesto?

No reino meda, o mársio, o apúlio
deslembram-se da toga, do escudo ancil   10
      do nome e da perpétua Vesta
mesmo seguros de Jove e Roma?

Mas isto a mente atenta de Régulo
previra ao combater condições de paz
      infames e também o exemplo   15
posteramente pernicioso

se não morressem sem comiseração
os jovens prisioneiros: "Em púnicos
      sacrários as bandeiras e armas
desses soldados incombatentes   20

eu vi tomadas, vi meus concidadãos
libertos contorcerem as mãos detrás
      das costas, porta aberta e campos
rotos em flor por romano Marte.

Por ouro o bom soldado retornará   25
mais bravo? Vós somais outras dívidas
      ao dano, as cores que perdemos
não voltarão numa lã tingida

nem a virtude vera que evanesceu
procura retornar à degradação.   30
      Se luta ao escapar de densas
redes a cerva, será mais forte

qui perfidis e creditit hostibus,
et Marte Poenos proteret altero,
      qui lora restrictis lacertis   35
    sensit iners timuitque mortem.

Hic unde uitam sumeret inscius
pacem duello miscuit? O pudor,
      o magna Carthago, probrosis
    altior Italiae ruinis!"   40

Fertur pudicae coniugis osculum
paruosque natos ut capitis minor
      ab se remouisse et uirilem
    toruus humi posuisse uultum,

donec labantis consilio patres   45
firmaret auctor numquam alias dato
      interque maerentis amicos
    egregius properaret exsul.

Atqui sciebat quae sibi barbarus
tortor pararet; non aliter tamen   50
      dimouit obstantis propinquos
    et populum reditus morantem

quam si clientum longa negotia
diiudicata lite relinqueret
      tendens Venafranos in agros   55
    aut Lacedaemonium Tarentum.

quem se entregou às mãos do inimigo atroz
e em novo Marte os púnicos pisará
      quem já sentiu inerte um laço   35
   preso no braço e temeu a morte.

Pois sem saber um modo de se salvar
confunde guerra e paz. Ah! vergonha e ah!
      Cartago imensa e ampliada
  sobre as ruínas da Itália infame!"   40

E dizem que negou-se a beijar a fiel
esposa e refugou os filhinhos qual
      ex-cidadão prostrando austero
  sua viril expressão por terra

e aos frágeis senadores depois firmou   45
ao defender propostas inéditas:
      por entre amigos consternados
  ele avançou num exímio exílio.

Ah! ele bem sabia o que o bárbaro
torturador tramava mas mesmo assim   50
      tirou da frente seus parentes
  junto do povo que o atrasava

tal como se um cliente no tribunal
tivesse o veredito final e então
      partisse aos campos de Venafro   55
  ou a Tarento lacedemônia.

3.6

Delicta maiorum immeritus lues,
Romane, donec templa refeceris
    aedisque labentis deorum et
  foeda nigro simulacra fumo.

Dis te minorem quod geris, imperas.   5
Hinc omne principium, hunc refer extium:
    di multa neglecti dederunt
  Hesperiae mala luctuosae.

Iam bis Monaeses et Pacori manus
non auspicatus contudit impetus   10
    nostros et adiecisse praedam
  torquibus exiguis renidet.

Paene occupatam seditionibus
deleuit urbem Dacus et Aethiops,
    hic classe formidatus, ille   15
  missilibus melio sagittis.

Fecunda culpae saecula nuptias
primum inquinauere et genus et domos;
    hoc fonte deriuata labes
  in patriam populumque fluxit.   20

Motus doceri gaudet Ionicos
matura uirgo et fingitur artibus
    iam nunc et incestos amores
  de tenero meditatur ungui;

mox iuniores quaerit adulteros   25
inter mariti uina, neque eligit
    cui donet impermissa raptim
  gaudia luminibus remotis,

sed iussa coram non sine conscio
surgit marito, seu uocat institor   30
    seu nauis Hispanae magister,
  dedecorum pretiosus emptor.

3.6

Sem culpa expias crimes dos nossos pais,
romano, até que possas reconstruir
     sacrários, templos decadentes
   junto às estátuas na atroz fuligem.

Se aos Deuses te curvares, imperarás: 5
vem deles o princípio e o êxito
     e renegados Deuses deram
   larga aflição para a Hespéria em luto.

Por duas vezes Pácoro nos venceu
ao lado de Moneses (sem áugures   10
     nós atacamos) e hoje exibem
   nossos butins em colares brutos.

E Roma corrompida em furor civil
foi quase ao chão por dácios e etíopes:
     uns tão temíveis nas esquadras   15
   e outros melhores no dom da lança.

Fecundas pelas culpas as gerações
mancharam casamentos, a prole, o lar
     e dessa fonte brota a queda
   que hoje transborda por pátria e povo.   20

A virgem que matura deseja só
saber a dança jônia artificial
     se molda e num amor impuro
   pensa com suas suaves unhas,

depois procura jovens adúlteros   25
nos vinhos do marido sem escolher
     a quem entrega seu furtivo
   gozo ilegal no apagar das velas,

então se for chamada não tarda e vem
com seu marido cúmplice ao mercador   30
     ou ao marujo em barca hispana,
   bom comprador da desonra alheia.

Non his iuuentus orta parentibus
infecit aequor sanguine Punico,
  Pyrrhumque et ingentem cecidit   35
  Antiochum Hannibalemque dirum,

sed rusticorum mascula militum
proles, Sabellis docta ligonibus
  uersare glebas et seuerae
  matris ad arbitrium recisos   40

portare fustis, sol ubi montium
mutaret umbras et iuga demeret
  bobus fatigatis, amicum
  tempus agens abeunte curru.

Damnosa quid non imminuit dies?   45
Aetas parentum peior auis tulit
  nos nequiores, mox daturos
  progeniem uitiosiorem.

Porém de pais assim não nascera então
quem mancha em sangue púnico todo o mar
      prostrando Pirro, Antíoco imenso   35
    junto daquele cruel Aníbal;

são filhos varonis dos mais rústicos
soldados, cultos pra cultivar o chão
      na enxada do sabélio ou mesmo
    lenhos cortados trazer seguindo   40

severa mãe em caso de o sol mudar
as sombras das montanhas e aliviar
      da canga o boi cansado enquanto
    traz no seu carro o momento amado.

Mas o que o dia infesto não frustrará?   45
Os nossos pais menores que cada avô
      piores nos fizeram, logo
    conceberemos mais vício aos filhos.

3.7

Quid fles, Asterie, quem tibi candidi
primo restituent uere Fauonii
  Thyna merce beatum
   constantis iuuenem fide,

Gyges? Ille Notis actus ad Oricum   5
post insana Caprae sidera frigidas
  noctes non sine multis
   imsomnis lacrimis agit.

Atqui sollicitae nuntius hospitae,
suspirare Chloen et miseram tuis   10
  dicens ignibus uri,
   temptat mille uafer modis.

Vt Proetum mulier perfida credulum
falsis impulerit criminibus nimis
  casto Bellerophontae   15
   maturare necem refert;

narrat paene datum Pelea Tartaro
Magnessam Hippolytem dum fugit abstinens,
  et peccare docentis
   fallax historias mouet,   20

frustra. Nam et scopulis surdior Icari
uoces audit adhuc integer. At tibi
  ne uicinus Enipeus
   plus iusto placeat caue,

quamuis non alius flectere equum sciens   25
aeque conspicitur gramine Martio,
  nec quisquam citus aeque
   Tusco denatat alueo.

Prima nocte domum claude neque in uias
sub cantu querulae despice tibiae,   30
  et te saepe uocanti
   duram difficilis mane.

3.7

Por que choras, Astérie, este que vai voltar
junto aos primaveris claros Favônios
      entre tínias riquezas,
         o teu jovem constante e fiel

Giges? Ele passou Notos ao Órico,   5
pela Cabra estelar louca e por gélidas
      noites sem que faltasse
         toda a insônia das lágrimas.

A mulher que o hospeda hoje deslumbra-se
e o seu núncio lhe diz como suspira Clóe   10
      por sofrer dos teus fogos
         ao tentá-lo com mil ardis.

Conta como a mulher falsa do crédulo
Preto o soube incitar pelas calúnias
      contra Belerofonte   15
         casto até que o tentou matar,

narra o fim de Peleu quase no Tártaro
quando puro fugiu longe de Hipólita
      e ensinando esses mitos
         ele engana que é bom pecar: 20

tudo em vão! Pois igual Rochas Icárias
ele atesta surdez íntegro. Quanto a ti
      não convém que te alegres
         desmedida com Enipeu

mesmo quando não há quem cruzará melhor   25
pelo Campo de Marte, alto num bom corcel,
      nem nas águas etruscas
         nadadores mais rápidos.

Quando a noite cair, tranca os portões, não vás
pelas ruas ouvir versos na tíbia: 30
      se cruel te proclama,
         mais difícil persistirás.

3.8

Martiis caelebs quid agam Kalendis,
quid uelint flores et acerra turis
plena miraris positusque carbo in
    caespite uiuo,

docte sermones utriusque linguae?   5
Voueram dulcis epulas et album
Libero caprum prope funeratus
    arboris ictu.

Hic dies anno redeunte festus
corticem adstrictum pice dimouebit   10
amphorae fumum bibere institutae
    consule Tullo.

Sume Maecenas, cyathos amici
sospitis centum et uigiles lucernas
perfer in lucem: procul omnis esto   15
    clamor et ira.

Mitte ciuilis super urbe curas:
occidit Daci Cotisonis agmen,
Medus infestus sibi luctuosis
    dissidet armis,   20

seruit Hispanae uetus hostis orae,
Cantaber, sera domitus catena,
iam Scythae laxo meditantur arcu
    cedere campis.

Neglegens ne qua populus laboret   25
parce priuatus nimium cauere et
dona praesentis cape laetus horae,
    linque seuera.

3.8

Março nas calendas e estou solteiro,
que farei com tantos incensos, flores
e o carvão que cobre uma relva viva,
     tu me perguntas,

homem culto em conversações bilíngues?   5
Devotei suaves festins e um bode
branco a Líber: a árvore em queda quase
     me enfunerara.

Este dia santo por mais um ano
vem abrir a casca selada em piche   10
da ânfora que junto do cônsul Tulo
     fumos sorvia.

Vem, Mecenas, cíatos cem aceita
pelo amigo salvo e que a tocha acesa
vare a madrugada: bem longe estejam   15
     iras e gritos!

Deixa teus afãs de civil por Roma:
Cotisão morreu com a dácia tropa,
por discórdia o meda a si mesmo volta as
     armas funestas,   20

velho imigo hispânico o cântabro hoje
sujeitado sente correntes tardas,
hoje o cita afrouxa seu arco e logo
     deixa seus campos.

Sem pensar no ponto onde o povo pena,   25
larga o zelo; a vida privada chama:
pega e goza os dons que te dá o agora,
     sem seriedade.

3.9

"Donec gratus eram tibi
nec quisquam potior bracchia candidae
    ceruici iuuenis dabat,
Persarum uigui rege beatior."

"Donec non alia magis
arsisti neque erat Lydia post Chloen,
    multi Lydia nominis
Romana uigui clarior Ilia."

"Me nunc Thressa Chloe regit,
dulcis docta modos et citharae sciens,
    pro qua non metuam mori,
si parcent animae fata superstiti."

"Me torret face mutua
Thurini Calais filius Ornyti,
    pro quo bis patiar mori,
si parcent puero fata superstiti."

"Quid si prisca redit Venus
diductosque iugo cogit aeneo,
    si flaua excutitur Chloe
reiectaeque patet ianua Lydiae?"

"Quamquam sidere pulchrior
ille est, tu leuior cortice et inprobo
    iracundior Hadria,
tecum uiuere amem, tecum obeam lubens."

3.9

"Pelo tempo do teu amor
nenhum jovem melhor tinhas pra te abraçar
o pescoço branquíssimo:
fui mais rico que um rei dono da Pérsia."

"Pelo tempo em que mais ninguém   5
te abrasava e jamais Lídia cedia a Clóe,
inclitíssima Lídia
tive fama a maior, mais do que Ília."

"Mas governa-me a trácia Clóe
doce e culta ao dançar, sábia na cítara,   10
mesmo a morte eu enfrentarei:
basta o Fado deixar minha paixão viver."

"Mútuo fogo incendeia-me
Cálais, filho varão de Órnito túrio,
duas mortes aceitarei: 15
basta o Fado deixar meu coração viver."

"E se a Vênus antiga então
retornar para impor jugos de bronze em nós,
se excluir essa loira Clóe
e uma porta se abrir nova por Lídia?"   20

"Ele ofusca as constelações,
leviano tu vais mais que a cortiça e mais
irritado que o Ádria:
amaria viver, junto de ti morrer."

3.10

Extremum Tanain si biberes, Lyce,
saeuo nupta uiro, me tamen asperas
porrectum ante foris obicere incolis
    plorares Aquilonibus.

Audis quo strepitu ianua, que nemus   5
inter pulchra satum tecta remugiat
uentis, et positas ut glaciet niues
    puro numine Iuppiter?

Ingratam Veneri pone superbiam,
ne currente retro funis eat rota.   10
Non te Pepelopen difficilem procis
    Tyrrhenus genuit parens.

O quamuis neque te munera nec preces
nec tinctus uiola pallor amantium
nec uir Pieria paelice saucius   15
    curuat, supplicibus tuis

parcas, nec rigida mollior aesculo
nec Mauris animum mitior anguibus.
Non hoc semper erit liminis aut aquae
    caelestis patiens latus.   20

3.10

Se pudesses beber, Lice, no rio Tanais
com marido feroz deplorarias ver
como em porta cruel ando a me descompor
    lá na casa dos Aquilões

Ouves como o portão junto com teu pomar   5
na beleza do lar danam a remugir
entre ventos e até neve enregela-se
    pelo nume de Júpiter?

Vênus sente um horror: deixa esse teu desdém
para assim teu cordão não desfazer o fio.   10
Não te fez com perfil duma Penélope
    teu querido tirreno pai.

Se não cedes a dom, súplica ou palidez
violácea na tez típica do amador,
se o teu homem se foi com uma piéria,   15
    poupa ao menos os súplices:

mole é teu coração feito um carvalho em pé,
tens um trato sutil de áspides áfricas.
Mas nem sempre os umbrais e águas torrenciais
    este corpo suportará.   20

3.11

Mercuri – nam te docilis magistro
mouit Amphion lapides canendo –
tuque testudo resonare septem
     callida neruis,

nec loquax olim neque grata, nunc et   5
diuitum mensis et amica templis:
dic modos, Lyde quibus obstinatas
     adplicet auris,

quae uelut latis equa trima campis
ludit exsultim metuitque tangi   10
nuptiarum expers et adhuc proteruo
     cruda marito.

Tu potes tigris comitesque siluas
ducere et riuos celeres morari;
cessit immanis tibi blandienti   15
     ianitor aulae;

Cerberus, quamuis furiale centum
muniant angues caput aestuetque
spiritus taeter saniesque manet
     ore trilingui;   20

quin et Ixion Tityosque uultu
risit inuito; stetit urna paulum
sicca, dum grato Danai puellas
     carmine mulces.

Audiat Lyde scelus atque notas   25
uirginum poenas et inane lymphae
dolium fundo pereuntis imo
     seraque fata,

quae manent culpas etiam sub Orco:
inpiae – nam quid potuere maius? –,   30
inpiae sponsos potuere duro
     perdere ferro.

3.11

Ó Mercúrio mestre a ensinar a Anfíon
um suave canto que move pedras,
tu testude astuta que pelos sete
      nervos ressoas,

antes nem loquaz nem querida e agora   5
mais amada em templos e mesas ricas:
conta os modos para que o duro ouvido
      Lide me empreste

essa égua jovem que em amplos campos
brinca e pula e teme que alguém a toque   10
sem perícia em núpcias a imatura
      de homem fogoso.

Tu contigo levas os tigres, selvas,
podes refrear os velozes rios;
já cedeu à tua carícia o guarda   15
      do hórrido reino,

Cérbero o cachorro que cem serpentes
furiais carrega na testa e queima
repelente alento e veneno traz na
      boca trilíngue.   20

Mesmo Tício e Ixíon contrariados
se sorriram, a urna por um instante
ressecou-se enquanto num doce canto
      curtem Danaides.

Ouça Lide os crimes, a conhecida   25
punição das virgens na vil vasilha
que vazia livra-se da água e os Fados
      inda que tardos

aguardando as culpas debaixo do Orco.
Ímpias (quem faria maiores males?),   30
ímpias foram pois que com duro ferro
      matam maridos.

Vna de multis face nuptiali
digna periurum fuit in parentem
splendide mendax et in omne uirgo   35
          nobilis aeuum,

'surge' quae dixit iuueni marito,
'surge, ne longus tibi somnus unde
non times detur; socerum et scelestas
          falle sorores,   40

quae uelut nactae uitulos leaenae
singulos eheu lacerant: ego illis
mollior nec te feriam neque intra
          claustra tenebo.

me pater saeuis oneret catenis,   45
quod uiro clemens misero peperci,
me uel extremos Numidarum in agros
          classe releget:

i pedes quo te rapiunt et aurae,
dum fauet nox et Venus, i secundo   50
omine et nostri memorem sepulcro
          scalpe querelam.'

Uma dentre muitas merece o facho
marital pois contra seu pai perjuro
mente lindamente essa nobre virgem   35
       eternamente;

"Anda, acorda!" disse ao marido moço
"Anda acorda! Logo um longevo sono
vem de quem nem temes; engana o sogro e
       falsas cunhadas,   40

que ai! tais quais leoas laceram cada
bezerrinho à vista! Serei mais mole
que elas: não consigo ferir-te nem te
       quero cativo.

Que meu pai me prenda em cruéis correntes   45
porque fui clemente com meu marido,
que me lance longe aos numídios campos
       numa barcaça:

vai-te aonde as brisas e pés levarem
no favor da noite e de Vênus, vai-te   50
auspicioso e lembra do meu sepulcro:
       grava um lamento!"

3.12

Miserarum est neque amori dare ludum neque dulci
mala uino lauere, aut exanimari metuentis
     patruae uerbera linguae.

Tibi qualum Cythereae puer ales, tibi telas
operosaeque Mineruae studium aufert, Neobule,   5
     Liparaei nitor Hebri,

simul unctos Tiberinis umeros lauit in undis
eques ipso melior Bellerophonte, neque pugno
     neque segni pede uictus,

catus idem per apertum fugientis agitato   10
grege ceruos iaculari et celer arto latitantem
     fruticeto excipere aprum.

3.12

Miseráveis as mulheres que não gozam dos amores
nem diluem sua dor em vinho doce mas receiam
     tios de línguas fustigantes.

O menino de Citera as tuas cestas, tuas telas,
teus trabalhos de Minerva, tudo leva, ó Neobule,   5
     logo que Hebro liparense

reluzente lava os ombros entre as ondas tiberinas:
ele vence no corcel Belerofonte sem derrotas
     no combate ou na corrida,

sabedor em acertar as greis de cervos fugidios   10
sobre os campos e ligeiro na tirada do javardo
     que se embrenha pela mata.

3.13

O fons Bandusiae, splendidior uitro,
dulci digne mero non sine floribus,
      cras donaberis haedo,
    cui frons turgida cornibus

primis et uenerem et proelia destinat   5
frustra: nam gelidos inficiet tibi
      rubro sanguine riuos
    lasciui suboles gregis.

Te flagrantis atrox hora Caniculae
nescit tangere, tu frigus amabile   10
      fessis uomere tauris
    praebes et pecori uago.

Fies nobilium tu quoque fontium
me dicente cauis impositam ilicem
      saxis, unde loquaces   15
    lymphae desiliunt tuae.

3.13

Cristalino vitral, fonte Bandúsia,
doce vinho te dou, dou-te uma fina flor
    e amanhã um cabrito
  que de chifres a testa inchou

e na luta e no amor fora-nos promissor   5
em vão: deve tingir sobre teu gélido
    rio o sangue vermelho
  da linhagem mais lúbrica.

O implacável calor da árdua canícula
não te afeta e sutis frios ofertarás   10
    para o touro exaurido
  pelo arado e às errantes greis.

Uma fonte serás tu nobilíssima
pois agora cantei esta azinheira em pé
    sobre a rocha em que corre   15
  tua linfa loquaz veloz.

3.14

Herculis ritu modo dictus, o plebs,
morte uenalem petiisse laurum
Caesar Hispana repetit Penatis
      uictor ab hora.

Vnico gaudens mulier marito   5
prodeat iustis operata sacris,
et soror clari ducis et decorae
      supplice uitta

uirginum matres iuuenumque nuper
sospitum. Vos, o pueri et puellae   10
non uirum expertae, male nominatis
      parcite uerbis.

Hic dies uere mihi festus atras
exiget curas; ego nec tumultum
nec mori per uim metuam tenente   15
      Caesare terras.

I, pete unguentum, puer, et coronas
et cadum Marsi memorem duelli,
Spartacum si qua potuit uagantem
      fallere testa.   20

Dic et argutae properet Neaerae
murreum nodo chohibere crinem;
si per inuisum mora ianitorem
      fiet, abito.

Lenit albescens animos capillus   25
litium et rixae cupidos proteruae;
non ego hoc ferrem calidus iuuenta
      consule Planco.

3.14

Como um feito hercúleo, ó plebe, dizem
que ele foi buscar pela morte um louro:
César vencedor do domínio hispano
      torna aos Penates.

Que a mulher do seu singular marido   5
possa oferecer sacrifícios justos
com a irmã do líder e assim se vistam
      de ínfulas todas

mães de moças virgens e jovens hoje
salvos! Vós meninos e vós meninas   10
sem provar marido, calai a fala in-
      auspiciosa!

Dia santo aquele que vem livrar-me
de atras aflições pois não temo a morte
violenta nem a discórdia enquanto   15
      César governa.

Vai, menino, e pega coroa, aromas,
jarros que recordem a guerra marsa
se ao errante Espártaco acaso alguma
      jarra enganara.   20

Diz que venha logo a sagaz Neera,
com um nó de murta nos seus cabelos
mas se um triste guarda causar demoras
      volta depressa.

Estas cãs acalmam a ânsia pelas   25
brigas impudicas e eu não sofria
tanto em juventude fogosa quando
      Planco era cônsul.

3.15

      Vxor pauperis Ibyci
tandem nequitiae fige modum tuae
      famosisque laboribus;
maturo proprior desine funeri
      inter ludere uirgines   5
et stellis nebulam spargere candidis.
      Non, si quid Pholoen satis,
et te, Chlori, decet: filia rectius
      expugnat iuuenum domos,
pulso Thyias uti concita tympano.   10
      Illam cogit amor Nothi
lasciuae similem ludere capreae:
      te lanae prope nobilem
tonsae Luceriam, non citharae decent
      nec flos purpureus rosae   15
nec poti uetulam faece tenus cadi.

3.15

Pobre esposa de Íbico,
já é tempo de dar fim na desfaçatez
e na infâmia do teu labor;
tu, madura que estás para as exéquias,
deixa as virgens na diversão   5
e não queiras nublar claras constelações.
Se hoje Fóloe é só fulgor,
o teu prazo passou, Clóris! Melhor será
tua filha pilhar rapaz
feito tíade ao som louco do tímpano.   10
Noto a toma no seu amor
como a cabra montês lúbrica quer brincar.
Tu mereces a nobre lã
de Lucéria mas não, nada de cítaras
nem de rosas purpúreas   15
nem, velhota, secar vinhos das ânforas.

3.16

Inclusam Danaem turris aenea
robustaeque fores et uigilum canum
tristes excubiae munierant satis
    nocturnis ab adulteris,

si non Acrisium uirginis abditae   5
custodem pauidum Iuppiter et Venus
risissent: fore enim tutum iter et patens
    conuerso in pretium deo.

Aurum per medios ire satellites
et perrrumpere amat saxa potentius   10
ictu fulmineo; concidit auguris
    Argiui domus ob lucrum

demersa exitio; diffidit urbium
portas uir Macedo et subruit aemulos
reges muneribus; munera nauium   15
    saeuos illaqueant duces.

Crescentem sequitur cura pecuniam
maiorumque fames. Iure perhorrui
late conspicuum tollere uerticem,
    Maecenas, equitum decus.   20

Quanto quisque sibi plura negauerit,
ab dis plura feret. nil cupientium
nudus castra peto et transfuga diuitum
    partis linquere gestio,

contemptae dominus splendidior rei   25
quam si quidquid arat impiger Apulus
occultare meis dicerer horreis,
    magnas inter opes inops.

Purae riuis aquae siluaque iugerum
paucorum et segetis certa fides meae   30
fulgente imperio fertilis Africae
    fallit sorte beatior.

3.16

Dânae numa prisão: roble nos bons portões,
torres brônzeas, além duma duríssima
vigilância dos cães, tudo pra proteger
    contra amantes notívagos

mas de Acrísio, o então tímido guardião   5
dessa virgem sem sol, Vênus e Júpiter
mais se riram porque rota segura deu
    para o Deus que virou valor.

O ouro quer penetrar todas as proteções
e deseja romper pedras com mais poder   10
do que os raios: o lar do áugure argivo assim
    pelo lucro se debelou

enterrado em terror; um macedônio
corrompeu os portões dessas cidades, fez
derruir os rivais reis com seus dons: os dons   15
    prendem barcos e generais.

Quando crescem os bens seguem-se as aflições
e uma fome por mais. Sinto que justo foi
não erguer a cabeça alta e conspícua,
    meu Mecenas, equestre mor.   20

Quanto mais qualquer um pode negar a si
mais dos Deuses terá. Nu eu procuro andar
entre as tendas de quem nada cobiçará
    desertando de quem mais tem,

orgulhoso senhor por desprezados bens,   25
mais do que se o arasse o ávido apúlio
para eu logo esconder junto dos meus granéis
    indigente riquíssimo.

A água pura do rio, estas florestas com
poucas terras e fé firme na plantação: 30
o fulgente senhor da África fértil nem
    percebeu que sou mais feliz.

Quamquam nec Calabrae mella ferunt apes
nec Laestrygonia Bacchus in amphora
languescit mihi nec pinguia Gallicis 35
    crescunt uellera pascuis,

importuna tamen pauperies abest,
nec, si pluram uelim, tu dare reneges.
Contracto melius parua cupidine
    uectigalia porrigam 40

quam si Mygdoniis regnum Alyattei
campis continuem. Multa petentibus
desunt multa. Bene est cui deus obtulit
    parca quod satis est manu.

Sem abelha que traz mel da Calábria
nem um Baco em tonéis feitos por lestrigões
amainando pra mim sem que me cresçam lãs   35
    pelos campos da Gália

mas sem me importunar pela paupéria
nem se desejo mais tu me renegarás.
Se contenho a cobiça eu mais ampliarei
    estas rendas exíguas   40

que se acaso juntar campos mignônios
aos de Alíates pois sempre quem quer demais
sente falta de mais. Antes o que bastar
    nas parquíssimas mãos de um Deus.

3.17

Aeli, uetusto nobilis ab Lamo,
quando et priores hinc Lamias ferunt
     denonimatos et nepotum
   per memores genus omne fastos

auctore ab illo ducet originem,   5
qui Formiarum moenia dicitur
     princeps et innantem Maricae
   litoribus tenuisse Lirim

late tyrannus: cras foliis nemus
multis et alga litus inutili   10
     demissa tempestas ab Euro
   sternet, aquae nisi fallit augur

annosa cornix. Dum potes, aridum
compone lignum. Cras Genium mero
     curabis et porco bimestri   15
   cum famulis operum solutis.

3.17

Meu Élio, nobre prole de Lamo ancião,
pois dele, dizem, podem se nomear
      os Lâmias e hoje toda estirpe
    junto dos netos recorda em festas

firmando sua origem num fundador,   5
primeiro rei dos muros de Fórmias,
      do Líris transbordante que entre
    margens de toda a Marica corre

tirano imenso! Sei que amanhã virá
às folhas da floresta e às algas vãs   10
      do litoral a tempestade
    do Euro se não se enganara o áugur

das águas, velha gralha. Se podes vai
buscar a lenha pois amanhã darás
      ao Gênio um bom leitão e vinho   15
    junto aos escravos desocupados.

3.18

Faune, Nympharum fugientum amator,
per meos finis et aprica rura
lenis incedas abeasque paruis
      aequus alumnis,

si tener pleno cadit haedus anno,   5
larga nec desunt Veneris sodali
uina creterrae, uetus ara multo
      fumat odore.

Ludit herboso pecus omne campo,
cum tibi Nonae redeunt Decembres;   10
festus in pratis uacat otioso
      cum boue pagus;

inter audacis lupus errat agnos,
spargit agrestis tibi silua frondis,
gaudet inuisam pepulisse fossor   15
      ter pede terram.

3.18

Fauno, amante das fugidias ninfas,
pelas minhas terras e em campo aberto
venhas bem suave e gentil te afastes
     destes cordeiros

pois que ao fim de um ano o cabrito tenro   5
tomba já que à taça de Vênus nunca
falta vinho e velhos altares fumam
     fartos perfumes.

Brinca todo o gado no rés da relva
quando vem dezembro com tuas nonas,   10
sobre o prado o pago festeja com seus
     bois ociosos,

lobos vagam entre borregos bravos,
a floresta espalha-te agrestes galhos
e o agricultor tripudia a sua   15
     terra odiosa.

3.19

Quantum distet ab Inacho
Codrus pro patria non timidus mori
    narras et genus Aeaci
et pugnata sacro bella sub Ilion:
    quo Chium pretio cadum   5
mercemur, quis aquam temperet ignibus
    quo praebente domum et quota
Paelignis caream frigoribus, taces.
    Da lunae propere nouae,
da noctis mediae, da, puer, auguris   10
    Murenae; tribus aut nouem
miscentor cyathis pocula commodis.
    Qui Musas amat imparis,
ternos ter cyathos attonitus petet
    uates. Tris prohibet supra   15
rixarum metuens tanfere Gratia
    nudis iuncta sororibus.
Insanier iuuat: cur Berecyntiae
    cessant flamina tibiae?
Cur pendet tacita fistula cum lyra?   20
    Parcentis ego dexteras
odi. Sparge rosas; audiat inuidus
    dementem strepitum Lycus
et uicina seni no habilis Lyco.
    Spissa te nitidum coma,   25
puro te similem, Telephe, Vespero
    tempestiua petit Rhode:
me lentus Glycerae torrer amor meae.

3.19

As histórias desde Ínaco a
Codro, o rei que morreu só pela pátria,
    tu narraste: os eácidas
e o combate aos portões de Ílion santíssima.
    Quanto custam as ânforas   5
quias, quem nos tempera água no fogaréu,
    quem e quando me oferta o lar
contra o frio do peligno – isso silenciarás.
    Vinhos ao novilúnio
traz-nos, traz, meu rapaz, vinhos à noite, traz   10
    ao profeta Murena. Em três
ou em nove porções cíatos chegarão?
    Quem as ímpares Musas quer
pede atônito três tríplices cíatos
    como vate. Mas por temer   15
briga a Graça vetou de ultrapassarmos três
    nua junto de cada irmã.
Doce é enlouquecer: por que calaram-se
    berecíntias tíbias?
Por que tácitas são liras e fístulas?   20
    Parcimônia me dá pavor.
Lança rosas até o ínvido Lico ouvir
    este estrépito estúpido
junto à pobre mulher noiva de Lico ancião.
    Teus cabelos de densa luz,   25
belo Télefo, são límpido Véspero:
    Rode busca-te em tempo bom
e eu me torro no amor lento de Glícera.

3.20

Non uides quanto moueas periclo,
Pyrrhe, Gaetulae catulos leaenae?
Dura post Paulo fugies inaudax
        proelia raptor,

cum per obstantis iuuenum cateruas   5
ibit insignem repetens Nearchum,
grande certamen, tibi praeda cedat,
        maior an illa.

Interim, dum tu celeris sagitas
promis, haec dentes acuit timendos,   10
arbiter pugnae posuisse nudo
        sub pede palmam,

fertur et leni recreare uento
sparsum odoratis umerum capillis,
qualis aut Nireus fuit aut aquosa   15
        raptus ab Ida.

3.20

Não percebes, Pirro, teu grande risco
com filhotes gétulos de leoa?
Raptor covarde depois da dura
      luta tu foges

e ela enfrenta jovens em firmes tropas   5
procurando os rastros do seu Nearco:
brigam por saber para quem se entrega
      mais dessa presa.

Desse modo enquanto velozes setas
lanças e ela afia os temíveis dentes   10
o juiz da rixa com pé despido
      pisa na palma,

dizem que ele brinca no vento leve
que entre seus cabelos perfuma os ombros
qual Nireu e aquele rapaz que no Ida   15
      foi raptado.

3.21

O nata mecum consule Manlio,
seu tu querelas siue geris iocos
     seu rixam et insanos amores
   seu facilem, pia testa, somnum,

quocumque lectum nomine Massicum   5
seruas, moueri digna bono die,
     descende, Coruino iubente
   promere languidiora uina.

Non ille, quamquam Socraticis madet
sermonibus, te negleget horridus.   10
     Narratur et prisci Catonis
   saepe mero caluisse uirtus.

Tu lene tormentum ingenio admoues
plerumque duro; tu sapientium
     curas et arcanum iocoso   15
   consilium retegis Lyaeo;

tu spem reducis mentibus anxiis
uirisque et addis cornua pauperi
     post te neque iratos trementi
   regum apices neque militum arma;   20

te Liber et, si laeta aderit, Venus
segnesque nodum soluere Gratiae
     uiuaeque producent lucernae,
   dum rediens fugat astra Phoebe.

3.21

Como eu nascida em tempos de Mânlio,
quer tu nos tragas jogos ou lástimas,
     disputas ou paixões insanas
    ou o descanso, ó jarra santa,

qual seja o nome impresso no Mássico   5
seleto – bem mereces a remoção
     num dia assim: devém! Corvino
    manda servir os mais velhos vinhos.

Mesmo ébrio das conversas socráticas
ou desleixado nunca te deixará.   10
     E contam que Catão, o Velho
    vinha aquentar a virtude em vinho.

Tu dás sutil tormento ao espírito
no mais das vezes duro, às aflições
     dos sábios e aos afãs secretos   15
    junto ao jocoso Lieu desvelas;

tu tornas a esperança às angústias,
concedes viço e forças ao infeliz
     que junto a ti não teme as iras
    régias e as armas dos militares;   20

a ti a alegre Vênus e Líber vêm,
vêm Graças enroladas nos vínculos
     e os fachos te alongando enquanto
    Febo retorna e a afugenta os astros.

3.22

Montium custos nemorumque, Virgo,
quae laborantis utero puellas
ter uocata audis adimisque leto,
      diua triformis,

imminens uillae tua pinus esto,   5
quam per exactos ego laetus annos
uerris obliquum meditantis ictum
      sanguine donem.

3.22

Guardiã dos bosques e montes, Virgem,
tu que por três vezes durante o parto
chamam as meninas temendo a morte,
     Deusa triforme,

teu é o alto pinho na minha quinta: 5
quando um ano acaba lhe entrego alegre
todo o sangue de outro varrão que trama
     golpes oblíquos.

3.23

Caelo supinas si tuleris manus
nascente luna rustica Phidyle,
     si ture placaris et horna
    fruge Lares auidaque porca,

nec pestilentem sentiet Africum   5
fecunda uitis nec sterilem seges
       robiginem aut dulces alumni
    pomifero graue tempus anno.

Nam quae niuali pascitur Algido
deuota quercus inter et ilices   10
       aut crescit Albanis in herbis
    uictima pontificum securis

ceruice tinget: te nihil attinet
temptare multa caede bidentium
       paruos coronantem marino   15
    rore deos fragilique myrto.

Immunis aram si tetigit manus,
non sumptuosa blandior hostia
       molliuit auersos Penatis
    farre pio et saliente mica.   20

3.23

Se quando a lua nasce levaste as mãos
ao alto céu, ó rústica Fídile,
     se com incensos, grãos recentes
    e ávida porca aplacaste os Lares,

assim não passa o Áfrico pútrido   5
na tua fértil vinha ou na plantação
     o estéril fungo ou nessas doces
    crias a dura estação dos frutos.

Pois a que pasta no Álgido gélido
devota em meio a azinhos e carvalhais   10
     ou cresce sobre a relva albana
    tinge as secures dos sacerdotes

com seu pescoço: em nada te importará
ganhar com tal matança de ovelha e lã
     a um Deus menor que tu coroas   15
    com alecrim e com frágeis murtas.

Se a mão vazia acaso tocar o altar
até sem ter riquíssimas vítimas,
     irão reconverter Penates
    sal saltarilho e espelta santa.   20

3.24

Intactis opulentior
thesauris Arabum et diuitis Indiae
caementis licet occupes
Tyrrhenum omne tuis et mare sublicis,
si figit adamantinos   5
summis uerticibus dira Necessitas
clauos, non animum metu
non mortis laqueis expedies caput.
Campestres melius Scythae,
quorum plaustra uagas rite trahunt domos,   10
uiuunt et rigidi Getae,
immetata quibus iugera liberas
fruges et Cererem ferunt
nec cultura placet longior annua
defunctumque laboribus   15
auquali recreat sorte uicarius.
Illic matre carentibus
priuignis mulier temperat innocens,
nec dotata regit uirum
coniunx nec nitido laedit adultero.   20
Dos est magna parentium
uirtus et metuens alterius uiri
certo foedere castitas
et peccare nefas, aut pretium emori.
O quisquis uolet impias   25
caedis et rabiem tollere ciuicam,
si quaeret PATER VRBIUM
subscribi statuis, indomitam audeat
refrenare licentiam,
clarus postgenitis: quatenus, heu nefas,   30
uirtutem incolumem odimus,
sublatam ex oculis quaerimus inuidi.
Quis tristes querimoniae,
si non supplicio culpa reciditur,
quid leges sine moribus   35
uanae proficiunt, si neque feruidis
pars inclusa caloribus
mundi nec Boreae finitimum latus
durataeque solo niues

3.24

Com mais bens do que os árabes
de ouro intacto e também mais do que povo hindu
em concretos ocuparás
o Tirreno até ver tudo com teu pilar,
mas se prego e adamante traz   5
dura Necessidade entre as abóbadas,
de pavor teu espírito
penará sem se ver livre do funeral.
Os campestres da Cítia
que costumam levar casas em seus vagões   10
vivem muito melhor que nós,
também getas durões que num imenso chão
geram Ceres e frutos bons
sem querer cultivar mais do que um ano e assim
quem termina o trabalho vê   15
como em termos iguais surge-lhe um sucessor.
Lá madastras não fazem mal
para os filhos que ao fim sofrem sem ter a mãe
nem por dotes comandará
ao marido a mulher livre de adúlteros.   20
A virtude que traz dos pais
é seu dote maıor, tem castidade e horror
contra os homens que vêm lhe ver:
é nefasto pecar, morrem na punição.
Ah! quem quer que procure o fim   25
das matanças sem Deus ou do furor civil,
se quer ler nas estátuas
que ele é Pai da Cidade, ouse nos refrear
as licenças indômitas
para a fama futura – ah! odiamos, vis,   30
as virtudes incólumes
mas quando elas se vão nós invejamos mais.
De que valem lamentações
se esta culpa não cai pelos suplícios?
De que valem as leis tão vãs   35
sem costume melhor quando nem o calor
dos lugares mais tórridos
nem as margens que estão junto de Bóreas
nem as neves congélidas

mercatorem abigunt, horrida callidi   40
    uincunt aequora nauitae,
magnum pauperies opprobrium iubet
    quiduis et facere et pati
uirtutisque uiam deserit arduae?
    Vel nos in Capitolium,   45
quo clamor uocat et turba fauentium,
    uel nos in mare proximum
gemmas et lapides aurum et inutile,
    summi materiem mali,
mittamus, scelerum si bene paenitet.   50
    Eradenda cupidinis
praui sunt elementa et terenae nimis
    mentes asperioribus
firmandae studiis. Nescit equo rudis
    haerere ingenuus puer   55
uenarique timet, ludere doctior
    seu Graeco iubeas trocho
seu malis uetita legibus alea;
    cum periura patris fides
consortem socium fallat et hospitem,   60
    indignoque pecuniam
heredi properet. Scilicet improbae
    crescunt diuitiae; tamen
curtae nescio quid semper abest rei.

param um mercador, nautas astutos não   40
      são vencidos num bruto mar?
A pobreza é o pior mal que lhes pode haver
      que hoje ordena fazer, sofrer?
O caminho à virtude, íngreme, se perdeu?
      Mas ao grão Capitólio   45
onde bandos darão brados de aprovação
      ou aos mares mais próximos
joias, pérolas mais o ouro de vida vã
      (a matéria do puro mal)
lançaremos se o vil crime nos consternou!   50
      Pois o nosso dever será
rasurar as lições pérfidas das paixões
      e firmar os espíritos
tenros na educação rígida. Pois rapaz
      livre hesita em subir no seu   55
corcel bravo e caçar, sábio nas diversões
      entre argolas helênicas
ou então em lançar dados ilícitos
      e o seu pai em perjúrios
prometendo enganou hóspede e sócio,   60
      tudo fez para enriquecer
seu varão sem valor: súbito crescerão
      sem justiça os seus bens porém
sempre sente faltar um não-sei-quê qualquer.

3.25

Quo me, Bacche, rapis tui
plenum? Quae nemora aut quos agor in specus
uelox mente noua? Quibus
antris egregii Caesaris audiar
aeternum meditans decus   5
stellis inserere et consilio Iouis?
Dicam insigne, recens, adhuc
indictum ore alio. Non secus in iugis
exsomnis stupet Euhias
Hebrum prospiciens et niue candidam   10
Thracen ac pede barbaro
lustratam Rhodopen, ut mihi deuio
ripas et uacuum nemus
mirari libet. O Naiadum potens
Baccharumque ualentium   15
proceras manibus uertere fraxinos,
nil paruum aut humili modo,
nil mortale loquar. Dulce periculum est
o Lenaee, sequi deum
cingentem uiridi tempora pampino.   20

3.25

Por que, Baco, me arrebatar?
Em que bosque ou caverna, aonde me levará
    esta mente veloz? Em quais
antros me ouvem mover cantos de honor sem fim
    para César claríssimo   5
numa constelação junto de Júpiter?
    Digo o novo e inédito
que ninguém fabulou. Feito uma evíade
    toda insone na serra vai
espantada de ver o Hebro e a Trácia   10
    branca em neves e o Ródope
sob os bárbaros pés, eu me deleito por
    ver em meu extravio a sós
bosques, margens e mais. Ó Deus das Náiades,
    das bacantes que pelas mãos   15
podem desarraigar freixos altíssimos,
    nada eu canto num tom menor,
nada humilde ou mortal. Risco e delícia
    ó Leneu, é seguir um Deus
que de verde envolveu parras nas têmporas.   20

3.26

Vixi, puellis nuper idoneus,
et militaui non sine gloria:
  nunc arma defunctumque bello
  barbiton hic paries habebit,

laeuum marinae qui Veneris latus   5
custodit. Hic, hic, ponitet lucida
  funalia et uectis et arcus
  oppositis foribus minacis.

O quae beatam diua tenens Cyprum et
Memphim carentem Sithonia niue,   10
  regina, sublimi flagello
  tange Chloen semel arrogantem!

3.26

Querido pelas jovens eu já vivi
e militei mas nada sem glórias:
      ao fim da guerra entrego as armas
    perto do bárbito na parede

que junto ao flanco esquerdo protegerá   5
marinha Vênus. Vem e depõe a luz
      dos fachos, alavancas e arcos
    que assediavam portões fechados.

Ó Deusa mor de Chipre riquíssima,
de Mênfis sem as neves sitônias,   10
      rainha, em teu sublime açoite
    toca essa Clóe arrogante agora!

3.27

Impios parrae recinentis omen
ducat et praegnans canis aut ab agro
raua decurrens lupa Lanuuino
      fetaque uulpes;

rumpat et serpens iter institutum,   5
si per obliquum simils sagittae
terruit mannos: ego cui timebo
      prouidus auspex,

antequam stantis repetat paludes
imbrium diuina auis imminentum,   10
oscinem coruum prece suscitabo
      solis ab ortu.

Sis licet felix ubicumque mauis,
et memor nostri, Galatea, uiuas
teue nec laeuus uete ire picus   15
      nec uaga cornix.

Sed uides quanto trepidet tumultu
pronus Orion. Ego quid sit ater
Hadriae noui sinus et quid albus
      peccet Iapyx.   20

Hostium uxores puerique caecos
sentiant motus orientis Austri et
aequoris nigri fremitum et trementis
      uerbere ripas.

Sic et Europe niueum doloso   25
credidit tauro latus et scatentem
beluis pontum mediasque fraudes
      palluit audax.

Nuper in pratis studiosa florum et
debitae Nymphis opifex coronae,   30
nocte sublustri nihil astra praeter
      uidit et undas.

3.27

Ímpios leve a parra com seus agouros
ou cadela prenha ou cinzenta loba
que correu do campo em Lanúvio ou ra-
      posa parida,

que a serpente irrompa por tais caminhos   5
e que feito flecha transversa assuste
cada pônei; se por alguém receio,
      cauto adivinho,

antes que retorne pro charco estanque
a ave que prevê se nos vêm tormentas,   10
sob o sol nascente eu suscito em prece
      corvo auspicioso.

Podes ser feliz no lugar que queiras,
Galateia, desde que não me esqueças;
não te impede nem pica-pau sinistro   15
      nem uma gralha.

Observas como trepida Oríon
quando afunda. Eu sei o que diz o golfo
negro em mar Adriático, sei que o claro
      Jápige engana.   20

Que a mulher e a prole dos inimigos
sinta a força cega ao nascer o Austro
e o rugido escuro do mar que açoita
      trêmulas margens.

Pois Europa outrora entregara ao touro   25
falso o torso níveo e perante fraudes
pelo mar de monstros a corajosa
      pálida estava.

Se antes procurava no prado as flores
com que ofertaria coroa às Ninfas,   30
vê no lusco-fusco noturno apenas
      ondas e estrelas.

Quae, simul centum tetigit potentem
opiidis Creten, "Pater, o relictum
filiae nomen, pietasque" dixit
      "uicta furore,   35

unde quo ueni? Leuis una mors est
uirginum culpae. Vigilansne ploro
turpe commissum an uitiis carentem
      ludit imago   40

uana, quae porta fugiens eburna
somnium ducit? Meliusne fluctus
ire per longos fuit an recentis
      carpere flores?

Si quis infamem mihi nunc iuuencum   45
dedat iratae, lacerare ferro et
frangere enitar modo multum amati
      cornua monstri.

Impudens liqui patrios Penatis,
impudens Orcum moror. O deorum   50
si quis haec audis, utinam inter errem
      nuda leones!

Antequam turpis macies decentis
occupet malas teneraeque sucus
defluat praedae, speciosa quaero   55
      pascere tigris

'Vilis Europe', pater urget absens,
'quid mori cessas? Potes hac ab orno
pendulum zona bene te secuta e-
      lidere collum.   60

Siue te rupes et acuta leto
saxa delectant, age te procellae
crede ueloci; nisi erile mauis
      carpere pensum

E ao chegar a Creta de cem cidades
poderosa, disse: "Meu pai, meu nome
filial perdido, a piedade agora   35
     finda em furores,

donde aonde vou? Uma morte é leve
pra culposa virgem! Vigílias choro
por ações horrendas ou inocente
     sou o joguete   40

de uma sombra vã que nos sonhos foge
pela porta ebúrnea? Melhor seguindo
pelas longas ondas ou recolhendo
     flores recentes?

Mas se alguém entrega esse vil novilho   45
para minha ira, o lacero em ferro,
quero então quebrar a galhada desse
     monstro amoroso.

Sem pudor deixei os Penates pátrios,
sem pudor atraso-me ao Orco. Ó Deuses,   50
se um de vós me escuta, a leões desnuda
     quero entregar-me!

Antes que uma horrenda murchez apague
minha face e escorram as seivas desta
tenra presa, bela desejo dar-me,   55
     pasto dos tigres.

'Vil Europa', grita meu pai ausente,
'por que tu não morres? Se neste freixo
prendes tua cinta parceira, assim se
     penda o pescoço.   60

Se preferes penhas e agudas rochas
para a morte, vai e te entrega logo
na veloz procela, a não ser que queiras
     lãs e serviços,

regius sanguis, dominaeque tradi 65
barbarae paelex."' Aderat querenti
perfidum ridens Venus et remisso
        filius arcu.

Mox, ubi lusit satis: "Abstineto"
dixit "irarum calidaeque rixae; 70
non tibi inuisus laceranda reddet
        cornua taurus.

Vxor inuicti Iouis esse nescis
mitte singultus, bene ferre magnam
disc fortunam; tua sectus orbis 75
        nomina ducet.

ver teu sangue régio por concubina   65
contra a dona bárbara'." Aos seus lamentos
veio Vênus pérfida rindo e o filho
      de arco largado.

Quando se cansou de brincar lhe disse:
"Deixa agora de iras e ardentes brigas   70
quando lacerares galhadas desse
      touro odioso.

Tu não vês que és noiva do invicto Jove.
Larga o pranto e aprende a levar nos ombros
teu destino enorme: o teu nome encerra   75
      parte do mundo".

3.28

Festo quid potius die
Neptuni faciam? Prome reconditum,
　　Lyde, strenua Caecubum
munitaeque adhibe uim sapientiae.
　　Inclinare meridiem　　　　　　　　　　5
sentis et, ueluti stet uolucris dies,
　　parcis deripere horreo
cessantem Bibuli consulis amphoram.
　　Nos cantabimus inuicem
Neptunum et uiridis Nereidum comas;　　　　　10
　　tu curuas recines lyra
Latonam et celeris spicula Cynthiae,
　　summo carmine quae Cnidon
fulgentisque tenet Cycladas et Paphon
　　iunctis uisit oloribus.　　　　　　　　　15
Dicetur merita Nox quoque nenia.

3.28

Que farei pelo festival
que a Netuno se faz? Saca este Cécubo
    guardadíssimo, Lide, até
abater o saber dentro do seu quartel.
    Meio dia se debandou   5
mas parece pairar, pássaro estático,
    quando enrolas em nos trazer
essa jarra que viu Bíbulo consular!
    Cantaremos a revezar
a Netuno e ao verdor dom que as Nereidas têm,   10
    sobre a lira recitarás
a Latona e ao veloz dardo da Cíntia
    e a canção derradeira vai
para Cnido e seu Deus, brilho das Cíclades
    que entra em Pafos com cisnes mil.   15
Mas à Noite virão nênias de se ninar.

3.29

Tyrrhena regum progenies, tibi
non ante uerso lene merum cado
    cum flore, Maecenas, rosarum et
  pressa tuis balanus capillis

iamdudum apud me est. Eripe te morae, 5
ne semper udum Tibur et Aefulae
    decliue contempleris aruum et
  Telegoni iuga parricidae.

Fastidiosam desere copiam et
molem propinquam nubibus arduis; 10
    ommite mirari beatae
  fumum et opes strepitumque Romae.

Plerumque gratae diuitibus uices
mundaeque paruo sub Lare pauperum
    cenae sine aulaeis et ostro 15
  sollicitam explicuere frontem.

Iam clarus occultum Andromedae Pater
ostendit ignem, iam Procyon furit
    et stella uesani Leonis,
  sole dies referente siccos; 20

iam pastor umbras cum grege languido
riuumque fessus quaerit et horridi
    dumeta Siluani, caretque
  ripa uagis taciturna uentis.

Tu ciuitatem quis deceat status 25
curas et urbi sollicitus times
    quid Seres et regnata Cyro
  Bactra parent Tanais discors.

Prudens futuri temporis exitum
caliginosa nocte premit deus 30
    ridetque si mortalis ultra
  fas trepidat. Quod adest memento

3.29

Tu vens da realeza tirrena e a ti
um vinho leve de ânfora incólume
     com flor de rosas, ó Mecenas,
    e óleo prensado nos teus cabelos

faz tempo guardo aqui. Sem demoras, vem!   5
Nem sempre encaras Tíbur mais úmida
     nem Éfula entre campo e escarpa,
    chãos de Telégono parricida.

Esquece as tais farturas insípidas
e a torre junto a nuvens altíssimas;   10
     nem fiques contemplando os fumos,
    bens e ruídos da rica Roma.

Os ricos têm prazer na variação
e a ceia limpa e simples num pobre Lar
     sem púrpura ou tapeçarias   15
    pode alisar uma fronte aflita.

Famoso pai de Andrômeda já mostrou
o fogo oculto, Prócion já surtou
     com o astro leonino insano
    logo que o sol nos trazia a seca,   20

pastor cansado e reses apáticas
procuram rios, sombras e matagais
     do bom Silvano hirsuto, faltam
    ventos errantes e as margens calam.

Tu pensas na melhor constituição   25
pra Roma e nela temes a sedições
     que o sero ou Ciro em reinos bactros
    ou o discorde Tanais nos tramam.

Prudente do futuro ocultara um Deus
o que há de vir na noite de bruma e breu   30
     e ri se algum mortal se aflige
    rumo ao nefasto. Mas tenhas calma

componere aequus; cetera fluminis
ritu feruntur, nunc medio alueo
  cum pace delabentis Etruscum   35
 in mare, nunc lapides adesos

stirpisque raptas et pecus et domos
uoluentis una non sine montium
  clamore uicinaeque siluae,
 cum fera diluuies quietos   40

irritat amnis. Ille potens sui
laetusque deget, cui licet in diem
  dixisse "Vixi. Cras licet in diem
 nube polum Pater occupato

uel sole puro: non tamen irritum   45
quodcumque retro est efficiet, neque
  diffinget infectumque reddet
 quod fugiens seme hora uexit."

Fortuna saeuo laeta negotio et
ludum insolentem ludere pertinax   50
  transmutat incertos honores,
 nunc mihi, nunc alii benigna.

Laudo morantem; si celeris quatit
pennas, resigno quae dedit et mea
  uirtute me inuoluo probamque   55
 pauperiem sine dote quaero.

Non est meum, si mugiat Africis
malus procellis, ad miseras preces
  decurrere et uotis pacisci
 ne Cypriae Tyriaeque merces   60

addant auaro diuitias mari.
Tunc me biremis praesidio scaphae
  tutum per Aegaeos tumultus
 aura ferat geminusque Pollux.

na lida do presente, que o resto vai
seguindo o fluxo, ora pacífico
     no seu canal ao mar Tirreno,   35
  ora entre as rochas debilitadas

que arrasta e tronco e gado e até mesmo o lar
num só tormento e não sem algum clamor
     da vizinhança em monte e bosque
  quando a feroz enxurrada irrita   40

as águas calmas. Há de ter mais poder,
ser mais alegre aquele que ao fim puder
     dizer "Vivi! O Pai já pode
  vir pelo céu com sombrias nuvens

ou puro sol mas nunca removerá   45
aquelas coisas findas que ficarão
     nem poderá tornar desfeito
  tudo que a fuga das horas trouxe."

Fortuna goza em tristes negócios,
jogando insiste em jogos insólitos,   50
     transfere as honras mais incertas
  seja por mim ou por bem alheio.

E a louvo enquanto fica mas se bater
veloz a pluma aceito o que concedeu,
     me envolvo na virtude e busco   55
  minha pobreza sem dote e justa.

Não cabe a mim, se o mastro remuge ao som
das tempestades do Áfrico, suplicar
     em prece ou negociar com votos
  pra que os produtos de Chipre e Tiro   60

não sejam mais riquezas do avaro mar.
Assim no meu esquife birreme vou
     seguro pelo Egeu chuvoso:
  levam-me a brisa e o gêmeo Pólux.

3.30

Exegi monumentum aere perennius
regalique situ pyramidum altius,
quod non imber edax, non Aquilo inpotens
possit diruere aut innumerabilis
annorum series et fuga temporum.   5
Non omnis moriar multaque pars mei
uitabit Libitinam; usque ego postera
crescam laude recens, dum Capitolium
scandet cum tacita uirgine pontifex.
Dicar, qua uiolens obstrepit Aufidus   10
et qua pauper aquae Daunus agrestium
regnauit populorum, ex humili potens
princeps Aeolium carmen ad Italos
deduxisse modos. Sume superbiam
quaesitam meritis et mihi Delphica   15
lauro cinge uolens, Melpomene, comam.

3.30

Monumento eu ergui: bronzes superará,
mais imenso que a sé de altas pirâmides.
Nem borrasca mordaz e Áquilo em desrazão
poderão destruir nem uma inúmera
série em fuga sem fim de ano e milênio.   5
Todo eu não morrerei: parte maior de mim
logrará Libitina e hei de crescer além
renovado em louvor, se ao Capitólio
virgem muda subir junto ao pontífice.
Terei nome onde rui rábido o Áufido   10
e onde Dauno reinou rústicos áridos
pobre d'água, porque eu baixo me empoderei:
o primeiro a trazer cantos eólicos
sobre itálicos tons. Toma-te o mérito
da soberba que dou e orna-me o délfico   15
louro às têmporas, vem, doce Melpômene.

CARMINA 4
ODES 4

4.1

Intermissa, Venus, diu
rursus bella moues? Parce precor, precor.
    Non sum qualis eram bonae
sub regno Cinarae. Desine, dulcium
    mater saeua Cupidinum,   5
circa lustra decem flectere mollibus
    iam durum imperiis: abi,
quo blandae iuuenum te reuocant preces.
    Tempestiuius in domum
Pauli purpureis ales oloribus   10
    comissabere Maximi,
si torrere iecur quaeris idoneum;
    namque et nobilis et decens
et pro sollicitis non tacitus reis
    et centum puer artium   15
late signa feret militiae tuae,
    et, quandoque potentior
largi muneribus riserit aemuli,
    Albanos prope te lacus
ponet marmoream sub trabe citrea.   20
    Illic plurima naribus
duces tura, lyraque et Berecyntia
    delectabere tibia
mixtis carminibus non sine fistula;
    illic bis pueri die   25
numen cum teneris uirginibus tuum
    laudantes pede candido
in morem Salium ter quatient humum.
    Me nec femina nec puer
iam nec spes animi credula mutui   30
    nec certare iuuat mero
nec uincire nouis tempora floribus.
    Sed cur heu, Ligurine, cur
manat rara meas lacrima per genas?
    Cur facunda parum decoro   35
inter uerba cadit lingua silentio?
    Nocturnis ego somniis
iam captum teneo, iam uolucrem sequor
    te per gramina Martii
campi, te per aquas, dure, uolubilis.   40

4.1

Vênus, interrompida então
guerra inovas? Tem dó! Peço-te, peço-te.
Não sou mais o que fui então
quando Cínara reinava-me. Deixa-me,
    mãe cruel dos Cupidos nus,   5
sem dobrar o vigor duro de um cinquentão
    com suaves impérios,
vai atrás das sutis preces de algum rapaz!
    Melhor: corre pro lar do bom
Paulo e chega com teus cisnes purpúreos   10
    junto à casa de Máximo
para ali calcinar o ótimo fígado
    pois é nobre e decente e são
e solícito assim vai defender os réus,
    tem mil artes o tal rapaz   15
e carrega os sinais de militar por ti
    toda vez que demonstra ter
mais poder do que os dons rindo de seus rivais
    e nos lagos da Albânia
junto à tuia te faz toda de mármore.   20
    Lá perfumes de bálsamos
sentirás ao ouvir liras a ressoar,
    berecíntias tíbias
e enlaçando à canção timbres de fístula;
    duas vezes ao dia lá   25
junto a virgens gentis jovens com alvos pés
    ao teu nume virão louvar
como os sálios com três saltos por sobre o chão.
    Nem mulher nem sequer rapaz
nem a espera fiel quanto a um mútuo amor   30
    nem o vinho me agrada mais
nem cingir uma flor nova nas têmporas.
    Ligurino, por que, por que
sinto a lágrima vir furtivamente à tez?
    Por que minha fluidíssima   35
língua teima em cair torpe em silêncio?
    Entre sonhos noturnos eu
sei pegar e seguir rastros de um pássaro
    pelo Campo de Marte: tu,
entre as águas a flux, duro em volúveis, tu.   40

4.2

Pindarum quisquis studet aemulari,
Iulle, ceratis ope Daedalea
nititur pennis uitreo daturus
      nomina ponto.

Monte decurrens uelut amnis, imbres   5
quem super notas aluere ripas,
feruet immensusque ruit profundo
      Pindarus ore,

laurea donandus Apollinari,
seu per audacis noua dithyrambos   10
uerba deuoluit numerisque fertur
      lege solutis,

seu deos regesue canit, deorum
sanguinem, per quos cecidere iusta
morte Centauri, cecidit tremendae   15
      flamma Chimaerae,

siue, quos Elea domum reducit
palma caelestis, pugilemue equumue
dicit et centum potiore signis
      munere donat,   20

flebili sponsae iuuenemue raptum
plorat et uiris animumque moresque
aureos educit in astra nigroque
      inuidet Orco.

Multa Dircaeum leuat aura cycnum,   25
tendit, Antoni, quotiens in altos
nubium tractus: ego apis Matinae
      more modoque

grata carpentis thyma per laborem
plurimum circa nemus uuidique   30
Tiburis ripas operosa paruus
      carmina fingo.

4.2

Quem imita Píndaro e o emula,
caro Julo, toma dedáleas asas,
plumas enceradas e ao fim nomeia
       mares de vidro.

Como um rio que desce na serra e leva   5
chuvas que o nutriram além das margens
ferve nas correntes com voz profunda
       Píndaro imenso,

mais merecedor do laurel de Apolo
pois com seus intrépidos ditirambos   10
sempre arrasta novas palavras entre
       metros libertos

ou celebra a Deuses e reis de sangue
divinal que deram a justa morte
aos centauros ou à ardente, horrenda,   15
       bruta Quimera,

aos celestes homens que ao lar se levam
pela palma eleia em cavalo ou luta
pois no dom do dito concede mais que
       muitas imagens,   20

ao rapaz tomado da triste esposa
já lamenta: alento, vigor, virtude
áureos lança aos astros e o Orco negro
       logo o renega.

Alçam este cisne de Dirce muitas   25
brisas sempre que entre as excelsas nuvens
voa, Antônio – e eu, imitando aquela a-
       belha matina

que recolhe amável tomilho enquanto
mais labora em Tíbur no bosque espesso   30
junto a margens frescas, assim pequeno
       forjo meus versos.

Concines maiore poeta plectro
Caesarem, quandoque trahet ferocis
per sacrum cliuum merita decorus   35
      fronde Sygambros,

quo nihil maius meliusue terris
fata donauere bonique diui
nec dabunt, quamuis redeant in aurum
      tempora priscum;   40

concines laetosque dies et urbis
publicum ludum super impetrato
fortis Augusti reditu Forumque
      litibus orbum.

Tum meae, si quid loquor audiendum,   45
uocis accedet bona pars et "O sol
pulcher, o laudande!" canam recepto
      Caesare felix.

Teque dum procedit "Io Triumphe!"
non semel dicemus, "Io Triumphe!"   50
ciuitas omnis damibusque diuis
      tura benignis.

Te decem tauri totidemque uaccae,
me tener soluet uitulus, relicta
matre qui largis iuuenescit herbis   55
      in mea uota,

fronte curuatos imitatus ignis
tertium lunae referentis ortum,
qua notam duxit, niueus uideri,
      cetera fuluus.   60

Tu poeta de ínclito plectro, cantas
César quando sobe a colina Sacra
merecidamente enfeitado e arrasta 35
      feros sigambros

pois que nada mais e melhor no mundo
já nos deram fados e Deuses justos
nem darão ainda que volte o velho
      tempo dourado, 40

dias belos, públicos jogos cantas
para Roma pelo retorno grato
deste audaz Augusto que chega ao fórum
      órfão de lides.

Só então se assim merecer meu verso 45
minha voz melhor contará e "Ó belo
sol louvável!" eu cantarei alegre:
      César retorna.

Ele avança e clamas *Ió Triumphe!*
Nós diremos vários *Ió Triumphe!* 50
E a cidade inteira trará incenso aos
      Deuses ditosos.

Tu darás dez touros e tantas vacas,
eu darei um tenro bezerro que entre
larga relva cresce sem mãe por perto 55
      pelos meus votos

que na fronte imita os curvados fogos
da terceira volta da lua nova:
mais parece neve naquela marca,
      ruço no resto. 60

4.3

Quem tu, Melpomene, semel
nascentem placido lumine uideris
    illum non labor Isthmius
clarabit pugilem, non equus impiger
    curru ducet Achaico   5
uictorem, neque res bellica Deliis
    ornatum foliis ducem,
quod regum tumidas contuderit minas,
    ostendet Capitolio:
sed quae Tibur aquae fertile praefluunt   10
    et spissae nemorum comae
fingent Aeolio carmine nobilem.
    Romae, principis urbium,
dignatur suboles inter amabilis
    uatum ponere me choros,   15
et iam dente minus mordeor inuido.
    O, testudinis aureae
dulcem quae strepitum, Pieri, temperas,
    o mutis quoque piscibus
donatura cycni, si libeat, sonum,   20
    totum muneris hoc tui est
quod monstror digito praetereuntium
    Romanae fidicen lyrae:
quod spiro et placeo, si placeo, tuum est.

4.3

Todo aquele, Melpômene,
que ao nascer alegrou luzes do teu olhar
        não tem fama por combater
lutas Ístmicas nem céleres alazões
        vão levá-lo num carro aqueu   5
para ser vencedor, nunca receberá
        louros délias de um general
por saber debelar reis de ameaças vãs
        sobre o grão Capitólio;
mas as águas no chão fértil de Tíbur ou   10
        densas copas das árvores
por nobreza lhe dão versos eólicos.
        Nesta Roma, cidade luz,
jovens querem me honrar visto que em danças e
        cantilenas dos vates vou: 15
já nem sinto morder dentes de inveja vil.
        Ah! suaves estrépitos
da testude dourada em tua afinação,
        ó Piéride, podes dar
mesmo ao peixe sem som versos em císnea voz.   20
        Este dom que me dão é teu:
se na rua ao me ver muitos apontarão
        um romano da lírica,
se eu inspiro prazer – esse prazer é teu.

4.4

Qualem ministrum fulminis alitem
cui rex deorum regnum in auis uagas
      permisit expertus fidelem
  Iuppiter in Ganymede flauo,

olim iuuentas et patrius uigor   5
nido laborum propulit inscium,
      uernique iam nimbis remotis
  insolitos docuere nisus

uenti pauentem, mox in ouilia
demisit hostem uiuidus impetus,   10
      nunc in reluctantis dracones
  egit amor dapis atque pugnae.

qualemue laetis caprea pascuis
intenta fuluae matris ab ubere
      iam lacte depulsum leonem   15
  dente nouo peritura uidit,

uidere Raeti bella sub Alpibus
Drusum gerentem Vindelici; quibus
      mos unde deductus per omne
  tempus Amazonia securi   20

dextras obarmet, quaerere distuli,
nec scire fas est omnia – sed diu
      lateque uictrices cateruae
  consiliis iuuenis repressae

sensere quid mens rite, quid indoles   25
nutrita faustis sub penetralibus
      posset, quid Augusti paternus
  in pueros animus Nerones.

Fortes creantur fortibus et bonis;
est in iuuencis, est in equis patrum   30
      uirtus, neque imbellem feroces
  progenerant aquilae columbam.

4.4

Tal como o alado arauto em relâmpagos
a quem o rei dos Deuses cedeu reinar
    vadias aves porque fiel a
   Jove agarrou Ganimedes loiro,

que um dia o viço inato com seu vigor   5
alçou do ninho aquele inocente ser
    e então vernais, sem névoa e nuvem,
   ventos revelam um voo novo

ao temeroso então transformado, hostil,
que assalta ovelhas com ímpetos vívidos   10
    e ataca serpes hesitantes
   pelo desejo de festa e luta;

tal como a cabra em pastos fartíssimos
mal deixa o leite e as tetas da ruça mãe
    e vê o leão que se desmama   15
   para morrer em recentes dentes,

nos Alpes récios viram por sua vez
ao belicoso Druso os vindélicos –
    por que por toda parte levam
   uma machada amazônia sobre   20

as suas destras, isso não pesquisei
pois é nefasto tudo saber – porém
    as tropas sempre vencedoras
   foram vencidas por esse jovem,

sentiram o poder dum espírito   25
nutrido piamente num santo lar
    do peito paternal de Augusto
   para cuidar dos seus jovens Neros.

Os vigorosos vêm do vigor dos bons:
nos touros, nos corcéis a virtude vem   30
    dos pais e as águias perigosas
   nunca procriam a pomba imbele.

Doctrina sed uim promouet insitam
rectique cultus pectora roborant;
       utcumque defecere mores,   35
    indecorant bene nata culpae.

Quid debeas, o Roma, Nenoribus
testis Metaurum flumen et Hasdrubal
       deuictus et pulcher fugatis
    ille dies Latio tenebris,   40

qui primus alma risit adorea
dirus per urbis Afer ut Italas
       ceu flamma per taedas uel Eurus
    per Siculas equitauit undas.

Post hoc secundis usque laboribus   45
Romana pubes creuit et impio
       uastata Poenorum tumultu
    fana deos habuere rectos,

dixitque tandem perfidus Hannibal:
"Cerui, luporum praeda rapacium,   50
       sectamur ultro quos opimus
    fallere et effugere est triumphus.

Gens, quae cremato fortis ab Ilio
iactata Tuscis aequoribus sacra
       natosque maturosque patres   55
    pertulit Ausonias ad urbis,

duris ut ilex tonsa bipennibus
nigrae feraci frondis in Algido,
       per damna, per caedis ab ipso,
    ducit opes animumque ferro.   60

Non Hydra secto corpore firmior
uinci dolentem creuit in Herculem
       mostrumue submisere Colchi
    maius Echioniaeue Thebae.

A educação reforça o intrínseco
e o bom costume anima seus ânimos
      mas sempre que a moral amaina   35
   vícios investem no bem-nascido.

Ó Roma, os dons que deves aos Neros só
Metauro testemunha ou Asdrúbal já
      vencido ou mesmo aquele belo
   dia em que o Lácio expulsou as trevas   40

e em glória pela adórea por fim sorriu
pois o afro atroz em urbes itálicas
      qual fogo nos pinhais cavalga
   ou como o Euro em sicílias ondas.

Depois a juventude romana enfim   45
cresceu com mais sucesso e os sacrários
      tombados pelas ímpias tropas
   púnicas viram seu Deuses firmes

porém Aníbal pérfido assim falou:
"Nós cervos, meras presas do lobo atroz,   50
      perseguiremos apesar de
   nosso triunfo ser burla e fuga.

O povo que das cinzas ilíadas
lançado em mar etrusco levou feroz
      sacrários, filhos, pais e velhos   55
   para as cidades ausônias, tudo,

é feito azinho em poda por duplo fio
de fronte negra no Álgido mais feraz
      que dentre golpe e corte tira
   do aço que ataca mais graça e força.   60

Não foi mais firme a Hidra talhada em mãos
hercúleas que invencível aflige o herói,
      os colcos não criaram monstro
   tal nem sequer a equiônia Tebas.

Merses profundo, pulchrior euenit;   65
luctere, multa proruet integrum
        cum laude uictorem geretque
    proelia coniugibus loquenda.

Carthagini iam non ego nuntios
mittam superbos: occidit occidit   70
        spes omnis et fortuna nostri
    nominis Hasdrubale interempto.

Nil Claudiae non perficient manus,
quas et benigno numine Iuppiter
        defendit et curae sagaces   75
    expedient per acuta belli."

Se afundas mais, mais belo ressurgirá;   65
se mais combates, bate no vencedor
        invicto, ganha glória e grassa
    guerras que assuntos serão de esposas.

Não mando mais mensagem soberba até
Cartago, não, não mais; que morreu, morreu   70
        toda esperança pelo nosso
    nome no instante em que tomba Asdrúbal.

A tudo alcança a destra dos Cláudios
pois que o propício nume de Júpiter
        os guarda e ideias engenhosas   75
    sempre os resgatam da guerra aguda."

4.5

Diuis orte bonis, optime Romulae
custos gentis, abes iam nimium diu;
maturum reditum pollicitus patrum
    sancto concilio, redi.

Lucem redde tuae, dux bone, patriae.   5
Instar ueris enim uultus ubi tuus
affulsit populo, gratior it dies
    et soles melius nitent.

Vt mater iuuenem, quem Notus inuido
flatu Carpathii trans maris aequora   10
cunctantem spatio longius annuo
    dulci distinet a domo,

uotis ominibusque et precibus uocat,
curuuo nec faciem litore dimouet,
sic desideriis icta fidelibus   15
    quaerit patria Caesarem.

Tutus bos etenim rura perambulat,
nutrit rura Ceres almaque Faustitas,
pacatum uolitant per mare nauitae,
    culpari metuit fides,   20

nullis polluitur casta domus stupris,
mos et lex maculosum edomuit nefas,
laudantur simili prole puerperae,
    culpam poena premit comes.

Quis Parthum paueat, quis gelidum Scythen,   25
quis Germania quos horrida parturit
fetus, incolumi Caesare, quis ferae
    bellum curet Hiberiae?

Condit quisque diem collibus in suis
et uitem uiduas ducit ad arbores;   30
hinc ad tecta redit laetus et alteris
    te mensis adhibet deum,

4.5

Deuses deram-te à luz, tu guardião maior
dos romúleos que tão longe dos teus estás:
se um maduro retorno antes juraste aos pais
    do concílio sagrado, vem!

Vem, meu líder, e traz luz para a pátria.   5
Pois teu vulto que vem faz um fulgor vernal
para o povo e assim brilha melhor a luz,
    mais querido reluz o sol.

Como a mãe cujo filho entra nas plagas do
mar de Cárpatos, ai! para se demorar   10
quando em quatro estações Noto invidíssimo
    mais o afasta do doce lar

entre prece e oração ela o conclamará
nem consegue tirar o olho do litoral,
igualmente no afã desse desejo fiel   15
    César clamam na pátria.

Sem temor pelo chão já perambula o boi,
com Fartura feraz Ceres sustenta o chão,
hoje o nauta veloz voa num mar de paz,
    às censuras receia a fé,   20

a desonra não traz mácula ao casto lar,
os costumes e a lei domam o crime vil,
pelas proles iguais louvam puérperas,
    junto à culpa eis a punição.

Quem aos partas temeu, gélidos citas? Quem?   25
Quem receia a feroz prole germânica
quando César está salvo? Quem pensará
    nas batalhas da Ibéria atroz?

Todos podem passar dias no seu rincão,
com vinhedos casar árvores sem varão   30
e dali retornar leves aos vinhos e
    te ceder uma mesa a mais,

te multa prece, te prosequitur mero
defuso pateris et Laribus tuum
miscet numen, uti Graecia Castoris
    et magni memor Herculis.

"Longas o utinam, dux bone, ferias
praestes Hesperiae!" Dicimus integro
sicci mane die, dicimus uuidi
    cum sol Oceano subest.

te cercar de orações, para te derramar
mosto solto da taça e eis que ao teu nome traz
Deuses Lares igual Grécia em recordações   35
    de Castor e de Hércules.

"Ó meu líder, assim santos festins sem fim
para a Hespéria darás!", sóbrio celebrarei
na pureza do dia, ébrio celebrarei
    quando o sol repousar no mar.   40

4.6

Diue, quem proles Niobea magnae
uindicem linguae Tityosque raptor
sensit et Troiae prope uictor altae
      Pthius Achilles,

ceteris maior, tibi miles impar,   5
filius quamuis Thetidis marinae
Dardanas turris quateret tremenda
      cuspide pugnax –

ille, mordaci uelut icta ferro
pinus aut impulsa cupressus Euro,   10
procidit late posuitque collum in
      puluere Teucro.

Ille non inclusus equo Mineruae
sacra mentito male feriatos
Troas et laetam Priami choreis   15
      falleret aulam,

sed palam captis grauis, heu nefas, heu,
nescios fari pueros Achiuis
ureret flammis etiam latentem
      matris in aluo,   20

ni tuis flexus Venerisque gratae
uocibus diuum pater annuisset
rebus Aeneae potiore ductos
      alite muros.

Doctor argutae fidicen Taliae,   25
Phoebe, qui Xantho lauis amne crinis,
Dauniae defende decus Camenae,
      leuis Agyieu.

Spiritum Phoebus mihi, Phoebus artem
carminis nomenque dedit poetae.   30
Virginum primae puerique claris
      patribus orti,

4.6

Deus castigador de orgulhosas línguas:
Níobe entre os filhos, rapace Tício,
ftio Aquiles quase senhor de Troia,
      todos comprovam

que o maior em armas a ti cedia: 5
mesmo o filho atroz da marinha Tétis
destruindo as torres dardânias sob a
      lança terrível –

ele igual ao pinho que o ferro infesto
fere, igual cipreste que sofre o Euro,   10
desabou e sobre a poeira teucra
      pôs o pescoço.

Ele não iria em cavalo dado
com mentiras pela Minerva enquanto
troicos mal festejam lograr o alegre   15
      paço de Príamo

mas funesto (fato demais nefasto!)
lançaria mesmo os bebês sem fala
para o fogo aqueu sem poupar as vidas
      dentro do ventre,   20

se dobrado pela querida Vênus
e por ti o pai divinal não desse
para Eneias belos auspícios sobre
      nova muralha.

Citaredo assaz da sutil Talia,   25
Febo que te banhas no rio Xanto,
vai, defende os dons da Camena dáunia,
      ágil Agíeu!

Febo deu-me alento, talento Febo
deu-me de cantar e de ser poeta.   30
Fina flor de virgens e jovens vindos
      de altas estirpes,

Deliae tutela deae fugacis
lyncas et ceruos cohibentis arcu,
Lesbium seruate pedem meique,   35
        pollicis ictum,

rite Latonae puerum canentes,
rite crescentem face Noctilucam,
prosperam frugum celeremque pronos
        uoluere mensis.   40

Nupta iam dices: "Ego dis amicum,
saeculo festas referente luces,
reddidi carmen, docilis modorum
        uatis Horati."

ó tutela bela de Délia, dona
do arco contra lince fugaz e cervo,
atentai aos metros de Lesbos pelo   35
        dedo que elevo,

sacros cantareis de Latona o filho,
sacros, luz crescente de Noctiluca,
messes férteis, céleres meses logo
        precipitados.   40

Mas dirás casada: "Querido aos Deuses
pela luz do século retornado,
celebrei um canto ensaiado quando
        vate era Horácio".

4.7

Diffugere niues, redeunt iam gramina campis
     arboribusque comae;
mutat terra uices et decrescentia ripas
     flumina praetereunt.
Gratia cum Nymphis geminisque sororibus audet   5
     ducere nuda choros.
Immortalia ne speres, monet annus et almum
     quae rapit hora diem.
Frigora mitescunt Zephyris, uer proterit aestas
     interitura, simul   10
pomifer autumnus fruges effuderit; et mox
     bruma recurrit iners.
Damna tamen celeres reparant caelestia lunae:
     nos ubi decidimus
quo pius Aeneas, quo Tullus diues et Ancus,   15
     puluis et umbra sumus.
Quis scit an adiciant hodiernae crastina summae
     tempora di superi?
Cuncta manus auidas fugient heredis, amico
     quae dederis animo.   20
Cum semel occideris et de te splendida Minos
     fecerit arbitria
non, Torquate, genus, non te facundia, non te
     restituet pietas.
Infernis neque enim tenebris Diana pudicum   25
     liberat Hippolytum,
nec Lethaea ualet Theseus abrumpere caro
     uiincula Pirithoo.

4.7

Já fugiram as neves, relvas retornam aos campos,
    copas às árvores vêm,
toda a terra se altera enquanto nas margens avançam
    rasos e baixos os rios
e eis que a Graça com gêmeas irmãs e com Ninfas desnuda   5
    guia seu coro a dançar.
Nada é imortal, nos dizem o ano e o instante que agora
    rouba-nos dias vitais.
Gelos se amansam nos Zéfiros e à primavera atropela
    outro findável verão   10
quando o frutífero outono oferenda-nos frutos e logo
    névoas inertes virão.
Céleres luas ainda reparam as perdas celestes:
    quando caímos por fim
junto ao pio Eneias, a Anco e ao riquíssimo Tulo,   15
    somos as sombras e o pó.
Quem saberá se à conta de agoras os Deuses excelsos
    querem somar amanhãs?
Foge das ávidas mãos do herdeiro tudo que deres
    só para o teu coração.   20
Mas uma vez que morreres e a resplandecente sentença
    Minos puder te aplicar,
nada da estirpe, Torquato, nada da tua eloquência,
    nada da fé servirá.
Pois nem mesmo Diana ao casto Hipólito logo   25
    livra da treva infernal
nem Teseu é capaz de romper as cadeias do Letes
    para Pirítoo fugir.

4.8

Donarem pateras grataque commodus,
Censorine, meis aera sodalibus,
donarem tripodas, praemia fortium
Graiorum, neque tu pessima munerum
ferres, diuite me scilicet artium   5
quas aut Parrhasius protulit aut Scopas,
hic saxo, liquidis ille coloribus
sollers nunc hominem ponere, nunc deum:
sed non haec mihi uis, nec tibi talium
res est aut animus deliciarum egens.   10
Gaudes carminibus; carmina possumus
donare et pretium dicere muneri.
Non incisa notis marmora publicis,
per quae spiritus et uita redit bonis
post mortem ducibus, non celeres fugae   15
reiectaeque retrorsum Hannibalis minae,
non incendia Karthaginis impiae
eius qui domita nomen ab Africa
lucratus rediit clarius indicant
laudes quam Calabrae Pierides; neque   20
si chartae sileant quod bene feceris,
mercedem tuleris. Quid foret Iliae
Mauortisque puer, si taciturnitas
obstaret meritis inuida Romuli?
Ereptum Stygiis fluctibus Aeacum   25
uirtus et fauor et lingua potentium
uatum diuitibus consecrat insulis.
Dignum laude uirum Musa uetat mori,
caelo Musa beat. Sic Iouis interest
optatis epulis impiger Hercules,   30
clarum Tyndaridae sidus ab infimis
quassas eripiunt aequoribus ratis,
ornatus uiridi tempora pampino
Liber uota bonos ducit ad exitus.

4.8

Eu daria sem dó taças de bronze e dons,
Censorino, pros mais caros amigos meus,
eu daria também trípodes, prêmios bons
para os gregos e tu podes levar o teu:
se homem rico que sou, tenho no rico lar   5
bens que Escopas criou, bens de Parrásio
(este em líquida cor, o outro no mármore,
ambos sabem moldar o homem e mesmo um Deus)
mas não tenho o poder, tu não precisarás
com riqueza e valor destas delícias.   10
Tu preferes canções, minha canção eu sei
que direi e darei preço para este dom.
Pois nem texto dos bons mármores públicos
onde ao grão general, morto o espírito,
sempre volta a soprar nem o veloz volver   15
de um Aníbal atroz retroameaçador
nem o incêndio de Cartago sacrílega
para quem recebeu nome por dominar
o africano feroz forja menção maior
que o louvor calabrês pelas Piérides;   20
e se o livro calar tua melhor ação
não terás um quinhão. Pensa no célebre
filho de Ília e Mavorte: onde o recordarão,
se a inveja apagar feitos de Rômulo?
Éaco pôde fugir de ondas estígias   25
por virtude e favor vindo dos vates mais
eloquentes, até Ilhas Elísias.
Pois as Musas não dão morte a quem tem valor,
Musas que abrem o céu. Júpiter aceitou
no divino festim o ínclito Hércules,   30
os Tindárides com claras constelações
livram náufragas naus rotas no vasto mar
e depois de enfeitar parras nas têmporas
Líber dá para os ex-votos um doce fim.

4.9

Ne forte credas interitura quae
longe sonantem natus ad Aufidum
      non ante uulgatas per artis
    uerba loquor socianda chordis:

non, si priores Maeonius tenet   5
sedes Homerus, Pindaricae latent
      Ceaeque et Alcaei minaces
    Stesichoriue graues Camenae,

nec, si quid olim lusit Anacreon,
deleuit aetas; spirat adhuc amor   10
      uiuuntque commissi calores
    Aeoliae fidibus puellae.

Non sola comptos arsit adulteri
crinis et aurum uestibus illitum
      mirata regalisque cultus   15
    et comites Helene Lacaena,

primusue Teucer tela Cydonio
direxit arcu; non semel Ilios
      uexata; non pugnauit ingens
    Idomeneus Sthenelusue solus   20

dicenda Musis proelia; non ferox
Hector uel acer Deiphobus grauis
      excepit ictus pro pudicis
    coniugibus puerisque primus.

Vixere fortes ante Agamemnona   25
multi; sed omnes illacrimabiles
      urgentur ignotique longa
    nocte, carent quia uate sacro.

Paulum sepultae distat inertiae
celata uirtus. Non ego te meis   30
      chartis inornatum silebo
    totue tuos patiar labores

4.9

Não vás pensar que logo perecerão
palavras que eu nascido no Áufido
      soando longe em inauditas
    artes cantei enlaçando às cordas;

e nem se acaso Homero meônio tem   5
a primazia, some a pindárica,
      a cea, a estesicorina
    grave e a ferina Camena alcaica

e nada que antes Anacreonte fez
o tempo apaga; alenta-se ainda o amor   10
      e vive cada ardor entregue
    junto aos cordões da menina eólia.

Não foi só ela a amar um adúltero
com penteado olhando-lhe as áureas,
      tingidas vestes, o cortejo e a   15
    pompa real – a lacônia Helena;

nem Teucro por primeiro acertou flechar
com seu cidônio arco; nem Ílion
      sofreu só uma vez; não luta
    Estênelo ou Idomeneu somente   20

combates para as Musas; nem mesmo Heitor
feroz e o vigoroso Deífobo
      sofreram por primeiro graves
    golpes por casta mulher e filhos.

Viveram muitos antes de Agamenão   25
valentes: todos jazem imêmores,
      ilacrimáveis numa longa
    noite por falta de santo vate.

Virtude oculta e inércia sepulta não
diferem quase nada. Mas eu nos meus   30
      livrinhos não te calo as loas:
    não deixarei teus labores tantos

impune, Lolli, carpere liuidas
obliuiones. Est animus tibi
      rerumque prudens et secundis   35
  temporibus dubiisque rectus,

uindex auarae fraudis et abstinens
ducentis ad se cuncta pecuniae
      consulque non unius anni
  sed quotiens bonus atque fidus   40

iudex honestum praetulit utili,
reiecit alto dona nocentium
      uultu, per obstantis cateruas
  explicuit sua uictor arma.

Non possidentem multa uocaueris   45
recte beatum; rectius occupat
      nomen beati, qui deorum
  muneribus sapienter uti

duramque callet pauperiem pati
peiusque leto flagitium timet,   50
      non ille pro caris amicis
  aut patria timidus perire.

impunemente, Lólio, nos lívidos
oblívios. Sei que tens um espírito
     prudente em toda ação atenta   35
  seja em favor ou revés – correto,

avesso à fraude avara mas sóbrio
na lida do dinheiro que a tudo atrai,
     que não foi cônsul apenas uma
  vez mas se mostra fiel e firme   40

juiz honesto contra interesses vãos,
que recusou presentes dos homens vis
     com alto olhar enquanto bandos
  de opositores venceu nas armas.

Não chamarias o homem de muitos bens   45
de afortunado e antes tu chamarás
     de afortunado quem investe
  sabedoria nos dons dos Deuses

e cresce calejado em paupéria
e teme mais a infâmia que a morte enfim,   50
     que por algum querido amigo,
  que pela pátria sem medo morre.

4.10

O crudelis adhuc et Veneris muneribus potens,
insperata tuae cum ueniet pluma superbiae
et, quae nunc umeris inuolitant, deciderint comae,
nunc et qui color est puniceae flore prior rosae
mutatus Ligurinum in faciem uerterit hispidam,   5
dices, heu, quotiens te speculo uideris alterum:
'Quae mens est hodie, cur eadem non puero fuit,
uel cur his animis incolumes non redeunt genae?'

4.10

Ah cruel por enquanto, ah poderoso entre venéreos dons,
quando a barba vier sem avisar sobre tua altivez
e o cabelo cair que hoje flutua entre as espáduas
e hoje a cor que reluz mais do que a flor rosa punícea
fenecida tornar meu Ligurino árido e lívido   5
dirás, ai! toda vez que outro te olhar dentro do espelho assim:
"Por que aquele rapaz nunca alcançou ter este espírito?
Nem à alma que sou retornará todo o vigor da tez?"

4.11

Est mihi nonum superantis annum
plenus Albani cadus, est in horto
Phylli, nectendis apium coronis,
        est hederae uis

multa, qua crinis religata fulges;   5
ridet argento domus; ara castis
uincta uerbenis auet immolato
        spargier agno.

Cuncta festinat manus, huc et illuc
cursitant mixtae pueris puellae;   10
sordidum flammae trepidant rotantes
        uertice fumum.

Vt tamen noris quibus aduoceris
gaudiis, Idus tibi sunt agendae,
qui dies mensem Veneris marinae   15
        findit Aprilem,

iure sollemnis mihi sanctiorque
paene natali proprio, quod ex hac
luce Maecenas meus affluentis
        ordinat annos.   20

Telephum, quem tu petis, occupauit
non tuae sortis iuuenem puella
diues et lasciua tenetque grata
        compede uinctum.

Terret ambustus Phaethon auaras   25
spes et exemplum graue praebet ales
Pegasus terrenum equitem grauatus
        Bellerophontem,

semper ut te digna sequare et ultra
quam licet sperare nefas putando   30
disparem uites. Age iam, meorum
        finis amorum

4.11

Tenho aqui no cântaro um vinho albano,
que passou de nove verões; na horta
aipo pra trançar as coroas, Fílis,
      hera abundante

pra brilhar o laço dos teus cabelos,   5
todo o lar sorri pela prata e altares
que acomodam casta verbena anseiam
      o anho imolado;

todos já se apressam, por todo lado
correm mais meninas, meninos, mistos,   10
turbilhões de chamas revolvem alto
      fumos imundos.

Só assim tu sabes que te convido
por deleites pra celebrar os idos,
dia divisor para abril, o mês da   15
      Vênus marinha,

que acho mais solene e sagrado (juro!)
que o meu próprio dia pois nessa hora
veio meu Mecenas querido entrar no
      fluxo dos anos.   20

Pois o jovem Télefo, teu dileto
mas de classe alta, deseja a moça
rica e mais lasciva que em deliciosos
      laços o prende.

Faetonte em chamas espanta avaras   25
ambições e oferta-nos grave exemplo,
esse alado Pégaso que recusa
      Belerofonte,

pra que só procures o condizente
renegando o excesso por ser nefasto,   30
sem cair nos díspares. Vai, ó minha
      última amada,

(non enim posthac alia calebo
femina), condisce modos amanda
uoce quos reddas; minuentur atrae   35
    carmine curae.

porque nunca mais arderei por outra
moça: aprende logo a maneira amável
de emitir a voz pois se amainam duras   35
       dores no canto.

4.12

Iam ueris comites, quae mare temperant,
impellunt animae lintea Thraciae;
iam nec prata rigent, nec fluuii strepunt
    hiberna niue turgidi.

Nidum ponit Ityn flebiliter gemens   5
infelix auis, heu, Cecropiae domus
aeternum opprobium, quod male barbaras
    regum est ulta libidines.

Dicunt in tenero gramine pinguium
custodes ouium carmina fistula   10
delectante deum cui pecus et nigri
    colles Arcadiae placent.

Adduxere sitim tempora, Vergili;
sed pressum Calibus ducere Liberum
si gestis, iuuenum nobilium cliens,   15
    nardo uina merebere.

Nardi paruus onyx eliciet cadum
qui nunc Sulpiciis accubat horreis,
spes donare nouas largus amaraque
    curarum eluere efficax.   20

Ad quae si properas gaudia, cum tua
uelox merce ueni; non ego te meis
immunem meditor tingere poculis,
    plena diues ut in domo.

Rerum pone moras et studium lucri   25
nigrorumque memor, dum licet, ignium
misce stultitiam consiliis breuem.
    Dulce est desipere in loco.

4.12

Temperadas no mar brisas primaveris
já nos dão velejar, vindas da Trácia;
já não congelarão prados nem túrgido
    rio em neve se invernará.

Faz seu ninho a chorar Ítis que se perdeu   5
a ave mais infeliz (ai! o cecrópio lar
numa ofensa sem fim!) pois pelo mal vingou
    o barbárico amor dos reis.

Sobre um tenro capim cantam os guardiões
de fartíssima rês versos na fístula   10
pra deleite do Deus que ama o rebanho e os
    negros montes da Arcádia.

Nosso tempo nos traz sede, Virgílio
(nobres jovens a ti querem patronear)
mas se queres beber Líber de Cales, sim: 15
    vinho e nardo receberás.

Parcos nardos trarão toda uma ânfora
que descansa em sutil cave sulpícia,
farta pra renovar nossa esperança e assim
    diluir-nos as aflições.   20

Se este gozo te atrai venhas então veloz
com presente pois eu nunca pretenderei
taças grátis te dar nem te encharcar aqui
    feito um rico no vasto lar.

Deixa os lucros que tens, deixa as demoras vãs,   25
se puderes lembrar lembra do fogo breu
e mistura ao saber breves delírios.
    Doce é enlouquecer no grau.

4.13

Audiuere, Lyce, di mea uota, di
audiuere, Lyce: fis anus; et tamen
   uis formosa uideri
      ludisque et bibis impudens

et cantu tremulo pota Cupidinem   5
lentum sollicitas. Ille uirentis et
   doctae psallere Chiae
      pulchris excubat in genis.

Importunus enim transuolat aridas
quercus et refugit te, quia luridi   10
   dentes, te, quia rugae
      turpant et capitis niues.

Nec Coae referunt iam tibi purpurae
nec cari lapides tempora quae semel
   notis condita fastis   15
      inclusit uolucris dies.

Quo fugit Venus, heu, quoue color, decens
quo motus? Quid habes illius, illius
   quae spirabat amores,
      quae me surpuerat mihi,   20

felix post Cinaram notaque et artium
gratarum facies? Sed Cinarae breuis
   annos fata dederunt,
      seruatura diu parem

cornicis uetulae temporibus Lycen,   25
possent ut iuuenes uisere feruidi
   multo non sine risu
      dilapsam in cineres facem.

4.13

Lice, um Deus atendeu tudo que devotei,
Lice, um Deus atendeu! Vejo-te velha mas
   queres viço e beleza,
      brincas, bebes com despudor

e ébria em trépido som cantas e pedes por   5
mais um lento Cupido – ele se deitará
   junto à culta lirista
      Quia, jovem lindíssima.

Inconstante ele vai, voa por áridos
carvalhais a fugir, foge de ti, do teu   10
   dente ruço, da ruga
      que te estraga e da neve em cãs.

Nem o púrpura em Cós, joias de mais valor,
nada vai devolver tempo que se encerrou
   entre fastos famosos   15
      junto ao voo dos dias vãos.

Onde Vênus fugiu, onde fugiu a cor,
onde o charme do andar? Dela o que te restou,
   velha causa de amores
      que me pôde roubar de mim,   20

meus deleites após reinos de Cínara,
rosto de artes e ardor? Cínara recebeu
   vida breve dos fados
      quando tanto se conservou

para Lice um quinhão velho de gralha gris   25
e estes jovens então vejam no seu fervor
   incontido de risos
      teu archote se incinerar.

4.14

Quae cura patrum quaeue Quiritium
plenis honorum muneribus tuas,
      Auguste, uirtutes in aeuum,
    per titulos memoresque fastos

aeternet, o, qua sol habitabilis   5
illustrat oras, maxime principum?
      Quem legis expertes Latinae
    Vindelici didicere nuper,

quid Marte posses: milite nam tuo
Drusus Genaunos, implacidum genus,   10
      Breunosque uelocis et arces
    Alpibus impositas tremendis

deiecit acer plus uice simplici;
maior Neronum mox graue proelium
      commisit immanisque Raetos   15
    auspiciis pepulit secundis,

spectandus in certamine Martio,
deuota morti pectora liberae
      quantis fatigaret ruinis,
    indomitus prope qualis undas   20

exercet Auster, Pleiadum choro
scindente nubis, impiger hostium
      uexare turmas et frementem
    mittere equum medios per ignis.

Sic tauriformis uoluitur Aufidus,   25
qui regna Dauni praefluit Apuli,
      cum saeuit horrendamque cultis
    diluuiem meditatur agris,

ut barbarorum Claudius agmina
ferrata uasto diruit impetu   30
      primosque et extremos metendo
    strauit humum sine clade uictor,

4.14

Qual zelo dos Quirites e nossos Pais
repleto de favores fartíssimos
   aos teus valores, ó Augusto,
  por inscrições e duráveis fastos

imortaliza, ó líder dos príncipes   5
por todo chão que sorve da luz do sol?
   Vindélicos sem lei latina
  já aprenderam contigo há pouco

teus dons de Marte: com teu exército
vem Druso aos vis genaunos implácidos,   10
   aos ágeis breunos, às cidades
  altas por sobre os tremendos Alpes

e arrasa a mais cruel retaliação.
O Nero irmão mais velho empreendeu feroz
   batalha contra horrendos retos   15
  e em favoráveis auspícios vence

com grandes espetáculos marciais:
em meio a tantas dores atribulou
   quem se devota à morte livre
  quase que idêntico ao Austro quando 20

atiça indócil ondas e as Plêiades
dividem nuvens, tropas intrépidas
   o jovem quer rasgar, saltando
  sobre um cavalo fremente ao fogo.

Tal como corre o Áufido táureo   25
que banha os reinos dáunios na Apúlia
   e logo que arde em ira trama
  mais um horrível dilúvio aos campos

assim um Cláudio aos bélicos bárbaros
armados derrotou com seu ímpeto,   30
   ceifou vanguarda e retaguarda
  sobre o terreno e venceu sem clade,

te copias, te consilium et tuos
praebente diuos. Nam tibi, quo die
       portus Alexandria supplex   35
    et uacuam patefecit aulam,

Fortuna lustro prospera tertio
belli secundos reddidit exitus,
       laudemque et optatum peractis
    imperiis decus arrogauit.   40

Te Cantaber non ante domabilis
Medusque et Indus, te profugus Scythes
       miratur, o tutela praesens
    Italiae dominaeque Romae;

te fontium qui cela origines   45
Nilusque et Hister, te rapidus Tigris,
       te beluosus qui remotis
    obstrepit Oceanus Britannis,

te non pauentis funera Galliae
duraeque tellus audit Hiberiae,   50
       te caede gaudentes Sygambri
    compositis uenerantur armis.

com tuas tropas, tuas ideias, teus
senhores Deuses. Porque perante ti
  a suplicante Alexandria   35
  antes abrira o palácio órfão

e no terceiro lustro uma próspera
Fortuna deu-te um êxito bélico,
  louvor e glória desejada
  quando cumpriram as tuas ordens.   40

A ti o povo cântabro indômito,
o meda, o indo, o cita errabundo a ti
  contemplam, ó tutela em vida
  para os domínios de Itália e Roma,

a ti o Nilo e o Istro que ocultarão   45
a sua fonte, o Tigre veloz a ti,
  a ti o Oceano monstruoso
  com seu estrondo aos bretões distantes,

a ti a Gália intrépida aos funerais
e a dura terra Ibéria te escutarão,   50
  a ti sigambros carniceiros
  vêm venerar ao deixar as armas.

4.15

Phoebus uolentem proelia me loqui
uictas et urbis increpuit lyra,
      ne parua Tyrrhenum per aequor
  uela darem. Tua, Caesar, aetas

fruges et agris rettulit uberes   5
et signa nostro restituit Ioui
      derepta Parthorum superbis
  postibus et uacuum duellis

Ianum Quirini clausit et ordinem
rectum euaganti frena licentiae   10
      iniecit emouitque culpas
  et ueteres reuocauit artis,

per quas Latinum nomen et Italae
creuere uires famaque et imperi
      porrecta maiestas ad ortus   15
  solis ab Hesperio cubili.

Custode rerum Caesare non furor
ciuilis aut uis exiget otium,
      non ira, quae procudit ensis
  et miseras inimicat urbis;   20

non qui profundum Danuuium bibunt
edicta rumpent Iulia, non Getae,
      non Seres infidique Persae,
  non Tanain prope flumen orti;

nosque et profestis lucibus et sacris   25
inter iocosi munera Liberi
      cum prole matronisque nostris
  rite deos prius adprecati,

uirtute functos more patrum duces
Lydis remixto carmine tibiis   30
      Troiamque et Anchisen et almae
  progeniem Veneris canemus.

4.15

Apolo, quando eu quis entoar o som
da guerra e as cidades ao rés do chão,
      com lira veta dar a vela
    parca ao Tirreno. Teu tempo, César,

volveu a força fértil à plantação,   5
tornou a Jove suas insígnias
      tomadas dos soberbos templos
    partas e livre de toda luta

fechou Quirino Jano com seus portões,
àquela extraviada lascívia   10
      deu rédeas, apagou os crimes,
    ressuscitou as antigas artes

que dão vigor às forças itálicas
e ao nome lácio para que a fama então
      e a majestade deste império   15
    desde o poente ao nascente cresçam.

Se César guarda o mundo nenhum furor
civil nos furtará deste ócio e paz
      nem ira que produz espadas
    e inimizades às vis cidades   20

nem quem beber do fundo Danúbio
renegará as ordens de Júlio nem
      o geta, o persa infido, o sero
    nem o senhor do Tanais distante;

e nós em dia santo ou trabalhador   25
por entre os dons e jogos de Líbero
      com nossos filhos e mulheres
    num ritual que se presta aos Deuses

com verso em meio às tíbias da Lídia
conforme os pais antigos − aos generais,   30
      a Troia, a Anquises, à alma Vênus
    com sua prole nós cantaremos.

CARMEN SAECULARE

CANTO SECULAR

Q. HORATII FLACCI CARMEN SAECULARE
(Pro Imperii Romani incolumitate)

Phoebe silvarumque potens Diana,
lucidum caeli decus, o colendi
semper et culti, date quae precamur
    tempore sacro,

quo Sibyllini monuere versus   5
virgines lectas puerosque castos
dis, quibus septem placuere colles,
    dicere carmen.

Alme Sol, curru nitido diem qui
promis et celas aliusque et idem   10
nasceris, possis nihil urbe Roma
    visere maius.

Rite maturos aperire partus
lenis, Ilithyia, tuere matres,
sive tu Lucina probas vocari   15
    seu Genitalis;

diva, producas subolem patrumque
prosperes decreta super iugandis
feminis prolisque novae feraci
    lege marita,   20

certus undenos deciens per annos
orbis ut cantus referatque ludos
ter die claro totiensque grata
    nocte frequentis.

Vosque, veraces cecinisse Parcae,   25
quod semel dictum est stabilisque rerum
terminus servet, bona iam peractis
    iungite fata.

Fertilis frugum pecorisque Tellus
spicea donet Cererem corona;   30

CANTO SECULAR DE Q. HORÁCIO FLACO
(Pela conservação do poder romano)

Febo e Deusa dona dos bosques, Diana,
glória ao céu dilúcida, veneráveis,
venerados, dai-nos os vossos dons no
    tempo sagrado;

sibilinos versos aconselharam   5
que seletas virgens, meninos castos
para os Deuses que amam os sete montes
    façam um canto.

Almo Sol que em carro de luzes levas
cada dia, idêntico e diferente   10
tu renasces, nunca verás cidade
    mor do que Roma.

Se conforme ao rito o maduro parto,
Ilitia, aplacas e às mães ajuda,
quer prefiras te nomear Lucina   15
    ou Genitale;

Deusa, aumenta a raça e aos senadores
dota bons decretos do casamento
mais fecundo em novos rebentos pela
    lei de casórios;   20

cento e dez precisos verões passados
que inda o mundo entoe seus cantos, jogos,
três jornadas plenas de claro dia e
    noite notável.

Vós, verazes Parcas na cantoria,   25
que este firme Término nos conserve
tudo que dissestes, volvei bons fados
    ao consumado.

Que fecunda em frutos e gado a Terra
ceda a Ceres a espicular coroa;   30

302 | COLEÇÃO CLÁSSICA

nutriant fetus et aquae salubres
    et Iovis aurae.

Condito mitis placidusque telo
supplices audi pueros, Apollo;
siderum regina bicornis, audi,   35
    Luna, puellas.

Roma si vestrum est opus Iliaeque
litus Etruscum tenuere turmae,
iussa pars mutare lares et urbem
    sospite cursu,`   40

cui per ardentem sine fraude Troiam
castus Aeneas patriae superstes
liberum munivit iter, daturus
    plura relictis:

di, probos mores docili iuventae,   45
di, senectuti placidae quietem,
Romulae genti date remque prolemque
    et decus omne.

Quaeque vos bobus veneratur albis
clarus Anchisae Venerisque sanguis,   50
impetret, bellante prior, iacentem
    lenis in hostem.

Iam mari terraque manus potentis
Medus Albanasque timet securis,
iam Scythae responsa petunt, superbi   55
    nuper et Indi.

Iam Fides et Pax et Honos Pudorque
priscus et neglecta redire Virtus
audet adparetque beata pleno
    Copia cornu.   60

Augur et fulgente decorus arcu
Phoebus acceptusque nouem Camenis,

brotos já se nutram em salubres águas
    e auras de Jove.

Plácido e sutil com a tua flecha,
vem, escuta ao jovem que implora, Apolo;
ó sidérea e régia bicorne, escuta,   35
    Lua, às meninas.

Roma, se essa obra for tua e os teucros
acamparam por litoral etrusco
pois deviam logo trocar seu Lar em
    mares seguros;   40

e se em meio às chamas de Troia intacto
casto Eneias sobreviveu à pátria
e este curso livre lhes deu por dar-nos
    mais que o deixado:

Deuses, modos justos aos doces jovens,   45
Deuses, bom descanso à velhice calma,
dai ao povo rômulo mais riquezas,
    proles e glórias.

Dai-lhes tudo aquilo que com alvos touros
pede o ilustre sangue de Cípria e Anquises   50
forte aos inimigos porém suave
    com suplicantes.

Hoje em terra e mar aos potentes braços
e à secure albana receia o meda,
hoje vos consultam os citas e indos   55
    antes soberbos,

hoje Fé e Paz e Pudor arcaico
e Honra e até Virtude desamparada
nos retornam, surge feliz e plena
    mais Cornucópia.   60

Áugure enfeitado em fulgente arco,
Febo é mais bem-vindo às gentis Camenas

qui salutari levat arte fessos
    corporis artus,

si Palatinas videt aequos aras,   65
remque Romanam Latiumque felix
alterum in lustrum meliusque semper
    prorogat aevum.

Quaeque Aventinum tenet Algidumque,
quindecim Diana preces virorum   70
curat et votis puerorum amicas
    adplicat auris.

Haec Iovem sentire deosque cunctos
spem bonam certamque domum reporto,
doctus et Phoebi chorus et Dianae   75
    dicere laudes.

e artes salutares aplica aos lassos
    membros do corpo.

Se é propício aos templos do Palatino   65
e ao poder romano e ao fértil Lácio,
sempre alonga o tempo aprazado a cada
    lustro que passa.

Tu que encantas o Álgido e Aventino,
ó Diana, atende o que pedem homens   70
quinze e nessa prece infantil concede
    toda a amizade.

Jove e os Deuses todos agora escutam,
tenho forte fé que confirmo em casa,
e este culto coro a Diana e Febo   75
    canta louvores.

Notas às *Odes 1*

O livro

Creio ser fundamental apresentar este livro em sua negatividade: não parece haver uma estrutura clara na disposição das odes, de modo a criar um percurso específico, como nas *Bucólicas* ou na *Eneida* de Virgílio, no livro 1 de Tibulo, ou em *Amores* 1 de Ovídio (para citar apenas alguns casos); há uma série de diálogos que permitem variedades *interpretativas*, como as *Paradeoden*, para ficarmos no exemplo mais óbvio. Mas mesmo nesses casos, o consenso é raro; afinal, onde termina o desfile das odes iniciais? Seria em 1.9, como pretende a maioria, porque chegamos à última variedade métrica da sequência? Em 1.10, porque finalmente repetimos um metro, num poema importante em forma de hino a Mercúrio? Em 1.11, porque ali vemos um novo metro que não foi apresentado anteriormente, além disso, na construção do *carpe diem*? Ou, talvez forçando, em 1.12, que parece encerrar um ciclo temático e métrico iniciado em 1.2 (a primeira ode após a introdução de 1.1)? E na sequência? Teríamos de fato um *cluster* de 1.12 a 1.18, como supunha Lowrie (2009)? Ou: o que fazer com as odes que repetem o metro (1.16 e 1.17, 1.26 e 1.27 e 1.34 e 1.35)? Qual a função do encerramento de 1.38? Como isso tudo aponta para os livros seguintes? Não é de se espantar que um estudioso de peso como Roland Mayer (2012, p. 17) afirme o seguinte, no comentário ao livro 1:

> Como se não bastasse a Horácio o fardo de dominar metros atípicos, criar registros linguísticos satisfatórios e conceber situações apropriadas à poesia lírica, ele acrescentou ainda mais à sua carga artística quando organizou, até certo ponto, a miscelânea de poemas num livro (e o livro ainda seria coordenado, novamente até certo ponto, com os dois seguintes). Ao fazer isso, ele seguia os passos de Catulo, Virgílio e de suas próprias obras antes publicadas. O arranjo já tinha se estabelecido como parte da estética do livro de poemas, no fim da República. No entanto, convém lembrar que os poemas foram compostos ao longo de um período indeterminado de tempo, e que alguns, talvez a maioria, devem ter circulado como peças individuais antes de serem coligidos nos livros. O objetivo deste aviso é que cada poema é uma entidade artística autônoma, que não requer conhecimento de seus vizinhos para um entendimento: não há um metatexto.

Numa análise como a minha, poderia ser péssimo iniciar um comentário pela recusa da estrutura firme, ainda mais do primeiro livro de *Odes*. Mas creio que seja exatamente essa dificuldade que nos convida a uma análise mais aberta de cada ode e dos possíveis entrelaçamentos métricos, temáticos, rítmicos, lexicais, etc. Com isso, nestas notas não almejo expor uma estrutura inquestionável (que cai invariavelmente numa ideia de *verdade* do texto, ou de fundo hermenêutico a que se deve chegar para fazer uma leitura correta), mas – como tentei determinar no estudo – uma série de aberturas interpretativas que mais funcionam como um convite ao leitor. Nesse sentido, discordo em parte de Mayer: não é que não haja metatexto nas *Odes*; porém o metatexto seria fluido; em outras palavras, os poemas podem até ser peças independentes (compostos, cada um, após longo intervalo de tempo) que convidam à leitura separada; no entanto, a justaposição incita qualquer leitor a criar interferências e, portanto, inferir um possível metatexto que permita esse trabalho hermenêutico sem fim.

A meu ver, a complexidade da disposição no livro 1 (estudada minuciosamente em perspectiva estrutural por Collinge, 1961, pp. 36-55, e brindada com uma vigorosa resenha sobre as diversas interpretações em Minarini, 1989) não precisa levar estudiosos ao delírio organizacional nem ao ceticismo que descarta maiores sutilezas arquiteturais: é, talvez, nessa *aurea mediocritas* que se encontram os comentários a seguir sobre as dificuldades do primeiro livro das *Odes*.

1.1

Maecenas é a primeira palavra de todas as *Odes*, uma dedicatória notável ao patrono de Horácio pela peculiaridade de abrir um livro não pela matéria, mas pelo patrono (o fato só se compara ao livro 3 de Propércio, que se inicia com *Callimachi*, o nome de outro poeta); o que se reforça pelo fato de que o penúltimo poema dos três livros (3.29) também é dedicado a Mecenas. Seguido da invocação a Mecenas (vv. 1-2), o poeta parte para um priamel de atividades romanas (vv. 3-28, exceto, talvez, pelo carro olímpico e por si mesmo entre sátiros e ninfas, duas representações helenísticas), que talvez evoque Safo fragmento 16:

> Ο]ἰ μὲν ἰππήων στρότον οἰ δὲ πέσδων
> οἰ δὲ νάων φαῖσ᾽ ἐπ[ὶ] γᾶν μέλαιναν
> ἔ]μμεναι κάλλιστον, ἔγω δὲ κῆν᾽ὄτ
>   τω τις ἔραται.

> πά]γχυ δ᾽ εὔμαρες σύνετον πόησαι   5
> π]άντι τ[ο]ῦτ᾽, ἀ γὰρ πόλυ περσκέθοισα
> κάλλος [ἀνθ]ρώπων Ἐλένα [τὸ]ν ἄνδρα
>   τὸν [πανάρ]ιστον

καλλ[ίποι]σ᾽ ἔβα 'ς Τροΐαν πλέοι[σα
κωὐδ[ὲ πα]ῖδος οὐδὲ φίλων το[κ]ήων
πά[μπαν] ἐμνάσθη, ἀλλὰ παράγαγ᾽ αὔταν
  .] ` [......]σαν [

.... ἄγν]αμπτον γὰρ[.....] νοημμα
....]..   (.) κούφως τ[......] νοήσηι·
κἄ]με νῦν Ἀνακτορί[ας ἀ]νέμναι-
  σ᾽ οὐ] παρεοίσας,

τᾱ]ς κε βολλοίμαν ἔρατόν τε βᾶμα
κἀμάρυχμα λάμπον ἴδην προσώπω.
ἢ τὰ Λύδων ἄρματα κἀν ὄπλοισι
  πεσδομ]άκεντας.

    ] . μεν οὐ δύνατον γένεσθαι
] . ν ἀνθρωπ[... π]εδέκην δ᾽ ἄρασθαι
        ] δ᾽ἔμ αὔται
  [

Dizem uns que exércitos e uns que barcos
e uns que carros sejam o se[r] mais belo
s]obre a terra negra – por mim seria o
  ser que se ama

c]omo é fácil logo explicar o fato
p]ara t[o]dos pois que já todos sabem
que a mortal mais bela da terra Helena [a]o
  [nob]re marido

des[denho]u e foi vele[jar] em Troia
sem sequer lembrar-se da fina [fi]lha
dos queridos pais seduzida pela
  .] ` [......]sa [

pois [....] in]flexível mente
....]..(.) levemente e[.....] pensa
me] recordo agora da plen[a aus]ência
  de Anactó[ria]

quero ver passar o [seu] passo amável
quero o lustre intenso que traz no rosto
mais que as carruagens da Lídia e armadas
  in]fantarias

      ]assim não será possível

10

15

20

5

10

15

20

]. ao morta[l   d]esejar partilha
          ]e por mim mesma
[

Ou então Píndaro fragmento 221; porém, nos dois poetas gregos, o priamel é apenas um trecho do poema, enquanto na ode horaciana ele ocupa praticamente toda a estrutura, para apenas no fim desvelar seu intuito (vv. 29-34) de escrever lírica com base nos poetas eólios, *Lesboum barbiton*, e se encerra brevemente com um pedido específico a Mecenas (vv. 35-36): nos dois casos, Mecenas participa de um dístico, criando o efeito de simetria conceitual e formal e a oposição entre o verso 2 (com descrição de Mecenas) e o verso 36 (pretensão de Horácio). Há ainda um detalhe numérico interessante: no priamel, Horácio apresenta nove atividades, depois menciona os vates, que eram famosos na Antiguidade também em número de nove. É o que vemos em dois epigramas anônimos da *Anthologia Palatina*, 9.184:

Πίνδαρε, Μουσάων ἱερὸν στόμα, καὶ λάλε Σειρὴν
    Βακχυλίδη Σαπφοῦς τ' Αἰολίδες χάριτες
γράμμα τ' Ἀνακρείοντος, Ὁμηρικὸν ὅς τ' ἀπὸ ῥεῦμα
    ἔσπασας οἰκείοις, Στησίχορ', ἐν καμάτοις,
ἤ τε Σιμωνίδεω γλυκερὴ σελὶς ἡδύ τε Πειθοῦς
    Ἴβυκε καὶ παίδων ἄνθος ἀμησάμενε
καὶ ξίφος Ἀλκαίοιο, τὸ πολλάκις αἷμα τυράννων
    ἔσπεισεν πάτρης θέσμια ῥυόμενον,
θηλυμελεῖς τ' Ἀλκμᾶνος ἀηδόνες, ἵλατε, πάσης
    ἀρχὴν οἳ λυρικῆς καὶ πέρας ἐστάσατε.

Píndaro, sacra boca das Musas, falante Sereia,
    ó Baquílides, e Safo de eólico dom,
texto de Anacreonte e tu que em homérica fonte,
    ó Estesícoro, assim buscas a custo teu lar,
doce folha de Simônides e Íbico quando
    colhe da Sedução flores de um jovem rapaz,
ó espada de Alceu, que o sangue dos vários tiranos
    tanto derramas por fim pela justiça das leis,
e ó rouxinóis suaves de Álcman – dai-me uma graça,
    pois que na lírica sois sempre o princípio e o fim.

E 9.571:

Ἔκλαγεν ἐκ Θηβῶν μέγα Πίνδαρος· ἔπνεε τερπνὰ
    ἡδυμελεῖ φθόγγῳ μοῦσα Σιμωνίδεω·
λάμπει Στησίχορός τε καὶ Ἴβυκος· ἦν γλυκὺς Ἀλκμάν·
    λαρὰ δ' ἀπὸ στομάτων φθέγξατο Βακχυλίδης·
Πειθὼ Ἀνακρείοντι συνέσπετο· ποικίλα δ' αὐδᾷ

Ἀλκαῖος, κύκνος Λέσβιος, Αἰολίδι.
ἀνδρῶν δ' οὐκ ἐνάτη Σαπφὼ πέλεν, ἀλλ' ἐρατειναῖς
ἐν Μούσαις δεκάτη Μοῦσα καταγράφεται.

Alto nos brada Píndaro, vindo de Tebas e sopra
  a simonídea Musa sua delícia de voz;
brilha Estesícoro e Íbico, e doce é tudo de Álcman,
  quanto a Baquílides é boca em deleites a mil,
a Sedução é de Anacreonte e coisas diversas
  sempre ensina Alceu, lésbico cisne cantor.
Safo não será a nona no meio dos homens,
  entre as Musas sim: décima Musa nasceu.

O poema abre três instâncias simultaneamente: 1) o livro, 2) o conjunto dos três livros e 3) as *Paradeoden*. Nesse sentido, a elocução mais humilde pode até assumir certo grau de autoironia, como afirma David West (p. 4): "Quão sério é Horácio? O coração do poema é uma visada de nove modos de vida diferentes. Sem uma palavra sequer de desaprovação ou zombaria. Horácio consegue fazer todos esses modos de vida, incluso o seu, parecerem um pouco ridículos"; Syndikus (p. 29) segue uma linha similar, demonstrando que haveria semelhanças com trechos das *Sátiras* do próprio Horácio.

– Metro: asclepiadeu 1, ou menor. Mayer informa a possibilidade de este poema ser o primeiro escrito em latim com esse metro, embora o asclepiadeu 5, ou maior, tivesse já sido utilizado por Catulo 30; se for mesmo o caso, isso explicaria a escolha para o poema de abertura, como indicação da novidade horaciana. Em termos métricos, o poema dialoga apenas com 3.30, que encerra a coletânea dos três primeiros livros (se deixarmos de lado, por ora, 4.8). Aqui, antes de tudo, o poeta pede auxílio a Mecenas; lá, ele exige reconhecimento da Musa, por já ter erguido seu monumento.

v. 1: Caio Cílnio Mecenas (68-8 a.C.), membro riquíssimo da ordem equestre, foi braço direito de Augusto, sobretudo no campo cultural, onde ficou marcado como grande patrono de poetas como Virgílio, Horácio e Propércio, dentre outros. Em 40 a.C., foi uma figura-chave para realizar o tratado de Brindes, uma paz entre Antônio e Otaviano (futuro Augusto); em 36 a.C., ele assumiu cargos políticos de Otaviano, enquanto este seguia a campanha contra Sexto Pompeu (67-35 a.C.); e durante a batalha do Ácio, em 31 a.C., assumiu o cargo de vice-regente. Ao que tudo indica, Mecenas perdeu o favor de Augusto nos últimos anos de vida; mas, mesmo assim, sabemos que deixou toda sua herança para o *princeps*, ao morrer em 8 a.C. Por parte de mãe de Mecenas, os Cílnios foram antigos reis de Arrécio, uma das doze cidades etruscas; não fazia, portanto, parte da nobreza originária de Roma, sendo considerado um equestre pelo censo.

Para termos uma ideia das relações poéticas entre Mecenas e Horácio, é interessante ver um fragmento de Mecenas (frag. 2, Courtney), em que o patrono trata o poeta com uma elocução mais próxima da tópica amorosa:

> *Lucentes, mea uita, nec smaragdos*
> *beryllos nque, Flacce mi, nitentes*
> *nec percandida margarita quaero*
> *nec quos Thynica lima perpoliuit*
> *anellos nec Iaspios lapillos.*

> Minha vida, as luzentes esmeraldas
> ou berilos brilhantes, ó meu Flaco,
> nem a pérolas alvas eu te peço,
> nem o anel mais polido em tínias limas
> nem as joias em jáspide encrustadas.

vv. 3-6: Embora os jogos olímpicos tenham ocorrido até 393 d.C., aqui a imagem parece ser poética para designar qualquer corrida de carro, mesmo em Roma. A meta eram duas colunas, que o corredor devia circundar: o risco estava no fato de que, para economizar tempo, ele deveria passar bem perto delas, quase tocando; porém, se as tocasse, as rodas quebrariam. Daí que "meta", a parte mais difícil da corrida, e que em geral determinava o resultado, assuma o sentido atual em português de "objetivo". Essa primeira opção para o priamel insinua um gosto pindárico para as *Odes*.

vv. 7-8: A turba de quirites são os senadores romanos (por serem descendentes de Quirino, nome de Rômulo após ser divinizado); e as honras trigêmeas são parte do *cursus honorum*: edilidade, pretorado e consulado. Quirite também serve para designar o cidadão romano em geral.

v. 10: A Líbia aqui vale por África em geral, região famosa pelo trigo.

v. 12: Átalo foi um rei de Pérgamo; ele e seus descendentes são símbolo de riqueza e luxo. Sabemos que Átalo III, ao morrer (133 a.C.), concedeu o reino para os romanos.

vv. 13-14: A ilha de Chipre era famosa pelo comércio, e as florestas da ilha serviam também para a construção de navios. No jogo sintático, Horácio ainda parece invocar o fato de que em Chipre havia o mais famoso templo de Vênus. Mirtos (donde "mírteo mar") era uma ilha ao sul da Eubeia, cheia de recifes: novamente um jogo com a murta (*myrtus* em latim), planta consagrada a Vênus e assim ligada ao amor e ao sexo.

v. 15: O Áfrico é o vento sudoeste, e a onda icária indica a região marítima entre a Icária e Samos, perto do mar Egeu, região onde teria caído e morrido Ícaro.

vv. 19-22: O mássico é o vinho feito com uvas plantadas no monte Mássico, na região da Campânia, na Itália central, ao norte de Nápoles. Todo rio é consagrado às ninfas, por isso a água aqui aparece como sacra.

vv. 24-25: Villeneuve atenta que, em latim, "mãe" (*mater*, ou *mater familias*) indica mulher como mãe e esposa; "frígido Jove" é referência ao clima invernal, já que Júpiter, nas nuvens, é o deus dos raios.

v. 27: *fidelibus* – traduzo todas as palavras ligadas a *Fides* e derivados por dois termos e seus derivados: "Fé" e "Lealdade". Essa variedade para a tradução da mesma figura – por vezes divinizada – se dá pelo fato de o emprego em latim de *fides* ser muito mais variado do que eu poderia tentar com apenas uma palavra em português. Daí que, em cada passagem, eu opte pela acepção que me parece mais próxima do sentido interpretado.

vv. 29-32: As heras eram símbolo de Baco, patrono da inspiração poética. Os bosques, com seus rios (ninfas), eram um espaço consagrado, literariamente ligado à inspiração; as danças dos sátiros e das ninfas, ligadas a Baco, também representam o espaço inspirado; por fim, a imagem de afastamento num bosque sagrado ecoa a poesia helenística, que no mais é silenciada no poema de abertura, embora seja uma influência importante para Horácio.

vv. 33-34: Euterpe era a musa que teria inventado a flauta (a tíbia é um parente); e Polihímnia, a lira. Polihímnia, pelo radical, πολυ, também pode indicar a variedade estilística e métrica das odes: "a-de-muitos-hinos". Em geral, o nome é vertido em português como "Polímnia", mas decidi resgatar parte da sonoridade e da grafia do hino. O bárbito é uma espécie de cítara mais grave, comum na ilha de Lesbos, que teria sido inventado por Terpandro; toda a imagem faz referência à poesia de Alceu e Safo, que serão os principais modelos de Horácio.

v. 35: "vate" indicava os antigos profetas que anunciavam o futuro em verso. Durante certo tempo, o termo caiu em descrédito entre os romanos, mas o século de Augusto, com a restauração da religião tradicional, viu seu ressurgimento nas obras de todos os poemas famosos: Virgílio, Horácio, Propércio, Tibulo, Ovídio.

v. 36: Há quem veja nesse último verso uma autoironia horaciana, com referência à sua baixa estatura. Se considerarmos as biografias um metatexto, poderíamos ver aqui um jogo, mas pouco produtivo para o leitor que desconhecia o poeta.

1.2

Este poema complexo tem uma composição em anel delicada: abre com a menção a Júpiter punindo Roma e fecha com a imagem de César (Augusto) restaurando o império humano. As estrofes 1-3 apresentam alterações no tempo e uma rememoração do dilúvio (com a menção a Pirra e Proteu). As estrofes 4-5 se concentram no transbordamento do Tibre, com a inserção dos monumentos e templos; a estrofe 6 centra a causa nas guerras civis, explicitando toda a crise, para depois vermos 6-10 como possíveis invocações a um deus protetor, que se encerra na causa mais imediata da morte de César, que demanda um vingador; com isso o poema se encerra com duas estrofes (11-12) dedicadas a Augusto, mencionado igualmente como "César"; assim, a ideia de vingança sai da guerra intestina para o combate contra os partas, restaurando a ordem em Roma. Esse é o primeiro uso da estrofe sáfica, só que em chave muito mais alcaica. Além disso, é a primeira inserção do tema "crime público das guerras civis" (depois da dedicatória a Mecenas de 1.1, imediatamente antes da reflexão moral sobre as navegações de 1.3), que deve ser expiado por Augusto e sua revitalização da religião romana. Curiosamente, o metro será retomado em 1.10, que abre com a figuração de Mercúrio, invocado aqui como possível disfarce de Augusto.

Esta ode dá início ao programa religioso augustano. Como notam Beard, North e Price (1998, v. 1, p. 118), "O poeta Horácio, como outros autores sob o primeiro imperador Augusto, olhavam para as últimas décadas da República como uma era de desolação religiosa – ao mesmo tempo que urgia à nova geração que restaurasse os templos e, por implicação, as tradições religiosas". No entanto, como eles próprios atentam em minúcia, "podemos estar seguros de que, no mínimo, tais alegações foram seriamente exageradas; podiam mesmo estar 'erradas'" (p. 124). Nesse sentido, é importante ver no discurso de Horácio não uma declaração factual sobre a decadência religiosa, mas um ponto de vista (sincero ou não) muito similar à política religiosa iniciada por Augusto.

– Metro: estrofe sáfica.

vv. 1-4: "Os prodígios eram sinais dos deuses que indicavam que as relações entre deuses e homens estavam desencontradas" (Beard , North e Price, 1998, v. 2, p. 172). A mudança climática é sinal de uma fúria divina do Pai Júpiter, que ataca a cidade com a mão vermelha pelo fogo do raio (cf. Virgílio,

Georg. 1.328-9, *corusca dextra*) sobre o Capitolino, monte consagrado ao próprio Júpiter, e com neve, que só costumava cair sobre Roma uma vez ao ano. Há quem atribua essas referências às tempestades de 30-29 a.C.; por outro lado, sabemos que o Tibre teve uma violenta inundação em 27 a.C., apesar de ser comum o acontecimento em menores proporções. Mais instigante seria seguir a proposta de Syndikus (p. 39-41), de que não valeria a pena encontrar uma data específica para os acontecimentos naturais; em vez disso, vemos o poema com uma temporalidade vaga entre a morte de Júlio César, em 44 a.C., e o desenvolvimento das guerras que terminariam com a batalha do Ácio, em 31 a.C., quando Augusto (ainda Otaviano) derrotou as forças de Marco Antônio e Cleópatra; Syndikus argumenta que na lírica não haveria necessidade de narrar no passado, por isso o poema estaria numa espécie de presente poético. Nessa primeira estrofe, há ainda uma paronomásia fértil entre *terris* e *terruit*; que recriei com "terra" e "aterra".

v. 6: Pirra e o marido, Deucalião, por serem virtuosos, sobreviveram ao dilúvio criado por Júpiter para eliminar a humanidade viciosa e recomeçar do zero. Eles conseguiram tal feito ao construírem a tempo uma arca, por conselho de Prometeu, pai de Deucalião.

v. 7: Proteu é uma divindade marinha, conhecido por seu poder de assumir inúmeras formas. O gado de Proteu são as focas, na verdade uma posse de Netuno, para quem Proteu trabalhava como uma espécie de pastor.

vv. 15-16: O templo de Vesta, a Régia de Numa (como era conhecido o palácio do mítico rei Numa; daí "monumentos régios") e o Átrio de Vesta ficavam no fórum.

vv. 17-20: Ília é também conhecida como Reia Sílvia, mãe de Rômulo e Remo. Teria sido uma sacerdotisa vestal estuprada pelo deus Marte; como as vestais faziam voto de castidade, Ília foi depois punida pelos romanos e lançada ao Tibre depois do nascimento dos gêmeos, sendo ali divinizada, ao se casar com o rio; daí que o rio a vingue e seja caracterizado como uxório. Na tradução, faço o mesmo jogo de Horácio, quebrando a palavra entre os versos 19-20: *u-xorius*, "u-xório"; para caber no metro, ainda forço a pronúncia como u-xó-ri-o, que assim insere o hiato que aparece na palavra seguinte, "rio".

v. 29: O crime é discutido pelos comentadores. A maioria vê o crime como o assassinato de Júlio César (100-44 a.C.) em 44 a.C., e as catástrofes, como aquelas narradas por Virgílio nas *Geórgicas* (1.406 ss.). Nisbet & Hubbard (N-H) preferem ver no crime a guerra civil como um todo, e afirmar a catástrofe climática como mais recente. Julgo mais sensato a sobreposição poética, que acaba por encenar o assassinato de Júlio César como também estopim de nova guerra civil, que só terminaria coma batalha do Ácio. Nesse caso, a indeterminação constitui a poética.

v. 30: Aqui o poema assume certas características de um hino clético, com a invocação do deus, a descrição de seus atributos e o subsequente pedido.

v. 31: Apolo, sendo deus do sol, aparece aqui numa imagem poderosa, entre nuvens. Interessante notar que o primeiro deus invocado é o deus da poesia e também aquele que foi tomado por Augusto como seu patrono pessoal.

vv. 33-37: Ericina é Vênus, com templo e culto importantes no monte Érix, na Sicília. Em Roma, também é invocada como uma antepassada da raça romana, por ser mãe de Eneias, fator importante, já que a família de César se dizia descendente direta da deusa. O patrono de Roma é Marte, também antepassado de Roma, por ser pai de Rômulo e Remo. Sua descrição comum é como um deus insaciável, o que torna mais forte sua imagem como enfim saciado pela carnificina das guerras civis.

v. 39: Os mársios eram um povo sabino que costumava dar grande suporte ao exército romano. Etimologicamente, ou melhor, paronomasticamente, o termo está ligado a *Mars*, o deus Marte. Muitas vezes representam os romanos.

v. 41: Para os romanos, a juventude ia dos 17 aos 45 anos. Na época da composição da ode, Augusto ainda estaria na casa dos 30.

v. 43: O filho de Maia é Mercúrio, mensageiro dos deuses, geralmente representado com asas nos pés. Sua associação com Augusto, por ser um tanto quanto inesperada, é um tema de bastante debate entre os estudiosos; no entanto, N-H (pp. 34-36) apresentam algumas informações culturais que podem indicar essa mesma relação em outras esferas, como moedas e inscrições; e são corroborados pelo trabalho de Zanker (1990, fig. 210), onde vemos Augusto portando o caduceu típico de Mercúrio (mais detalhes podem ser conferidos em Hasegawa, 2013), e Syndikus (p. 52), que nos lembra de uma estátua em Cós, com a figura de Augusto-Mercúrio.

vv. 45-46: Aqui o poeta deseja longa vida a Augusto, representando sua morte física como o retorno de Mercúrio ao céu. Sobre os quirites, cf. nota a 1.1.7-8.

v. 47: A imagem de Augusto indignado por ver as guerras civis parece, no mínimo, curiosa (senão irônica), se pensarmos que ele mesmo foi um dos

NOTAS ÀS *ODES 1* | 317

protagonistas dessas guerras; mas a representação faz parte do programa augustano posterior ao fim das guerras, na glorificação da paz.

v. 50: Caio Júlio César Otaviano Augusto (63 a.C.-14 d.C.), nascido Caio Otávio, foi adotado por Júlio César em seu testamento, após o assassinato em 44 a.C.; juntou-se a Marco Antônio (83-30 a.C.) e Marco Emílio Lépido (90-12 a.C.) para formar o segundo triunvirato; depois de uma série de batalhas por vingança do padrasto, tais como a batalha de Filipos, em 42 a.C., acabou rompendo o segundo triunvirato, o que gerou nova guerra civil, a qual só terminaria em 31 a.C., na Batalha do Ácio, quando derrotou as forças de Antônio e Cleópatra; é a partir dessa data que costumamos marcar o fim da República e início do Principado, com a *Pax Augusta*. Foi intitulado *princeps Senatus* (o Principal do Senado, o homem mais importante do senado) em 28 a.C., em seguida recebeu o título de *Imperator Caesar Divi Filius Augustus* (Imperador César, Filho do Divino, Augusto), em referência à divinização de Júlio César após a morte. Por fim, ainda recebeu o título de *Pater Patriae* (Pai da Pátria) em 2 a.C. Oficialmente, Augusto nunca aceitou algum cargo que tivesse sentido monárquico, mas sua posição central e inconteste acabou preparando terreno para o Império a partir de sua morte. Com certeza, o termo *"Pater patriae"* ainda não tinha valor oficial no tempo da escrita do poema, mas talvez corresse informalmente entre seus seguidores. Como o termo *"princeps"* é culturalmente muito importante para os romanos, optei por mantê-lo na tradução.

v. 51: O conflito contra os partas (ou medas) tornou-se incumbência de Augusto depois da morte de Marco Antônio, em 30 a.C., o que ajuda a datar a ode como definitivamente posterior à batalha do Ácio, em 31 a.C. Com a vingança da tomada das insígnias de Crasso pelos partas (53 a.C.), Augusto agora tem nova incumbência, para além de vingar o assassinato de César (já concluído), o que restaura a política romana de guerras externas.

v. 52: Apenas na última palavra Horácio nos mostra claramente a quem se dirige: César Augusto, que durante as guerras civis se apresentava como vingador do pai adotivo.

1.3

O poema faz um movimento complexo: do pedido de boa viagem (*propemptikon*) por Virgílio, Horácio parte para uma reflexão sobre os males da navegação (outro lugar-comum), que incorrem (um tanto imprevisivelmente) numa leitura moral sobre a invasão de espaços proibidos ao homem (cf., por exemplo, Hesíodo, *Trabalhos e dias*, 236 ss.): o mar, o ar, os infernos; para encerrar com a necessidade de punição divina para a ὕβρις humana. Mayer nota que o poema tem construção similar à de 1.18. Este é também o primeiro poema em que a matéria náutica entra em cena. É importante lembrar como a imagem da navegação nefasta (de origem grega) pode recordar a batalha naval do Ácio (e que imagens náuticas foram muito incentivadas por Augusto na década de 20 a.C., segundo Zanker, 1990, pp. 79-885), ao mesmo tempo que retoma a questão da expiação dos crimes, apresentada em 1.2, o que lhe dá também uma possível conotação política por proximidade (cf. West, pp. 16-19). A imagem marinha se mantém por inversão em 1.4, e a tormenta será tomada como metáfora do amor em 1.5. Simetricamente, esta ode dialoga, por tratar de Vênus e da vida marinha, com a antepenúltima ode do *corpus*, 3.28.

Esta ode parece ecoar o fragmento 5 de Safo, que começa com a seguinte estrofe, onde vemos uma invocação à deusa Cípria (Afrodite) para a conservação de uma pessoa querida que está em viagem:

> Πότνιαι Νηρήιδες ἀβλάβη[ν μοι
> τὸν κασίγνητον δ[ό]τε τυίδ᾽ ἴκεσθα[ι
> κὤττι ϝοι θύμωι κε θέλε γένεσθαι
>   κῆνο τελέσθην,
> [...]
>
> Ó] Nereidas régias um bom retor[no
> para o irmão a salvo é o que mais suplic[o
> tudo que ele aspira e no peito anseia
>   peço concedam
> [...]

Talvez o poema também trace um diálogo com o fragmento 400 de Calímaco, que tem em comum o *propemptikon* dirigido ao barco, o tema da amizade e o metro de modo asclepiadeu:

> Ἀ ναῦς, ἃ τὸ μόνον φέγγος ἐμὶν τὸ γλυκὺ τᾶς ζόας
> ἅρπαξας, ποτί τε Ζανὸς ἱκνεῦμαι λιμενοσκόπω ...
>
> Barca, levas a luz, que eu mais amei, doce do meu viver
> eu suplico que a Zeus guarda-do-cais ...

No entanto, o sentido da ode recebe muitas interpretações (cf. resumo em Johnson, p. 139); dentre elas, acho muito sugestiva a leitura metapoética que vê no poema uma alusão ao projeto de escrita épica da *Eneida* como uma aventura de risco similar aos perigos do mar (cf. Commager, 1962, pp. 119-120, e Cairns, 1972, p. 235). Nesse sentido, a diatribe horaciana até poderia (embora não obrigatoriamente) ser lida como uma crítica à virada virgiliana.

– Metro: asclepiadeu 4.

vv. 1-4: A Cípria é Vênus, deusa nascida na ilha de Chipre e muito vinculada ao mar; por vezes adorada em viagens marítimas como Euploia (cf. Pausânias, 1.1.3). Os irmãos de Helena são Castor e Pólux, os Dióscuros, que costumavam auxiliar na navegação com o brilho do astros (a constelação de Gêmeos, ou também o fenômeno do fogo de santelmo), que indicava tempo bom. O pai dos ventos é Éolo, que deve prender todos os filhos (cf. *Odisseia*, 10.109 e ss., e *Eneida*, 1.50 ss.), exceto Jápige, vento noroeste que vem da Japígia, ou Apúlia, e auxilia os barcos que se dirigem à Grécia, direção de Virgílio em 19 a.C.; Públio Virgílio Marão (70-19 a.C.), poeta mantuano, morreu doente durante essa viagem de pesquisas para a sua *Eneida*. Aqui surge um problema de datação: os três primeiros livros de *Odes* saíram em 23 a.C.; seria esta peça uma inserção posterior, numa segunda edição, ou uma referência a outra viagem (ou um projeto de viagem) que desconhecemos?

vv. 9-10: A dureza do peito do primeiro navegante também alude aos materiais mais utilizados na construção de barcos: carvalho e bronze.

vv. 12-16: Sobre o Áfrico, cf. Nota a 1.1.15; o Aquilão, ou Áquilo, era o vento nordeste. As Híades são a constelação de sete estrelas na cabeça de Touro, em geral são ligadas às tempestades. O Noto (ou Austro) é o vento sul.

v. 20: Os Acroceraunios eram um promontório de Epiro famoso por ser perigoso aos barcos (cf. *Eneida* 3.506).

vv. 27-31: O filho de Jápeto é Prometeu, que roubou o fogo dos deuses e entregou aos homens, sendo punido por isso: foi preso no monte Cáucaso, onde um corvo diariamente lhe comia o fígado, que durante a noite se restaurava; também os homens foram punidos com Pandora, a primeira mulher, entregue a Epimeteu (irmão de Prometeu), que trouxe os sofrimentos e as doenças (cf. Hesíodo, *Trabalhos e dias*, vv. 50 e ss.).

vv. 34-36: Aqui Horácio apresenta ainda duas outras invasões humanas, tiradas de *exempla* míticos. O inventor Dédalo, para fugir da ilha em que foi preso com o filho Ícaro, por ordens do rei Minos, forjou um par de asas coladas com cera, para que pudessem voar para fora da ilha; o filho, querendo voar mais perto do sol, teve as asas descoladas e acabou morrendo no mar (cf. Ode 4.2 e Ovídio, *Metamorfoses*, 8.183-235). O décimo segundo trabalho de Hércules foi a descida aos infernos para resgatar Teseu e Pirítoo (presos lá depois de tentar raptar Perséfone), por isso teve de atravessar o Aqueronte, um dos rios do Orco (mundo dos mortos): nessa aventura, conseguiu salvar apenas Teseu, e o tessálico Pirítoo permaneceu entre os mortos. Como resultado, temos exemplos de invasão nos quatro elementos: água, fogo, ar e terra.

v. 38: N-H e Mayer veem na imagem uma alusão à gigantomaquia, quando os gigantes tentaram invadir o Olimpo para derrubar os deuses. David West ainda informa que a gigantomaquia era usada como símbolo para a batalha do Ácio, e que o raio de Júpiter poderia simbolizar a derrocada de Marco Antônio.

1.4

Talvez num diálogo com o fragmento 286 de Alceu (em muito mau estado) e com um epigrama de Leônidas de Tarento, *Ant. Pal.*, 10.1:

> Ὁ πλόος ὡραῖος· καὶ γὰρ λαλαγεῦσα χελιδὼν
>   ἤδη μέμβλωκεν χὢ χαρίεις ζέφυρος·
> λειμῶνες δ' ἀνθεῦσι, σεσίγηκεν δὲ θάλασσα
>   κύμασι καὶ τρηχεῖ πνεύματι βρασσομένη.
> ἀγκύρας ἀνέλοιο καὶ ἐκλύσαιο γύαια,
>   ναυτίλε, καὶ πλώοις πᾶσαν ἐφεὶς ὀθόνην.
> ταῦθ' ὁ Πρίηπος ἐγὼν ἐπιτέλλομαι, ὁ λιμενίτας,
>   ὤνθρωφ', ὡς πλώοις πᾶσαν ἐπ' ἐμπορίην.

> Tempo de navegar: agora canta a andorinha
>   quando Zéfiro aqui chega com graças a mil,
> todo o campo floresce, e o mar amaina nas ondas
>   pois que já chacoalhou tudo no vento feroz.
> Vamos, levanta âncora e libera a tua proa,
>   ó marujo, a voga: abre essas velas ao mar.
> Isso eu, Priapo, deus do porto, te ordeno:
>   ó humano, vai, faz teu comércio a vogar.

Esse epigrama de Leônidas foi muito imitado e devia ser bastante famoso no tempo de Horácio. Vemos aqui o incentivo à navegação com a chegada da primavera, numa descrição que em muitos pontos se assemelha à abertura desta ode; além disso, nos primeiros epigramas do livro 10 da *Antologia palatina* temos alguns outros exemplos similares. Outra tópica retomada aqui, e que será de grande importância para as *Odes*, é o tema da morte inevitável para todos, que aparece em dois fragmentos de Simônides de Ceos, o fragmento 520:

> ἀνθρώπων ὀλίγον μὲν
> κάρτος, ἄπρακτοι δὲ μεληδόνες,
> αἰῶνι δ' ἐν παύρωι πόνος ἀμφὶ πόνωι·
> ὁ δ' ἄφυκτος ὁμῶς ἐπικρέμαται θάνατος·
> κείνου γὰρ ἴσον λάχον μέρος οἵ τ' ἀγαθοὶ
> ὅστις τε κακός.

Sobre os homens pequena
é a força e fracas as aflições,
duro e duro sempre num breve durar;
implacável, imbatível morte lhe sobrevirá,
pois dela só um quinhão os melhores terão,
terá quem for mau.

E o fragmento 521:

ἄνθρωπος ἐὼν μή ποτε φάσηις ὅ τι γίνεται αὔριον,
μηδ' ἄνδρα ἰδὼν ὄλβιον ὅσσον χρόνον ἔσσεται·
ὠκεῖα γὰρ οὐδὲ τανυπτερύγου μυίας
οὕτως ἁ μετάστασις.

Não digas jamais, homem que és, como amanhã poderá correr,
nem penses saber quanto há de ser próspero quem o é;
pois nem o bater de uma asa de mosca vai
mudar tão veloz assim.

Tópica muito similar também aparecerá em 1.9, 1.11, 1.28, e muitas outras, nos livros subsequentes. Por fim, o aparecimento da primavera também ecoa Catulo 46:

Iam uer egelidos refert tepores,
iam caeli furor aequinoctialis
iucundis Zephyri silescit auris.
linquantur Phrygii, Catulle, campi
Nicaeaeque ager uber aestuosae:
ad claras Asiae uolemus urbes.
iam mens praetrepidans auet uagari,
iam laeti studio pedes uigescunt.
o dulces comitum ualete coetus,
longe quos simul a domo profectos
diversae varie viae reportant!

Primavera nos traz calores mansos,
o equinócio celeste enlouquecido
entre os Zéfiros brincalhões se cala.
Deixaremos, Catulo, os campos frígios,
fértil campo da cálida Niceia,
voaremos à Ásia mais famosa.
Minha mente tremente anseia errâncias
e tranquilos os pés se revigoram.
Digo adeus aos encontros bons de amigos

e que longe do lar levei comigo,
mas que voltam agora em vias várias.

A construção do poema também se dá sobre uma espécie de adiamento: a cena primaveril se alonga até o verso 12; daí em diante, vemos que o poema tem uma conotação moral do *carpe diem* (que ainda ecoará na expressão "*spem longam*", em 1.11), direcionada a Séstio, e apenas os últimos três versos desvelam o cenário do banquete e a matéria amorosa. O poema retoma a cena náutica de 1.3 no segundo verso enquanto rompe a série moral mais grandiosa de 1.2 e 1.3, para restringir a tópica ao ambiente privado, fazendo o primeiro corte entres as duas esferas humanas, que serão retomadas mais adiante. O encerramento amoroso desse poema prepara o espaço para 1.5, no qual o amor tem espaço central. 4.7 também dialogará tematicamente com essa ode (cf. comentário de N-H, p. 61, sobre esse diálogo).

– Metro: arquiloqueu 4. É o único poema de Horácio escrito nesse metro.

vv. 1-4: Entre os romanos, as navegações paravam durante o inverno, de 11 de dezembro a 10 de março, e retornavam com a chegada da primavera, quando soprava o Favônio (ou Zéfiro), vento oeste, a partir de fevereiro.

vv. 5-8: Abril era o mês consagrado a Vênus (que tinha um famoso templo em Citera), e aqui as Graças e as Ninfas a acompanham nas danças que invocam a sexualidade; a mirra é a planta consagrada à deusa do amor. Vulcano, marido de Vênus, trabalha nos vulcões, com a ajuda dos ciclopes, para fazer os raios de Júpiter, que serão usados no próximo inverno. David West e outros veem no termo *officina* uma alusão às oficinas da família Séstio, famosas na produção de ânforas; o que também poderia se amarrar com a imagem náutica do verso 2, que geralmente implica as viagens de comércio.

vv. 11-12: Os sacrifícios a Fauno (etimologia em *fauere*, "favorecer"), antigo deus protetor dos rebanhos e filho de Mercúrio, ocorriam no dia 13 de fevereiro e recebiam o nome de Faunália. Esses rituais faziam parte da Parentália, em celebração aos mortos, o que talvez explique a virada do poema a partir do verso seguinte para uma matéria mais fúnebre.

v. 14: Lúcio Séstio Quirino (*c.* 73-?) foi partidário de Pompeu contra Júlio César, e depois de Marco Júnio Bruto contra Marco Antônio e Augusto, na batalha de Filipos, onde foi derrotado; mas depois, tal como Horácio, aliou-se a Augusto e conseguiu ser cônsul em 23 a.C., ano da publicação das *Odes*, embora sempre mantivesse clara a memória de Bruto.

vv. 16-17: Os Manes são os espíritos dos mortos, aqui descritos como *fabulae*, que verti por "mitos". A ínfima mansão plutônia é a cova estreita, ou os vasos onde se punham as cinzas do morto após incinerá-lo. Há nessa construção um sutil oximoro, pois Plutão era associado a Pluto, deus da riqueza, mas sua mansão é pequena; o que contrasta também com a riqueza de Séstio.

v. 18: *rex uini* (o rei do vinho), ou *magister conuiuii* (o mestre do banquete), era um título simbólico sorteado nos dados; seria concedido a quem tirasse dois 6, jogada conhecida como *iactus Veneris* (o lance de Vênus), cf. também 2.7.25-6 e notas.

vv. 19-20: A imagem homoerótica que encerra o poema gerou questões entre os estudiosos sobre as preferências sexuais de Séstio, que não têm solução. A referência pode muito bem ser apenas um jogo literário de gosto helenizante; por outro lado, sabemos que as relações homoeróticas com escravos não eram tão malvistas entre os romanos. Outra informação importante na ética sexual literária grega é a visão de que o jovem era um sedutor para os homens mais velhos, mas depois de adulto passava a interessar às mulheres; ou seja, Lícidas não será mais um objeto para Séstio em breve. Interessante notar que o uso metafórico para *caleo* e *tepeo* é encontrado pela primeira vez na literatura latina nesse poema de Horácio, no lugar que costumeiramente era ocupado pelos verbos *uror* e *ardo*.

1.5

A construção do poema é minuciosamente armada, para que o jogo conceitual só se resolva no último verso. Um jovem anônimo aparece como amante de Pirra, e as imagens da mulher sedutora vão minuciosamente crescendo na metáfora da tempestade, embora não haja uma partícula comparativa sequer em toda a ode; até que na última estrofe descobrimos o lugar do eu-lírico como um ex-amante, portanto sobrevivente da tempestade amorosa. Horácio assim assume um lugar na poesia amorosa bem diverso do que assumiram os poetas elegíacos: ele aparece como um homem mais velho, que já passou pelo amor e aprendeu com isso (não necessariamente alguém que abandonou o amor), e não como um amante desesperado. Outro detalhe interessante é o equilíbrio temporal entre as estrofes, apesar de todas estarem encavaladas: 1 – presente; 2 – futuro; 3 – presente; 4 – passado.

Este é o primeiro poema propriamente erótico da coleção, seguindo-se a 1.4, que se encerra com essa tópica. De modo similar, esta ode também anuncia a próxima, já que aqui realiza na prática o que é anunciado programaticamente na *recusatio* de 1.6. Na estrutura dos três livros, ela está posicional e tematicamente ligada a 3.26 (quinta ode antes do fim), que também trata da vida amorosa por meio de um ex-voto.

– Metro: asclepiadeu 3. Importante notar que o poema 1.14 será o próximo a adotar o mesmo metro, o que pode influenciar significativamente sua interpretação, mesmo que não se possa dizer que há restrição temática ao metro nas *Odes*.

vv. 1-4: O poema como um todo é uma pérola de construção e posicionamento lexical; a começar pelo primeiro verso, **multa** gracilis *te* puer **in rosa** (entre as rosas, está o rapaz, e cercada pelo fino rapaz um "tu", a própria Pirra), uma construção que não fui capaz de recriar em português sem aniquilar o entendimento. A rosa é flor de Vênus. A construção parece ambígua: o jovem pode estar num leito de rosas, ou usando uma coroa de rosas; eu ainda tento ligar a imagem à do verso seguinte, sugerindo que também possa estar usando um unguento de rosas.

Pirra é uma figura desconhecida; Porfirião sugere que seria uma cortesã, mas pode ser simplesmente o nome grego que encena o poema todo em clima helênico.

v. 5: A elipse contrastiva de *"simplex munditiis"*, "em singela elegância" em pleno cavalgamento estrófico dá força à imagem, que pode se alçar ao patamar de afirmação programática da poesia do próprio Horácio, tal como *"tenues grandia"*, que aparecerá no poema seguinte.

vv. 9-12: Importante lembrar que Vênus era também designada como *aurea Venus* ("Vênus de ouro"), e o termo *"aurea"* pode ainda aludir aos *mores aurei* (costumes dourados), como uma imagem de bondade para Pirra, ou como indicação dos cabelos loiro-avermelhados, ainda invocados pelo próprio nome *"Pyrrha"*, que deriva do grego e invoca πύρ ("fogo") e πυρρός ("da cor do fogo"). A quebra entre *"aurae / fallacis"* (vv. 11-12) guarda para o verso seguinte uma caracterização de Pirra, aumentando o efeito de logro; ainda mais se notamos que *"aurae"* é anagrama de *"aurea"*, que determina Pirra no verso 9 (jogo que busquei recriar com "brasa" e "brisa").

vv. 13-16: Consagrar um ex-voto era comum entre gregos e romanos, como agradecimento à divindade ligada ao pedido: gladiadores e soldados, por exemplo, consagravam as armas quando se aposentavam, ao passo que prostitutas poderiam oferecer espelhos ou enfeites utilizados nos serviços. Do mesmo modo, quem sobrevivesse a um naufrágio, costumava oferecer algo ao deus do mar como agradecimento. Aqui Horácio oferece as próprias vestes, por sobreviver à tempestade metafórica do amor; o que gerou outra conjetura:

no lugar de "*deo*" ("deus", indicando Netuno, que preside o mar), houve quem preferisse a opção de Zielinski, "*deae*" ("deusa", no caso Vênus como divindade amorosa que presidiria também o mar, cf. 1.3.1-4 e 4.11.14), tal é o caso de N-H. Embora poucos a defendam, a conjetura é no mínimo interessante. Para tentar resolver o problema, Bekes propõe que o deus mencionado seja Cupido, não Netuno, solução que me parece pouco convincente. Se insistirmos em ler *deo* e o interpretarmos como "Netuno", poderia haver uma sugestão nessa escolha: como aponta Paulo Martins, Augusto foi associado a Netuno após a vitória marítima da batalha do Ácio, como se pode depreender até por imagens, como aquela em que o *princeps* aparece caracterizado como Netuno (2011, pp. 95-98, sobre o *intaglio* oval do acervo do Museum of Fine Arts de Boston); nesse caso, a entrega ao deus do mar seria também uma conformidade à vida pública, ou à nova moral de Augusto. No entanto, há um ponto ambíguo que ainda pode ser levado em consideração: o termo masculino "*deo*" poderia também ser usado para designar uma divindade geral e, portanto, também feminina (Romano, 1991, p. 501).

A sintaxe dessa última estrofe é bastante truncada em contraponto com o metro dos versos, a ponto de Porfirião a parafrasear em latim, a fim de torná-la mais clara; por isso, optei por truncar um pouco mais também a sintaxe em português.

1.6

O poema tem uma organização simples, mas minuciosa: a primeira estrofe apresenta a recusa em se escrever uma épica com tema histórico sobre os feitos de Agripa; a segunda, que revela o nome de Agripa, centra-se nos principais temas épicos míticos (*Ilíada*, *Odisseia*) e à tragédia (*Tiestes*, obra famosa do próprio Vário), para na estrofe central apresentar os motivos da *recusatio* (proibição divina e falta de talento por parte do poeta para o gênero épico), com a fundamental menção a Augusto no centro do poema. Preparando-se para um efeito circular, a quarta estrofe retoma a segunda, na matéria épica; para o poeta encerrar com uma posição poética em oposição a Vário.

Depois de 1.4 e 1.5 com o tema de vinho e amor, respectivamente, esta *recusatio* bem-humorada (com intertextualidade com prólogo dos *Aetia*, de Calímaco) vem tornar mais complexo o que lemos em 1.2 e 1.3: aqui fica mais claro que mesmo a poesia moral e política de Horácio será cantada em estilo lírico, portanto, leve. A pretensão ao político por meio do gênero lírico é o critério fundamental para a organização das *Odes*. Nas palavras de West (p. 28): "O poema de Pirra demonstra que ele é um poeta do amor. O poema de Agripa termina afirmando exatamente isso". Assim, a *recusatio* é um método importante para inserir a tópica política imperial num contexto simpótico sem afetar a construção do gênero lírico (cf. Mayer, 2012, p. 96). Um modelo similar já existe pelo menos desde Íbico (frag. 282a, Campbell):

[...]

...]αὶ Δαρδανίδα Πριάμοιο μέ-   ant.
γ’ ἄς]τυ περικλεὲς ὄλβιον ἠνάρον
   Ἄργ]οθεν ὀρνυμένοι
Ζη]νὸς μεγάλοιο βουλαῖς

ξα]νθᾶς Ἑλένας περὶ εἴδει   5   ep.
δῆ]ριν πολύυμνον ἔχ[ο]ντες
πό]λεμον κατὰ [δ]ακρ[υό]εντα,
Πέρ]γαμον δ’ ἀνέ[β]α ταλαπείριο[ν ἄ]τα
χρυ]σοέθειραν δ[ι]ὰ Κύπριδα.

νῦ]ν δέ μοι οὔτε ξειναπάταν Π[άρι]ν   10   estr.
ἤν] ἐπιθύμιον οὔτε τανί[σφ]υρ[ον
   ὑμ]νῆν Κασσάνδραν
Πρι]άμοιό τε παίδας ἄλλου[ς

Τρο]ίας θ’ ὑψιπύλοιο ἁλώσι[μο]ν   ant.
ἆμ]αρ ἀνώνυμον, οὐδ’ ἐπ[ελεύσομαι 15
   ἡρ]ώων ἀρετὰν
ὑπ]εράφανον οὕς τε κοίλα[ι

νᾶες] πολυγόμφοι ἐλεύσα[ν   ep.
Τροί]αι κακόν, ἥρωας ἐσθ[λούς·
τῶν] μὲν κρείων Ἀγαμέ[μνων   20
ἆ]ρχε Πλεισθ[ενί]δας βασιλ[εὺ]ς ἀγὸς ἀνδρῶν
Ἀτρέος ἐς[θλοῦ] πάις ἐκ π[ατρό]ς·

καὶ τὰ μὲ[ν ἂν] Μοίσαι σεσοφ[ισμ]έναι   estr.
εὖ Ἑλικωνίδ[ες] ἐμβαίεν λογ[ωι·
   θνατὸς δ’ οὔ κ[ε]ν ἀνὴρ   25
διερὸ[ς] τὰ ἕκαστα εἴποι

ναῶν ὡ[ς Μενέ]λαος ἀπ’ Αὐλίδος   ant.
Αἰγαῖον δ[ιὰ πό]ντον ἀπ’ Ἄργεος
   ἠλύθο[ν ἐς Τροία]ν
ἱπποτρόφο[ν, ἐν δ]ὲ φῶτες   30

χ]αλκάσπ[ιδες, υἷ]ες Ἀχα[ι]ῶν·   ep.
Ττ]ῶν μὲν πρ[οφ]ερέστατος α[ἰ]χμᾶι
ἴξε]ν πόδ[ας ὠ]κὺς Ἀχιλλεὺς
καὶ μέ]γας Τ[ελαμ]ώνιος ἄλκι[μος Αἴας
......] ...[......] πυρός.   35

.... κάλλιστ]ος ἀπ’ Ἄργεος   estr.
.... Κυάννι]ππ[ο]ς ἐς Ἴλιον

. . . .]
. . . .] . . [.] . . .

. . . .] α χρυσεόστροφος   40   ant.
Ὕλλις ἐγήνατο, τῶι δ᾽ [ἄ]ρα Τρωίλον
   ὡσεὶ χρυσὸν ὀρει-
χάλκωι τρὶς ἄπεφθο[ν] ἤδη

Τρῶες Δ[α]ναοί τ᾽ ἐρό[ε]σσαν   ep.
μορφὰν μάλ᾽ ἐίσκον ὅμοιον.   45
τοῖς μὲν πέδα κάλλεος αἰὲν·
καὶ σύ, Πολύκρατες, κλέος ἄφθιτον ἑξεῖς
ὡς κατ᾽ ἀοιδὰν καὶ ἐμὸν κλέος.

[...]
Vin]dos de Argos arrasam a célebre,   ant.
rica e imensa pólis de Príamo,
   régio Dardânida
por vontade de Zeus imenso,

num combate multi-hineado   5   ep.
em nome dos cachos de Helena
e repleto de prantos e luto,
e da queda Pérgamo em tantos tormentos
pelo poder áureo da Cípria.

Mas o meu peito agora recusa-se: 10   estr.
não celebra Páris enganador,
   nem a Cassandra, não,
nem canto os demais Priamidas,

nem o dia indizível que tomou   ant.
Troia de grandes portões, nem cantarei   15
   sobre a virtude de heróis
excelentes que enfim entraram

em barcas multicintadas   ep.
pro fim de Troia; e os nobres
heróis que o régio Agamêmnon   20
enviou, o Plistênida líder dos homens,
filho de Atreu, filho de um nobre também.

Disso as sábias Musas do Hélicon   estr.
bem poderiam usar pra fazer canções
   mas nenhum mortal   25
poderia contar em vida

todas as barcas que então Menelau mandou ant.
virem de Argos a Troia de grãos corcéis
   de Áulide ao mar Egeu
carregando soldados bravos, 30

os aqueus de brônzeos escudos, ep.
e o melhor de todos na lança
Aquiles de passos velozes
junto a Ajax Telamônio tremendo guerreiro
          inc]endiara 35

   ] de Argos veio o lindíssimo estr.
     Cianipo] para Ílion
   ]

     ]

veio Zeuxipo, rebento que a áurea 40 ant.
Hílis pariu, e a ele Troilo enfim
   tal como ouro tri-
refinado em crisol comparam

os troianos e dânaos por causa ep.
da sua aparência adorável. 45
E terão seu quinhão de beleza.
Glória imperecível, Polícrates, ganhas
tal como tem glória no meu cantar.

Mas é importante notar que, em Horácio, há uma questão histórica vinculada aos usos da épica pelo menos desde o período helenístico e também ao seu percurso em Roma. Por fim, para o entendimento da poética calimaquiana que pode estar implícita nesse poema, pode ser útil comparar a um trecho da abertura dos *Aetia* (frag. 1, vv. 17-24):

ἔλλετε Βασκανίης ὀλοὸν γένος· αὖθι δὲ τέχνῃ
  κρίνετε,] μὴ σχοίνῳ Περσίδι τὴν σοφίην·
μηδ᾽ ἀπ᾽ ἐμεῦ διφᾶτε μέγα ψοφέουσαν ἀοιδήν
  τίκτεσθαι· βροντᾶν οὐκ ἐμόν ἀλλὰ Διός.᾽
καὶ γὰρ ὅτε πρώτιστον ἐμοῖς ἐπὶ δέλτον ἔθηκα
  γούνασιν, Ἀ[πό]λλων εἶπεν ὅ μοι Λύκιος·
᾽.......]. . . ἀοιδέ, τὸ μὲν θύος ὅττι πάχιστον
  θρέψαι, τὴ]ν Μοῦσαν δ᾽ ὠγαθὲ λεπταλέην·

Raça infesta da Inveja, sumi, e não com medidas
  persas tentai julgar, mas pelas artes e só;

nem procureis em mim um canto qualquer retumbante,
  não é meu o trovão: foi reservado pra Zeus.
Pois na primeira vez em que eu apoiei uma tábua
  no joelho, então lício Apolo falou:
". . . .], poeta [amado], engorda esse gado,
  mas à Musa mantém magra e finíssima enfim.

Nessa passagem do poeta helenístico, vemos a contraposição entre a poesia breve, de pequeno fôlego mas bem trabalhada, e a poesia grandiosa, muitas vezes interpretada pelos romanos como os gêneros épico e trágico. O preceito calimaquiano aparece, por exemplo, em Virgílio (*Bucólicas* 6, vv. 3-5) e Propércio 2.1 e 3.3, além de ser mais claramente retomado por Horácio em 4.15.

– Metro: asclepiadeu 2.

vv. 1-2: Lúcio Vário Rufo (74-14 a.C.) foi poeta épico e tragediógrafo contemporâneo de Horácio, também amigo de Virgílio, como podemos saber pelo fato de ter cuidado do manuscrito da *Eneida*, quando o mantuano morreu, e pela referência a ele em *Bucólicas* 9.35. Não sabemos se de fato escreveu versos sobre Agripa, mas é certo que escreveu um poema sobre a morte de Júlio César e também uma tragédia, que ganhou fama em seu tempo, intitulada *Thyestes* (*Tiestes*), de 29 a.C. A arte é meônia, porque na Antiguidade alguns julgavam que Homero, o pai da poesia épica, teria nascido na Meônia.

v. 5: Marco Vipsânio Agripa (64-12 a.C.) foi por longo tempo o braço direito de Augusto, seu maior general e também genro a partir de 23 a.C., quando se casou com Júlia. Seu conhecimento bélico foi importante para as vitórias na batalha de Náuloco, em 36 a.C., e do Ácio, em 31 a.C. (ambas marítimas), e em Filipos, em 42 a.C., e na Perúsia, em 41 a.C. (terrestres). É certo que Agripa procurou poetas que cantassem seus feitos na guerra.

v. 6: Optei por me afastar um pouco do original latino e dialogar um pouco com a tradução da abertura da *Ilíada*, de Haroldo de Campos: "A ira, Deusa celebra do Peleio Aquiles, / o irado desvario". "*Stomachum*" (que poderia significar "ira" em alguns contextos), para traduzir a Μῆνις de Aquiles (Pelida por ser filho de Peleu), é um desvio da terminologia homérica, porém ligado ao pensamento antigo sobre a sede das paixões no corpo humano. Também temos o termo "*duplicis*" para o "πολύτροπος" que caracteriza Odisseu; nesse sentido Horácio estaria fazendo na prática uma demonstração da sua incapacidade épica, pela escolha de palavras problemáticas no contexto épico. O poeta ainda joga com a abertura da *Odisseia* na *Arte poética*, vv. 141-142 (onde não traduz "πολύτροπος"), e em *Epístolas*, 1.2.19-22 (onde utiliza "*prouidus*").

v. 8: O paço Pelópida (a casa de Pélops) representa toda a família descendente de Tântalo (pai de Pélops), provavelmente a saga mais terrível que conhecemos da literatura grega, pois o patriarca teria dado a carne dos filhos como alimento aos deuses, apenas para saber se estes perceberiam o logro. Mais adiante, na história familiar, podemos ver também uma alusão à cena em que Atreu (filho de Pélops) dá ao irmão Tiestes a carne dos filhos, num banquete, sem que este o saiba; o mito era tratado na tragédia *Tiestes* de Vário.

v. 9: Ponto central do poema e das *Odes* como conceito poético é a expressão sintética "*tenues grandia*", que opõe o poeta lírico à matéria bélica; por isso verti concisamente como "parco ao grande"; o poeta se mostra pequeno demais para temas grandiosos, por isso recusa a épica e se volta aos temas amorosos da lírica.

vv. 13-16: Em Homero, Marte (Ares) é representado com uma túnica de bronze; aqui seu poder é ainda maior, já que o adamante, um metal mítico, seria inquebrável. Meríone era o condutor do carro de Idomeneu (cf. *Ilíada*, 13.159). O Tidida é o filho de Tideu, Diomedes, o único humano que feriu deuses, Ares e Afrodite, com o auxílio de Atena (cf. *Ilíada*, 5.330 e ss. e 5.596 e ss.). Meríone aparece na ode 1.15.26-8 e 1.26-8, ao lado de Diomedes, e também em *Ifigênia em Táuride* 199-200; o que poderia sugerir nessas duas figuras a representação de Augusto (divino, como Diomedes) e Agripa (fiel companheiro, como Meríone).

vv. 18-20: A disposição dos versos 17 e 18 é refinada: o poeta afirma cantar banquetes (*conuiuia*) e batalhas (*proelia*); mas estas são batalhas de virgens (*virginum*), cujo adjetivo é adiado por todo um verso (*acrium*, v. 18), criando uma disposição simétrica da *series* – **uirgininum** / *sectis* in iuuenes *unguibus* **acrium**: as jovens cercam as unhas aparadas, que por sua vez cercam os jovens na *rixa amoris*. Nesse caso, "*sectis unguibus*" ("com unha bem-feita") é obviamente uma ironia que gera humor, já que o ataque das jovens é desvelado em batalha sexual, por oposição a temas bélicos. Por fim, dois efeitos ainda são notáveis: o termo "*uacui*" só ganha sentido pleno quando chegamos a "*urimur*" (doutro modo, poderia ter o sentido de "desocupados", e não de "sem amores"); enquanto o termo-chave da poética é deixado para a última palavra do poema, "*leues*".

1.7

Na sequência de odes do livro, a discussão poética que o abre dá certa continuidade à *recusatio* de 1.6, mas logo a ode se move para o eixo moral. A construção da ode é um tanto inesperada e gera certo incômodo nos comentadores (cf. Mayer, 2012, pp. 104-105): os primeiros nove versos explicitam as opções literárias alheias, até que entre os versos 10-14 vemos a escolha de

NOTAS ÀS *ODES 1* | 331

Horácio. Então temos uma quebra que lança o poema sobre a matéria moral com o lugar-comum do vinho como apaziguador dos sofrimentos (que só revela o interlocutor, Planco, no verso 19) até o verso 20. Por fim, uma breve narrativa mitológica serve de exemplo argumentativo para como saber aplacar o sofrimento com o vinho, o que aponta para o caráter simpótico dessa ode moral. Nesse momento, vemos que o priamel de abertura tem mais a ver com os locais (concluindo com a busca de um lugar mais próximo), tanto para Horácio – que passa a servir de exemplo – como para Planco, que deve procurar consolo no vinho e num exemplo mítico próximo, o de Teucro.

– Metro: alcmânio. Aponta metricamente para outra ode moral, 1.28, a única que tem o mesmo metro no *corpus* das *Odes*. No entanto, o leitor mais atento poderia recordar que esse metro já havia sido utilizado por Horácio no epodo 12 (segundo Hasegawa, 2010, p. 63, n. 219, "a segunda parte do livro dos *Epodos*, por assim dizer, anuncia as *Odes*"), embora haja pouco diálogo temático entre essas duas odes e aquele epodo.

vv. 1-4: O poema abre com um priamel que retoma 1.1, mas o especifica, já que aqui o priamel não trata de escolhas de vida, mas sim de escolhas poéticas. Rodes é claríssima nos dois sentidos que a palavra comporta em latim: "famosa" e "radiante", nos dois casos graças ao brilho do seu mármore; e Mitilene era centro da ilha de Lesbos, o que evoca as poesias de Safo e Alceu; enquanto Éfeso tinha importante templo dedicado a Ártemis/Diana. As cidades de Mitilene, Rodes e Éfeso foram provavelmente parte da rota por onde Planco teria passado quando seguia Marco Antônio em 41 e 32 a.C. Corinto fica num istmo entre os mares Egeu e Jônio, daí ser "bímare", dotado de dois mares (*bimaris*, ao que tudo indica, é neologismo de Horácio). Baco teria nascido em Tebas, sendo filho de Sêmele; e Delfos era o ponto do oráculo mais famoso de Apolo na Antiguidade. Tempe é o nome de uma série de vales na Tessália, de modo que *tempe* também poderia significar simplesmente "vales".

vv. 5-11: A pólis de Palas é Atenas, e vale lembrar que a deusa sempre era representada como virgem (*intacta*). No verso 7, a indicação de usar oliveira vinda de qualquer lugar conota as fontes literárias, históricas ou míticas, para a escrita (Mayer, 2012, pp. 104-105). Juno era a deusa patrona de Argos, onde tinha um templo famoso, o Heráion, e na *Ilíada* (4.51-2) ela afirma que são três as cidades de que mais gosta: Argos, Esparta (Lacedemônia, mencionada no v. 10) e Micenas. Os adjetivos para "cavalos" e "rica" são derivados das caracterizações homéricas (ἱππόβοτος e πολύχρυσος respectivamente). Por fim, Larissa – pátria de Aquiles – era o centro administrativo da Tessália sob domínio romano, no tempo de Horácio. Esses primeiros 11 versos dedicam-se, portanto, a um espaço geográfico grego, na estrutura de um priamel.

v. 6: O canto infinito (*carmen perpetuum*) era usado para designar a poesia cíclica épica tal como em em Calímaco, *Aetia* fragmento 1.3, a expressão "ἄεισμα διηνεκὲς"; aqui, embora não esteja no centro do assunto, parece apresentar certa ironia de Horácio. A matéria bélica sugerida também aponta para os versos 9-11.

vv. 12-14: Aqui Horácio apresenta seus interesses tipicamente romanos em contraste com a abertura grega. Albúnea era uma ninfa profeta do rio Ânio, mencionada por Varrão (*Res divinae*, frag. 56a, Cardauns), que não é a mesma Albúnea de Virgílio (*Eneida*, 7.81-106). O Ânio, atual Aniene, ainda apresenta duas quedas ao longo de 130 metros, atravessando Tíbur (atual Tivoli), sendo por isso um ponto turístico romano. Tiburno, junto com os irmãos Catilo e Coras, foi um dos fundadores de Tíbur, cidade próxima a Roma, famosa pelos bosques rituais e pelas quedas do rio. Aqui a singeleza dos pomares (com complexos desvios de rios para regá-los) talvez possa gerar um contraste em relação à grandiosidade da série de cidades gregas.

vv. 15-17: O clima serve como exemplo moral, como também em 1.9.9-12 e 2.9.1-8. O Noto – vento sul – é "alvo" aqui (*albus*) numa retomada do epíteto grego λευκόνοτος ("alvonoto").

v. 19: Trata-se muito provavelmente de Lúcio Munácio Planco (87-15 a.C.), que foi cônsul em 42 a.C. e viria a ser censor em 22 a.C., mas postumamente ganhou maior fama de traidor (Veleio Patérculo, 2.83.1, chama-o de *morbo proditor*): nas guerras civis, lutou por Pompeu Magno, mas o trocou por Júlio César e, depois da morte deste, tomou o partido de Otaviano, porém trocou-o por Marco Antônio, até que em 32 a.C. voltou-se definitivamente para Otaviano. Foi ele quem propôs o nome "Augusto" ao *princeps*, em 27 a.C. Porfirião diz que Planco teria nascido em Tíbur, e uma inscrição que cita a família Munácio praticamente confirma essa informação.

vv. 21-32: Horácio termina sua ode com o exemplo mítico de Teucro e com sua fala, num recurso que dialoga com Alceu 38A Lobel-Page, em que o exemplo de Sísifo serve como incentivo a fruir do momento presente e aplacar os sofrimentos com o vinho:

πῶνε[καὶ μέθυ' ὤ] Μελάνιππ' ἄμ' ἔμοι· τί [φαῖς]
†ὄταμε[. . . .]διννάεντ'† Ἀχέροντα μεγ[αν τόρον

ζάβαι[ς ἀ]ελίω κόθαρον φάος [ἄψερον
ὄψεσθ', ἀλλ' ἄγι μὴ μεγάλων ἐπ[ιβάλλεο·

καὶ γὰρ Σίσυφος Αἰολίδαις βασίλευς [ἔφα   5
ἄνδρων πλεῖστα νοησάμενος [θανάτου κρέτην·

ἀλλὰ καὶ πολύιδρις ἔων ὑπὰ κᾶρι [δὶς
δινάεντ᾽ Ἀχέροντ᾽ ἐπέραισε, μ[έμηδε δ᾽ ὦν

αὔτωι μόχθον ἔχην Κρονίδαις βα[σίλευς κάτω
μελαίνας χθόνος. ἀλλ᾽ ἄγι μὴ τά[δ᾽ ἐπέλπεο·   10

θᾶς] τ᾽ ἀβάσομεν αἴ ποτα κἄλλοτα ν[ῦν χρέων
φέρ]ην ὄττινα τῶνδε πάθην τά[χα δῶι θέος.

...... ἄνε]μος βορίαις ἐπι . [

Vem beber, Melanipo, comigo, embriague-se;
você pensa que após o Aqueronte e seu vórtice

pode ver novamente a puríssima luz do sol?
Sim, vem logo e me largue de tanta esperança, vem;

antes Sísifo, Eólida sábio regente até   5
confiou que da Morte podia vencer por fim;

mas por ordem dos fados, e mesmo que sábio,
duas vezes desceu o Aqueronte e seu vórtice,

e o regente Cronida criou uma dúplice
punição subterrânea; ah deixa a esperança, vem!   10

Bem agora na flor do teu viço em que poderá
suportar e gozar do queira nos dar um deus.

....] sopros de Bóreas so . [

Aqui vemos como Teucro, filho de Telamão e Hesíone, foi proibido pelo pai de retornar à pátria Salamina, por ter falhado na vingança do irmão, Ajax. Assim, teve de buscar outra cidade, até fundar outra Salamina em Chipre. O mito é mencionado na *Eneida*, por Dido (1.619), e foi tema de uma peça de Pacúvio. É possível estabelecer dois pontos de contato entre ele e Planco: Planco não pôde impedir a proscrição do irmão, Lúcio Plócio Planco, e também foi um fundador de cidades, como Luguduno (atual Lyon) e Raurica (atual Augst). No contexto político das guerras civis, a ideia de se precisar suportar fatos incontornáveis e complexos seria certamente significativa para muitos romanos em situação similar à de Planco (cf. Mayer). West (pp. 35–36) tenta ler o poema, datando-o ainda nos anos 30 a.C., centrando sua tópica na troca de partido, quando Planco abandonou Antônio para se juntar a Otaviano; mas o argumento me parece pouco convincente; ainda assim, a importância da troca de partido não pode ser descartada numa interpretação mais profunda.

v. 22: Lieu (do grego "Λυαῖος") é outro nome para Baco no papel de libertador dos sofrimentos, aqui simbolizando o vinho que umedeceu a coroa de álamo.

vv. 28-29: Parece-me importante a oposição entre *"certus"* (v. 28), para determinar o oráculo de Apolo, e *"ambiguam"* (v. 29), para determinar o que aponta esse oráculo – nesse sentido o termo *"ambigua"* ganha uma ambiguidade entre a produção de duas Salaminas (portanto um só nome para dois sentidos) e a própria dubiedade da sua existência decorrente da linguagem ambígua dos oráculos. Optei por manter o termo "ambígua", que aqui determina a fundação de uma nova Salamina junto a Chipre, enquanto já havia outra no golfo Sarônico.

1.8

A ode tem um desenvolvimento bastante linear: os primeiros versos (1-4) apresentam o tema da oposição entre vida amorosa e exercícios já com a estrutura de uma pergunta; os versos 5-12 desenvolvem as perguntas, explicitando detalhes do que Síbaris no momento deixa de fazer por causa de Lídia; por fim, os últimos quatro versos apresentam um exemplo mítico que traz ironia ao questionamento, já que Aquiles, no fim das contas, teve de lutar contra os troianos; ao mesmo tempo, os últimos versos podem criar um ápice das perguntas, por insinuar que Síbaris esteja sendo escondido por Lídia, tal como Tétis antes escondera deliberadamente o filho. Segundo Mandruzzato, esta é a primeira "ode 'de situação', entre o lírico e o moral", que aparece no livro (1988, p. 470). Há quem relacione a figura de Síbaris com o Filólacles da *Mostellaria* de Plauto (vv. 149-153), que também perde todo o interesse pelos exercícios depois que se apaixona.

> *Cor dolet quom scio ut nunc sum atque fui,*
> *Quo neque industrior de iuuentute erat*
> *<quisquam nec clarior> arte gymnastica:*
> *disco hastis pila cursu armis equo*
> *uictitabam*

> Dói-me o peito e agora eu sei: não sou quem fui.
> Entre os jovens não havia alguém melhor
> que eu, nem mais famoso na arte da ginástica:
> disco, lança, bola, hipismo, ou armas, ou correr,
> eu vencia em tudo.

Outra passagem plautina similar está nas *Báquides*, vv. 428 e ss. Além disso, como seria de esperar, o tema foi bastante tratado por Catulo 51 e pelos poetas elegíacos; mas notamos certa frieza no tratamento do assunto, e Horácio parece se adequar bastante à criação dos *collegia iuuenum* por parte de Augusto, numa imitação dos efebos gregos, com ênfase em equitação e treinamento militar – ambos assuntos tratados nessa ode, numa fusão entre cultura grega e romana.

– Metro: sáfico 2.

vv. 1–2: Apesar dos nomes gregos de Lídia e Síbaris, a construção do poema é explicitamente romana, num modo similar ao que vemos, por exemplo, em Propércio 4.3. Sobretudo o nome de Síbaris invocaria ao leitor romano a cidade homônima grega, fundada pelos lócrios e famosa pela luxúria (daí o termo "sibarita"), embora já nem existisse mais no tempo de Horácio: de modo similar, Síbaris se torna indulgente quando apaixonado. Por outro lado, na proposta de Heinze, o nome "Lídia" poderia, de modo menos explícito, aludir a Ônfale – rainha da Lídia – que escravizou Hércules e o fez dedicar-se à tecelagem entre mulheres; nesse caso, há duas similaridades com o assunto do poema: a) a mulher como capaz de arruinar a masculinidade pública do homem e b) a similaridade entre o mito de Hércules e o de Aquiles, explicitado no fim do poema. Vale ainda lembrar que Valério Catão, membro do movimento neotérico, escreveu um longo poema erótico intitulado *Lydia*.

v. 4: O Campo Márcio (ou Campo de Marte) era usado para a prática de esportes, treinamentos para a guerra e para passeios de lazer.

v. 8: O Tibre aqui é louro porque as águas eram muito arenosas; vale lembrar que, pela proximidade com o Campo Márcio, era comum terminar os exercícios com um banho no rio.

vv. 13–16: Referência ao mito, caro aos poetas helenísticos, de que Aquiles – filho da nereida Tétis com Peleu – teria se escondido em Ciro, entre as filhas do rei Licomedes, vestido de mulher, para não entrar na batalha de Troia; no entanto, o jovem foi descoberto por Ulisses/Odisseu (cf. 2.5.21-4 e Estácio, *Aquileida*). As hordas lícias eram conduzidas por Glauco e Sarpédon, de modo que constituíam a principal força aliada dos troianos. Embora eu não tenha visto nenhuma referência entre os comentadores, eu diria que não deveríamos considerar aleatórias as proximidades sonoras entre o nome "*Lydia*" e as hordas *Lycias*, onde a fusão entre amor e guerra parece se realizar simbolicamente no embate entre Aquiles e seus inimigos.

1.9

O poema se inicia num diálogo cerrado com o fragmento 338 de Alceu, embora a ambientação seja notavelmente romana:

> ὔει μὲν ὁ Ζεῦς, ἐκ δ᾽ ὀράνω μέγας
> χείμων, πεπάγαισιν δ᾽ ὑδάτων ῥόαι …
>   ἔνθεν

κάββαλλε τὸν χείμων᾽, ἐπὶ μὲν τίθεις
πῦρ ἐν δὲ κέρναις οἶνον ἀφειδέως
    μέλιχρον, αὐτὰρ ἀμφὶ κόρσαι
    μόλθακον ἀμφι <Βάλων> γνόφαλλον.

e chove Zeus, do céu desabou feroz
a tempestade, os rios congelam-se . . .
        então [...]

rebate a tempestade com lenha a mais
no fogo sem poupares o doce mel
    do vinho em tua jarra e cinge
    todo o cabelo com fina fita.

Assim, logo vemos o contraste entre imagem natural e desenvolvimento moral, tal como em 1.4. Recentemente Obbink (2015) sugeriu que esta ode possa dialogar com o recém-descoberto fragmento 26A de Safo, conhecido como o "poema dos irmãos" (antigo frag. 26 Voigt):

Π[άτρος ἀμμέων
[   ]
    ]Λα[ριχ
    σέ, μᾶ[τερ.

ἀλλ᾽ ἄϊ θρύλησθα Χάραξον ἔλθην   5
νᾶϊ σὺν πλέαι· τὰ μέν οἴομαι Ζεῦς
οἶδε σύμπαντές τε θέοι· σὲ δ᾽ οὐ χρῆ
    ταῦτα νόησθαι,

ἀλλὰ καὶ πέμπην ἔμε καὶ κέλεσθαι
πόλλα λίσσεσθαι βασίληαν Ἥραν   10
ἐξίκεσθαι τυίδε σάαν ἄγοντα
    νᾶα Χάραξον

κἄμμ᾽ ἐπεύρην ἀρτέμεας· τὰ δ᾽ ἄλλα
πάντα δαιμόνεσσιν ἐπιτρόπωμεν·

εὐδίαι γὰρ ἐκ μεγάλαν ἀήταν   15
    αἶψα πέλονται.

τῶν κε βόλληται βασίλευς Ὀλύμπω
δαίμον᾽ ἐκ πόνων ἐπάρωγον ἤδη
περτρόπην, κῆνοι μάκαρες πέλονται
    καὶ πολύολβοι·   20

κἄμμες, αἴ κε τὰν κεφάλαν ἀέρρη
Λάριχος καὶ δή ποτ᾽ ἄνηρ γένηται,

καὶ μάλ' ἐκ πόλλαν βαρυθύμιάν κεν
αἶψα λύθειμεν.

Nosso]p[ai
[   ]
  ]Lá[rico
  mã[e

mas você diz que hoje Caraxo chega   5
com seu barco cheio – o que cabe a Zeus só
e outros deuses (creio) porém você nem
    pense no assunto

antes me despeça e me peça agora
muitas preces para a senhora Hera   10
pra que enfim Caraxo por cá nos traga
    logo seu barco

nos encontre salvos – e todo o resto

para os numes nós afiançaremos
pois bons dias da ventania intensa   15
    vêm num instante

mas aquele a quem o senhor do Olimpo
manda um nume pra proteger das penas
certamente mostra-se mais alegre
    próspero sempre   20

quanto a nós se Lárico levantasse
sua testa e então se tornasse um homem
sei que desta enorme tristeza todos
    nos livraríamos.

Na ode sáfica encontramos também imagens sobre questionamento do futuro, riscos náuticos, etc.; porém a ode horaciana se desenvolve lentamente para um ambiente urbano de gosto helenístico, que incomodou a alguns comentadores na compreensão da sua unidade. No entanto, não há necessidade de correção: Roma tinha ambiente urbano, e Horácio constrói a imagem total do poema, a começar por uma descrição do inverno que depois contrastará com a juventude de Taliarco, tal como a natureza vai contrastar com a vida amorosa urbana que encerra o poema com as promessas das jovens.

Este primeiro poema em estrofes alcaicas parece retomar em grande parte a matéria de 1.4. Se confiarmos nesse diálogo, é possível ler a ode como uma despedida da juventude de Taliarco, que, como Lícidas, passará a abrasar as mulheres (cf. WEST, pp. 43-44), enquanto Horácio assume seu desapego (o mesmo desapego que sugere a Séstio em 1.4) e o incentiva também ao seu jovem amante que chega à idade adulta – aqui, estaríamos num desses casos em que uma ode, por similaridade, lança luz sobre os pontos obscuros de outra. É claro que essa leitura de Taliarco como amante do poeta não é necessária para interpretar o poema, mas pode, sim, ser sugerida a alguns leitores (cf. WEST, pp. 43-44, e Mayer, p. 113). É possível ainda analisar o contraste entre esta ode, que é um incentivo ao prazer, e a anterior, que mostra os riscos do excesso: em tal contraposição, a *aurea mediocritas* já parece surgir como um corolário.

– Metro: estrofe alcaica.

vv. 1-4: O Soracte é um monte bem elevado, atual San Oresto, a cerca de 40 quilômetros ao norte de Roma, 700 metros acima do nível da capital, cercado pela Serra Sabina. Embora não seja mencionado no poema, é de interesse lembrar que havia um templo consagrado a Apolo nesse monte, onde antes havia um templo a Sorano, um deus itálico arcaico. É possível considerar esta abertura como uma metáfora da velhice, já que o inverno era tipicamente comparado à última fase da vida humana (WILKINSON, 1968, p. 130-1).

vv. 7-8: O vinho sabino não era considerado dos melhores, mas ainda assim será visto como aceitável; do mesmo modo, quatro anos de envelhecimento não era o ideal, mas já indicava algum cuidado. O ponto parece ser exatamente o *carpe diem*: tomar o vinho de uma região próxima, com um envelhecimento pequeno, para aproveitar antes que a velhice chegue, em vez de criar muitas exigências.

v. 8: Taliarco não é um nome romano, o que sugere que se trate de um interlocutor escravo de construção poética (não necessariamente um indivíduo real), que serve um banquete para Horácio numa casa diante das montanhas; ou então que se trate de uma ambientação totalmente helênica, com um banquete entre dois amigos, ou amantes. De qualquer modo, o nome do jovem já nos indica o ambiente simpótico, pois que o grego "θαλιάρχος" significa "mestre do banquete". Em proximidade a esse ambiente artificialmente grego está "*diota*", um termo grego que designa o vaso com duas asas, cuja única aparição na literatura latina está nesta ode. Seria ainda possível ver em Taliarco um quase anagrama de Lárico (Λάριχος), irmão de Safo presente na ode grega citada.

v. 18: O campo aqui mencionado é o Campo Márcio (ou Campo de Marte), onde havia, além de lugares para esportes e treinamentos bélicos, também um amplo espaço para passeios e encontros amorosos.

vv. 21-22: Esta ode apresenta inúmeros exemplos do tipo de construção; mas pretendo me concentrar apenas nos versos 21-22: a construção "*latentis* **proditor** intimo / **gratus** *puellae* **risus** ab angulo" mostra uma série tripla em que o próprio sentido parece estar latente como a jovem escondida por trás de algum canto secreto; e o efeito é tirado pelo entrelaçamento radical entre as três séries. A construção é sintaticamente muito complexa, de modo que tive de recriar o processo em português de outro modo: basta ver como quase todos os adjetivos anunciados no verso 21 só se resolvem com os substantivos do verso 22, criando um forte efeito de suspense semântico. Na sequência a construção inusitada *pignus dereptum lacertis* forma uma típica *callida iunctura* (ao tratar um anel roubado como um penhor, ou garantia) bem como os dois últimos termos "*male pertinaci*", que parecem explicar todo o sentido de falsa luta entre amantes, de modo que o penhor se revela um bracelete tomado da moça, que será devolvido quando os dois se encontrarem. Para Commager (1962, p. 53), a complexidade sintática reflete a ambiguidade amorosa.

v. 23: O penhor é provavelmente um bracelete ou anel tomado da moça e que só será devolvido caso ela apareça no encontro marcado.

1.10

Na opinião, a meu ver acertada, de David West, "este é um dos poemas mais geniais e astuciosos de Horácio" (p. 46), embora outros, como N-H, não mostrem tanto interesse pela ode. Porfirião (*ad loc.*) comenta que o poema imita um hino de Alceu, também escrito em estrofes sáficas, o fragmento Lobel-Page 308:

> χαῖρε, Κυλλάνας ὁ μέδεις, σὲ γάρ μοι
> θῦμος ὔμνην, τὸν κορύφαισιν † αὐγαῖς †
> Μαῖα γέννατο Κρονίδαι μίγεισα
> Παμβασίληϊ

> Salve, meu senhor de Cilene! O peito
> te celebra, a ti, que num alto monte,
> Maia procriou com o deus Cronida
> pangovernante.

Além disso, o fragmento 306C(a) L-P e Pausânias (*Descrição da Grécia*, 7.20.4) confirmam a leitura, pois explicitam alguns outros detalhes do poema alcaico, como a cena do roubo do gado, que aparece na terceira estrofe de Horácio; porém é pouco provável que a ode romana se assemelhasse muito com o poema de Alceu, uma vez que acrescenta uma série de aspectos do deus que não eram comuns no período arcaico (cf. Syndikus, pp. 121-123). É também importante notar como os aspectos helênicos do deus são ressaltados, enquanto sua função romana (a saber, sua profunda ligação com o comércio) é apagada (cf. MAYER, 2012, pp. 116-117).

Esta ode é a primeira repetição métrica do livro, portanto aponta diretamente para 1.2, onde vimos, nos versos 41-44, a figuração de Mercúrio sob o aspecto de Augusto (cf. nota a 1.2.43). Nesse sentido, poderíamos ler este poema como um hino a Mercúrio/Augusto, tal como estampado em algumas moedas da época (cf. ROMANO, 1991, p. 520). Outro ponto importante de comparação para o interesse nesta ode está na afirmação do próprio poeta, em 2.17.29, de que era um *uir Mercurialis*, ou seja, nascido sob Mercúrio, o que contribuiria para a "aura" religiosa de tal ode. Para finalizar, não custa lembrar a famosa passagem de 2.7.13-16, em que Mercúrio salva Horácio da batalha em Filipos (cf. K-H *ad loc.*; Hasegawa [2013] discute exatamente a sobreposição entre Mercúrio e Augusto nessa passagem). Embora Fraenkel diga que não se deve buscar informações noutros poemas, o ponto é exatamente como essas relações constroem novos níveis de sentido, ou justificativa, para o poema.

– Metro: estrofe sáfica.

vv. 1-4: Um resumo da figura de Mercúrio, ligado ao Hermes grego: "A missão de Mercúrio como mediador está clara nas variadíssimas virtudes e mitos que lhe são atribuídos: a eloquência, a poesia lírica, o comércio, o roubo e o dolo, o ofício de mensageiro dos olímpicos e de condutor das almas têm em comum esse rasgo. Ele é o guardião das encruzilhadas. Com seus conselhos técnico-mágicos costuma prestar auxílio aos heróis. [...] É o artífice por excelência, e a obra de arte que ele propulsiona é a mediadora entre o céu e a terra, entre o alto e o fundo, entre o *animus* e a *anima*" (BEKES, 2005, pp. 107-109). O deus era filho de Júpiter e Maia, filha de Atlas (o Titã que está condenado a sustentar os céus sobre os ombros), e seu nome é derivado do latim *merx*, ligado a comércio. A palestra era o espaço para a realização de exercícios físicos em geral.

v. 6: Segundo o Hino Homérico a Hermes, ele teria inventado a lira com o casco da tartaruga (cf. nota a 1.32.14).

vv. 9-12: Ainda segundo os Hinos Homéricos, Hermes recém-nascido teria roubado o gado de Apolo e, quando foi acusado pelo irmão, negou o roubo, até que Zeus os reconciliou; então Apolo deixou os bois com Hermes, que entregou para ele a lira que inventara. Pausânias (*Descrição da Grécia*, 7.20.4) confirma que a mesma cena também era narrada no fragmento 308 de Alceu.

NOTAS ÀS *ODES 1* | 341

vv. 13-16: Resumo da *Ilíada* 24.332 ss., quando Príamo, disfarçado por Hermes, atravessa o acampamento dos gregos sem ser visto, para pedir a Aquiles que devolva o corpo de Heitor.

vv. 17-20: No papel de ψυχαγογός, guia das almas, Mercúrio leva os bons para os Campos Elísios ("terras venturosas") e os maus para o Tártaro. Há similaridade entre esta passagem e *Eneida*, 4.242-44.

> *Tum uirga capit; hac animas ille euocat Orco*
> *pallentes, alias sub tristia Tartara mittit,*
> *dat somnos adimitque, et lumina morte resignat.*
>
> Logo pega o ramo e conclama as almas pelo Orco
> pálidas, outras porém arremessa no Tártaro triste,
> dá e tira o sono e livra o olhos da morte.

Também interessante notar a oposição entre *uirga aurea* nessa estrofe e *uirga horrida* em 1.24.16. De qualquer modo, a *uirga* aqui mencionada não é necessariamente o caduceu típico de Mercúrio.

1.11

O tema epicurista aqui tratado (cf. frags. 15 e 212 de Epicuro) tem uma longa trajetória na poesia grega e romana, tratada por Achcar (1994, pp. 59-86) e que já havia aparecido antes na própria obra horaciana, em *Sátiras* 2.6.95-97, em que o tom é certamente outro; mas que pode nos indicar possibilidades de leitura aqui também; de qualquer modo, é possível pensarmos, como Syndikus (p. 129), que se trata de um ponto de cristalização do topos. O poema é impressionante em sua concisão: os versos 1-3 apresentam a crendice de Leuconoé e terminam com um conselho moral pela resignação quanto ao futuro; nos versos 4-6 vemos uma imagem natural para a instabilidade da natureza que se resolve na série moral nos versos 6-8 incentivando o aproveitamento do presente. Pela métrica nova em relação aos outros poemas até agora, este parece formular uma espécie de epílogo às *Paradeoden* (se as considerarmos tradicionalmente como de 1.1 até 1.9, com o encerramento na repetição métrica de 1.10), com o ápice moral do *carpe diem*. Também toma o tema fúnebre que encerra 1.10 para iniciar sua crítica às previsões sobre o futuro e a morte, ao mesmo tempo que dialoga com 1.9, já que temos uma conversa entre mestre e escravo num ambiente simpótico. Um detalhe importante na construção do poema é que Horácio sempre põe a parte mais importante do argumento na posição central do verso (que é dividido sempre em três partes) fazendo uma coincidência entre pés métricos e semântica, exemplos: *scire nefas*, *Leuconoe, ut melius, seu tribuit, debilitat, uina liques, dum loquimur* e *quam minimum*.

Isso ganha ainda mais força, se notarmos que o poema é praticamente todo construído em cavalgamentos.

– Metro: asclepiadeu 5, ou maior. O mesmo metro aparece, na literatura latina, em Catulo 30, onde lemos uma repreensão a Alfeno, que tematicamente tem pouco, ou nada, a ver com as odes neste metro que aparecem nos 3 primeiros livros de *Odes* horacianas (1.11 e 1.18). Um diálogo temático ocorrerá apenas em 4.10.

v. 1: *nefas*, no latim, tem o sentido de algo proibido por interferir nas leis divinas e, portanto, entrar no campo do impossível e/ou do sacrílego.

v. 2: O nome grego "Leuconoé" sugere que também possa se tratar de uma escrava, como Taliarco em 1.9, ou de uma cortesã; o nome poderia ser derivado de "λευκός" (branco) + "νοῦς" (mente), que poderíamos entender como "espírito cândido", ou como "ingênua". Porém Romano (1991, p. 524) nos lembra que a expressão "λεθκαῖς φρσαίν" (Píndaro, *Píticas* 4.109) parece indicar malícia. Vale a pena atentar que em Ovídio, *Metamorfoses* 4.168, vemos uma Leuconoé que recusa os ritos de Baco.

vv. 2-3: Há uma sinédoque aqui, em que "babilônios" ocupa o lugar dos oráculos caldeus, famosos na Antiguidade, embora um tanto quanto desprezados por parte da elite romana, sobretudo entre aqueles que tinham afinidade com o epicurismo. Deve-se lembrar, no entanto, que Otaviano (futuro Augusto) teria consultado um astrólogo ainda em 44 a.C., antes da morte de Júlio César, e que este previra seu futuro grandioso (Suetônio, *Vida de Augusto*, 94.12), e que posteriormente Augusto publicaria seu horóscopo em 11 d.C. Entretanto, por mais que o poeta mantenha uma postura epicurista nesta ode, não faz uma defesa do acaso, que termine por desmistificar as profecias, e sim uma defesa do não se procurar saber – a diferença pode parecer tênue, mas ela desloca o tema da máquina do mundo para a ética pessoal.

v. 6: Coar o vinho na hora de bebê-lo era uma prática comum na Antiguidade; estamos, então, no momento simpótico.

v. 8: A formulação genial do *carpe diem* é muitas vezes comparada com um trecho da *Appendix Vergiliana* conhecida como *de rosis nascentibus* ("Sobre o nascer das rosas"):

> *Collige, uirgo, rosas dum flos nouus et noua pubes,*
> *et memor esto aeuum sic properare tuum.*

> Virgem, recolhe a rosa enquanto há flores e viço
> lembra que o tempo está sempre tentando escapar.

1.12

Esta ode complexa se destaca por uma série de amarrações vocabulares que auxiliam na construção: o nome de Clio, v. 2, é retomado romanamente em Camena, v. 39; *secundum* no verso 18, com referência a Júpiter, reaparece como *secundo*, v. 51, na referência a Augusto, aumentando o processo de sobreposição entre o *princeps* e o deus. Outro ponto importante é a sequência inicial *uirum*, *heroa* e *deum*, que depois é respondida num quiasmo estrutural, primeiro por deuses, heróis e depois por um homem divinizado. Por fim, a série anafórica de *te*, *tu*, *tu*, na abertura dos versos 57-59, aumenta o caráter religioso do encômio, que se encerra com a sobreposição total entre as figuras de Augusto e Júpiter. A ode já recebeu estudos diversos sobre sua estruturação (cf. Collinge, 1961, pp. 104-105 e Mayer, 2012, pp. 116-117), e ainda considero a de Christ a mais interessante. Nela, o poema estaria dividido em cinco tríades estróficas, ou numa suposta estrofe de 12 versos (que imitaria a tríade de composição pindárica, cf. *contra* Syndikus, pp. 135-139), do seguinte modo: 1-12, a questão sobre o tema do canto, com o *exemplum* do poder lírico por Orfeu; 13-24, os deuses; 25-36, os heróis (Hércules, Dióscuros e reis romanos); 37-48, figuras históricas romanas, até a *gens Iulia*; 49-60, conclusão do assunto, em que Augusto, o Júpiter humano, será o assunto da obra, porque supera até o pai, tal como o deus superou Cronos. Importante ainda notar como a função política e pública dessa ode começa já nos primeiros versos, a partir de um diálogo explícito com uma ode de Píndaro (*Olímpicas*, 2.1 e ss.):

> Ἀναξιφόρμιγγες ὕμνοι,
> τίνα θεόν, τίν' ἥρωα, τίνα δ' ἄνδρα κελαδήσομεν;
> ἤτοι Πίσα μὲν Διός· Ὀλυμπιάδα
>   δ' ἔστασεν Ἡρακ᾿λέης
> ἀκ᾿ρόθινα πολέμου·
> Θήρωνα δὲ τετραορίας ἕνεκα νικαφόρου
> γεγωνητέον,

> Ó hinos regiforminges,
> Que deus, que herói, que homem nós celebraremos?
> Pisa já é de Zeus, e a Olimpíada
>   Héracles instituiu,
> como primícias do combate,
> que a Téron por vencer na quadriga
> se proclame,

No mais, é importante ressaltar que a segunda Olímpica de Píndaro pouco tem a ver com a ode horaciana. N-H (pp. 143-144) ainda apontam a relação com dois idílios de Teócrito, um dedicado a Hierão de Siracusa (16, onde a

344 | COLEÇÃO CLÁSSICA

abertura pindárica também é importante) e outro a Ptolomeu Filadelfo (17, onde a comparação com Zeus fundamenta o poema):

> Ἐκ Διὸς ἀρχώμεσθα καὶ ἐς Δία λήγετε Μοῖσαι,
> ἀθανάτων τὸν ἄριστον, ἐπὴν † ἀείδωμεν ἀοιδαῖς·
> ἀνδρῶν δ' αὖ Πτολεμαῖος ἐνὶ πρώτοισι λεγέσθω
> καὶ πύματος καὶ μέσσος· ὃ γὰρ προφερέστατος ἀνδρῶν.
> ἥρωες, τοὶ πρόσθεν ἀφ' ἡμιθέων ἐγένοντο,
> ῥέξαντες καλὰ ἔργα σοφῶν ἐκύρησαν ἀοιδῶν·
> αὐτὰρ ἐγὼ Πτολεμαῖον ἐπιστάμενος καλὰ εἰπεῖν
> ὑμνήσαιμ': ὕμνοι δὲ καὶ ἀθανάτων γέρας αὐτῶν.

> Eis que por Zeus começamos e com Zeus, grandes Musas,
> sempre o melhor dos deuses, terminaremos o canto;
> entre os homens, porém, Ptolomeu será o primeiro,
> último e centro, que é o maior de todos os homens.
> Pois os heróis que há tempo os semideuses geraram
> encontraram poetas que cantem todos os feitos;
> quanto a mim, que sei louvar, Ptolomeu, o regente,
> hinearei: os hinos são dons até para os deuses.

Sobretudo nas últimas estrofes, o caráter hínico do poema entrará nessa discussão helenística sobre as relações entre o governante humano e o divino.

Na leitura da série do livro 1, se aceitarmos a possibilidade de análise de que a abertura das *Odes* prossegue pelo menos até 1.11, aqui nós teríamos o reforço sobre a função política desses poemas líricos. Esse caráter chamativo da ode pode ainda ser reforçado por dois aspectos: 1) seu contraste com 1.11, com tema moral-filosófico no espaço do banquete, e 1.13, com a matéria amorosa; e 2) o contraste por tamanho, já que essa imensa ode – a maior do livro 1 – fica entre duas peças curtas. Sobre a questão métrica, como já notamos em 1.2 e 1.10 (as outras peças com o mesmo metro até agora), para a sobreposição entre Mercúrio e Augusto, aqui o desenvolvimento da importância de Augusto se eleva ainda mais, com a sua equiparação a Júpiter, na terra.

– Metro: estrofe sáfica.

vv. 1-2: Herói aqui é o humano do tempo divino, que recebia culto póstumo na Grécia e, portanto, não se compara ao simples homem de grandes feitos do presente. Clio é a Musa da história, portanto a melhor para celebrar a glória.

vv. 3-4: A "jocosa imagem" é interpretada desde Porfirião como o eco, que optei por inserir no verso seguinte como verbo "ecoar-nos".

vv. 5-12: O Hélicon é um monte da Beócia consagrado às Musas ao menos desde Hesíodo. O Pindo, outro monte, ficava entre a Tessália e Epiro; e o Hemo, entre a Trácia e a Mésia; aqui já chegamos geograficamente ao ponto seguinte, já que é na Trácia que teria nascido Orfeu, poeta mítico capaz de guiar animais e plantas por meio do canto à lira. Aqui ele usa a arte materna por ser filho da Musa Calíope com Apolo.

vv. 13-14: O Pai é Júpiter, conhecido como pai dos deuses. Villeneuve ainda nota que Júpiter é o pai das Musas, junto com Mnemosine (a Memória), portanto seria possível traduzir *parentis* em latim como "do teu pai", já que o poeta se dirige à Musa Clio.

vv. 20-22: Uma curiosa ambiguidade sintática, que os editores sempre têm de resolver, é a construção *proeliis audax* (v. 21), que geralmente é lida como retomada de *Pallas* (v. 20), mas pode igualmente ser aplicado a *Liber* (v. 22): se, por um lado, o assunto defende a primeira hipótese, já que Palas é uma deusa guerreira; por outro, a sintaxe poética (a estrofe) parece defender a segunda e representar Baco em batalha. Líber é uma divindade itálica responsável pela fertilidade, e assim foi identificada ao Baco grego (pela etimologia, esse nome ainda serve como tradução latina para Lieu, cf. nota a 1.7.22). A Virgem é Diana, deusa caçadora das florestas.

vv. 25-32: Hércules é o Alcida por ser suposto neto de Alceu, e os filhos de Leda são Castor e Pólux, conhecidos como os Dióscuros (cf. nota a 1.3.1-4).

v. 31: Sigo a correção tradicional de *quia* (que não cabe no metro) para *quod*, embora Shackleton Bailey o considere um *locus deperditus*.

vv. 33-44: Rômulo, o fundador mítico de Roma, seu primeiro rei, famoso pelos feitos na guerra; Numa Pompílio, o segundo dos reis míticos, cujo reino foi famoso pela paz e em geral se opõe ao belicismo de Rômulo; Tarquínio Soberbo, o último rei mítico, teria introduzido os fasces em Roma (cf. Dionísio de Halicarnasso, 3.62, e Floro, 1.5.6), os símbolos do poder judicial; Catão da Útica é uma figura curiosa na estrofe, já que não se trata de um homem mítico, mas poderíamos pensar que seu suicídio em 46 a.C. e sua luta contra Júlio César pela República o permitem estar aqui como um exemplo, que puxa a lista da próxima estrofe. Marco Atílio Régulo, cônsul durante a Primeira Guerra Púnica, morreu ante os cartagineses; Paulo Emílio morreu na batalha de Canas, também contra os cartagineses (cf. Tito Lívio, 22.49); os Escauros são o pai, que não perdoou o filho pela derrota contra os címbrios (102 a.C.), e o filho, que por isso se suicidou (cf. Valério Máximo, 5.8.4); Fabrício Luscino, cônsul em 281 e 278 a.C., e Cúrio Dentato, cônsul em 290 e

275 a.C., foram dois importantes romanos nas batalhas contra os samnitas e contra Pirro (281-278 a.C.); e Camilo dominou Veios em 396 a.C. e venceu os gauleses em 390 a.C. Nessa ode, vemos como o valor dessas figuras estaria intimamente ligado a uma criação campestre e simples, sem grandes bens, com intensa conexão familiar.

v. 39: As Camenas eram divindades itálicas que depois foram assimiladas às Musas gregas. Aqui, o nome serve para mostrar progressivamente o assunto romano do poema.

v. 45: Estes versos aludem a Píndaro:

> αὔξεται δ᾽ ἀρετά, χλωραῖς ἐέρσαις
> ὡς ὅτε δένδρεον ἄἴσσει,

> cresce a virtude como entre orvalhos frescos
> tal como a árvore se alonga

v. 46: O nome de Marcelo gera disputa sobre que figura seria. A lógica histórica das nomeações até o momento sugere que se trate de Marco Claudio Marcelo, conquistador da Siracusa em 212 a.C., que lutou contra Aníbal, foi cônsul cinco vezes. Já a sugestão pelo tempo presente indicaria o filho de Otávia – irmã de Augusto – e portanto sobrinho do *princeps*, que em 25 a.C. viria a se tornar seu genro. Sabemos que morreu em 23 a.C., mas nesse caso a ode seria anterior à morte do jovem, que foi um grande luto para a casa de Augusto, assunto fúnebre de Virgílio, *Eneida*, 6.860 e ss., e Propércio, 3.14. Creio que a sobreposição das duas ideias não cause problema algum no desenvolvimento do poema. Quanto à edição do texto, sigo a tradição manuscrita, *Marcelli*, pelos argumentos de N-H (*ad loc.*), em vez da conjetura de Peerlkamp, *Marcellis*, defendida por Bailey e Mayer: creio que o uso do dativo plural não é necessário para sugerir as duas figuras, ou a família dos Marcelos.

v. 47: O astro Júlio é o cometa que passou em 44 a.C. durante o funeral de Júlio César e que foi interpretado como um sinal da divinização do falecido *dictator*. Aqui, Horácio faz um jogo, pois o brilho do astro refere-se ao próprio Augusto, agora membro da família dos Júlios e também *princeps* acima dos outros romanos.

v. 50: A satúrnia é Júpiter, filho de Saturno: aqui começa a comparação Saturno/Crono e Júlio César × Júpiter/Zeus e Augusto, com a superação do mais velho, num dos raros casos mitológicos em que o filho supera o pai.

vv. 53-56: Os partas estavam no oriente próximo, e o Lácio aqui aparece como sinédoque para o império romano em geral. Os seros (do grego "Σῆρες") eram os povos do extremo oriente, em geral ligados aos chineses, aos tártaros e aos tibetanos. Os indos designam genericamente os habitantes da atual Pérsia.

1.13

A retomada do nome de Lídia neste poema pode promover uma releitura de 1.8, já que aqui a crítica ao amor de Lídia logo se troca pelo relato de paixão do eu-lírico. De certo modo, esse poema dialoga com 1.8, e com isso a dupla derivada da leitura conjunta dessas odes distantes e independentes pode provocar um efeito conceitual similar ao de 1.5, quando a figura pessoal aparece ressignificando o sentido total do poema apenas na última estrofe. Também é importante pensar em como este poema pesa na interpretação da alegoria do barco na próxima ode (1.14), convidando o leitor a uma leitura erótica. É fácil dividir as tópicas desta ode a cada quatro versos (num encaixe perfeito com a *lex Meinekeana*): os versos 1-4 apresentam o tema do ciúme e do sofrimento amoroso; os versos 5-8 desenvolvem as alterações físicas do amante; os versos 9-12 indicam as causas para o ciúme (ou seja, as marcas do outro no corpo da amada); os versos 13-16 fazem um moralismo ciumento; e por fim os versos 17-20, numa elocução próxima à da elegia, desejam uma união mais estável no amor.

O poema apresenta uma série de processos sintáticos complexos: a repetição em fim de verso de "*Telephi*" no mesmo caso; a contraposição entre "*tu*" (v. 1) e "*meum*" (v. 3) com o adiamento de "*iecur*". Também impressionante é o pequeno adiamento entre as imagens de umidade (*umor*, v. 6) e ardência (*ignibus*, v. 8), com uma *callida iunctura* com a palavra *macerer* que pode implicar amolecimento e umidade, mesmo no fogo, como talvez a cera de uma vela, ou, conforme afirma West (pp. 62-63), como uma metáfora culinária de cozimento. Nos versos 10-11 o adiamento de "*rixae*" provoca um suspense sobre a causa das manchas no ombro, que pareceriam estar mais ligadas ao vinho, mas depois se revelam roxos da briga amorosa; ao mesmo tempo há um jogo sonoro entre "*umeros*" e "*mero*", de modo que o ombro carrega em si a mancha da palavra "vinho" (jogo que tentei recriar com "embriaguez ... briga"). Duas construções ainda dignas de nota são o quiasmo encavalado de *dulcia barbare / laedentem oscula* (vv. 14-15); e a combinação de sugestão erótica em *irrupta... copula* (v. 18).

– Metro: asclepiadeu 4.

v. 1: Sobre Lídia, cf. notas a 1.8 e em específico a nota a 1.8.1-2. É óbvio que não se exige que essa Lídia e a de outras odes sejam a mesma persona com qualquer especificidade, mas os ecos são ainda assim inevitáveis para o leitor atento e convidam à interpretação. Télefo também aparece como um amante em 3.19 e 4.11, mas seu nome aponta mais imediatamente para a peça homônima

348 | COLEÇÃO CLÁSSICA

de Eurípides, onde o herói é curado pela mesma lança que o feriu; aqui o amor pode ocupar o lugar da lança.

vv. 3-4: O fígado (*"iecur"*, " ἦπαρ" em grego) é comum na literatura antiga, seja ela médica ou literária, para se fazer referência aos sentimentos de ira e desejo; portanto, não deve ser entendida como uma alusão técnica ou medicinal.

vv. 5-8: Esta sequência de patologia amorosa parece dialogar diretamente com o fragmento de Safo 31 Voigt, imitado por Catulo 51, dois poemas que certamente Horácio conhecia. Aqui apresento o texto de Safo em tradução minha:

φαίνεταί μοι κῆνος ἴσος θέοισιν
ἔμμεν' ὤνηρ, ὄττις ἐνάντιός τοι
ἰσδάνει καὶ πλάσιον ἆδυ φωνεί-
    σας ὑπακούει

καὶ γελαίσας ἰμέροεν, τό μ' ἦ μὰν
καρδίαν ἐν στήθεσιν ἐπτόαισεν,
ὡς γὰρ ἔς σ' ἴδω βρόχε' ὥς με φώναι-
    σ' οὐδ' ἓν ἔτ' εἴκει,

ἀλλ' ἄκαν μὲν γλῶσσα †ἔαγε λέπτον
δ› αὔτικα χρῶι πῦρ ὑπαδεδρόμηκεν,
ὀππάτεσσι δ' οὐδ' ἓν ὄρημμ', ἐπιρρόμ-
    βεισι δ' ἄκουαι,

†έκαδε μ› ἴδρως ψῦχρος κακχέεται† τρόμος δὲ
παῖσαν ἄγρει, χλωροτέρα δὲ ποίας
ἔμμι, τεθνάκην δ' ὀλίγω ‹πιδεύης
    φαίνομ' ἔμ' αὔται·

ἀλλὰ πὰν τόλματον ἐπεὶ †καὶ πένητα†

Num deslumbre ofusca-me igual aos deuses
esse cara que hoje na tua frente
se sentou bem perto e à tua fala
    doce degusta

e ao teu lindo brilho do riso – juro
que corrói o meu coração no peito
porque quando vejo-te minha fala
    logo se cala

toda a língua ali se lacera um leve
fogo surge súbito sob a pele

nada vê meu olho mas ruge mais ru-
   ído no ouvido

gela-me a água e inunda-me o arrepio
me arrebata e resto na cor da relva
logo me parece que assim pereço
   nesse deslumbre

tudo é mais ousável se †até um pobre†

v. 16: A *quinta parte sui nectaris* já criou longos debates entre os críticos. Sem tomar partido, apresento aqui algumas: como bebida divina, o néctar seria excessivamente doce (Íbico, frag. 325, teria dito, segundo Ateneu, que o mel tem uma nona parte da doçura da ambrosia, e Píndaro que seria a décima parte da ambrosia), por isso apenas uma quinta parte já seria suficiente para adoçar os beijos de Lídia, sem torná-los insuportavelmente doces; há também quem tenha identificado aqui uma referência à quinta essência aristotélica, portanto magnificando o poder do néctar nos beijos. Já Porfirião (*ad loc.*) viu nessa imagem a referência às cinco partes do amor (visão, conversa, toque, beijo e coito). Na tradução, por força de escolha, utilizei o termo "quintessencial mel de néctar".

v. 18: Embora o termo *"copula"* em latim não seja tão explicitamente sexual quanto "cópula" em português, optei pelo decalque por ver uma clara alusão sexual na união entre *"copula"* e *"irrupta"*, sobretudo pelo fato de que esta última (uma aparente invenção de Horácio que talvez invoque ἄρρηκτος que designa as correntes com que Hefesto prendeu Ares e Afrodite, na *Odisseia*, 8.275) sugere penetração em geral. N-H (*ad loc.*), ao retraçarem algumas intertextualidades, identificam um diálogo com cenas de ato sexual, como nos epigramas da *Anth. Pal.*, 5.255 e 5.286. O diálogo com a elegia fica claro, e N-H apontam, por exemplo, a proximidade com Catulo 109.5-6:

ut liceat nobis tota perducere uita
aeternum hoc sanctae foedus amicitiae.

para que assim possamos ter ao longo da vida
   nosso laço imortal neste santíssimo amor.

No entanto, na escrita de Horácio parece haver uma ironia mais patente sobre essa questão, sobretudo se comparamos esta ode às outras odes amorosas do *corpus*.

1.14

O poema se desenvolve na tópica da barca lançada ao mar, em risco de tempestade, sem condições para suportar a tormenta, por já estar velha e malcuidada. A última estrofe, no entanto, dá uma guinada no poema, inserindo (talvez de modo similar a 1.5, também com ambiente marítimo) a relação entre o poeta e a matéria. Nesse caso, é curioso atentar para o vocabulário da poesia erótica presente nessa última estrofe, que pode ser capaz de ressignificar todo o poema: tanto por uma preocupação civil de Horácio quanto por uma paixão amorosa. O poema parece estar muito calcado numa lógica do cavalgamento constante, que se radicaliza pelo cavalgamento entre estrofes, de modo que apenas a última consegue se sustentar como unidade rítmica e semântica isolada. Essa tendência generalizada – até mais do que um ou outro aspecto da sintaxe específica de alguma oração – parece caracterizar um estado de "confusão geral" capaz de imitar a tormenta marinha, já que quase não se consegue isolar um verso dessa ode e compreendê-lo.

A ode, geralmente lida como uma alegoria da "nau do estado", pode receber sugestões bem diversas, se analisarmos a posição e o metro. Por vir logo em seguida a um poema amoroso, ela poderia sugerir uma continuidade temática; além disso, é a primeira ode a retomar o metro asclepiadeu 3, que até agora só apareceu em 1.5, um poema de matéria definitivamente amorosa.

Para se tentar compreender o processo dialógico dessa ode, é preciso retomar dois fragmentos de Alceu que podem estar na origem da composição horaciana. Um deles, o fragmento 6 Voigt (cito os versos inicias, em melhor estado):

τόδ᾽ αὖτε κῦμα τὼ προτέρω ᾽νέμω
στείχει, παρέξει δ᾽ ἄμμι πόνον πόλυν
    ἄντλην, ἐπεί κε νᾶος ἔμβαι
    [   ]. ὀμεθ᾽ ἐ[

[   ].. [..] .[5
[   ]
φαρξώμεθ᾽ ὠς ὤκιστα [τοίχοις
    ἐς δ᾽ ἔχυρον λίμενα δρό[μωμεν

καὶ μή τιν᾽ ὄκνος μόλθ[ακος ἀμμέων
λάβη· πρόδηλον γάρ· μεγ[ἀέθλιον   10
    μνάσθητε τὼ πάροιθε μ[όχθω
    νῦν τις ἄνηρ δόκιμος γε[νέσθω.

καὶ μὴ καταισχύνωμεν[ανανδρίᾳ
ἔσλοις τόκηας γᾶς ὔπα κε[ιμένοις
    .] τᾶνδ[15
    τὰν πό[λιν

ἔοντε[ς   ]. ἀπ πατέρω[ν
τὼν σφ[   ]αμμος θῦμ[

ἔοικε[   ]ων ταχήαν[
ταῖ[ς   ]. νητορεν .[20

ἀλλ.[   ]ς τᾶσδεπαλ[
..].[   ]. οισα . ελ .[
[   ]. τοι . [
π[..] .[   ]. συν .[

μ[η]δ᾽ ἄμμ[ι] λω[25
γε[.]ος μενέ[
    μοναρχίαν δ . [
    μ]ηδὲ δεκωμ[

[ ].. ιδημφ . [
[] . οισί τ᾽ ὕποπ[30
    [ ]αίνων· ἐκ[

de novo a onda, como a primeira, vem
e marcha e nos dará o maior labor
    secar, depois que adentra a barca
    [   ]. mos e[

[   ].. [..] ; [5
[   ]
mas reforcemos sem demora
    para levar]mos a salvo ao porto;

nem possa mole medo tomar algum
de nós]; por certo imensa é a [provação,   10
    mas lembra tudo que [passamos:
    todos se [mostrem] por seus valores.

Por covardia] não desonremo-nos
e aos nossos pais que jazem por sob o chão;
    .] que[15
    pó[lis

e são[   ]. dos pai[s
do s[   ]nossos espíritos[
    iguais[   ] veloz[
    pel[as   ]. peit .[20

mas[   ]e da ve[
..].[   ]. é . el .[
[   ]. que . [
p[..] .[   ]. com .[

n[e]m noss[.]de[25

ra[.]a me[
  à monarquia e . [
  n]em aceite[mos

[ ]. . idem . [
[] . em sob[30
  [ ]and, de[

E também o fragmento 208 Voigt:

ἀσυννέτημμι τὼν ἀνέμων στάσιν,
τὸ μὲν γὰρ ἔνθεν κῦμα κυλίνδεται,
  τὸ δ᾽ ἔνθεν, ἄμμες δ᾽ ὂν τὸ μέσσον
  νᾶϊ φορήμμεθα σὺν μελαίναι

χείμωνι μόχθεντες μεγάλωι μάλα·   5
πὲρ μὲν γὰρ ἄντλος ἰστοπέδαν ἔχει,
  λαῖφος δὲ πὰν ζάδηλον ἤδη,
  καὶ λάκιδες μέγαλαι κὰτ αὖτο,

χόλαισι δ᾽ ἄγκυραι, τὰ δ᾽ οήια
[   ]   10
  . [. . .] . [–]
  τοι πόδες ἀμφότεροι μενο[σιν   ]

ἐν βιμβλίδεσσι· τοῦτό με καισ[   ]
μόνον· τὰ δ᾽ ἄχματ᾽ ἐκπεπ[.].άχμενα
  . .]μεν . [.]ρηντ᾽ ἔπερθα· τὼν[...].   15
[   ]ενοις.[   ]

  ]νεπαγ[
  ]πανδ[
  ]βολη[

eu não entendo a guerra dos vendavais,
ao ver ao lado as ondas que vêm bater
  daqui, dali; e nós no meio
  somos levados na negra barca

nos vis tormentos que a tempestade deu: 5
pois a água toma as bases do mastro e ao fim
  a vela transparece inteira,
  vemos imensos retalhos nela,

soltou-se agora a âncora, e os timões
[   ]   10
  . [. . .] . [–]
  sinto meus pés se enlaçarem juntos

em meio cordas e sei que me salvarei
por isso apenas, cargas se perdem[
   . .]os . [.] pergunta do[. . .].   15
[ ]ais.[   ]

   ]nepa[
   ]pã[
   ]vont[

No entanto, como bem nota Syndikus (pp. 162-163), Horácio não segue Alceu, que no primeiro fragmento se dirige aos marujos e no segundo descreve a si mesmo; nosso poeta se dirige à própria barca, o que muda completamente a relação discursiva. Por outro lado, a leitura política presente nesses dois fragmentos alcaicos e legível em Horácio é reforçada ainda por um fragmento de Teógnis (vv. 667-676):

Εἰ μὲν χρήματ᾽ ἔχοιμι, Σιμωνίδη, οἷά περ ἤδη
   οὐκ ἂν ἀνιώιμην τοῖσ᾽ ἀγαθοῖσι συνών.
νῦν δέ με γινώσκοντα παρέρχεται, εἰμὶ δ᾽ ἄφωνος
   χρημοσύνηι, πολλῶν † γνοῦσαν † ἄμεινον ἔτι
οὕνεκα νῦν φερόμεσθα καθ᾽ ἱστία λευκὰ βαλόντες
   Μηλίου ἐκ πόντου νύκτα διὰ δνοφερήν·
ἀντλεῖν δ᾽ οὐκ ἐθέλουσιν· ὑπερβάλλει δὲ θάλασσα
   ἀμφοτέρων τοίχων. ἦ μάλα τις χαλεπῶς
σώιζεται. οἱ δ᾽ ἔρδουσι· κυβερνήτην μὲν ἔπαυσαν
   ἐσθλόν, ὅτις φυλακὴν εἶχεν ἐπισταμένως·

Se eu tivesse muitas riquezas, Simônides, nunca
   que eu me iria afligir acompanhando os bons.
Hoje porém eu perco o que tinha: áfono fico
   pela pobreza atroz, mais eu podia saber
como somos levados junto de brancos velames
   longe do mar de Melo entre noturno breu;
já não querem tirar a água, enquanto as ondas avançam
   pelos lados; será muito difícil alguém
se salvar, porque despediram aquele piloto
   firme, prudente e sagaz quando vigia o mar;

retomada por Quintiliano 8.6.44 (*"nauem pro re publica, fluctus et tempestates pro bellis ciuilibus, portum pro pace atque concordia"*, "a barca significa a república; as ondas e as tempestades, as guerras civis; o porto, a paz e a concórdia"), Porfirião, *ad loc.* (*"manifestae allegoriae, per quas significat ex parte iam debilitatum exercitum Bruti"*, "uma alegoria manifesta, pela qual apresenta pela parte o exército já debilitado de Bruto") e Pseudo-Acrão (que julgava ser uma alegoria de Sexto Pompeio), e assim ganhou a preferência entre os estudiosos; embora as especificidades propostas por Porfirião e Pseudo-Acrão sejam pouco convincentes, já que o poema propõe um agora ("*nunc*") que seria pouco apropriado para os já derrotados e mortos.

No entanto, devemos notar que, como alegoria que é, o poema pode ser lido de modo aberto, e uma leitura de modo algum impede outra. Por isso, sugiro que se deve ler — sobreposto à "nau do estado" — também a possibilidade de a barca ser o próprio Horácio, depois de passar pela derrota perante o exército de Otaviano (já que esse dado biográfico aparece como texto poético em 2.7); ou a leitura de que a barca seria uma mulher ou um jovem amante (na verdade, a leitura que mais me convence); ou uma prostituta velha; ou mesmo o próprio livro de poesia. No caso de lermos o poema em chave amorosa, Horácio apresentaria os riscos de um novo amor como uma tempestade perigosa (tema já apresentado em 1.5, que apresenta o mesmo metro que esta ode), e conhecemos um poema famoso de Meléagro (*Anth. Pal.*, 5.204) com essa matéria:

> Οὐκέτι Τιμαρίον, τὸ πρὶν γλαφυροῖο κέλητος
>   πῆγμα φέρει πλωτὸν Κύπριδος εἰρεσίην,
> ἀλλ' ἐπὶ μὲν νώτοισι μετάφρενον, ὡς κέρας ἱστῷ,
>   κυρτοῦται, πολιὸς δ' ἐκλέλυται πρότονος,
> ἱστία δ' αἰωρητὰ χαλᾷ σπαδονίσματα μαστῶν·
>   ἐκ δὲ σάλου στρεπτὰς γαστρὸς ἔχει ῥυτίδας.
> νέρθε δὲ πάνθ' ὑπέραντλα νεώς, κοίλη δὲ θάλασσα
>   πλημύρει, γόνασιν δ' ἔντρομός ἐστι σάλος.
> δύστανός γ', ὃς ζωὸς ἔτ' ὢν Ἀχερουσίδα λίμνην
>   πλεύσετ' ἄνωθ' ἐπιβὰς γραὸς ἐπ' εἰκοσόρου.

> Eis que Timárion, antes firme na barca recurva
>   não suporta mais Cípris cruel a remar,
> mas a sua popa feito a verga de um mastro
>   hoje já se encurvou, bamba é a proa de gris,
> velas soltas mais parecem flácidos peitos,
>   e a salmoura enrugou sua barriga por fim.
> Bem por baixo a nau se inunda, as vagas invadem
>   cada buraco e o sal bem nos joelhos bateu.
> Pobre de quem veleja vivo até o Aqueronte:
>   vinte remos traz dessa vetusta galé.

No poema de Meléagro, Timárion é uma prostituta velha, já incapaz para os jogos do amor. Os jogos desse poema, por sua vez, entre o vocabulário marítimo e erótico, parecem retomar um poema de Alceu (frag. 306.14-16 Voigt), em que uma mulher velha parece ser comparada a um barco. Assim, retornamos a Alceu, sem podermos determinar a precedência interpretativa para a alegoria da barca. Mas, de qualquer modo, um elemento significativo

NOTAS ÀS *ODES 1* | 355

não poderá ser deixado de lado em qualquer tentativa de análise: "o hábito desenvolvido de reflexão e de análise psicológica; não há nada parecido com isso em Alceu, nem mesmo em Safo" (HUBBARD, 1973, p. 17).

Por fim, gostaria ainda de sugerir a leitura proposta por Knorr (2006) de que a alegoria diria respeito a um triângulo amoroso, pelas relações com 1.5, 1.13, 1.15, 1.16 e 1.17.

– Metro: asclepiadeu 3.

vv. 1-3: *"nauis"* podia designar a genitália feminina, ou mesmo o útero, segundo Adams (1982, p. 89-90); *"latus"* pode ser tanto o flanco do barco como o dorso humano, e a ambiguidade se sustenta graças ao adjetivo *"nudum"*; por isso optei pela tradução "corpo", já que se pode dizer em português "corpo do barco".

vv. 10-11: Era costume grego e romano trazer imagens de deuses na proa de um navio, como proteção, tal como as carrancas no Brasil. O pinho do Ponto – na Ásia Menor – era considerado uma das melhores madeiras para se construir embarcações.

vv. 17-20: O vocabulário dessa última estrofe aponta diretamente para a poesia amorosa: *"taedium"*, *"desiderium"*, *"cura"* e *"leuis"* são todas palavras muito correntes na elegia amorosa, por exemplo. De qualquer modo, em qualquer chave de interpretação, é a interpelação poética dessa última estrofe que indica que o poema como um todo não deve ser lido literalmente.

v. 20: As Cíclades eram um conjunto de ilhas ao sul do mar Egeu, com alguns bancos de areia, que causavam frequentes naufrágios. São aqui caracterizadas como brilhantes pelas riquezas e também pela cor das areias.

1.15

Este poema estritamente mítico (e em certo grau enigmático à primeira vista), que parece dar continuidade à matéria marítima de 1.14, explicita a duplicidade interpretativa da ode anterior, já que une o eixo político-moral ao amoroso, exercendo uma crítica. É importante notar que a relação Roma-Troia, frequente no imaginário romano, ainda será mais desenvolvida em outras odes, tornando esta mesma ode mais específica, como uma espécie de advertência para o romano não decair moralmente, tal como Páris, para não trazer ruína para o império. O momento mais importante dessa moralização mítica com o exemplo de Troia aparecerá nas Odes Romanas, na fala de Juno. Por outro lado, a ode retoma o tema iliádico apresentado em 1.6, que tem a mesma métrica e boa parte dos mesmos temas e heróis; com o detalhe de que lá temos uma *recusatio*, enquanto aqui o poema se desenvolve como profecia. A construção começa pela primeira estrofe, que funciona como um enquadramento para a fala profética de Nereu, enquanto Páris não é sequer nomeado. Depois temos: (vv. 5-8) o resumo da história; (vv. 9-12) a apresentação da guerra, com Atena apoiando os gregos; (vv. 13-20) a filiação de Páris a Vênus, deusa do amor, e sua falta de capacidade para a guerra; (vv. 21-28) a apresentação de alguns heróis gregos; (vv. 29-32) um símile de gosto homérico, em que Páris aparece como um cervo amedrontado; e (vv. 33-36) o encerramento do tema iliádico, ou seja, a ira de Aquiles atrasa a ruína de Troia, mas não a impede; assim o poema se encerra com a imagem do incêndio final da cidadela.

Ele também parece dialogar com os esquema dos ditirambos de Baquílides (cf. Fraenkel, p. 89), e Porfirião (*ad loc.*) diz que em Baquílides Cassandra profetiza a ruína de Troia; porém, como atentam N-H (pp. 188-190), o tema da profecia troiana era bem trivial, tanto no período arcaico como no helenístico, embora tenha supostamente "recapturado a tépida elegância do estilo de Baquílides" (p. 190). Além disso, gera problemas de interpretação por não haver nada parecido nas outras odes. Há quem veja também alguma relação com Alceu 283 Voigt, que narra Helena e a guerra, porém nada ali sugere um contexto similar de enunciação. Se, como pretendo, as odes são capazes de lançar luz umas sobre as outras, isso logo deixa de ser problema, por podermos compreender a crítica moral ao troiano como uma crítica aos romanos em geral. Nesse sentido, a possibilidade de também se ler esta ode como alegoria dos amores de Marco Antônio e Cleópatra não parece tão desprezível (Syndikus, p. 175 e ss., entre outros); e aqui pela primeira vez nas *Odes* teremos um poema que faz completamente esse percurso entre a vida privada/amorosa e a vida pública.

– Metro: asclepiadeu 2.

vv. 1-2: O pastor é Páris, que, por ter sido abandonado ao nascer, foi criado entre os pastores do monte Ida, até depois ser reconhecido e aceito na corte do pai Príamo. Numa das versões do mito, Helena hospedou, junto com o marido Menelau, Páris em Esparta; porém este seduziu a jovem e a levou consigo, ocasionando a guerra de Troia por uma deslealdade quanto às regras da hospitalidade.

v. 5: Nereu é uma divindade marinha, pai de Tétis, e na mitologia homérica é comum vermos o dom da profecia atribuída a essas figuras marinhas, como, por exemplo, Proteu.

vv. 9-12: A imagem do suor é de origem homérica (cf. *Ilíada,* 2.388 e ss.), já apareceu em *Epodos* 10.15. O povo dardânio são os troianos, por serem descendente de Dárdano. Palas Atena tomou o lado dos gregos na guerra.

NOTAS ÀS *ODES 1* | 357

A égide é para nós uma espécie de mistério, pode ser representada como um escudo com a cabeça da Medusa.

v. 13: Vênus protegeu Páris durante a batalha, inclusive durante o combate contra Menelau (cf. *Ilíada*, 3.380 ss.).

vv. 16-18: A Cnósia era capital da ilha de Creta, e as lanças cnósias aqui indicam as armas de Idomeneu, o rei da ilha. Ajax filho de Ileu e Ájax filho de Telamão foram dois dos mais importantes combatentes gregos na guerra de Troia.

vv. 21-28: O Laertíade é Ulisses, filho de Laertes; Nestor de Pilos era o mais velho dos gregos. Teucro já apareceu na ode 1.7; Estênelo, filho de Capaneu e escudeiro de Diomedes; sobre Meríone e o Tidida, cf. nota a 1.6.13-16 (importante notar que essas referências parecem aumentar a relação entre as duas odes que usam do mesmo metro).

v. 31: *sublimi anhelitu* (traduzido por "último suspiro") parece ser a tradução latina para a expressão técnica medicinal "μετέωρον πνεῦμα", usada para uma respiração difícil.

vv. 33-36: Os frígios são os troianos, e os aqueus são os gregos. A construção *post certas hiemes* parece retomar a passagem de 1.11.4 e, portanto, o tema da efemeridade da vida humana. É curioso notar aqui a hipálage de "esquadra irada", em que todo o grupo de Aquiles recebe o mesmo adjetivo que seu líder, fazendo um todo unívoco.

1.16

Depois de uma ode seríssima e mítica, Horácio se volta para uma construção leve, em que faz uma retração amorosa com referência ao gênero jâmbico, enquanto ao mesmo tempo aproveita a matéria "irosa" da *Ilíada* para fazer uma continuidade simpótica sobre seu lado funesto; o que leva N-H a afirmarem (talvez drasticamente) que "este poema não é uma palinódia, mas na maior parte um pequeno discurso *de ira*" (1970, p. 203). Por contraposição, o tema amoroso recebe continuidade; e, se considerarmos 1.14 como um possível poema amoroso, já estaremos numa série contínua desde 1.13, com um *tour de force* na variação de temas. Em termos métricos, é a segunda ode em estrofe alcaica, que retoma 1.9; embora o diálogo entre as duas odes seja discreto, poderíamos pensar como o incentivo ao amor para Taliarco aqui é duplicado por um convite ao amor para a jovem não nomeada; por contraposição, lá Horácio incentiva ao amor com outros, enquanto aqui pretende a reconciliação e o amor para si. De qualquer modo, as palavras de David West parecem se adequar perfeitamente à imagem que vai se formando: "Horácio nunca apresenta um relato esquemático da sua visão sobre o amor, e seria tolice produzir uma visão por ele. No entanto, nos poemas amorosos que vimos até agora neste livro, uma imagem está sendo construída" (p. 80). Outro aspecto importante é o seguinte: o poema anterior (1.15) faz uma crítica a Helena – uma Tindáride, filha de Tindareu e Leda –, enquanto o poema seguinte faz louvor a certa Tindáride; entre os dois temos essa palinódia de Horácio. Parece-me, portanto, viável a leitura de que a abertura faz uma alusão, por trocadilho entre os nomes, a como Helena superava a beleza da já bela Leda (amada por Júpiter); tal como a nossa Tindáride superaria a beleza da mãe; enquanto Horácio se retrata da crítica feita por Nereu em 1.15. Nesse sentido, o argumento de Griffiths (2002, pp. 65-79) de que estaríamos diante de apenas um poema em 1.16 e 1.17 (já que ambos têm o mesmo metro) me parece muito convincente e mesmo instigante, ainda que não incontestável.

Há quem tenha visto nessa ode uma palinódia aos poemas contra Canídia nos *Epodos*, dizendo que Tindáride seria uma meretriz filha de Gratídia (nome real de Canídia, segundo Porfirião). Assim, a menção à mãe seria por Horácio pedir perdão às ofensas escritas contra Canídia, para poder desfrutar de Tindáride. A sugestão não me parece desprezível, já que o poeta faz referência explícita aos jambos do passado; mas é importante notar que nada mais indica qualquer tipo de relação com Canídia, e que talvez tenhamos aqui mais uma sugestão maliciosa do poeta do que propriamente uma referência direta. Por outro lado, a matéria da ode lembra o epodo 17, dedicado a Canídia; e também Catulo 36, onde o poeta pede para que, em vez de Lésbia lançar seus antigos jambos ao fogo, opte por queimar os *Anais* (*cacata carta*) de Volúsio, como ato de reconciliação amorosa após os ataques poéticos – no caso de Catulo, entretanto, o poema está provavelmente inserido numa tradição helenística que trata de queimar poemas de gosto duvidoso. Outro poema que logo vem à mente é a famosa palinódia de Estesícoro, que haveria ficado cego por fazer um poema criticando Helena, e então teria se retratado com os seguintes versos:

> οὐκ ἔστ' ἔτυμος λόγος οὗτος,
> οὐδ' ἔβας ἐν νηυσὶν εὐσέλμοις
> οὐδ' ἵκεο πέργαμα Τροίας
>
> não vale de nada o relato
> não adentrou barcas de bons bancos
> não foi à cidade de Troia
> (frag. 192 PMG).

Se Horácio está se retratando, ainda que comicamente, não seria improvável assumir que 1.17 fosse parte dessa mesma ode, como um exemplo poético

NOTAS ÀS *ODES* 1 | 359

dessa palinódia – um poema dentro do poema. A estreita relação entre 1.16 e 1.17 já fora atestada pela crítica pelo menos desde Porfírião, que reconhece na mulher não nomeada desse poema a Tindáride do próximo. Embora eu não reedite a ode, creio que a leitura é muito funcional, e que a divisão (ou não) dos poemas seja um detalhe mais interpretativo do que propriamente um estatuto definitivo da composição. Neste caso, estaríamos diante de um desses pontos abertos das *Odes*, como ainda veremos neste livro nas relações entre 1.26 e 1.27 e entre 1.34 e 1.35, além de toda a composição das Odes Romanas (3.1 a 3.6), em que problemas muito similares aparecem.

– Metro: estrofe alcaica.

v. 1: Seria de pensar a função de *O matre* na abertura do poema, já que o assunto simplesmente não retorna; bem como o encerramento importante em *animumque reddas*, que marca o clima de retratação e reconciliação do poema.

v. 3: Sobre os jambos, um pé muito utilizado na poesia invectiva, o próprio Horácio afirma que "foi a raiva que armara Arquíloco, dando-lhe o jambo" (*Archilochum proprio rabies armauit iambo*, *Arte poética*, 79), dando ao gênero uma violência desde seu suposto fundador literário.

v. 4: O mar Adriático era famoso pelas tempestades violentas. N-H pensam que essa imagem, junto à do fogo, pode fazer referência ao caráter iroso da jovem, que dará mote para o poema como um todo.

vv. 5-8: Dindimene é a deusa Cíbele (também conhecida como Cibebe, Reia, ou Grande Mãe), por ter um famoso culto no monte Díndimo, na Frígia; Pítio é referente a Apolo, que recebeu esse epíteto por ter matado a serpente Píton em Delfos, e ali estabelecer seu culto. Nos dois casos, Horácio faz referência aos delírios do culto: às danças e à autoflagelação dos sacerdotes de Cíbele e aos choques das profetisas de Apolo. Líber é o deus Baco (cf. 1.12.22), e os coribantes são sacerdotes de Cíbele, também representadas como enlouquecedores (não enlouquecidos) enquanto dançam e tocam instrumentos, como címbalos de bronze.

vv. 9-12: Importante notar que a comparação com as iras funciona para ressignificar toda a estrofe anterior e, de certo modo, torná-la mais engraçada. A espada nórica faz referência a Nórico, uma região alpina rica em minas de ferro e que fez resistência ao poder romano até 15 a.C. Tentei obter, para essa série de imagens terríveis, um efeito específico em português: terminei os versos 9 e 10 em proparoxítonas, para aumentar a velocidade geral da leitura no ritmo de encerramento dos versos.

vv. 13-16: Horácio faz referência ao mito em que Prometeu teria criado o homem a partir do barro, ajuntando elementos diversos da natureza (cf. Ovídio, *Metamorfoses*, 1.81 e ss.); há quem veja ainda algum diálogo com o mito platônico em *Protágoras*, 320d e ss.

v. 14: Sigo a leitura tradicional "*coactus*", presente na grande maioria das edições, em vez da correção "*coactam*" (de Bentley) seguida por Shackleton Bailey.

vv. 17-21: Sobre o mito de Tiestes, cf. nota a 1.6.8; parece importante notar que, embora a sintaxe horaciana dê a entender que foi a ira de Tiestes que o arruinou, foi na verdade a de Atreu, seu irmão – talvez possamos inferir um jogo similar para o poema como um todo: não é a ira de Horácio, já passada para o poema que pode ser queimado, mas a da jovem que pode arruinar a experiência amorosa. A outra referência mítica parece aludir à *Ilíada* e à importância da ira de Aquiles; ou a ruína total de Cartago, que teve todo o território salgado pelos romanos em 146 a.C. Poderíamos ver um crescendo para a ira sobre um só homem, a ira de um homem sobre um povo, até a ira do povo inteiro; que desembocará ironicamente na ira do próprio Horácio escrevendo jambos, nos versos seguintes.

v. 27: O termo "*recantatis*", ao que tudo indica, é neologismo de Horácio, geralmente interpretado (desde Porfirião) como uma tradução latina para o grego "παλινῳδία", por isso traduzi interpretativamente por "palinódia".

1.17

Já atestei nos comentários a 1.16 como considero esta ode intimamente ligada à anterior; nesse caso, boa parte (ou mesmo tudo) do que se aplicaria a 1.16 em sua posição no livro também diria respeito a esta ode. No entanto, friso mais uma vez: não creio que se trate propriamente de encontrar uma verdade sobre a união ou não das odes; mas de poder ou não fazer uso desse processo de união, sobretudo se levarmos em conta que o *uolumen* romano não teria uma separação estrita entre os poemas e que aqui (a primeira vez nas *Odes* que a mudança temática não coincide com a mudança métrica) o leitor certamente ficaria confuso. A reação de Porfirião já me parece exemplar desse processo: ele separa os poemas como peças distintas, mas os une num grupo maior. Se quiséssemos fazer uma comparação sintática, este parece um daqueles trechos em que precisamos decidir pela pontuação (inexistente na Roma de Horácio), se determinada palavra pertence a um ou outro sintagma. Se, entretanto, considerarmos a ode como separada da anterior, a mudança espacial é digna de nota, já que temos aqui uma primeira aparição do espaço bucólico que ainda vai retornar algumas vezes nas *Odes*; a cena aqui, como numa complementação

NOTAS ÀS *ODES 1* | 361

da proposição moral de 1.16 (e por oposição ao quadro nefasto de 1.15), é a da fruição do espaço ameno (*amoenum* é fundamental, no primeiro verso), com um convite a Tindáride, que se revela também um convite amoroso (como David West, pp. 84-85 tenta depreender dos poemas de amor vistos até aqui), por contraposição à violência de Ciro, logo complementar ao desprendimento da ira que dominou a ode anterior. Ironicamente, se lembrarmos que Páris era pastor (primeira palavra de 1.15), podemos também ler este poema como um malogrado convite que resultará no rapto de Helena; assim, a palinódia horaciana conteria ainda o germe da crítica; mas Horácio claramente deixa o *modus* interpretativo a cargo do leitor, e apenas o sugere pela posição.

Geralmente se divide o poema em duas seções de tamanhos iguais: os versos 1-14 seriam a descrição do espaço, em parte próxima ao que vemos nas *Bucólicas* de Virgílio (cf. 9.40-3, ou 10.42-3), ao passo que os versos 15-28 fariam o convite a Tindáride. Mas também podemos fazer uma análise um pouco mais detalhada: de uma abertura bucólica, com a imagem da natureza e de pastoreio na região da sua *uilla Sabina* (vv. 1-4), o poema inicia a sugestão do movimento feminino (vv. 5-9), que se revela uma fala direcionada a Tindáride (v. 10). Então a ode avança para o espaço do banquete, com música, comida e vinho (vv. 13-22), em oposição a temas bélicos e à ameaça de estupro (vv. 23-28); que acaba por sugerir que se trata de um convite para um banquete amoroso entre o eu-lírico e Tindáride.

– Metro: estrofe alcaica.

vv. 1-2: Lucrétil(e) é o nome de um monte onde se localizava a *uilla Sabina* que Horácio recebeu do patrono Mecenas. Fauno, embora seja muitas vezes fundido ao grego Pã, é uma divindade tipicamente romana, ligada aos campos, que tinha sua sede no monte Liceu, na Arcádia.

v. 9: Os lobos são "marciais" por serem animais consagrados ao deus Marte.

vv. 10-11: Tindáride, nome feminino grego que aqui parece indicar uma cortesã, aponta para Helena, que também era assim conhecida por ser filha de Tindareu e Leda. A Ústica era uma baixada da Sabina, perto da *uilla* de Horácio.

vv. 14-16: A cornucópia, aludida nesta estrofe, era um chifre (corno) que Júpiter havia quebrado e tirado de uma cabra e que depois dera à sua ama, a ninfa Almateia, e que tinha a capacidade de produzir tudo que se pedisse. O efeito aqui se dá por distribuição na *series*: o jogo entre os finais de verso *copia* (v. 14) e *cornu* (v. 16) sugerem a imagem da cornucópia, que traduzi por uma proximidade "corno / copiosas" (vv. 15-16).

v. 17: A Canícula é referência à constelação de Cão Maior, cuja estrela Sírio brilhava mais no período de julho, verão europeu; por isso os antigos acreditavam que o calor da estação estaria ligado ao aumento do brilho da constelação.

vv. 18-20: A lira de Teos é uma referência à poética amorosa e simpótica de Anacreonte, poeta grego nascido em Teos; que aqui se contrapõe à poesia bélica que aparece na próxima estrofe. Circe, amante de Odisseu na *Odisseia*, é aqui "vítrea" por ser uma deusa marítima, translúcida como o mar; é interessante ver como Horácio propõe aqui uma apropriação lírica da poesia épica; ou seja, cantar os amores das heroínas e deusas gregas.

v. 21: O vinho lésbio era famoso por ser leve e doce. Além disso, é óbvio que a referência a Lesbos também tem conotação poética, sobretudo para a poesia de Safo e Alceu.

vv. 22-24: Semeleio e Tioneu são duas designações matronímicas de Baco, por ser filho de Sêmele, que também foi conhecida como Tione depois de ter sido imortalizada após retornar do Hades/Orco com a ajuda do próprio filho.

vv. 25-28: Ciro parece ser um amante ciumento ficcional típico da poesia erótica helenística (cf. N-H, *ad loc.*); mas evoca o nome grego derivado de "κύριος" ("senhor"). Tanto aqui quanto em 1.33, o nome bárbaro, de origem oriental, pode sugerir uma relação com a violência. Tentando amarrar essa ideia com as relações sonoras anagramáticas entre *innocentis* (v. 21) e *incontinentis* (v. 26), criei um jogo entre a "mão indecente" (v. 26) de Ciro e a "vestes inocentes" (v. 28) de Tindáride.

1.18

Esta ode, como 1.12, faz uma espécie de repouso no desenvolvimento do livro, com a construção de um hino, agora dedicado a Baco, deus do vinho e da vinha. Ainda assim, vemos como a moral que vem se desenvolvendo quanto ao amor (uma mediania das paixões, que leva à melhor fruição) também se aplica ao vinho: por um lado, os efeitos são louvados como divinos; por outro, o excesso é criticado como um mal evitável, já que enfraquece a discrição, a humildade e a confiança. Em termos métricos, esta ode retoma 1.11, com o *carpe diem*, talvez numa dupla construção sobre epicurismo lá sugerido: por um lado, os riscos do hedonismo como busca desenfreada do prazer, uma vez que epicurismo e hedonismo eram por vezes confundidos, mesmo na Antiguidade; por outro, certa reverência religiosa que estaria completamente ausente na doutrina epicurista, o que serve para deixar claro que o que há de filosofia na poesia de Horácio está longe de ser dogmático.

NOTAS ÀS *ODES 1* | 363

Seria de pensar como a figura de Marco Antônio – que intencionalmente se vinculou a Baco, enquanto estava no Egito – poderia ser ligada a esta ode, já que Horácio não faz um movimento sequer nesse sentido. Talvez a ênfase no lado nefasto do vinho não soe tão despropositada, sobretudo se considerarmos que o poema tece críticas não propriamente ao deus, mas aos usos que os homens fazem dele: o ébrio, descontrolado (e aqui poderíamos imaginar Marco Antônio, creio, segundo o ponto de vista dos augustanos) não é digno de confiança.

Esta ode tem um movimento direto: do início laudatório à vinha (com o interlocutor explicitado), logo o louvor se duplica em alívio às aflições e à sua relação com o sexo (Vênus); porém inesperadamente, a partir do verso 7, a ode se centra nos perigos do excesso, com dois exemplos míticos (vv. 8-11); uma exclamação do eu-lírico, que por fim se encerra com a caracterização do homem embriagado (vv. 14-16), sem chegarmos explicitamente a uma síntese moral que encerre o poema. David West (p. 86) ainda nota que os nomes mais romanos de Dioniso (*Bacche* e *Liberi*) aparecem na parte laudatória, enquanto os nomes gregos (*Euhius* e *Bassareu*) constam nos trechos críticos. É interessante notar também como o trecho mais "romano" (vv. 1-7) da ode também é mais simples, enquanto a passagem "grega" (vv. 8-16) está repleta de cavalgamentos que aumentam a velocidade da leitura.

– Metro: asclepiadeu 5, ou maior.

v. 1: O primeiro verso é uma verdadeira tradução do fragmento 342 Voigt de Alceu, escrito no mesmo metro:

μηδ' ἓν ἄλλο φυτεύσηις πρότερον δένδριον ἀμπέλω

nunca deves plantar árvores sem antes a vinha vir

Mas é importante notar que a ode de Horácio está longe de ser uma cópia do que deveria ser o poema de Alceu e soa até experimental. O Varo em questão é assunto de disputa entre os estudiosos. É provável que seja o mesmo Quintílio Varo cuja morte é lamentada em 1.24, e essa é a interpretação dada por parte dos manuscritos. Também poderia ser Pompeu Varo, que aparece em 2.7. Já N-H (pp. 227-228) argumentam que seria o jurista Alfeno Varo (se assumirmos que o Alfeno de Catulo 30 seja o mesmo Varo também em Catulo 10 e 22).

v. 2: Cátilo (ou Catilo) foi um dos três fundadores míticos de Tíbur, junto com Coras e Tiburto, filhos de Anfiarau.

vv. 8-11: Dois mitos exemplares sobre o efeito nefasto do álcool: os lápitas celebravam as núpcias do rei Pirítoo com Hipodamia, mas os centauros, que haviam sido convidados, depois de muito beberem, tentaram estuprar a noiva, o que gerou uma grande batalha entre os dois grupos, que por sua vez terminou com a derrota dos centauros. Os sitônios – descendentes de Síton – eram trácios inimigos de Évio (derivado do grito de evoé, é um dos nomes de Dioniso, tal como Líber e, mais adiante, Bassareu, derivado do grego "βασσάρα", a pele de raposa usada nos bacanais) e súditos de Licurgo; porém, o rei foi punido com um vinho que o enlouqueceu e animalizou, até que estuprou a própria mãe e matou mulher e filho. O próprio Síton também embriagado amou a própria filha e depois foi morto por Baco.

Busquei manter um detalhe sutil na sintaxe do verso: a posição idêntica de "*monet*" nos vv. 8-9; embora a sintaxe geral dessa ode seja bastante simples.

v. 12: Este verso parece aludir às imagens e aos emblemas místicos do deus, que eram levadas nos rituais dionisíacos, mas em geral eram escondidas entre folhas de hera e vinha. Tal obscuridade desse verso e do anterior parece indicar na prática como Horácio pretende guardar os mistérios do culto dionisíaco.

vv. 14-15: Os tímpanos e os cornos (flautas duplas) eram instrumentos típicos nos rituais orgiásticos, e berecíntico, ou berecíntio, é relativo ao monte Berecinto, na Frígia, famoso pelos cultos de mistério a Cíbele.

v. 16: A expressão "*perlucidior uitro*", caracterizando a Fides, ironicamente arruína a confiança da Lealdade guardadora de segredos (pródiga de véus, no modo como traduzi) com uma bela imagem de transparência.

1.19

Dando sequência ao caráter religioso do poema anterior, este principia com uma série de deidades, inclusive Baco, para depois resolver-se na matéria amorosa, com uma cena ritualística. Esta ode ainda se amarra perfeitamente às duas anteriores no mesmo metro: 1.3 também abre com uma referência direta a Vênus e ao seu poder, para depois focar-se mais sobre a amizade com Virgílio, enquanto aqui se trata do desejo amoroso e sexual; 1.13 é também um poema amoroso, mas lá vemos Horácio aconselhar, enquanto aqui ele mesmo – como a persona madura das *Odes* – toma uma ação coerente com o que vem apresentando até o momento: o controle do amor; no caso, por meio da religião.

O poema se inicia com uma explicitação do desejo amoroso como a união de uma trindade divina: Vênus, Baco e Licença, que fazem com que o eu-lírico volte a um velho amor (vv. 1-5); em seguida, Horácio nomeia e descreve a amada Glícera, entre o brilho e o despudor como causas do desejo (vv. 6-8). Isso nos leva a um resultado prático do amor: a incapacidade de escrever temas políticos e bélicos (9-12); no entanto, a atitude final do poema, de apaziguamento (13-16), se afasta do que vemos, por exemplo, na elegia amorosa, onde o poder do amor é incontornável e imbatível. A busca amorosa, nas *Odes*, parece ser a de um amor apaziguado, ou de uma fruição epicurista dos desejos, sem o tormento típico da poesia lírica. Por fim é interessante notar como os dois primeiros versos (Vênus e Baco) recebem um encerramento quiástico nos dois últimos (vinho e Vênus).

– Metro: asclepiadeu 4.

vv. 1-3: A mãe dos Cupidos é Vênus, deusa do amor e do desejo; o filho de Sêmele é Baco, representando a embriaguez; e a Licença é a licenciosidade e o desejo sexual divinizados. O retorno do amor (até na velhice), como notam N-H (p. 238), é um lugar comum da lírica grega, em Álcman, 59a; Safo, 130; Anacreonte, 358 e 413; mas há um detalhe aqui pela pluralidade divina: "Horácio abandonou o amor, mas como poderia um velho desafiar uma trindade?" (West, p. 92).

vv. 5-6: "Glícera" é um nome ficcional derivado do grego "γλυκός" ("doce"). O nome reaparece ainda em 1.30.3, 1.33.2 e 3.19.28. O mármore de Paros é a referência maior à estatuária grega pela extrema brancura; embora posteriormente o mármore de Carrara tenha sido notado como ainda mais branco.

vv. 10-12: Chipre é uma das supostas pátrias de Vênus. Os citas e os partas eram dois povos asiáticos que ameaçavam o império romano nas fronteiras nordeste e sudeste, respectivamente (cf. *Res gestae* 31.2, quando Augusto fala da embaixada cita em 25 a.C.). Os partas eram famosos pela técnica de usar flechas montados de costas sobre o cavalo em fuga. Os dois temas, aqui, parecem fazer alusão à épica, que o poeta não consegue cantar porque está apaixonado, um lugar-comum da poesia amorosa romana. Importante notar que, no trecho "épico" desta ode, nós temos um duplo cavalgamento entre os versos 10-12, com o adiamento do verbo *dicere*.

v. 13: A relva viva é aqui trazida para fazer um altar. Tudo será trazido por *pueri*, jovens escravos, que são os únicos interlocutores do poema.

v. 14: "*uerbena*", em latim, significa qualquer ramo de planta consagrada a um deus (cf. Sérvio, *ad Aeneida*, 12.120). Na falta de um termo técnico em português, optei por manter a palavra, mesmo sabendo que ela assumiu um caráter mais específico em português (sobre os partas, cf. 1.2 e 1.12). Neste caso, os comentadores discutem que seria provavelmente a murta, consagrada a Vênus.

v. 16: O sujeito do verso está elíptico, criando um efeito de sobreposição. O contexto indica que Vênus virá mais mansa, aplacada pelo sacrifício; porém a própria Glícera pode estar implicada, se o sacrifício realizar a sedução da mulher amada; ou mesmo poderíamos ver em Glícera a encarnação momentânea de Vênus.

1.20

O poema se inicia com o convite a beber de um vinho simples, da fazenda que Horácio recebeu de presente de Mecenas, em cântaros (taças grandes) simples (vv. 1-3), com vinho guardado desde uma ovação recebida por Mecenas (vv. 3-4). Esta primeira estrofe leva à segunda, onde temos o nome e a posição equestre do interlocutor, bem como duas hipérboles que aumentam seu valor (vv. 5-8); para depois retornarmos ao assunto inicial, dessa vez com ênfase nos vinhos caros de Mecenas, enquanto Horácio – num gesto de independência, apesar de ser cliente – insiste em beber do vinho caseiro. O movimento simples do poema poderia ser resumido em algo como A1-B-A2, em que o movimento por Mecenas altera ligeiramente o modo de abordagem para o encerramento, fazendo ao mesmo tempo um louvor ao patrono e uma defesa tanto da moral da mediania quanto de uma poesia *simplex munditiis*. Isso é reforçado porque o poema que ocupa uma posição central no livro 1 retoma imediatamente a cena de libação sacrificial de 1.19, para rever a posição do vinho no banquete, como símbolo da integração entre amigos, ao mesmo tempo que retorna com a figura importantíssima de Mecenas (que até o momento só havia aparecido em 1.1, e com isso marca uma espécie de reinício do livro em duas metades). O metro, até o momento usado para louvar Augusto e Mercúrio (numa possível fusão com Augusto, como já comentei), aqui passa a ser usado também para uma figura próxima ao *princeps*. Se considerarmos que se trata de um poema que possa fazer referência a quando Mecenas ocupava o lugar de Augusto, que viajou para resolver questões políticas nos limites do império, poderíamos ainda aqui ver uma forte marca augustana no uso da estrofe sáfica. No entanto, embora seja possível fazer essa ligação, não creio que seja estritamente necessário, mas que a estreita ligação entre Mecenas e Augusto já seja por si só suficiente para estabelecer um nível de diálogo.

A tópica do convite humilde ao banquete retoma Catulo 13 (onde o poeta sequer oferecerá os alimentos), mas é também frequente a associação a um epigrama de Filodemo (*Anth. Pal.*, 11.44):

> Αὔριον εἰς λιτήν σε καλιάδα, φίλτατε Πείσων,
> ἐξ ἐνάτης ἕλκει μουσοφιλὴς ἕταρος
> εἰκάδα δειπνίζων ἐνιαύσιον· εἰ δ᾽ ἀπολείψῃς
> οὔθατα καὶ Βρομίου Χιογενῆ πρόποσιν,
> ἀλλ᾽ ἑτάρους ὄψει παναληθέας, ἀλλ᾽ ἐπακούσῃ

Φαιήκων γαίης πουλὺ μελιχρότερα·
ἢν δέ ποτε στρέψῃς καὶ ἐς ἡμέας ὄμματα, Πείσων,
ἄξομεν ἐκ λιτῆς εἰκάδα πιοτέρην.

Ó Pisão, amanhã o teu amigo das Musas
leva-te às nove até uma choupana mais chã
para o anual jantar do doze; então se libares
úberes num tintim para o Brômio de Quios,
tu verás verdadeiros amigos, terás nos ouvidos
falas mais melicais do que feácias no ar;
se por acaso, Pisão, por nós voltares teus olhos
este doze chão rico no instante será.

Há ainda quem veja (COMMAGER, 1963, p. 326) aqui também a própria simbolização do vinho (simples, caseiro, por contraste ao refinamento caro dos outros) como a poesia horaciana. A alegoria não me parece obrigatória, mas ao mesmo tempo é um convite no mínimo interessante.

– Metro: estrofe sáfica.

vv. 1-2: Pouco depois de lermos uma ode sobre a *uilla Sabina* de Horácio, em 1.18, a referência ao vinho sabino evoca imediatamente a produção caseira, de baixo valor, que o poeta conserva numa ânfora grega, provavelmente já utilizada em outros vinhos; o que talvez indica que poderia melhorar o sabor do vil sabino. O ligeiro adiamento de *"cantharis"* para o verso 2 explicita com certa graça que o poeta e seu convidado beberão bastante (confirmando *potabis*).

v. 3: O único teatro da época era o de Pompeu. Trata-se provavelmente do retorno de Mecenas, após uma grave doença, em 30 a.C., quando foi aplaudido, mesmo não tendo honras públicas além do estatuto equestre; embora seja provável que Mecenas tenha sido ovacionado mais de uma vez. Se acreditarmos na teoria da doença, podemos ainda pensar que se trate da mesma enfermidade mencionada em 2.17.22-6. Porém, ainda poderíamos pensar na possibilidade de que se faça referência aqui a um período em que Mecenas tenha ocupado algumas funções de Augusto, enquanto este se afastava numa campanha bélica.

v. 5: Opto por editar o verso sem vírgulas entre *"clare"*, *"Maecenas"* e *"eques"*.

vv. 6-8: O rio paterno é o Tibre, que vem de regiões etruscas, donde provinha a família de Mecenas, já marcada como de origem régia em 1.1.1.

O monte Vaticano aqui mencionado não é o mesmo cristão, mas trata-se de uma elevação do Janículo, perto do Campo de Marte, do outro lado do Tibre. Importante lembrar que no monte Vaticano o deus homônimo auxiliava nos vaticínios, o que parece entrar como uma confirmação dos aplausos a Mecenas.

vv. 9-11: Horácio menciona aqui os vinhos de melhor procedência, que Mecenas poderá beber na própria casa: o cécubo era feito nas montanhas de Fórmias (formianas), e o falerno em Cales (daí o lagar caleno).

vv. 10-12: Sigo os manuscritos "*Falernae... colles*", em vez da correção "*Falerni ... collis*", proposta por Ensor e incorporada por Shackleton Bailey. Além disso a construção de "*Formiani colles*" é muito curiosa, por criar um efeito na imagem final de uma serra temperando uma taça.

1.21

Este canto amebeu entre meninos e meninas, em louvor a Diana e Apolo, na tradição do hino coral, parece ter sido encomendado por Augusto, talvez para os *ludi Actiaci* – em comemoração à vitória na batalha do Ácio, em 31 a.C. – que foram celebrados em 28 a.C., quando Augusto já preparava a excursão contra os bretões para 27 a.C.; nesse caso, estaríamos diante de uma antecipação do que depois será o *Carmen saeculare*. No entanto, há também quem – como Villeneuve (*ad loc.*) – duvide que o poema tenha sido entoado em algum ritual, mas que seja meramente uma peça literária que emula textos sacros. É importante notar que Horácio aqui não performa um hino tradicional, como em 1.10, mas age como uma espécie de mestre de cerimônias, tal como vemos, por exemplo, na poesia de Calímaco e em Catulo 34 (um hino a Diana), e assim rege o coral misto. Parece-me, como para N-H (p. 255), muito forte a imagem de uma nova geração (a mesma *rara iuventus* de 1.2.24) que tenta expelir os males romanos.

Após dois poemas dedicados a Baco (1.18 e 1.20, de certo modo) e um a Vênus (1.19), nesta ode o poeta se volta para Apolo e Diana, dois deuses importantíssimos para a *gens Iulia* no tempo de Augusto. O movimento parece delicado, já que todos os quatro últimos poemas têm um fator de moderação e religião embutidos, e o último já anunciava a figura de Mecenas, de modo que a presença de Augusto aqui parece reencenar a dupla 1.1 e 1.2, respectivamente dedicadas ao patrono e ao *princeps*. Em termos métricos, o poema retoma 1.5 e 1.14, ressignificando sobretudo a alegoria da nau, que graças a tal ode pode ser reforçada como uma questão estatal, em contraponto ao tema erótico derivado de 1.5. Como veremos mais adiante, 1.23 reforçará o caráter erótico do uso do metro neste livro, mas esta ode pode perfeitamente sair de uma suposta unidade total entre metro e tema – já que isso não acontece nas *Odes*.

NOTAS ÀS *ODES 1* | 369

A ode faz uso de hipérbatos significativos: toda a segunda estrofe (vv. 5-8) fica sem verbo principal, que só se resolve em *tollite* (v. 9); de modo similar, a última estrofe (vv. 13-16) se alonga entre o sujeito *hic* (v. 13) e o verbo que desenlaça a trama entre os males, o povo, César e os povos inimigos, quando aparece *aget* (v. 16), sugestivamente cercado sintaticamente por *uestra prece*. Além disso, o poema apresenta – para além da média, creio – várias séries aliterativas (cf. as séries de Ds e Ts da primeira estrofe), que tentei recriar, por vezes com compensações mais distanciadas, por concordar com sua importância neste caso (segundo N-H, p. 261 "a aliteração é muito comum em preces").

– Metro: asclepiadeu 3.

vv. 2-3: Apolo (vale insistir: deus pessoal de Augusto) aqui é descrito como Cíntio por referência ao monte Cinto, em Delos, onde Latona deu à luz os dois filhos. O epíteto de "desgrenhado" (*intonsum*) é de origem homérica: "Φοῖβος ἀκερσεκόμης" (*Ilíada* 20.39). Latona foi amada por Júpiter e depois perseguida pelos ciúmes de Juno; por isso não achava lugar para parir, até que a ilha flutuante de Delos a aceitou e lhe deu um lugar; com isso a ilha passou a ser fixa.

vv. 5-6: Sigo aqui a leitura dos versos feita por Mandruzzato, vendo que "*quaecumque*" faça referência a Diana, e não ao termo "*coma*". Assim, o modo como Diana aqui é descrita remete diretamente à lua, com quem ela se identifica, tal como Apolo era identificado ao Sol.

vv. 7-8: O Álgido fica no Lácio, entre os montes Albanos, onde havia um bosque consagrado a Diana em cuja região os pontífices reservavam ovelhas sacrificiais para pastarem; o Erimanto fica na Arcádia e era escuro graças ao grande número de coníferas; enquanto o Grago fica na Lícia.

vv. 9-10: Tempe, um vale junto ao rio Peneu, foi o lugar onde Apolo se purificou depois de matar a serpente Píton; enquanto Delos, como já se disse, seria o local de nascimento; portanto dois locais consagrados ao deus.

v. 12: A lira de Apolo é fraterna porque foi criada por seu irmão Mercúrio (cf. 1.10). A aljava é símbolo também homérico do poder bélico.

vv. 13-16: Sobre esse tipo de prece, temos um exemplar muito similar em Virgílio, *Geórgicas* 3.513: "*Di meliora piis erroremque hostibus illum*" ("Que os deuses concedam coisas melhores para os pios e este erro para os inimigos"). Era crença dos antigos que os males não desapareciam, mas precisavam ser afastados para outro lugar.

1.22

(a) A construção *"fabulosus / lambit Hydaspes"*, além de criar o cavalgamento entre os versos 7-8, com o adiamento do sujeito adjetivado, quebra a expectativa do leitor pelo uso inesperado do verbo *"lambit"* para o rio (segundo N-H, essa imagem aparece pela primeira vez em Horácio). Um hipérbato digno de nota também está na terceira estrofe (vv. 9-12), onde tanto o sujeito (*lupus*) quanto o objeto (*me*) estão a quatro versos de distância do verbo (*fugit*) e do adjetivo (*inermem*), de modo a criar uma ambiente passional em que a presença ameaçadora do lobo praticamente desparece no desenvolvimento da sintaxe. Por fim, ainda temos uma *"callida iunctura"* na construção de *"arida nutrix"* (v. 16), que acaba por se construir como uma espécie de oximoro.

A ode abre com a promessa de uma poema moral, descrevendo a figura ideal daquele que de nada precisa por ser virtuoso; uma matéria que se desenvolve pelas duas primeiras estrofes com as possíveis atribulações que não o atingem, ao mesmo tempo que indica o destinatário da ode, Arístio Fusco (vv. 1-8). As duas estrofes seguintes (vv. 9-16) mostram, no entanto, que o homem virtuoso em questão é na verdade o próprio poeta, mas que está assim ironicamente por estar apaixonado por Lálage, donde se desenvolve a tópica elegíaca do amante intocável (cf. Propércio, 3.16.11 e ss.; Tibulo, 1.2.27-8; ou Ovídio, *Amores*, 1.6.13-14). Por fim, numa curiosa cena de estoicismo, o poeta afirma que poderia estar em qualquer local (ressaltado pela repetição de *pone* no início das últimas estrofes), porque está concentrado apenas no canto amoroso. A tripartição da ode em três pares de estrofes é analisada por Harrison (2007b, pp. 265-269).

(b) Em seguida a 1.21, com a apresentação ritual, esta ode parece manter a seriedade moral da anterior, mas logo quebra as expectativas para focar-se na obsessão amorosa, que nos prepara para 1.23. Em termos métricos, esta é a primeira vez que a estrofe sáfica assume modos da poesia erótica, vinculando-se mais estreitamente a Safo e também a Catulo, mais especificamente o poema 51.

– Metro: estrofe sáfica.

v. 2: Os *Mauri*, ou mouros, eram famosos por saberem cavalgar e flechar como ninguém.

v. 4: Arístio Fusco, poeta cômico e gramático, amigo de Horácio, também aparece nas *Sátiras*, 1.9, e nas *Epístolas*, 1.10. Se levarmos a sério o modo como Horácio o representa, em *Sátiras*, 1.9.70-2, como um homem cumpridor dos deveres religiosos, parece-me que podemos perceber a ironia desde o início do poema. No entanto, a passagem das *Sátiras* pode muito bem ser irônica.

vv. 5-6: As Sirtes eram golfos na região da Líbia (hoje os golfos de Sidra e de Kabs) considerados muito perigosos para os navegantes, por ali haver alguns bancos de areia. Rudd, Mayer e N-H supõem que seja não o golfo, mas o deserto repleto de animais selvagens que fica ali perto, o que explicaria *"aestuosas"* com mais facilidade. O Cáucaso, bem como toda região cáspia, era famoso pelos tigres e outros animais selvagens.

vv. 7-8: O Hidaspes é um afluente do rio Indo, famoso pelos pedras preciosas e pelo ouro. Hoje é conhecido como o Djelem. O termo *"fabulosus"* parece ser um neologismo horaciano.

v. 9: A Sabina era a região próxima a Roma, onde Horácio tinha *villa*. Já foi mencionada algumas vezes até agora.

v. 10: O nome "Lálage" é derivado do grego "λάλαξ", "faladeira"; também aparece em 2.5.

vv. 13-16: Dáunia (ou Dauníade, derivado de Dauno, seu fundador mítico) era uma região árida do norte da Apúlia (região também conhecida como Magna Grécia), onde se encontrava Venúsia, a cidade natal de Horácio. Esse mesmo espaço será retomado em 3.30. A terra de Juba I (um partidário de Pompeu, que se suicidou em 46 a.C.) é a Numídia, na África; porém outros estudiosos – a meu ver, com mais acerto – creem que se trate da Mauritânia, caso seja referência a Juba II (filho do anterior), que recebeu essa terra do próprio Augusto em 25 a.C.; o que ainda explicaria a alusão aos *Mauri* na primeira estrofe.

v. 20: Júpiter aqui simboliza o céu e as variações climáticas.

vv. 22-23: A expressão *"dulce ridentem"* e depois *"dulce loquentem"* revelam a caracterização catuliana em tradução de Safo (51.5, onde lemos a descrição *"dulce ridentem"* sobre a amada), ligando esta ode aos modos de poesia passional que seria herdados pelos poetas elegíacos.

1.23

Esta ode parece ser uma imitação livre a partir de Anacreonte, fragmento 346.

οὐδε ... [.]ς . φ .. α .. [...] .. [
φοβερὰς δ᾽ ἔχεις πρὸς ἄλλω
φρένας, ὦ καλλιπρό[σ]ωπε παίδων·

καί σε δοκεῖ μὲν [ἐν δό]μοισι[ν
πυκινῶς ἔχουσα [μήτηρ
ἀτιτάλλειν· σ[.] . [. . . .] . . . [

τὰς ὑακιν[θίνας ἀρ]ούσας
ἵ]να Κύπρις ἐκ λεπάδνων
. . . .] ʽ[.] α[ς κ]ατέδησεν ἵππους

. . . . . .]δ᾽ ἐν μέσωι κατῆ<ι>ξας
. . . . . .]ωι δι᾽ ἄσσα πολλοὶ
πολ]ιητέων φρένας ἐπτοέαται·
λεωφ]όρε λεωφόρ᾽ Ἡρο[τ]ίμη,
[...]

nem . . . [.]s . f . . a . . [. . .] . . [
você pensa agora no outro,
temerosa, ó moça, rosto lindo;

quase se pensa que [na ca]sa
tua mãe] te prende perto
num carinho, t[.] . [. . . .] . . . [

junto das as ter]ras jacint[inas
on]de a Cípria sem o jugo
. . . .] [.] pr]ende seus cavalos.

. . . . . .]mas desceu no meio
. . . . . .]por isso muitos
cid]adãos perderam seus sentidos.

Pública, púbica Herotima,
[...]

Mas também fragmento 408:

ἀγανῶς οἷά τε νεβρὸν νεοθηλέα
γαλαθηνὸν ὅς τ᾽ ἐν ὕλη κεροέσσης
ἀπολειφθεὶς ἀπὸ μετρὸς ἐπτοήθη.

delicada como jovem cervatinho
que inda mama, extraviado pelos bosques,
e distante da mãe cornífera teme.

E fragmento 417, vv. 1-4:

πῶλε Θρηκίη, τί δή με
λοξὸν ὄμμασι βλέπουσα

νηλέως φεύγεις, δοκεῖς δέ
μ᾽ οὐδὲν εἰδέναι σοφόν;

ἴσθι τοι, καλῶς μὲν ἄν τοι
τὸν χαλινὸν ἐμβάλοιμι,
ἡνίας δ᾽ ἔχων στρέφοιμί
σ᾽ ἀμφὶ τέρματα δρόμου·

νῦν δὲ λειμῶνάς τε βόσκεαι
κοῦφά τε σκιρτῶσα παίζεις,
δεξιὸν γὰρ ἱπποπείρην
οὐκ ἔχεις ἐπεμβάτην.

Potra trácia, qual a causa
desse teu olhar de lado
sempre em fuga, impiedosa?
Pensa que eu não sei saber?

Saiba então que com beleza
eu faria um freio firme
segurando as tuas rédeas
pelas metas ao redor.

Se hoje pasta pelo prado
saltitante em tudo brinca,
é que um forte cavaleiro
não tentou te cavalgar.

Em termos métricos, esta ode parece estabelecer diversos diálogos: 1.5 já anunciava sua relação com a matéria erótica, em que Horácio aparece (tal como aqui) como uma *persona* já madura e certa de seu desejo; em 1.14 vimos a sugestão erótica para a alegoria da barca (cf. 1.14 e notas), que poderia incluir os problemas da velhice feminina; 1.21 é iniciada com invocação a virgens cantoras. Aqui a matéria erótica se funde à questão da idade e recebe um tratamento moral de *carpe diem* como argumento para sedução da jovem tímida. Pela posição, ela claramente dá continuidade à matéria amorosa de 1.22, mas agora na elocução mais comum às *Odes*, em que a *persona* se mostra mais controlada quanto às paixões. A ode se abre com um símile que implica medo e infância (vv. 1-4), para se desenvolver numa ilustração natural das causas vãs de medo (vv. 5-8) e, enfim, terminar com um novo símile (falso) entre o poeta e a violência do estupro, para confirmar uma exortação aos prazeres do sexo. É impressionante como Horácio faz com que, em cada uma das três estrofes, o último verso funcione por conta própria, ressignificando toda a estrofe como um centro semântico (*aurarum et siluae metu, et corde et genibus tremit* e *tempestiua sequi uiro*).

– Metro: asclepiadeu 3.

v. 1: Clóe, do grego "χλώη" (o verdor das plantas, o primeiro broto), é um nome sugestivo para a matéria erótica da maturidade. Clóe reaparece ainda em 3.7, 3.10 e 3.26.

vv. 5-6: Há discordância entre os editores: a leitura mais correntes é "*ueris... aduentus*" (a chegada da primavera), dos manuscritos, mas sigo a edição de Shackleton Bailey, que indica "*uepris ... ad uentum*" (ao vento do espinhal). No entanto, optei por fazer uma fusão das leituras na tradução inserindo o adjetivo "vernal" para o vento.

vv. 6-7: Segundo Mayer, alguns comentadores pretendem que "*lacertae*" ("lagartos") aqui possam sugerir a ambiguidade do termo grego "σαύρα", que também significa "pênis", justificando assim o medo da jovem.

vv. 9-10: A Getúlia era uma região ao sul da Mauritânia, próxima à atual Cabília. Outro fator interessante é o cavalgamento destes versos, onde o símile adia o suposto desejo do poeta (*frangere*), ao mesmo tempo que a sintaxe cerca Clóe (*te*).

1.24

Esta ode muda completamente a elocução em relação a 1.23, onde vimos um poema erótico voltado à transformação da infância para a maturidade. Aqui é a perda (talvez a perda amorosa, sugerida por "*desiderio*" e pelo *exemplum* de Orfeu) quem toma o centro, para gerar mais uma digressão moral sobre a morte. Em termos métricos, ela parece tecer um diálogo maior com a crítica moral de Nereu a Páris em 1.15, do que com a *recusatio* de 1.6; porém não se deve deixar de atentar para a importância dada aos termos "*leues*" (1.6.20) e "*leuius*" (1.24.19), que aparecem respectivamente no final de cada um dos poemas. O uso específico da palavra "*pius*" (v. 11) para caracterizar Virgílio parece, no mínimo, irônica, se levarmos em conta a importância da *pietas* na epopeia do mantuano e se notarmos que esse homem piedoso aqui se revela exigindo algo contra a vontade dos deuses; fato que se confirma no último verso, em que Horácio caracteriza o desejo do amigo como *nefas*.

As três primeiras estrofes funcionam independentemente: os versos 1-4 apresentam o tema fúnebre e invocam a Musa diante da pergunta sobre os limites do luto; os versos 5-8 anunciam quem será cantado, Quintílio Varo, e tecem um primeiro louvor; os versos 9-12 mostram a quem o poema é dedicado, Virgílio (no centro exato da ode), como aquele que mais sofre pela morte. Depois, temos duas estrofes (vv. 13-18) ligadas por cavalgamento, em que a comparação mítica com o poder poético de Orfeu (sugerido com a possibilidade de salvar Eurídice), que termina vencida pela força de Mercúrio (cuja importância já fora anunciada em 1.10), para então o poeta usar os dois versos finais (vv. 19-20) como uma consolação moral diante da inexorabilidade da morte e uma resposta à questão dos primeiros dois versos. É interessante notar como o movimento das duas últimas estrofes parece apagar a concretude da morte de Quintílio para assumir um caráter mais geral, o que acaba por conferir um final elevado e sapiencial à ode.

– Metro: asclepiadeu 2.

v. 3: Melpômene é a musa da tragédia, portanto adequada para um canto de luto; no entanto é uma figura importante para a poética horaciana, se lembrarmos do seu papel fundamental no encerramento de 3.30 e também em 4.3.

vv. 5-8: Quintílio (talvez Quintílio Varo, de Cremona) teria morrido em 24 a.C., segundo São Jerônimo; foi provavelmente membro do círculo de Mecenas e amigo de Virgílio e de Horácio, ligado a eles também pelo estudo do epicurismo. Horácio também o menciona na *Arte poética*, 438-444, como o modelo do crítico sincero, o que parece condizer com as invocações ao Pudor, à Fé e à Verdade.

v. 11: A expressão *"non ita creditum"* causa debate entre os críticos. Alguns creem que Virgílio teria confiado a segurança de Quintílio ao deuses, e estaria frustrado com a morte; outros afirmam que os deuses não teriam confiado Quintílio a Virgílio tal como este desejava. Para evitar uma resolução específica, deixei o termo *creditum* de lado na minha tradução para me concentrar no aspecto central: Virgílio exige Quintílio de volta *contra a vontade* dos deuses, num claro ato de *impiedade*.

vv. 13-14: Sobre Orfeu, cf. Nota a 1.12.5-12. Aqui está em jogo o mito de que Orfeu teria descido ao Orco para resgatar sua amada Eurídice (tema caro a Virgílio em *Geórgicas*, 4); teria conseguido a autorização para levá-la de volta ao mundo dos vivos, com a condição de que não olhasse para trás, preocupado com ela, durante todo o percurso do retorno. O poeta, no entanto, fraquejou e olhou para trás, e assim Eurídice foi levada de volta para os mortos.

vv. 15-18: Interessante observar como exatamente no cavalgamento de estrofes (vv. 15-18) acontece o hipérbato mais complexo do poema, adiando por três versos o aparecimento do sujeito, *Mercurius*, e assim aumentando a tensão da possibilidade do retorno da vida *post mortem*. Sobre Mercúrio e sua importância geral (bem como sua comparação a Augusto), cf. 1.10 e notas. Aqui sua descrição é similar à que vemos dos deuses ínferos, em Virgílio, *Geórgicas*, 4.470:

nesciaque humanis precibus mansuescere corda

seus corações não se amansam perante as preces humanas.

vv. 19-20: Como observa David West, estes versos parecem encontrar eco na *Eneida*, 5.709-10, quando Nautes tenta confortar Eneias:

> *Nate dea, quo fata trahunt retrahuntque sequamur;*
> *Quidquid erit, superanda omnis fortuna ferendo est*

> Filho da deusa, aonde os fados levarem, iremos.
> Toda fortuna será superável se apenas suportas.

1.25

Esta ode pode funcionar como o encerramento de um pequeno ciclo começado em 1.22 (sobretudo se notarmos que 1.22 e 1.25 têm o mesmo metro sáfico), onde vemos algumas facetas do amor: em 1.22 o amante como virtuoso estoico; em 1.23 o homem maduro que seduz a jovem entrando na vida adulta; em 1.24 a perda da pessoa amada (sexualmente ou não, porém sugerido); e finalmente aqui a ameaça da velhice. Também podemos lê-lo como o fim de uma série dedicada a Lídia nesse livro: em 1.8 Horácio parecia criticá-la por desviar o jovem Síbaris; em 1.13 nós o vemos perdidamente apaixonado e ciumento dos amores entre Lídia e Télefo; e aqui o poeta amante relata a velhice da amada que o recusou.

A ode também se insere numa longa tradição de poemas com a tópica da ameaça que o amante desprezado faz contra a amada, ao lembrá-la de que logo será velha e também desprezada. Nessa tradição, podemos citar algumas figuras, como Arquíloco fragmento 188 West:

> οὐκέθ' ὁμῶς θάλλεις ἁπαλὸν χρόα· κάρφεται γὰρ ἤδη
> ὄγμοις, κακοῦ δὲ γήραος καθαιρεῖ

> Já não vicejas, seda em tua pele que agora se resseca
> de rugas, reduzida a atroz velhice.

Anacreonte, fragmento 431 Campbell:

> κοὐ μοκλὸν ἐν θύρῃσι διξῇσιν βαλὼν
> ἥσυχος καθεύδει.

> E sem passar a dupla tranca no seu portão
> dormirá tranquila.

Onde a mulher desprezada, tal como nos versos 3-4 desta ode, dorme tranquila porque não há mais jovens interessados nela. Por fim, podemos citar ainda Calímaco, epigrama 63, onde as ameaças também se centram sobre imagens da porta:

> Οὕτως ὑπνώσαις, Κωνώπιον, ὡς ἐμὲ ποιεῖς
> κοιμᾶσθαι ψυχροῖς τοῖσδε παρὰ προθύροις.
> οὕτως ὑπνώσαις, ἀδικωτάτη, ὡς τὸν ἐραστήν
> κοιμίζεις, ἐλέου δ᾽ οὐδ᾽ ὄναρ ἠντίασας.
> γείτονες οἰκτείρουσι, σὺ δ οὐδ᾽ ὄναρ· ἡ πολιὴ δέ
> αὐτίκ᾽ ἀναμνήσει ταῦτά σε πάντα κόμη.

> Quero que adormeças, Conópion, como me fazes
> me deitar aqui, frente a gelados portões.
> Quero que adormeças, injusta, como ao amante
> deitas, sempre cruel mesmo nos sonhos que tens.
> Teus vizinhos têm pena; mas tu, nem mesmo nos sonhos;
> sei porém que as cãs recordarão que falei.

Ao leitor curioso, pode interessar o contraste com outras obras romanas que retomam esse lugar comum: Catulo 8; Propércio, 3.25.11 e ss.; o próprio Horácio, *Epodos*, 8 e 12, *Odes*, 3.15 e 4.13, etc.

O poema tem uma construção até simples: as duas primeiras estrofes (vv. 1-8) apresentam o início da velhice de Lídia, com menos amantes atrás dela; as duas seguintes (vv. 9-16) desenvolvem o futuro próximo da velhice marcada pela paixão desorientada, o que será uma vergonha para ela; e a última estrofe (vv. 17-20) destaca a vida da juventude, dedicada ao amor e ao vinho, numa espécie de encerramento em anel que revoca os jovens que já não se interessam por Lídia. Nesse sentido, o texto avança no movimento: maturidade, velhice, juventude; o que ressalta ainda mais o sofrimento futuro da parte central.

– Metro: estrofe sáfica.

vv. 1-2: Vale a pena ressaltar a impressionante série aliterativa desses dois primeiros versos, que parece recriar o som das batidas nas portas.

vv. 3-4: Note-se uso irônico do verbo *"amatque"* para descrever a porta (vv. 3-4), que hoje só ama estar fechada, ao contrário da vida anterior de Lídia.

vv. 7-8: Esta fala do amante recusado retoma o topos do *"paraklausithyron"* ("o canto diante da porta" da amada, durante a noite), tão caro aos poetas elegíacos.

vv. 9-10: A referência ao beco (*"angiportus"*, rua estreita) parece indicar que Horácio imagine Lídia como uma prostituta das mais baixas, já velha e sem fregueses; depois do sucesso de juventude. A cena parece ainda evocar Catulo 58.4-5.

vv. 11-12: O Trácio é o vento nordeste, em geral muito gelado. Aqui aparece como uma bacante por sua força e também por ser a Trácia a terra de Dioniso.

vv. 14-15: O furor sexual das éguas era proverbial, como se pode ver em Virgílio, *Geórgicas*, 3.266-79. Sobre a função do fígado em relação às paixões, cf. nota a 1.13.3-4, uma ode também dedicada a Lídia. É importante notar, entretanto, como Horácio permanece controlado em sua ameaça, de modo que David West vê nele mais um *praeceptor amoris* (professor do amor) do que propriamente um amante frustrado – creio que as duas leituras podem se sobrepor, se relermos as odes dedicadas a Lídia à luz desta.

vv. 17-20: A hera é uma planta consagrada a Baco, enquanto a murta é consagrada a Vênus: amor e bebedeira eram comumente associados à juventude. Singular é o encerramento da ode com o *Euro*, o vento leste, muitas vezes ligado à ideia de frio, que por analogia, pode ser entendida como referência à velhice: os jovens jogam as folhas secas (usadas) do amor e das bebidas ao vento, sem se preocuparem com o futuro triste que agora Lídia começa a viver.

1.26

Esta ode, tal como surge sem a possível continuidade em 1.27, pareceria um poema de amor para Lâmia, mas pelos dados históricos esse não deve ser o caso. De qualquer modo, a abertura solene e metapoética parece dar uma guinada na elocução que encerra 1.25, funcionando por contraste. À primeira vista, o poema que promete outro poema-presente parece ser ele próprio o presente prometido; porém 1.27 é capaz de rever ou ao menos questionar essa primeira leitura. Sobre as relações desta ode com as anteriores, cf. nota a 1.27. A ode, graças à brevidade, acaba sendo simples, com as três estrofes encavaladas: primeiro Horácio mostra-se, como amigo das Musas, despreocupado com temas bélicos elevados (vv. 1-6); em seguida, invoca uma delas para compor uma grinalda para Lâmia (vv. 6-8); e por fim explica como a grinalda é um poema-presente, em estilo eólico, provavelmente alcaico, tal como é a ode (vv. 9-12).

Apesar da série de cavalgamentos entre versos e estrofes, Horácio ainda manipula uma série de simetrias, como, por exemplo o fato de que "*Musis*" abre a primeira estrofe, enquanto a Musa "*Piplea*" abre a terceira, numa espécie de composição circular. Outro detalhe interessante são as repetições de palavras em posições métricas diferentes: "*necte... necte*" (vv. 7-8) e "*hunc... hunc*" (vv. 10-11), criando uma harmonia ligeiramente dissonante. Por fim, o adiamento do sujeito da última oração (em acusativo com infinitivo), ao longo de três versos, gera um suspense para *"te tuasque... sorores"* (v. 12), que por sua vez encerra o poema com o círculo *"Musis"* (v. 1) e *"sorores"* (v. 12).

– Metro: estrofe alcaica.

v. 2: O mar de Creta aqui apenas indica uma região longínqua.

v. 3-4: "Sob Ursa" (a constelação Grande Ursa) aqui serve apenas para indicar uma região ao norte, sem maiores especificidades; embora West (p. 120) pense que seja provavelmente uma referência aos dácios, ao norte do Danúbio (cf. nota a 1.35.9-12). Nos versos 4-5, sigo a leitura dos códices, *"quis... metuatur"*, em vez da emenda *"quid meditetur"*, de Cornelissen, incorporada por Shackleton Bailey.

v. 5: Tirídates foi o rei dos partas enquanto Fraates IV estava ausente; por isso seu reinado foi marcado pela apreensão do retorno do verdadeiro rei. Desse modo, ele se aliou a Otaviano nos anos 30 a.C. contra Fraates, mas este conseguiu retomar o trono em 25 a.C., com apoio dos citas.

v. 8: Há dois irmãos Lâmia ligados a Horácio, ambos filhos de Élio Lâmia, uma família nobre da região de Fórmias, ao sul do Lácio: Quinto Lâmia morreu jovem, enquanto Lúcio Lâmia foi legado na Hispânia em 24 a.C.; mas não sabemos a qual dos dois a ode seria dedicada. Horácio ainda menciona Lâmias em duas odes (1.36 e 3.17) e numa epístola (1.14).

v. 9: Pipleia (ou Pimpleia) é a musa de Pimpla, uma cidade da Piéria onde haveria uma fonte consagrada; daí que as musas possam ser Pimpleides, ou Pimpléiades.

vv. 10-11: Rudd defende que as duas descrições, ligadas ao metro alcaico desta ode, implicariam a composição de um poema ao modo de Alceu.

1.27

Assim Villeneuve (p. 39, n. 1) apresenta a ode: "Esta ode é uma pequena cena: Horácio representa a si mesmo chegando a um banquete no momento em que, sob a influência do vinho, os convivas iniciaram uma querela [vv. 1-8]. Para acalmar os ânimos, ele declara que não beberá até que um deles, o irmão de Megila, lhe confidencie seus amores [vv. 9-12]". Daí em diante (vv. 13-24) ele demonstra surpresa diante do relato e tece comentários ligeiramente cômicos. Todo o desenvolver da ode parece abrupto, de modo que o leitor precisa preencher a cena e compreender o que está acontecendo; nesse sentido, a ode só começa realmente a fazer sentido a partir de uma releitura. Outro comentário sobre a radicalidade do poema vem de Mandruzzato (1988, p. 480); "a poesia-situação em seu ápice, quase 'um mimo'."

Se aceitarmos os argumentos de Griffiths (2002), esta ode estaria intimamente ligada à anterior (em verdade, seriam as duas um só poema); já que em 1.26 Horácio promete um poema alcaico para Lâmia, e aqui ele o realizaria por meio de uma recriação de Anacreonte (frag. 356) em estrofes alcaicas, como um presente em forma de poesia de banquete; nesse caso, estamos diante de uma questão similar às de 1.16 e 1.17 (também escritos em estrofes alcaicas); já que a divisão – ou não – das odes é um ato de leitura; por isso, insisto, Horácio poderia estar tirando proveito poético exatamente das ambiguidades dessa construção e posicionamento. Se insistirmos nos diálogos métricos, tanto esta ode quanto a dupla que ela faz com 1.26 retomam o caráter erótico que já apareceu em 1.9 (exortação ao amor como *carpe diem*) e na dupla 1.16 (elogio da beleza da jovem e palinódia) e 1.17 (convite amoroso para os prazeres do campo). Aqui teríamos uma defesa da relação íntima entre Vênus e Baco com a juventude (como em 1.25), ao passo que Horácio aparece aqui apenas como um interlocutor do amor alheio, como já prometido em 1.6.19-20.

Embora o poema não conte com construções muito ousadas (para o gosto das *Odes*, é claro), é interessante notar como a sintaxe parece mais abrupta, mais próxima do argumento improvisado que se encena ao longo do poema; nesse sentido, não parece ser à toa a série constante de cavalgamentos entre versos e, ao mesmo tempo, a presença de pontos no verso (vv. 1-2; 5-6; 9-10; 16-18); criando espaços de respiração interno ao mesmo tempo que força a leitura acelerada. Outro ponto importante é a construção de *ingenuoque semper / amore peccas*, que, para além da construção simétrica, contém um sutil oximoro em *ingenuo* × *peccas*. Parece-me também singular o modo como Horácio encerra a ode, posicionando dois nomes míticos na abertura e no fim do verso *Pegasus... Chimaera*, que tentei manter, apesar da inversão da ordem para "Quimera, / Pégaso".

Como já foi dito por Porfirião, esta ode é uma imitação de Anacreonte fragmento 356:

a)

ἄγε δὴ φέρ' ἡμὶν ὦ παῖ
κελέβην, ὅκως ἄμυστιν
προπίω, τὰ μὲν δέκ' ἐγχέας
ὕδατος, τὰ πέντε δ' οἴνου
κυάθους ὡς ἀνυβριστιῶς
ἀνὰ δηὖτε βασσαρήσω.

b)

ἄγε δηὖτε μηκέτ' οὕτω
πατάγωι τε κἀλαλητῶι

Σκυθικὴν πόσιν παρ' οἴνωι
μελετῶμεν, ἀλλὰ καλοῖς
ὑποπίνοντες ἐν ὕμνοις.

a)

Meu garoto, traga as taças,
tomarei tragas fartas,
sem parar você mistura
quatro d'água e dois de vinho,
pois assim sem desmedida
novamente bacanteio.

b)

Novamente não iremos
insistir em luta e gritos
entornando vinho feito
jovens citas – beberico
misturado a belos hinos.

Porém, como bem observam N-H (p. 311), "longe das límpidas simpli-
cidades de Anacreonte. Em suas vivas transições e coloquialismos elevados,
Horácio mais imita Calímaco, que tinha mais influência sobre o seu estilo do
que se costuma observar".

– Metro: estrofe alcaica.

vv. 1-2: Os trácios, por serem da região onde nascera Dioniso, eram
também famosos pela embriaguez e pela violência.

vv. 10-11: Megila parece ser o nome de uma cortesã grega, aqui de-
signada como opúntia por ser de Opunte, cidade da Lócrida. Quem seria o
irmão é um debate.

v. 19: Caríbdis é um dos perigos do estreito de Messina, por onde passa
Odisseu, na *Odisseia*, 12.234-59; trata-se de uma voragem, mas que já funcio-
nava frequentemente como metáfora desde a comédia nova.

vv. 21-22: A Tessália tinha fama de ter muitos feiticeiros e bruxas, que
seriam capazes de fazer poções para causar e curar o amor. Estes versos parecem
fazer uma autoparódia da abertura de 1.12, que por sua vez é uma imitação
de Píndaro.

vv. 23-24: Pégaso era o cavalo alado de Belerofonte, que combateu contra
Quimera, um ser monstruoso formado por corpo de leão, cauda de serpente e

cabeça de cabra (daí que seja triforme, cf. Lucrécio, *Da natureza das coisas*, 5.905 e ss.). Parece-me, como para alguns comentadores, que toda a cena final funciona como uma hipérbole cômica para a paixão amorosa. Griffiths (2002, p. 72) argumenta dois detalhes onomásticos: "Lâmia", nome do amigo do poema anterior, é igual ao grego "Λάμια" (que é uma espécie de bicho-papão feminino, mas também nome de cortesãs); de modo similar, "Quimera" também indicaria o nome de uma cortesã por ligação com o nome da criatura monstruosa da mitologia; aos olhos de Griffiths, esse chiste seria uma das ligações entre 1.26 e 1.27 para pensarmos nos dois como em apenas uma ode.

1.28

Mayer (2012, p. 189) diz que "não há nada similar a este poema na coleção lírica, embora uma *persona* apenas, Priapo, tenha sido apresentado nas sátiras, *S.* 1.8; trata-se, portanto, de uma peça experimental"; enquanto N-H (p. 319) o definem como "inegavelmente bizarro em sua construção", ao passo que todos reconhecem sua originalidade. A questão da sua originalidade está, entretanto, na combinação dos dois motivos funerários sobre poemas marítimos (lamento e pedido, cf. *Anth. Pal.*, 7.263-92) numa só persona que os realiza. Ao mesmo tempo, a ode parece funcionar "em tempo real", já que, depois do pedido ao nauta nos versos 23-9, a *persona* parece fazer uma pausa para iniciar uma maldição sobre a recusa do marinheiro. É curioso observar que o recurso a outra voz, a de um morto, dá a Horácio uma possibilidade nova para sua reflexão sobre a morte: aqui, não temos nenhuma consolação, a morte se dá como perda, como um vazio de tristeza, o que, no contexto geral da obra, serve de modo enfático e perturbador para confirmar a defesa da *aurea mediocritas* e do *carpe diem*. Outro comentário interessante é o de Grimal (*apud* Penna, 2007, p. 93): "Na ode I, 28 o dístico alcmânico – hexâmetro datílico seguido de um quaternário catalético de mesmo ritmo – sugere o metro habitual dos epigramas funerários – que é o dístico elegíaco. Mas o quaternário, no lugar do pentâmetro, cria uma espécie de discordância rítmica, uma surpresa quase dolorosa. Não é de admirar que esse poema, ao se desenvolver, se torne uma meditação angustiante, o choro de um marinheiro morto". Se confiarmos nessa leitura de Grimal, podemos supor que, no ato de leitura, a expectativa possível (ao ler um hexâmetro, a espera por um pentâmetro, para formar o dístico elegíaco), também se configura como tema subjacente ao poema.

A ode também retoma o encerramento marítimo de 1.27, mas acaba funcionando por contraponto temático. Enquanto lá é celebrado o banquete entre amigos e as conversas amorosas, aqui tratamos da triste sina dos que morrem no mar (em geral, o imaginário tende para os comerciantes, já anunciados desde 1.1), a partir de dois lugares comuns que então se fundem: o lamento pela morte de um grande homem (Arquitas), e a inscrição que pede sepultamento para o

NOTAS ÀS *ODES 1* | 383

morto. Em termos métricos, ela dialoga apenas com 1.7, e as similaridades não parecem ser gratuitas: lá também temos referência à violência do Noto (1.7.15-16) e a representação dos perigos do mar (1.7.32); no entanto, em 1.7, é a voz de Horácio que assume o poema, e o intuito é permanecer em terras romanas, cantando Tíbur para consolar o amigo; enquanto aqui outra *persona* assume a voz do poema, uma figura arrependida (vv. 4-6), que agora sofre as consequências de ter invadido o mar (vv. 21-22). O primeiro período (vv. 1-6) é aberto com "*te*" e encerrado singularmente com "*morituro*", numa espécie de microanel dentro do poema. Outro fator que me parece importante é a longa sintaxe truncada dos versos 9-15, onde lentamente vemos o Pantoide (Euforbo) se transformar no Pitágoras admirado por Arquitas, de modo que a complexidade sintática parece também criar uma circunvolução semântica na cabeça do leitor, até que a metamorfose (na verdade, metempsicose) se opere por completo.

O desenvolvimento desta ode é também complexo. Um possível interlocutor é logo anunciado (Arquitas, v. 2); porém só percebemos que não se trata de Horácio o eu-lírico nos versos 21-22, quando vemos que é outro morto quem toma a fala, ao modo de alguns epigramas fúnebres (seria o próprio Arquitas falando sozinho, como pensava Porfirião, ou outra *persona*, anônima? A pergunta fica sem resposta); N-H (p. 318) chegam a estabelecer um ligeiro diálogo com Propércio, 1.21, onde também temos uma construção obscura e abrupta. Nesse momento, todo o contexto do poema precisa ser revisto, e a ode parece assumir um *modus* de inscrição aos viajantes que passam diante do túmulo de Arquitas e do falante anônimo (vv. 21-36). Essa segunda parte ainda funciona duplamente: nos versos 21-29, a *persona* pede a um marinheiro que jogue terra sobre o corpo insepulto; depois (30-36), diante da recusa (que se deve supor ocorrida ao longo do poema), a *persona* faz uma maldição contra o marinheiro impiedoso. Ao fim da leitura, uma proposta de West (p. 134) parece convincente: o poema se iniciaria não com um interlocutor (Arquitas), mas com a primeira das referências sobre mortos famosos (que ao final seriam cinco: Arquitas, Tântalo, Titono, Minos e Pitágoras), para revelar o verdadeiro interlocutor (um marinheiro, talvez o próprio Horácio) apenas no verso 23.

– Metro: alcmânio.

vv. 1-4: Arquitas de Tarento, famoso filósofo e matemático pitagórico, viveu entre os séculos V e IV a.C. Uma obra importante foi Ψαμμίτης ("Contador de areias"), onde o filósofo argumentava que era possível contar os grãos de areia, mesmo que o mundo inteiro fosse coberto por eles (por isso ele aqui é referido como "*mensor*", alguém que mede). Era de conhecimento geral que ele havia morrido num naufrágio próximo ao promontório de Matino, na Apúlia, onde havia um túmulo muito visitado por viajantes no tempo de Horácio. O pitagorismo muitas vezes era ridicularizado por causa do misticismo, tanto por epicuristas como por estoicos; portanto, a referência a Arquitas provavelmente ganharia matizes irônicos.

vv. 6-15: O pai de Pélops é Tântalo (cf. nota 1.6.8); aqui a expressão *"conuiua deorum"* ("comensal dos deuses") resulta claramente irônica. Titono, irmão do rei Príamo, foi amado pela Aurora; e esta pediu aos deuses que ele se tornasse imortal; porém esqueceu-se de pedir também eterna juventude, e assim Titono foi envelhecendo até praticamente sumir, quando foi por fim transformado na cigarra. Minos, rei de Creta, era filho de Júpiter/Zeus e Europa, e podia conversar com o pai; depois da morte, é representado como uma espécie de juiz do mundo dos mortos. O Pantoide (filho de Pântoo) é Euforbo, que foi morto por Menelau na guerra de Troia; aqui há um chiste de Horácio: Pitágoras (mestre de Arquitas, por isso os vv. 14-15) dizia ser uma reencarnação de Euforbo, e para prová-lo foi até o templo de Hera/Juno em Micenas e, entre muitos escudos, mostrou aquele em que estava inscrito o nome de Euforbo; por isso, ele é representado como "tornado ao Orco", já que morreu duas vezes. A *persona* nos versos seguintes (15-16) deixa claro que não concorda com Arquitas e sua crença da metempsicose.

vv. 17-20: As Fúrias (Erínias gregas) são deusas encarregadas das punições dos crimes humanos, em específico os crimes familiares. Marte aqui representa a guerra. Prosérpina (ou Perséfone) é a rainha do mundo dos mortos; os antigos criam que ela cortava um chumaço de cabelo de todas as sombras.

vv. 21-22: O Noto – vento sul – era constantemente ligado ao ocaso de Órion, no fim de novembro, quando se iniciavam as tempestades de inverno; as "ondas da Ilíria" indicam o mar Adriático. Aqui Shackleton Bailey marca aspas (que seguem até o fim do poema), como se a fala do "eu" (no caso, o próprio Arquitas respondendo à fala de um marinheiro) se distinguisse do resto do poema, para dar uma forma de diálogo. Prefiro, como a maioria dos editores e comentadores, ler a ode inteira como apenas uma voz, que se revela tardiamente, bem ao gosto horaciano.

vv. 25-26: Sobre o Euro, cf. nota a 1.26.17-20. A Hespéria – que significa o ocidente para os gregos – aqui parece indicar a península itálica; e Venusino faz referência a Venúsia, cidade natal de Horácio (cf. nota a 1.22.13-16), o que poderia sugerir que o poeta se insere no poema na figura do navegador.

v. 29: Jove aqui simboliza o clima, e Netuno o mar. Tarento, cidade natal de Arquitas, era tradicionalmente protegida por Netuno/Posêidon.

vv. 30-34: As ameaças ao marinheiro, com extensão à prole, faziam parte do repertório típico das maldições.

NOTAS ÀS *ODES 1* | 385

v. 36: Para os antigos, 3 era um número sagrado. O pedido do morto é típico, ele espera que, com o ritual funerário, seu espírito fique livre para descer ao mundo dos mortos, porque os insepultos ficariam presos aos corpos (cf. *Anth. Pal.* livro 7, onde há vários epigramas de tópica similar). Há ainda uma ironia na frase final, já que a *persona* aqui pede um número não identificado ("*iniecto ter puluere*", que traduzi por "três punhados"), em contraposição aos dons de medida referidos na abertura da ode.

1.29

Esta ode parece dar continuidade à crítica iniciada em 1.28, embora mude tanto de metro quanto de tema. Mayer (2012, pp. 191-192) nota como a ode é formalmente similar à 1.8, com a série de perguntas sem resposta: ao todo, quatro, que vão ficando maiores ao decorrer do poema. Em termos métricos, tal ode parece ampliar as possibilidades temáticas no *corpus*, já que é a primeira que implica uma crítica moral a alguns aspectos da guerra, enquanto faz uma defesa da filosofia.

O delicado "*nunc*" no primeiro verso não fica claro para o leitor, porque não se sabe o que caracterizava o passado (*olim*); de modo que o leitor precisa chegar até a última estrofe (na verdade, até o último verso), para entender que Ício *hoje* troca o interesse de *outrora* na filosofia pelos lucros advindos da guerra predatória; todo o conceito se revela quando lemos "*pollicitus meliora*" e vemos que Ício não cumpre, segundo Horácio, com o caráter promissor de juventude. A série de perguntas ganha mais tensão pela sucessão constante de cavalgamentos entre versos e estrofes; de modo que as questões ali imbricadas vão transbordando sem parar: as ações bélicas de Ício (vv. 1-5); o que ele vem a ganhar pela ação predatória sobre outros seres humanos (vv. 6-10, *quae uirginum? Puer quis?*); até chegar a uma série de impossibilidades (10-12), que se revelam hoje possíveis diante da mudança drástica de Ício (vv. 13-16), numa longa pergunta iniciada por *quis*.

– Metro: estrofe alcaica.

vv. 1-3: Horácio parece aqui fazer referência (bastante crítica, por sinal, mas cujo humor complexo é bastante debatido pelos estudiosos, cf. Mayer, 2012, p. 192) à campanha de Augusto contra a Arábia Feliz ("*Arabia felix*" ou "*Arabia beata*"; reparar a hipálage em "*beatis gazis*", que explicita a região) em 25 a.C., mencionada por Estrabão, 16.779-80; que resultou num fracasso. Sabá, um reino semita, era uma dessas regiões – próxima ao golfo de Adem, o moderno Iêmen – que os romanos imaginavam ser muito ricas, sobretudo em incenso. Ício, que é também o destinatário de *Epístolas*, 1.12 (onde cuida dos bens de Agripa na Sicília e também é zombado pelos estudos de filosofia), não é conhecido pelos estudiosos; o importante aqui é vê-lo como o jovem que deixa de lado os estudos (imbeles) da filosofia para se entregar aos lucros da guerra. A crítica, deixe-se claro, não está propriamente na guerra externa, mas na sua fundamentação econômica, que é um problema dos indivíduos, e não do império romano.

v. 5: Há uma *callida iunctura* irônica em *"nectis catenas"*, já que, como sugere West (p. 136), *"nectis"* seria um verbo usado geralmente no sentido de "tecer" coroas, grinaldas, etc.; de modo que não se coaduna perfeitamente com *"catenas"* (que preferi traduzir por "prisões").

vv. 9-10: Sobre os seros, Cf. nota a 1.12.53-6. Aqui Horácio expande hiperbolicamente a expedição de Ício até os limites do oriente. O jovem (talvez um príncipe, ou então um serviçal palaciano) aqui se torna o escanção de Ício, como escravo de guerra; os cabelos untados sugerem ainda passividade sexual, numa espécie de Ganimedes.

vv. 10-12: Horácio aqui joga com a tópica dos ἀδύνατα, ou *impossibilia* (coisas impossíveis), porém tornando-as possíveis, uma vez que até Ício deixou a filosofia para ganhar espólios de guerra. Toda a série ganha forma no centro, *pronos relabi posse riuos*, onde vemos também na sintaxe a queda dos rios se inverter para cima.

v. 13: Panécio de Rodes, amigo de Cipião Emiliano e de Lélio, floresceu em 150 a.C.; foi o grande difusor do estoicismo em Roma. Depois a referência à escola socrática serve apenas para ampliar o escopo dos antigos interesses filosóficos de Ício.

vv. 15-16: As *loricae* ("lorigas" ou "couraças" peitorais) da Hispânia (sobre o vale do Ebro, ou seja, na região ibérica) eram muito procuradas pela qualidade.

v. 16: A última estrofe, na série de hipérbatos, faz com que o leitor espere até o último verso (*"pollicitus meliora tendis"*) para compreender o que está em jogo no sentido da oração, bem como o que está em jogo em todo o poema, ou seja, a troca da filosofia pela ganância.

1.30

Esta ode funciona como um hino clético (a invocação de um deus) a Vênus, mas pela brevidade também dialoga com o epigrama (uma forte influência helenística, segundo Thomas, 2007, p. 56-60), como veremos a seguir. Em geral, a tradição dos comentários costuma retornar até Álcman fragmento 55, onde vemos um verso muito similar à abertura dessa ode:

> Κύπρον ἱμέτραν λιποῖσα καὶ Πάφον περιρρύταν.
>
> Quando deixa a adorada Chipre e a ínsula Pafos.

Outro poema que parece muito importante é o fragmento 2 Campbell de Safo, escrito também em estrofes sáficas:

> δεῦρυ μ' ἐκ Κρήτας ἐπ[ὶ τόνδ]ε ναῦον
> ἄγνον, ὅππ[ᾳ τοι] χάριεν μὲν ἄλσος
> μαλί[αν], βῶμοι δε τεθυμιάμε-
>   νοι [λι]βανώτῳ·
>
> ἐν δ' ὕδωρ ψῦχρον κελάδει δι' ὕσδων
> μαλίνων, βρόδοισι δὲ παῖς ὁ χῶρος
> ἐσκίαστ', αἰθυσσομένων δὲ φύλλων
>   κῶμα κατέρρει·
>
> ἐν δὲ λείμων ἱππόβοτος τέθαλεν
> ἠρίνοισιν ἄνθεσιν, αἰ δ› ἄηται
> μέλλιχα πνέοισιν [
>   [   ]
>
> ἔνθα δὴ σὺ . . . . ἔλοισα Κύπρι
> χρυσίαισιν ἐν κυλίκεσσιν ἄβρως
> ὀμμεμείχμενον θαλίαισι νέκταρ
>   οἰνοχόαισον

> vem de Creta a mim pa[ra o] santuário
> consagrado até [o teu] belo bosque
> junto às macipeiras] o altar esfuma-
>   çado de incenso;
>
> lá uma água fresca a rugir nos ramos
> entre as macieiras é só penumbra
> das roseiras e no alvitremor das folhas
>   desce esse sono
>
> lá, cavalos pastam num amplo campo
> no vernal das flores, por onde os ventos
> sons suaves sopram [
>   [   ]
>
> lá também tu Cípris . . . . toma
> e graciosa sobre essas taças áureas

poderás libar o teu néctar dilu-
ído nas festas.

Aqui já vemos como o tema da invocação a Afrodite parece começar a voltar-se para os desejos do eu que a invoca (como também no frag. 1 de Safo) para um espaço em que vemos uma espécie de "festim para os sentidos" (WEST, p. 143). Por fim, como observam N-H (p. 344) o tema é complemente secularizado em Posidipo (*Anth. Pal.*, 12.131):

Ἃ Κύπρον ἅ τε Κύθηρα καὶ ἃ Μίλητον ἐποιχνεῖς
καὶ καλὸν Συρίης ἱπποκρότου δάπεδον,
ἔλθοις ἵλαος Καλλιστίῳ ἢ τὸν ἐραστὴν
οὐδέποτ᾽ οἰκείων ὧσεν ἀπὸ προθύρων.

Tu que passas agora por Chipre, Citera e Mileto,
pra cruzar também Síria de belos corcéis,
traz tuas bênçãos para Calístion, pois o amante
ela expulsa jamais longe dos belos portões.

Onde Calístion (nome feminino) faz sua propaganda como prostituta para os possíveis navegantes, de modo que a suposta invocação dos primeiros versos, com referências aos locais consagrados a Afrodite, logo se revela apenas estratégia (sutil) de mercado para capturar a atenção (sobre esse poema de Posidipo, cf. SILVA, 2011, p. 170-2), à moda de uma invocação dos dons da deusa. A ode de Horácio, entretanto, parece tentar recriar um contexto similar ao de Posidipo, ou ao menos sugeri-lo, mas ao mesmo tempo mantém – apesar das possíveis ironias do texto – certa dicção que se aproxima mais da lírica grega arcaica.

Esta ode – a meu ver uma pérola horaciana – prima pela clareza sintática, de modo que a construção é pouquíssimo inusitada, embora resulte numa harmonia peculiar. Os cavalgamentos são simples, e o principal recurso notável, para além da concisão geral, são dois detalhes: o oximoro de "*sperne dilectam*" (v. 2, que WEST, p. 145, analisa como ponto-chave para a interpretação de tal ode), no qual Horácio pede que Vênus despreze as terras gregas para vir a um templo romano, onde Glícera a invoca; e o encerramento do poema num verso onomástico que contém apenas "*Mercuriusque*", de modo que o leitor é levado a refletir sobre seu papel proeminente na ode, sem que o poeta lhe dê mais do que leves indicações de contexto (cf. nota 1.30.8).

Por temática, o poema dá uma clara resposta a 1.19, em que o poeta faz um ritual e invoca Vênus para seduzir Glícera. Aqui vemos que Glícera está invocando Vênus, mas não sabemos quem é de fato o eu-lírico da ode (Glícera falando em terceira pessoa sobre si mesma, ou Horácio narrando e contribuindo com o pedido de Glícera), de modo que a interpretação mais básica do poema fica aberta. De qualquer modo, o pedido de Glícera nos faz repensar 1.19; estaria ela agora, como Lídia em 1.25 (também escrito em estrofes sáficas), velha e carecendo dos dons de Vênus? Quem é o objeto de Glícera, seria Horácio ou um jovem? Ou seria esta uma ode ao modo de epigrama em que uma prostituta pede os favores da deusa que governa seu emprego? Em termos métricos, tal ode retoma 1.25, como já foi dito, com um tema similar; mas também a 1.22 pelo tema da perdição amorosa. Por fim, mas não menos importante, poderíamos pensar com calma qual o papel de Mercúrio neste poema, depois das reflexões sobre 1.2 e 1.10, onde o deus parece representar Augusto.

– Metro: estrofe sáfica.

vv. 1-4: Vênus é representada como principal divindade da ilha de Chipre; mas Horácio – bem ao gosto helenístico – ainda apresenta duas outras localizações típicas: Cnido, na Ásia Menor, onde havia uma famosa estátua feita por Praxíteles dentro do templo; e Pafos, uma cidade no sudoeste de Chipre, onde o culto a Vênus era mais famoso. Glícera já apareceu em 1.19.

vv. 5-7: O "garoto ardente" é Cupido, filho de Vênus. As três Graças (aqui com as cintas soltas, seminuas) e as Ninfas eram comumente representadas no cortejo de Vênus, junto com Cupido. Por fim, a personificação da Juventude marca o espaço da vida amorosa, mas é importante lembrar que Augusto retomou essa divindade arcaica romana para celebrar um festival no dia em que recebeu a *toga uirilis*.

v. 8: A presença de Mercúrio no encerramento do poema é assunto de debate entre os comentadores. Ele pode assumir alguns papéis nesse contexto: 1) como deus da fala, ele realiza um papel fundamental na sedução e pode ser ligado à deusa da persuasão (*Suadela* em latim, Πειθώ em grego); 2) cumpre seu papel de deus do engano nas artes da sedução e da maquiagem; 3) por fim (e assim já observa Pseudo-Acrão), Mercúrio é o deus do comércio, portanto deus do ganho, e nesse sentido ele seria o intuito final de Glícera como meretriz que invoca os dons de Vênus. As leituras são complementares e não precisam se excluir, de modo que o poema ganha ainda mais com a sobreposição. Gostaria de acrescentar uma leitura que não encontrei entre os comentadores: Mercúrio já foi mencionado com ênfase neste metro (estrofe sáfica) em duas odes anteriores (1.2 e 1.10), onde pode representar uma simbologia divina para Augusto. Não devemos nos esquecer que Vênus é uma deusa ligada à *gens Iulia*, descendente de Eneias, portanto de Vênus – nesse caso, a relação entre os deuses, que pode parecer pouco clara à primeira vista, pode ficar mais forte, já que os dois se encontram na figura de Augusto. É claro que esse fator político não é o eixo central do poema, mas poderia

390 | COLEÇÃO CLÁSSICA

funcionar como uma pequena interferência semântica, que ajuda a amarrar os dois âmbitos das odes: o mundo privado do banquete e o mundo público das odes políticas. West (p. 144) ainda aponta mais um detalhe: Horácio se declara um *Mercurialis uir* em 2.17; e em 2.7 ele afirma que Mercúrio o salvou da batalha de Filipos; se levarmos esses detalhes em conta, o próprio Horácio se insere neste verso final, como homem tanto político quanto sensual, que pretende aproveitar os dons de Vênus.

1.31

Mayer (2012, p. 197) atenta para o fato, a meu ver bastante interessante para a lógica do contexto das *Odes* como um todo, de que o poema funciona como uma prece pessoal diante de uma acontecimento público, unindo assim as duas esferas. Desse modo, ele se diferencia bastante da comemoração pública de Virgílio (*Eneida*, 8.704 e ss.) e das descrições do ambiente feitas por Propércio (2.31); para criar um ambiente mais "psicológico". West (p. 150) ainda busca traçar um diálogo, e portanto uma filiação metapoética, na singeleza do pedido de Horácio, ligando esta ode a um trecho do prólogo dos *Aetia* de Calímaco (frag. 1.29-38):

> τῷ πιθόμη]ν· ἐνὶ τοῖς γὰρ ἀείδομεν οἳ λιγὺν ἦχον
> τέττιγος, θ]όρυβον δ' οὐκ ἐφίλησαν ὄνων.
> θηρὶ μὲν οὐατόεντι πανείκελον ὀγκήσαιτο
> ἄλλος, ἐγ]ὼ δ' εἴην οὑλ[α]χύς, ὁ πτερόεις,
> ἃ πάντως, ἵνα γῆρας ἵνα δρόσον ἦν μὲν ἀείδω
> πρώκιον ἐκ δίης ἠέρος εἶδαρ ἔδων,
> αὖθι τὸ δ' ἐκδύοιμι, τό μοι βάρος ὅσσον ἔπεστι
> τριγλώχιν ὀλοῷ νῆσος ἐπ' Ἐγκελάδῳ.
> ....Μοῦσαι γὰρ ὅσους ἴδον ὄμματι παῖδας
> μὴ λοξῷ, πολιοὺς οὐκ ἀπέθεντο φίλους.

> Hoje eu canto entre aqueles que amam o claro canto
> da cigarra], e não berros de um jumento.
> E que outros] zurrem como animais orelhudos:
> e]u quero ser mais leve, ser alado,
> sim, sim! para que eu cante o orvalho e a velhice,
> enquanto sorvo o brilho do ar divino,
> depois me livre dela, que hoje pesa em mim
> como a ilha tricorne sobre Encélado.
> As Musas, quando põem o olhar sem ódio sobre
> um jovem, não renegam na velhice.

O argumento parece bom, pois, de fato, a ode, que a princípio prometeria uma celebração patriótica em alto estilo sobre os feitos de Augusto, por fim se atém a um ideal diverso, muito mais centrado na vida privada, numa poética do máximo no mínimo, calimaquiana.

Esta ode parece ainda ter alguma relação com a temática marítima que foi apresentada em 1.28 (morte no mar, por cobiça do mercador), 1.29 (crítica à cobiça militar de Ício), 1.30 (Vênus atravessando as ilhas), para comemorarmos uma vitória naval de Augusto – e aqui, curiosamente, vemos o mercador em bom estado, talvez pela alegria do poema como um todo. Por contraste – apesar da identidade métrica –, esta ode se contrapõe a 1.29, onde a guerra é criticada pela cobiça de espólios, já que aqui (se atribuirmos o poema à consagração de Apolo Palatino) Horácio celebra o resultado do que seria para ele uma boa guerra: o fim da guerra civil em nome dos costumes romanos, como já anunciado em 1.2. É possível, por fim, ver nesta ode um prelúdio ao hino à Fortuna, 1.35, e também uma preparação para o banquete simples que encerra o livro 1 em 1.38.

– Metro: estrofe alcaica.

vv. 1-3: É comum entre os comentadores relacionar esta ode a Apolo à construção do templo de Apolo Palatino e da biblioteca anexa, empreendida em 9 de outubro de 28 a.C., por Augusto, em comemoração à sua vitória na batalha do Ácio em 31 a.C. (cf. PROPÉRCIO, 2.31 e 4.6). Nesse caso, "*dedicatum Apollinem*" significaria, por metonímia, "o templo consagrado a Apolo". A libação de vinho novo era parte esperada de um cerimônia como essa, bem como a oferta de primícias em geral; e sabemos que as Meditrinálias (festival do vinho novo) aconteceram apenas dois dias depois da consagração do templo, em 11 de outubro. Sobre "vate", cf. nota a 1.1.35.

vv. 5-6: A Calábria, parte meridional da atual Puglia, era rica em pastos mas pobre em águas (Estrabão 6.3.5). O ouro e o marfim dos indos (proverbialmente reconhecidos pelas riquezas) são dois assuntos recorrentes nas diatribes contra o luxo, cf. 3.24.2.

vv. 7-8: O Líris é o atual Garigliano, em Minturno, entre a Campânia e o Lácio, um rio que deságua no mar Tirreno.

vv. 9-10: Calena aqui faz referência a Cales, na Campânia, ao norte de Nápoles, onde havia plantações de videiras para vinho (cf. 1.20.9 e nota). Edito sem vírgulas o que aparece em Shackleton Bailey como "*falce, quibus dedit / Fortuna, uitem*".

v. 12: A Síria aqui serve como alusão à prodigalidade asiática em geral, segundo a visão romana.

vv. 13-15: Aqui Horácio ainda fala do mercador, e o tema (inaugurado em 1.3 e anunciado já em 1.1) do crime da invasão do mar reaparece aqui com um viés diferenciado, pela ênfase na sobrevivência (*impune*).

v. 17: Latônio – filho de Latona – é o próprio deus Apolo, retomado na última estrofe para o poeta responder à pergunta apresentada na primeira.

v. 20: Na construção da última estrofe, também é importante notar o adiamento de *"cithara"* para o último verso, de modo a provocar uma sensação harmônica de encerramento circular em relação à evocação a Apolo no verso 1; o que é ainda reforçado pela contraposição quiástica gerada pelos termos *"nouum"* (v. 2) e *"senectam"* (v. 19, o penúltimo).

1.32

N-H (p. 359) apresentam diversos exemplos de poemas gregos que se dirigem diretamente ao instrumento musical, de modo que funcionaria como uma espécie de hino clético (forma que já apareceu exatamente em poemas sáficos, como 1.2.30-52; 1.10; e 1.30). No entanto, como observa Mayer (2012, p. 200), esta ode parece funcionar também como uma paródia de hino (cf. Fraenkel, 1957, pp. 168-170, e West, pp. 152-153, que desenvolvem os detalhes em comparação com Catulo 34); mas não necessariamente devemos ler o poema como meramente cômico (cf. N-H, p. 259). A capacidade de ironia de Horácio (como no próprio caso de 1.31) não deve ser subestimada, e o humor parece comparecer sem problemas num momento em que a seriedade metapoética se apresenta; um ponto importante do poema é ver como o *topos* do desejo de durabilidade (ou imortalidade) aparece pela primeira vez no *corpus* aqui, mas depois reaparecerá em momentos-chave como em 2.20 e 3.30.

Esta ode dá clara sequência à anterior: lá, o poeta pedia apenas saúde e a companhia da cítara; aqui, o poema é dedicado a outro instrumento, mas sem descaracterizar a poesia horaciana. Uma amarração vocabular está na abertura dos dois poemas (*"poscit"* em 1.31.1; e *"poscimur"* no v. 1). Ainda no campo vocabular, creio que a expressão do poeta como *"uacui"* retoma outra passagem metapoética de Horácio (1.6.19-20). Em termos métricos, ela também parece retomar 1.10, com o hino a Mercúrio, onde também vemos a invenção da lira pelo seu aspecto divino; enquanto aqui é o primeiro homem a usar o bárbito que recebe atenção.

O poema tem estrutura simples: abre com o poeta sendo exigido, mas só descobrimos seu interlocutor (o bárbito) no fim da primeira estrofe, para então vermos o poeta descrever a origem do instrumento e seus usos por Alceu (vv. 5-12), de modo que aqui a metapoética horaciana faz-se até mais explícita que de média. Por fim, o poema se encerra ao modo de um hino, com uma cena pseudorritual e as funções da poesia (vv. 13-16).

– Metro: estrofe sáfica.

vv. 3-4: Horácio faz um cavalgamento adiando o sujeito da oração, de modo a construir a seguinte série "*dic Latinum / barbite carmen*", onde vemos o típico bárbito grego completamente inserido no projeto literário romano de Horácio (*Latinum carmen*), de modo que, para recriar o efeito, optei por ganhar força no último verso com o encontro vocálico entre "latino, ó bárbito", para reforçar o contraste que resulta da criação poética romana.

v. 4: Sobre o bárbito, cf. nota a 1.1.33-4.

v. 5: O lésbio em questão é o poeta Alceu.

v. 9-10: Temas da poesia lírica: os banquetes (Líber/Baco), a própria poesia (Musas) e o amor (Vênus e Cupido, aqui descrito como o garoto que acompanha Vênus).

vv. 11-12: Lico parece funcionar como designação de sensualidade oriental; mas não temos nenhum fragmento de Alceu que trate dessa figura. No entanto, temos o testemunho de Cícero (*Tusculanas*, 4.71, e *Da natureza dos deuses*, 1.79) de que haveria poesia homoerótica no *corpus* do poeta lésbio.

vv. 13-14: "Testude" (*testudo*) é uma designação literária da lira, entre os antigos, por ser ela feita com o casco da tartaruga como caixa de ressonância. Febo aparece aqui por ser o deus da poesia. Sua posição próxima a Júpiter nos faz pensar se não poderíamos ver aqui uma referência política, no sentido de indicar que também Augusto gosta dessa poesia lírica. É também curiosa a construção de "*dapibus supremi / grata testudo Iouis*", onde o sentido literal (que, como observa West, p. 157) cria a imagem de uma tartaruga entre os banquetes dos deuses, por isso usei o termo raro em português, "testude" (também há "testudem" e "testudo").

v. 15: Este verso tem bastante disputa editorial. Os manuscritos e Porfirião apresentam *mihi cumque*, que é seguido pela maioria dos editores; enquanto alguns (como Shackleton Bailey, que sigo, e N-H nos comentários) preferem a correção proposta por Lachmann, "*medicumque*"; outros ainda consideram o verso um *locus deperditus*. Sobre os prós e contras de cada uma das leituras, cf. N-H, pp. 365-367.

1.33

Como observam N-H (p. 370) "aqui a crítica não é moral, mas literária: os poemas de Tibulo são muito lamentosos no tom, muito alongados, e nada têm a ver com as relações prosaicas da vida real. O poema ganha em humor por se expressar nos próprios termos dos poetas elegíacos contemporâneos de Horácio, além de apresentar um rival e a quebra da lealdade, bem como os nomes de Licóris e Fóloe, uma série artificial de amores, um triplo ἀδύνατον, um jugo e um grilhão. Mais que isso, Horácio alega que sua ligação com a libertina mal-humorada não se deve a uma falta de boas candidatas, mas é simplesmente outra instância da predileção de Vênus por uniões desiguais. Os melhores poemas amorosos de Horácio são aqueles em que ele ridiculariza a si mesmo ou a outrem; aqui ele faz as duas coisas, com uma rara economia e leveza". A citação é longa, mas creio que resuma o cerne da questão.

A ode parece funcionar perfeitamente como continuação da anterior, que prometia um poema latino de modo lírico, com a intenção de aliviar o sofrimento; já que aqui temos uma ode lírica endereçada a um romano, discutindo os gêneros literários em voga na Roma de Horácio, ao mesmo tempo que tenta aconselhar sobre o sofrimento amoroso. Obviamente, isso não quer dizer que esta ode seja o poema prometido (tanto uma ode quanto a outra podem ser lidas independentemente); mas apenas que Horácio organiza os poemas de modo a criar efeitos entre eles. Em termos métricos, esta ode é a última do livro, e parece encerrar um desenvolvimento metapoético: em 1.6, o poeta anunciou que só cantaria banquetes e batalhas amorosas; em 1.15, o tema mítico recobre uma crítica ao amor desmesurado de Páris e Helena, que causa a guerra de Troia e a destruição da cidade; em 1.24, ele aconselha Virgílio a ter paciência diante da perda de um ser amado (seja ele amigo ou amante); aqui, Álbio também recebe o conselho de autocontrole, e Horácio se apresenta como o *magister amoris* para o elegíaco, por ser mais velho e mais experiente.

A construção desta ode é muito interessante. Sua abertura deixa claro o metapoema que se fará: Álbio sofre de amor e, dentro da expectativa genérica, canta elegias de amor porque foi trocado por outro mais jovem (vv. 1-4); o poeta então apresenta outros exemplos de sofrimento amoroso, a começar pelo sugestivo nome de Licóride, o nome da amada do elegíaco Cornélio Galo (vv. 5-9), para explicitar que esses são os planos de Vênus (vv. 10-12). Por fim, como que para selar o argumento, o próprio poeta assume que já passou por aquilo, quando amou uma liberta; mas o que se insinua é que Horácio – ao contrário de Álbio – já está livre, mais maduro, deixando clara a contraposição entre os gêneros da ode lírica e da elegia amorosa, mesmo quando tratam do mesmo tema.

– Metro: asclepiadeu 2.

v. 1: O romano Álbio, que também aparece em *Epístolas* 1.4, é comumente associado ao poeta elegíaco Álbio Tibulo (59?-19 a.C.), do círculo de Messala, pelo menos desde os comentários de Porfirião. Há um problema, entretanto,

NOTAS ÀS *ODES 1* | 395

como aponta Mayer (2012, p. 200): não temos nenhuma fonte confiável que confirme o gentílico "Álbio" para o poeta Tibulo, e todas as fontes que afirmam isso parecem estar baseadas na interpretação da poesia de Horácio, o que gera certa desconfiança.

v. 2: Glícera já apareceu em 1.19 e 1.30 (sobre o significado do nome, cf. nota a 1.19.5-6). Aqui há um claro jogo de oposições entre "*immitis Glycerae*", que recriei numa versão anterior como "indócil Glícera". O nome de Fóloe (que só é atestado na poesia antiga) aparece ainda em 2.5 e em 3.15, aparentemente ligado com o monte Fóloe, na Arcádia; ademais, ela aparece como uma serva de Sergesto na *Eneida*, 5; mas é importante notar que o nome também aparece na poesia de Tibulo, na elegia 1.8.

v. 3: O termo "*elegos*" aparece apenas no terceiro verso, para explicitar que a ode trata de gêneros literários, do mesmo modo que a palavra-chave da elegia (*fide*) se adia até encerra a primeira estrofe.

vv. 6-9: Licóride (ou Licóris) era o nome poético da amada de Cornélio Galo, introdutor do gênero elegíaco em Roma; dizem que esse seria um pseudônimo para a cortesã Citéride (ou Licóris). A figura de Ciro já foi mencionada em 1.17.25 (cf. nota), mas não indica necessariamente nenhuma relação entre as odes, fora o nome típico. Os desencontros do desejo são um tema comum na poesia amorosa, N-H (p. 368-370) fazem um levantamento de fontes que passam por Safo, fragmento 1; Mosco, 6; Calímaco, epigrama 31; etc. Como a construção de Mosco parece ser a mais próxima, cito-a na íntegra:

> Ἤρατο Πὰν Ἀχῶς τᾶς γείτονος, ἤρατο δ' Ἀχὼ
> σκιρτατᾶ Σατύρω, Σάτυρος δ' ἐπεμήνατο Λύδᾳ.
> ὡς Ἀχὼ τὸν Πᾶνα, τόσον Σάτυρος φλέγεν Ἀχὼ
> καὶ Λύδα Σατυρίσκον·Ἔρως δ' ἐσμύχετ' ἀμοιβά.
> ὅσσον γὰρ τήνων τις ἐμίσεε τὸν φιλέοντα,
> τόσσον ὁμῶς φιλέων ἠχθαίρετο, πάσχε δ' ἃ ποίει.
> ταῦτα λέγω πᾶσιν τὰ διδάγματα τοῖς ἀνεράστοις·
> στέργετε τὼς φιλέοντας ἵν' ἢν φιλέητε φιλῆσθε.

> Pã amava a Eco vizinha, e Eco já amava
> um saltitante Sátiro, e o Sátiro via só Lide.
> Como Eco a Pã e ao Sátiro Eco deseja,
> tal como a Lide o Sátiro; Amor assim recompensa.
> Tal como cada um odiava quem o amava,
> sempre sofria em ganhar todo desprezo do amado.
> Eis a lição que indico às pessoas desamorosas:
> toma quem te amar e assim amarás sendo amado.

O *tópos* ainda aparece em Ovídio, *Arte de amar*, 2.107: "*ut ameris amabilis esto*". O cavalgamento estrófico guarda um ponto importante: a recusa de Fóloe a Ciro (que por sua vez recusa Licóride, numa estrutura que ao leitor brasileiro contemporâneo lembra a "Quadrilha", de Drummond), mas aqui revelando outra palavra-chave do universo elegíaco, "*adultero*", também adiada para o fim da oração.

v. 13: A imagem de uma "melhor Vênus" parece indicar que o poeta teria outra mulher interessada, em melhor condição do que a liberta Mírtale.

v. 14: Mírtale é um nome de liberta, portanto mais real do que os nomes literários anteriormente mencionados, encontrado com frequência em inscrições, e provém da planta mirto (ou murta), consagrada a Vênus.

v. 16: A Calábria aqui mencionada não é a atual Calábria, mas a região que fica entre o golfo de Tarento e o mar Adriático, no "calcanhar" da Itália, que hoje é conhecida como península Salentina.

1.34

Costuma-se discutir se esta ode foi escrita como símbolo de uma conversão real de Horácio, ou se se trataria apenas de um agrado a Augusto, no seu intuito de restaurar a religião romana (cf. Bekes, 2005, p. 196). Ora, a questão me parece completamente irrelevante. O texto funciona no âmbito de um complexo de odes, e é isso que pode ser analisado. Nelas, como se pode ver pelos comentários feitos até agora, a recusa a um epicurismo dogmático é perfeitamente funcional, pois vemos desde 1.2 a importância de reverenciar os deuses como processo concomitante ao *carpe diem* dos poemas "privados". Cabe a nós, leitores e intérpretes, tentar reformular como Horácio procede nesse movimento ambíguo e complexo de fazer interferir as esferas pública e privada, filosofia estoica e epicurista, com aspectos da religião romana e com a política augustana. Seria essa a verdade do texto, se é que se pode mesmo pensar em algo assim; ao mesmo tempo, não podemos deixar de lado a constante ironia e, principalmente, autoironia de seus poemas: nesse sentido, haver humor e autoderrisão não invalida o assunto do poema, mas apenas o torna mais complexo como um todo (em geral, minha opinião fica muito próxima da de West, pp. 162-167).

Outro detalhe no mínimo curioso do poema, como observa Mayer (2012, pp. 207-208) é que ele não é endereçado a ninguém; além disso, ele parece não se encaixar especificamente em nenhuma tradição anterior. Apesar disso, como notam N-H (p. 376), poderia haver um diálogo com Arquíloco fragmento 122 West:

χρημάτων ἄελπτον οὐδέν ἐστιν οὐδ' ἀπώμοτον
οὐδὲ θαυμάσιον, ἐπειδὴ Ζεὺς πατὴρ Ὀλυμπίων
ἐκ μεσαμβρίης ἔθηκε νύκτ', ἀποκρύψας φάος
ἡλίου †λάμποντος, λυγρὸν† δ' ἦλθ' ἐπ' ἀνθρώπους δέος.
ἐκ δὲ τοῦ καὶ πιστὰ πάντα κἀπίελπτα γίνεται
ἀνδράσιν· μηδεὶς ἔθ' ὑμέων εἰσορέων θαυμαζέτω
μηδ' ἐὰν δελφῖσι θῆρες ἀνταμείψωνται νομὸν
ἐνάλιον, καί σφιν θαλάσσης ἠχέεντα κύματα
φίλτερ' ἠπείρου γένηται, τοῖσι δ' ὑλέειν ὄρος.
                    Ἀρ]χηνακτίδης
                    ]ήτου πάϊς[
                    ]τύθη γάμωι?[
                    ]..α?ι?νε..[
                        ]νεῖν·
                    ]
                    ἀν]δράσιν·
                    ] . [ ] . [ ]

"neste mundo nada é inesperado nada ilícito
nada mais espanta dês que Zeus o pai de Olímpicos
fez do pleno meio-dia noite ao pôr um véu na luz
clara deste sol e um triste medo desolou mortais
tudo assim tornou-se crível e esperável desde então
ao olhar dos homens nem se espante mais nenhum de nós
ao notar que feras trocam com delfins o lar de sal
ou se por acaso às ecoantes ondas sobre o mar
desejarem mais que a terra e os delfins ao verde chão
                    Ar]quenáctide   10
                    ]riança[
                    ]do casório[
                        ] . . a . i . ne . . [
                        ]ar·
                    ]   15
                    mor]tais
                    ] . [ ] . [ ]

Porém, como eles mesmos observam, a ode de Horácio é muito mais complexa em seu desenvolvimento temático, e apenas superficialmente o diálogo se estabelece.

N-H (p. 378) afirmam: "A sensação de que a ode não é consistente pode provir em parte da sua grande mudança de tons. Na primeira parte, Horácio apresenta uma autozombaria irônica, num modo similar ao da ode a Lálage; na última estrofe, ele revela sua séria convicção de que o sucesso na vida deve ser imputado não apenas à sagacidade e à virtude, mas à roda da sorte. Ele apresenta, de fato, uma amplitude de estilo que por vezes desconcertou seus críticos". O que eles deixam de analisar é o modo como a segunda e a terceira estrofes, com a descrição religiosa, preparam a mudança de elocução e tornam o comentário sobre a Fortuna ambíguo e complexo, já que ela passa a aparecer aqui como uma força derivada de Júpiter, portanto racional.

Esta ode apresenta certa quebra com a anterior, já que a mudança de assunto é abrupta, de modo que parece funcionar por contraposição; no entanto, ela retoma o caráter poético-religioso da última ode alcaica (1.31), para construir uma imagem do poeta na carreira literária, incluindo os livros anteriores. Para além disso, como veremos no comentário à próxima ode, ela também poderá ser analisada em sua unidade subsequente.

– Metro: estrofe alcaica.

vv. 1-3: Aqui Horácio parece fazer uma crítica ao epicurismo dogmático (supostamente professado pelo poeta nas *Sátiras*), que desprezava a existência dos deuses, alegando que dos dois um: ou não existiriam; ou, se existissem, estariam afastados da vida terrena, bem-aventurados e desinteressados das preces humanas. "*Sapientia*" é exatamente o termo usado por Lucrécio, em *Da natureza das coisas*, para designar o resultado da doutrina epicurista ("*uitae rationem... eam quae nunc apellatur sapientia*", 5.9-10). Para além disso, a construção parece muito próxima de outra passagem, 2.6-10:

> Sed nil dulcius est bene quam munita tenere
> edita doctrina sapientum templa serena,
> despicere unde queas alios passimque uidere
> errare atque uiam palantis quaerere uitae.

> Nada é melhor na vida, nada mais doce que ter os
> templos serenos murados por sábia doutrina e bom senso
> donde podes ver e mais desprezares aqueles
> que erram e buscam achar no extravio as vias da vida.

Onde vemos o conceito de sabedoria (*doctrina sapientum*) como descrição do conhecimento epicurista, por oposição à errância dos ignorantes (*alios errare*). Horácio ironicamente funde tudo na descrição do seu antigo conhecimento epicurista dogmático, descrevendo-se como perito numa insipiente sapiência, que acaba por errar.

Esta ode é uma pérola de construções, a começar pela primeira oração, que se adia sem sequer sabermos que o sujeito (aliás, inesperado, pela

NOTAS ÀS *ODES 1* | 399

irreligiosidade) é o próprio Horácio, como depreendemos pelo verbo na 1ª pessoa, *"erro"*.

v. 5: Como Villeneuve, West e Mayer, sigo a leitura dos códices *"relictos"*, em vez da correção de Heins, *"relectos"*, incorporada por Shackleton Bailey e por Rudd.

vv. 5-8: Diéspiter é o nome arcaico e reverencial de Júpiter (ao pé da letra algo como "pai do dia"). A cena como um todo parece contrariar o argumento de Lucrécio (*Da natureza das coisas*, 6.400-1) de que o trovão e o raio caíam apenas quando o céu estava escuro.

> *Denique cur numquam caelo iacit undique puro*
> *Iuppiter in terras fulmen sonitusque profundit?*

> Mas então por que nunca recai no céu cristalino
> Júpiter, quando retumba na terra seu raio sonoro?

Penso ainda que esta cena de conversão parece retomar de algum modo os *impossibilia* de 1.2, como um sinal de crime divino cometido pelos romanos.

vv. 9-12: Estige é um dos rios do Orco (a região dos mortos); os antigos acreditavam que a entrada para essa região ficava próxima ao cabo Tênaro (atual Matapán), na Lacônia, por meio de uma caverna. No mito, os confins onde Atlas (ou Atlante) segurava o céu sobre os ombros eram situados no extremo ocidente do mundo conhecido, junto ao norte da África (hoje Marrocos), e eram conhecidos como montes de Atlas. Nessa série também, Horácio contraria a teoria epicurista de Lucrécio, por defender que existam as regiões dos mortos, que seriam habitadas (*sedes*). West (p. 164) ainda lembra que o termo *"Atlanteus"* só aparece na literatura latina, antes de Horácio, exatamente em Lucrécio 5.35; o que reforça ainda mais a intertextualidade.

vv. 14-16: O aparecimento da Fortuna – figura importantíssima para o pensamento epicurista – aqui funciona bem ao modo horaciano. Ela, graças ao processo argumentativo, fica aqui subentendida como dependente da vontade divina de Júpiter; que pode alterar radicalmente o curso dos eventos; talvez até fazendo um eco de Píndaro, na 12ª Olímpica, onde descreve *Tykhe* (a deusa do acaso, como a *Fortuna* latina) como filha de Zeus, ou seguindo a proposta estoica de a τύχη αἴτιον ἄδηλον ἀνθρωπίνῳ λογισμῷ ("a fortuna é uma causa inexplicável para o raciocínio humano", cf. N-H, pp. 377-378). No entanto, vale a pena notar como o texto destes versos, por si só, não explicita nada; que, na verdade, só pode ser apreendido pelo contexto e pelo esforço interpretativo

COLEÇÃO CLÁSSICA

do leitor. A construção desses três últimos versos é amiúde comparada com Tito Lívio 1.34.8, onde vemos Tarquínio Prisco ter seu píleo tomado e depois devolvido por uma águia.

1.35

Esta ode funciona como um hino à Fortuna. A tópica era comum na Antiguidade e remonta até Píndaro, 12ª Olímpica, onde ela também já aparece como salvadora (σώτειρα), passando por alguns poetas menos conhecidos e fragmentários do período helenístico. No entanto "a Fortuna do nosso poema não é meramente a força caprichosa apresentada por um helenismo esclarecido na descrição do imprevisto sobre o mundo. Tal visão da natureza não está de todo ausente; na primeira e na quarta estrofes, ela é, como *Tykhe*, o agente da mudança e da revolução política. No entanto, em geral, a deusa é aqui mais séria e mais romana, e suas companheiras são estimáveis abstrações, tais como Fé, Esperança e Necessidade. Os romanos pensavam a Fortuna como capaz de sustentar uma nação, uma família ou um indivíduo, e a Fortuna neste poema é uma força severa, porém beneficente. Como a *Fortuna Populi Romani* venerada no período republicano, ela é a personificação do bom sucesso" (N-H, p. 387). West (p. 171) ainda nota a série de "ausências" na descrição da deusa, sem parentesco, sem mito de nascimento, sem pátria, até sem nome, e conclui que "todas essas ausências apresentam a Fortuna como uma divindade sinistra, sem rosto, sem caráter mais uma força que uma pessoa".

O poema parece ser construído em cima de uma disposição de cinco grupos de duas estrofes. Assim, vemos primeiro a invocação à deusa e aos seus poderes (vv. 1-4), seguida de quem a invoca (vv. 5-8); depois, passamos ao grupo dos que a temem (vv. 9-12) e à reflexão sobre seus poderes destrutivos (vv. 13-16); então podemos ver como essa primeira construção de duas partes parece formar um quiasmo deusa benéfica (1-4); homem que a invoca (5-8); homem que a teme (9-12); deusa destrutiva (13-16), que se reforça pela oposição benéfica (1-8) × destrutiva (9-16). Daí, na parte central do poema, temos o cortejo de divindades que acompanham a Fortuna: à frente a Necessidade com suas ferramentas (vv. 17-20); em torno Esperança e Fé, em todos os casos e mudanças (vv. 21-4). Representando parte das mudanças humanas, Horácio reflete sobre a inconstância geral do povo, representado nas prostitutas e nas falsas amizades (vv. 25-28), para pedir proteção a mais uma campanha de Augusto, tomada como positiva (vv. 29-32). Por fim, uma vez feita a reflexão sobre a inconstância humana contraposta ao dever divino de César, o poeta medita sobre os males da guerra civil (vv. 33-38) e pede que a Fortuna volte as armas romanas contra os povos bárbaros (vv. 38-40); assim, de modo similar ao primeiro par de duas estrofes, aqui temos uma construção em AB AB, com a meditação sobre os maus feitos romanos internos pessoais (25-28), os bons

NOTAS ÀS *ODES 1* | 401

feitos externos de César (29-32), os crimes da guerra civil (33-8) e a expiação pela guerra externa (38-40).

A ode pode perfeitamente dar continuidade à anterior, como argumenta Griffiths (2002, p. 73), tal como já comentei a respeito de 1.16 e 1.17 e também 1.26 e 1.27. Neste caso, o argumento parece ser ainda mais simples: a deusa sequer é nomeada nesta ode, de modo que sua identificação já vem por contexto da ode anterior, ou seja, trata-se da Fortuna. Mesmo que a tradição editorial mantenha a separação entre poemas, parece não haver disputa entre os estudiosos sobre o fato de que se trata ao menos de um par simbiótico. As possibilidades de leitura, portanto, seriam duas: 1) 1.34 serve de preparação para 1.35, pelo modo como é encerrada (cf. West, p. 174); ou, como prefere Griffiths (e me sinto muito convencido), 1.34 é um prefácio para 1.35, numa relação que une as odes numa peça maior e mais complexa. As palavras de Griffiths parece encerrar a prudência que eu poderia retomar (2002,. p. 73): "As análises individuais [i.e., 1.16, 1.17, 1.26, 1.27, 1.34, 1.35] talvez não sejam capazes de realmente constituir uma prova absoluta de que os pares devam ser designados como um só poema. É uma imagem geral, com considerações sobre variedade métrica e a totalidade do livro, que se mostra decisiva. Recomendo que futuros editores de Horácio renumerem o livro, com firmeza contra os frágeis brados daqueles que podem protestar contra a possível confusão". Aqui, em *mea culpa* de aprendiz, repito que preferi manter a numeração dos poemas – apesar do desejo de alterar – por considerar mais fácil quanto à citação; mas peço aos possíveis leitores que pensem em ler essas três duplas também como apenas três poemas longos. A meu ver, estamos diante de possibilidades permitidas (senão incitadas) pela própria construção do texto horaciano, de modo que a mera troca de uma leitura por outra apenas fecharia as possibilidades múltiplas que o próprio formato do livro antigo poderia oferecer ao leitor. A ausência de determinação de fim é (*"the media are the mass ages"*, diria McLuhan) parte constitutiva da composição de um livro em Roma, e não devemos nunca perder isso de vista. Se deixarmos de lado essa questão mais complexa, ainda podemos lembrar como a visão da guerra externa como ação expiatória já foi apresentada em 1.2; e como a elevação dos dois últimos poemas pode preparar o leitor para o encerramento do livro 1, que parece formar uma espécie de retomada temática da abertura.

– Metro: estrofe alcaica.

v. 1: Âncio, cidade a cerca de 50 km de Roma, fora a antiga capital dos volscos; nela havia um famoso templo consagrado com duas estátuas: da *Fortuna Equestris* (para a guerra) e da *Fortuna Felix* (para a paz e a fertilidade); sabemos ainda que o santuário emprestou dinheiro a Otaviano na guerra da Perúsia; além disso, em 19 a.C. Augusto dedicou um templo a *Fortuna Redux*, em agradecimento pelo retorno da Síria; nos dois casos, parece se explicitar a função política sob o principado e, portanto, a importância nesta ode (embora ela tenha certamente sido escrita antes de 19 a.C.). Em momento algum a deusa é nomeada nesta ode, e só podemos inferir pela referência ao templo em Âncio, ou pelo encerramento de 1.35. Mayer (2012, p. 215, baseado em Champeaux, 1982) não acredita que esta ode possa ter servido para qualquer fim extraliterário, mas prefiro me calar sobre esse tipo de questão.

vv. 3-4: É possível ver nestes versos uma alusão a Sérvio Túlio, que, embora de origem humilde, se tornou rei de Roma, e depois a Paulo Emílio, que perdeu os filhos na batalha de Pidna, mas recebeu as honras do triunfo pela vitória.

vv. 7-8: A Bitínia era famosa pela madeira usada na construção de navios; o mar de Cárpatos (nome de uma ilha) fica entre Creta e Rodes.

vv. 9-12: Os dácios eram um povo da atual Romênia, junto ao rio Danúbio, famosos pela violência em batalha; os citas habitavam próximos da atual Ucrânia e tinham fama de usar a fuga como tática de batalha, talvez numa tática similar à dos partas (cf. nota a 1.19.10-12; daí que seja apresentados como prófugos). A mãe de reis bárbaros pode ser uma alusão a Atossa, esposa de Dario e mãe de Xerxes (Ésquilo, *Os persas*, 159 e ss.). O púrpura era a cor dos reis e, portanto, também utilizada pelos tiranos que ascendiam ao poder fora das regras de sucessão.

v. 17: A Necessidade (personificação peculiar de Horácio, talvez cunhada a partir da Ἀνάγκη grega ou da *Athrpa* etrusca) aqui é vista talvez como uma construtora, por isso seus instrumentos (cf. 3.24.5-8). Há uma proposta interessante para este verso, que decidi seguir: *"saeua"* ("cruel") no lugar de *"serua"* ("servil"); nesse caso, a Necessidade usaria os instrumentos não na construção, mas na tortura (West, p. 173, é partidário dessa interpretação). Penso que as duas leituras (sobre construção e fixidez, por um lado; e sobre tortura e implacabilidade, por outro) podem perfeitamente coexistir numa descrição alegórica como essa, se ficarmos com a palavra *"saeua"* na edição.

vv. 21-24: A Fé (*Fides*), ou Lealdade, era uma divindade importante para os romanos; ao fazer-lhe um sacrifício, era costume portar um lenço branco enrolado na mão, como símbolo de lealdade (cf. Tito Lívio, 1.21.4, comentando os ritos dos tempos do rei Numa). Aqui ela e a Esperança aparecem como duas companheiras inseparáveis da Fortuna dos homens poderosos tanto nos momentos favoráveis como nos desfavoráveis; o que prepara terreno para a crítica à inconstância do povo, na próxima estrofe. É importante notar que a interpretação da comitiva da Fortuna costuma ser objeto de intenso debate, já que não se funda em representações costumeiras dos romanos.

v. 22: Sigo a leitura *"nec"*, preferida pela imensa maioria dos editores, em vez de *"sed"*, conjuntura de Peerlkamp incorporada por Shackleton Bailey.

v. 28: Para os romanos, o jugo era um símbolo do trabalho igualmente partilhado.

vv. 29-32: Horácio aqui faz referência a duas campanhas preparadas por Augusto em 27 a.C.; uma contra os bretões (já mencionada em 1.21) e outra contra a Arábia Feliz (já mencionada em 1.29). No fim da estrofe as terras árabes ficam subentendidas pela indicação do oriente e do que traduzi por Mar Vermelho (há disputa interpretativa sobre o que seria exatamente *Oceano rubro*; talvez indique mais precisamente o Eritreu, que engloba um território maior, como por exemplo o mar de Omã; mas optei por uma das hipóteses que ainda por cima seria geograficamente compreensível para o leitor contemporâneo).

v. 40: Os masságetas eram um povo cita, que habitavam uma região ao leste do mar Cáspio, junto ao rio Oxo (atual Amu-Dária).

1.36

Horácio está estranhamente ausente desta ode, que parece ficar a cargo dos procedimentos de Lâmia para agradecer o retorno de Númida: o próprio sacrifício, na ausência do sujeito, parece apagar a possibilidade de que seja o poeta quem o faz. No máximo, podemos imaginar Horácio no encargo de mestre de cerimônia, sobretudo nos versos 10-16. Disso resulta a dificuldade geral de se identificar o destinatário do poema, que poderia ser tanto Númida como Lâmia. West (pp. 176-177) compara esta ode com Catulo 9:

> *Verani, omnibus e meis amicis*
> *antistans, mihi milibus trecentis,*
> *uenistine domum ad tuos penates*
> *fratresque unanimosque anumque matrem?*
> *Venisti. O mihi nuntii beati!*
> *Visam te incolumen audiamque Hiberum*
> *narrantem loca, facta nationes,*
> *ut mos est tuus, applicansque collum*
> *iocundum os oculosque suauiabor.*
> *O quantum est hominum beatiorum,*
> *quid me laetius est beatiusque?*

Ah Verânio, de todos meus amigos
o maior, dos trezentos mil que tenho,
você volta pra casa e pros Penates,
pros irmãos, pro convívio e mãe velhinha?
Você volta. Beleza de notícia!
Vou te ver inteirinho e ouvir os causos
dos lugares e ações, nações da Hibéria,
do teu jeito, e apertando o teu pescoço
vou beijar essa boca e esses olhos.
Quantos homens seriam mais alegres,
do que eu, que hoje estou feliz e alegre?

A diferença de elocução e de intimidade, no entanto, salta mais aos olhos do que a série de semelhanças: retorno da viagem, cena religiosa, comemoração entre beijos, imaginação de uma cena futura. Porém Horácio mais descreve, ou apresenta, o sentimento alheio, com uma distância que lhe é peculiar em casos similares.

O poema tem um desenvolvimento complexo, que se inicia com a preparação do ritual (vv. 1-2), para sabermos que se dedica ao retorno de Númida (vv. 3-6) e só então vermos que quem agradece mais é Lâmia (vv. 7-9), um amigo de infância. A partir daí, Horácio já imagina a festa de recepção, com toda fartura possível (vv. 10-16); para por fim centrar o olhar de todos sobre Dámalis, uma jovem sedutora que se revela por fim uma amante insaciável de Númida (vv. 17-20). A religiosidade da abertura desta ode parece dar continuidade a 1.35, mas logo percebemos que o ambiente é completamente diverso, e que Horácio imagina uma comemoração futura, apesar da sua relativa ausência do próprio poema. Em termos métricos, ela parece encerrar toda a discussão amorosa previamente apresentada por 1.3 (amizade com Virgílio), 1.13 (o triângulo amoroso com Lídia e Télefo), 1.19 (com um sacrifício para melhorar sua situação quanto ao amor de Glícera), para enfim vermos um banquete em que amizade de Lâmia se une ao desejo amoroso de Dálamis, numa construção em que Horácio se ausenta – ao contrário das três anteriores. Como antepenúltima ode, ela prepara um encerramento circular, já que espelha 1.3 em forma de quiasmo; porém, logo veremos que o encerramento de Horácio não é simétrico, como poderíamos esperar.

A sintaxe da ode é feita de três construções longas (vv. 1-9; 10-16; e 17-20), de modo a ampliar a complexidade do entendimento. Somente no verso 3 nós sabemos quem retorna, e apenas no verso 7 descobrimos que Lâmia é quem agradece. Toda a descrição do banquete por vir é bastante simples, com uma ausência notável de cavalgamentos nos versos 10-16. Por fim, a sintaxe volta a se enviesar, quando Dámalis sempre se adianta ao sujeito e ao verbo das orações (vv. 17-18), tomando a frente das atenções sintáticas e simpóticas, até que por fim se revela que ela não está disponível, com o adiamento de "*adultero*" (v. 19), para

NOTAS ÀS *ODES 1* | 405

notarmos seu desejo numa comparação um pouco inusitada. West (p. 180) ainda comenta como a construção do verso 16 é de uma simetria que não aparece em nenhum outro verso desse tipo em Horácio: *"neu uiuax apium / neu breue lilium"*, que acabei recriando em forma de quiasmo.

– Metro: asclepiadeu 4.

vv. 1-2: A cena ritual é realística: era comum a presença de música, incenso e sacrifício, sobretudo de animais jovens. No caso, a lira poderia ser usada no lugar da mais tradicional flauta.

v. 3: Há debate sobre a identidade de Númida. Porfirião indicava o nome Pompônio Númida, mas também se lê em alguns manuscritos o título *"ad Numidam Plotium"* ("a Númida Plócio"); de qualquer modo, não temos informações sobre nenhum dos dois, e o nome poderia invocar a ideia de "nômade" ou "viajante", segundo Verall (*apud* N-H, p. 401). O tema da ode parece girar em torno do retorno de Númida, que participou da campanha na Guerra Cantábrica (27-24 a.C.); e agora seu amigo Lâmia agradece sua chegada com um sacrifício.

v. 4: A Hespéria em questão é a atual Espanha.

vv. 5-8: O retorno de viagem era o momento mais comum para troca de beijos entre homens romanos. Sobre Lâmia, cf. nota a 1.26.8. Há discussão sobre o significado de *"non alio rege"*: poderia indicar *magistro* ou *rectore* por *rege*, o que sugere que teriam sido colegas no período escolar; ou então seria referência ao jogo infantil mencionado pelo próprio Horácio em *Epístolas* 1.1.59, onde as crianças escolhiam uma delas como o "rei".

v. 9: A troca da toga pretexta pela toga viril era o ritual para encenar o início da vida adulta do homem romano, entre os 16 e os 17 anos. Esse acontecimento era público e coletivo, durante as Liberálias, em 17 de março, sob a supervisão do pretor.

v. 10: Alusão ao costume de marcar no calendário os dias felizes com seixo ou giz branco, e os infelizes com o negro do carvão (cp. *Sátiras* 2.3.246, Catulo 107.6 e 68.148, e Propércio 2.15; Como nota Rudd (2004, *ad loc.*), Horácio parece fazer um chiste entre o termo *creta* ("giz") e a cidade de Creta).

v. 12: Os sálios eram sacerdotes de Marte e tinham o costume de dançar junto à guarda dos escudos. Como observam N-H (p. 401), o fraseado horaciano é ligeiramente confuso e, à primeira vista, parece sugerir que os sálios ficavam com os pés parados; tentei manter a ambiguidade na sintaxe da tradução.

v. 13: "Dámalis" é um nome derivado do grego "δάμαλις" ("novilha", "bezerra"); porém muito comum em inscrições latinas. O sentido parece retomar de algum modo o sacrifício da vitela no verso 2; mas aqui com óbvia sugestão sexual.

v. 14: Basso é desconhecido; vale lembrar que o mesmo nome aparece em Propércio, 1.4.1, e em Ovídio, *Tristes*, 4.10.47, onde é descrito como escritor de jambos; N-H (p. 405) ainda pensam na possibilidade de o nome invocar Bassareu (nome de Baco) para indicar uma *persona* que beberia muito, um ponto em comum com o Basso que aparece em Marcial, *Epigramas*, 6.69. O costume trácio seria beber numa tragada só, o que parece ser a especialidade de Dámalis; o termo usado por Horácio *"amystide"* não aparece em nenhuma outra passagem do latim clássico.

vv. 15-16: A rosa e o lírio são claramente usados no enfeite das coroas típicas nos banquetes. O salsão (ou aipo) era usado pelas fibras, para firmar a coroa, além de ter um odor forte e agradável.

v. 17: Horácio usa aqui um vocábulo inesperado para designar os olhos dos convivas: *"putris"* ("podres"), mas, ao que tudo indica, com o sentido de "lânguidos", porque os homens estão assim graças ao vinho e ao desejo; o termo aparece ainda com sentido similar em Pérsio, *Sátiras*, 5.58. Tentei recriar um pouco do estranhamento com o termo "moles".

vv. 18-19: Em geral, entende-se que o novo amante (que Horácio curiosamente adjetiva como *"adultero"*, embora nenhum dos comentadores tenha se dado ao trabalho de refletir sobre essa escolha) seja o próprio Númida.

v. 20: Penso que a imagem da hera, para além da evidente sugestão visual, pode ainda sugerir a presença – já semicômica no verso 14 – do álcool. Um detalhe interessante é que o termo *"ambitiosior"* está aqui usado no seu sentido original, distante do uso cotidiano no tempo de Horácio. Outro detalhe é que o termo *"lasciuis"* é aplicado às plantas pela primeira vez por Horácio aqui, sendo depois seguido por Plínio em *História natural*, 17.5.

1.37

A abertura desta ode é uma imitação de Alceu, fragmento 332 Voigt, em comemoração à morte do tirano Mírsilo:

> νῦν χρῆ μεθύσθην καί τινα πὲρ βίαν
> πώνην, ἐπεί κάτθανε Μύρσιλος

> Bebamos logo, loucos de bêbados,
> pois hoje vi que Mírsilo pereceu

Porém logo vemos que Horácio reaproveita o mote alcaico da celebração pela morte para desenvolver ao seu modo as cenas subsequentes à vitória de Augusto na batalha do Ácio, em 2 de setembro de 31 a.C. Cleópatra e Marco Antônio fugiram depois da derrota, mas, após algum tempo de resistência, optaram pelo suicídio em 30 a.C.; o que impediu que Augusto pudesse levar Cleópatra como espólio de guerra, para exibi-la durante um triunfo oficial em Roma. Se quisermos ainda tornar mais complexo o jogo intertextual, podemos pensar esta ode como a resposta ao *Epodo*, 9, onde Horácio perguntava *quando repostum Caecubum... bibam?* Lá, a cena indicava o fim da batalha do Ácio, ainda cheia de preocupações sobre o desenrolar da história; aqui, com a morte certa de Antônio e Cleópatra, a *pax Augusta* tem seu caminho pronto, a bebida da celebração privada e pública (além da divina) espera pelos convivas.

Ainda, se compararmos esta ode com os dois tratamentos mais famosos do Ácio que nos chegaram (*Eneida*, 8.675 e ss., e Propércio, 3.11 e 4.6), podemos notar, como observam N-H (p. 408), que Horácio optou por uma descrição mais sóbria e menos pitoresca, para se centrar sobre a reflexão moral da figura ambígua de Cleópatra: louvá-la é um movimento ousado e dos mais interessantes, pois que é ao mesmo tempo louvar a vitória de Augusto sobre um inimigo difícil, mas sem tirar o respeito a essa figura feminina pouco comum em Roma.

Esta ode, já nos primeiros versos, dá certa continuidade ao espaço da bebida, importante em 1.36 (de algum modo, Cleópatra parece uma versão nefasta de Dámalis), mas logo percebemos que o assunto aqui se expande para a esfera pública dos feitos de Augusto, de modo a dialogar muito mais com os pedidos à Fortuna, em 1.35. Assim, pela posição, este poema parece fazer um quiasmo (temático, mas não métrico) em relação a 1.2, onde já vimos o pedido do poeta para que Augusto purgue os crimes da guerra civil, de modo que estejamos diante de uma estrutura complementar. Aqui o que temos é a comemoração da derrota de Cleópatra (não nomeada) e de Marco Antônio (sequer mencionado), simultânea ao louvor a Cleópatra, o que a marca tanto como inimigo externo (e não como guerra civil) quanto como inimigo valoroso; nos dois casos valorizando o feito de Augusto. Em termos métricos, é importante notar como 1.2 foi escrita em sáficos, e esta em alcaicos, de maneira que as duas estrofes mais usadas entram pela primeira vez num diálogo íntimo no *corpus* – não creio que a série de abertura do livro 2 seja depois baseada exatamente nessas duas estrofes. Em termos métricos, ainda, como já dito, ela parece retomar 1.35, com a importância da guerra externa (aqui falseada por Horácio numa visão de batalhas entre Egito e Roma) para eliminar o estrago das guerras civis.

Uma citação longa pode ser de ajuda: "Se considerado estruturalmente, este poema reverte um padrão comum nas odes: começa pela resposta ('Vamos beber!'), depois representa os eventos que a geraram. A situação antecedente (*antehac*, v. 5) então é apresentada com genialidade em três seções que se desenvolvem em ordem cronológica. A primeira seção, verso 5-12, é a mais antiga e descreve as esperanças e ambições de Cleópatra, para rebaixar seu caráter (já se notou que beber é um tema-chave). A segunda seção, versos 12-22, avança até a batalha do Ácio e seus resultados. Por anular as esperanças e ambições de Cleópatra, a seção se foca na realidade da derrota (*ueros timores*, v. 15). Essa é talvez a seção mais importante, já que ocupa o meio do poema. César é proeminente, e o todo é ornamentado com símiles de gosto épico. Um elo paradoxal entre a primeira e a segunda seções são as expectativas frustradas: Cleópatra preparava uma destruição (*funus parabat*, v. 8), que nunca conseguiu realizar, e César pretendia prender "o monstro fatal", que nunca conseguiu capturar. Enfatizam-se as esperanças frustradas no princípio: tanto a segunda como a terceira seções começam por adversativas. A adversativa no v. 12 é manifesta, "*sed*"; porém a adversativa no v. 21 é latente na oração subordinada "*quae*"; Wickham traduziu corretamente como "*but she*". Assim completamos o círculo: a primeira seção foca-se em Cleópatra, a segunda em Otaviano, e a última retorna à rainha do Egito. Era onde devíamos estar, já que é sua morte que será celebrada na primeira estrofe, a resposta à situação explicitada no corpo do poema. As três seções são entrelaçadas com muita habilidade, de modo que nenhuma delas coincide exatamente com o padrão estrófico. Nós nos movemos ininterruptamente entre uma seção e outra" (MAYER, 2012, p. 225).

O poema, por fazer uma construção complexa da personagem histórica, também faz um jogo linguístico igualmente complexo; como ele já toma espaço, deixo outras questões que poderiam ser levantadas de lado para me deter numa série de escolhas lexicais que me parecem importantes no desenvolvimento do poema. A importância da bebida (desmedida, por contraponto à ética horaciana das *Odes*) aparece em termos como "*ebria*" ("embriagada", v. 12), "*lymphatam*" ("encharcada", v. 14) e "*combiberet*" ("embebeu", v. 28) ainda são reforçados por "*dementes*" ("louca", v. 7), "*furorem*" ("fúria", v. 12); de modo que nos prepara para o hipérbole de "*fatale monstrum*" ("monstro [...] fatal", v. 21), que engenhosamente logo vem seguido da guinada do poema, anunciado pela palavra "*generosius*" ("mais nobre", v. 21). A partir daí, o jogo vocabular parece dar ênfase, por contrário, à sua feminilidade viril: "*nec muliebriter*" ("nem feminina", v. 22), "*ausa*" ("ousou", v. 25), "*uulto sereno*" ("com ar sereníssimo", v. 26), "*fortis*" ("sem ver temor", v. 26), para encerrar com o contraponto: de um lado Cleópatra, "*non humilis mulier*" ("mais humilhada", vv. 31-32), por outro a soberba do triunfo almejado por Augusto ("*soberbo... triumpho*", "soberbo triunfo", vv. 31-32), de modo que a mulher, apesar de sintaticamente cercada pelo triunfo, se liberta pelo suicídio, ao mesmo tempo que entrega ao triunfo a última palavra do poema, numa espécie de frustração que se contrapõe ironicamente à comemoração da abertura da ode.

– Metro: estrofe alcaica.

vv. 1-4: Em caso de vitórias na guerra, ou de outras comemorações públicas, era comum a prática do *lectisternium*, uma espécie de banquete sagrado em que as imagens dos deuses eram dispostas sobre divãs e leitos e recebiam alimentos. Esse banquete era realizado pelos sálios (sobre eles, cf. nota a 1.36.12), que realizavam também sua dança de agradecimento a Marte, deus da guerra.

vv. 5-6: Sobre o vinho cécubo, cf. nota a 1.20.9-11. No monte Capitólio estava o principal templo romano consagrado a Júpiter Ótimo Máximo. A importância dos rituais ligados a esse monte retornará no encerramento de 3.30 como demonstração da cultura romana.

vv. 7-8: A rainha é Cleópatra, que nunca é nomeada na poesia augustana. Havia o rumor de que o plano de Marco Antônio e Cleópatra VII (69-30 a.C.) seria transferir a capital do império para Alexandria, transformando-o num reinado helenístico. Sobre a veracidade do rumor, poderíamos discutir, mas parece-me que, independentemente dos planos reais do casal, Horácio está preocupado em retratar o imaginário geral de que Cleópatra arruinaria as tradições romanas e ao mesmo tempo promover a ideia divulgada por Augusto de que a guerra fora declarada a Cleópatra com o rainha do Egito, e não (também) contra o governo romano presidido por Marco Antônio, o que configuraria uma guerra civil. Apagar o nome da rainha deste poema, além de sequer mencionar a figura de Antônio, apesar de parecer estranho ao gosto contemporâneo, está em perfeito acordo com a política de *damnatio memoriae* ("condenação da memória"), tal como já havia feito em seu epodo 9.

v. 13: Algumas barcas egípcias saíram ilesas da batalha do Ácio (Cleópatra com 60, e Antônio com outra quantidade razoável), o que gera problemas de interpretação para a passagem. A leitura mais simples vê aqui um mero hipérbato que engrandeceria a vitória de Augusto; porém há quem veja na imagem uma referência ao fato de que Augusto teria resistido à sedução de Cleópatra, ao contrário de Júlio César e de Marco Antônio; nesse caso, o barco que não se incendiou é o próprio Augusto.

v. 14: O vinho mareótico era provindo de Mareótis, um lago próximo a Alexandria, famoso na Antiguidade pelo perfume adocicado.

v. 20: Hemônia é um nome literário para a Tessália.

v. 21: Há quem veja na expressão "*fatale monstrum*" uma alusão à Esfinge, que aqui estaria comparada a Cleópatra. O termo "*generosius*" gera debate:

há quem veja um ímpeto romântico na sua escolha, mas tudo indica que seja apenas um desejo de mais nobreza no suicídio do que na morte pública durante o triunfo, nas mãos de um carniceiro.

vv. 22-24: Plutarco (*Antônio*, 78-82) diz que Cleópatra primeiro tentou se suicidar com uma espada, mas foi impedida por Proculeio, legado de Augusto; depois por greve de fome, mas os filhos foram ameaçados; somente então é que teria buscado as serpentes, como uma terceira opção. N-H (pp. 409-410) consideram a possibilidade de que ela tenha sido assassinada, e mostram como a história do suicídio com serpentes – obviamente barbárico aos olhos de um romano –, seja ela verdadeira ou não, ajudou a construir a imagem exótica do inimigo, "a história era boa demais para ser verdade. Talvez não seja verdade". A função da guinada entre crítica, referência ao suicídio e subsequente louvor recebe um bom resumo e argumentação por parte de West (pp. 188-190).

v. 28: Interessante notar como Cleópatra, caracterizada como "embriagada" (*"ebria"*, v. 12) e encharcada de vinho (*"mentem lymphatam"*, v. 14), termina sua vida numa imagem viril de bebida (*"combiberet"*), por entregar-se ao suicídio com o veneno das cobras.

v. 30: Os liburnos eram um povo da Ilíria, famosos como mercenários e piratas, com barcos pequenos e velozes chamados liburnas; sabemos hoje que havia muitos barcos deles na frota de Augusto, para a batalha do Ácio.

1.38

N-H (pp. 421-423) apresentam uma série de poemas anteriores a Horácio com a interpelação ao escravo que serve o poeta, para que compre alguns produtos para seu banquete; desde Anacreonte (356 e 396), ao poeta cômico Efipo (frag. 15), na *Anthologia Palatina* 5.181-5, até Filodemo (*Anth. Pal.*, 11.35), etc. Parece-me, entretanto, que nenhum deles sirva de fato para um aprofundamento da leitura desta ode; mas, como pensa West (p. 193), eles se prestam apenas a destacar a capacidade de síntese horaciana, já que aqui o poeta elenca apenas três produtos e descarta dois, para ficar apenas com a murta.

Depois de uma ode razoavelmente longa, de celebração pública pelo fim da guerra contra Cleópatra, Horácio encerra o livro com um poema brevíssimo sobre singeleza. Quanto à matéria e ao metro, ele retoma quase diretamente 1.20, onde já notamos certa poética de *simplex munditiis*; também evoca a apresentação de 1.31, onde já vimos como é singelo o pedido do vate ao deus da lira. O que temos aqui, portanto, são dois encerramentos circulares: por um lado, retoma a questão metapoética de 1.1 (lá ele pede uma coroa, aqui ele fala sobre outra), por um viés mais voltado ao banquete, numa chave menor, enquanto o poeta

NOTAS ÀS *ODES 1* | 411

parece beber sozinho; por outro, retoma metricamente o primeiro poema após a abertura (1.2), que dialogava tematicamente com 1.37, numa perspectiva privada típica da lírica. Esse modo duplo de encerramento em chave menor, a meu ver, cria um efeito harmônico que prepara e convida o leitor para a próxima sequência de poemas, o livro 2. Desse modo, poderíamos pensar no resumo de encerramentos dos três livros apresentado por Mandruzzato (1988, p. 487) "o primeiro encerramento da edição tripartida é o da serenidade, o segundo da inspiração orgulhosa, o terceiro da glória".

A estrutura do poema, pela brevidade, é bastante simples. Horácio se dirige a um escravo encarregado de servir-lhe num banquete. A primeira estrofe apresenta a negatividade do que não interessa ao banquete do poeta: "*persicos apparatus*", "*philyra*", "*rosa*"; associando diretamente uma "estética" orientalizante com a descrição do banquete e, portanto, com a própria poesia. Na segunda estrofe, vemos o que interessa: "*myrto*" e "*uite*", as plantas referentes a Vênus e Baco, respectivamente, num ambiente que prima pela simplicidade estética, moral e poética. Nesse sentido, a leitura de West é bastante sugestiva (pp. 193-194): o *puer* não mencionado é uma espécie de Ganimedes, a planta que Horácio lhe pede é a murta; assim, não estamos numa cena de banquete solitário, mas num discreto cortejamento horaciano, convidando o rapaz a uma noite de vinho e amor, em meio à simplicidade prometida. Não obstante a interpretação dada à figura do *puer*, penso em como a estrutura inicial de "*persicos odi apparatus*" poderia dar ao leitor a falsa impressão que estaríamos diante de um encerramento político grandioso, exatamente para frustrá-lo, como se frustrou Cleópatra, como se frustrou Augusto, na ode anterior; essa poética da frustração, pela relação entre abertura e desenvolvimento das odes (sobretudo se levamos em consideração o "clima" que a ode anterior sempre nos deixa) parece ser uma marca registrada da poética horaciana.

– Metro: estrofe sáfica.

v. 1: A segunda palavra da ode, "*odi*", aponta para o epigrama 28 Pfeiffer de Calímaco, também metapoético:

> Ἐχθαίρω τὸ ποίημα τὸ κυκλικόν, οὐδὲ κελεύθῳ
> χαίρω, τίς πολλοὺς ὧδε καὶ ὧδε φέρει·
> μισέω καὶ περίφοιτον ἐρώμενον, οὐδ' ἀπὸ κρήνης
> πίνω· σικχαίνω πάντα τὰ δημόσια.
> Λυσανίη, σὺ δὲ ναίχι καλὸς καλός – ἀλλὰ πρὶν εἰπεῖν
> τοῦτο σαφῶς, Ἠχώ φησί τις· ΄ ἄλλος ἔχει.΄

> Eu odeio o poema cíclico e não gosto
> de estradas que carregam todo o povo;
> tenho horror ao amante grudento e não bebo

em cisternas: desprezo o popular.
Lisânias, sim, és belo, belo; porém, antes
de Eco dizê-lo, um fala: "elo que peca".

As pompas persas (*persicos apparatus*) evocam o luxo oriental nos banquetes. A tópica da recusa dos luxos remonta, na lírica, pelo menos a Arquíloco 22 e passa por vários autores. Creio ainda que sua posição no livro nos convida a um olhar atento, como afirma Fraenkel (1957, p. 298): "se [esta ode] estivesse em um lugar qualquer da coleção, ninguém procuraria por um sentido especial sob a superfície. Mas ela não está num lugar qualquer: ela conclui um livro de lírica provavelmente diferente de tudo que um romano vira até então, um livro que representou um dos experimentos mais audaciosos na história da poesia antiga". Acho, no entanto, curioso não encontrar nos comentadores nenhuma menção mais explícita às possíveis relações entre essa expressão e, por exemplo, a retórica de estilo asiático, famoso pelos exageros, inversões e rebuscamento. A meu ver, essa pode ser uma visão importante para a função de encerramento do poema.

v. 2: A coroa (ou guirlanda, termo usado também para coletâneas de poemas) trançada parece sugerir a possiblidade de leitura metapoética desta ode (cf. Davis, 1991, p. 118 e ss.), bem como da coroa de Lâmia em 1.26.7-8.

v. 5: A murta, como já disse, era a planta consagrada a Vênus. Importante notar a presença, logo adiante, de Baco pela representação da videira. Levando esse detalhe ao limite, poderíamos ver nesta ode, além do elemento metapoético e moral, também um discurso de sedução amorosa sobre o jovem escravo. Contra essa leitura, N-H (p. 422) dizem que também a tília e a rosa são consagradas à deusa, o que resultaria numa seleção inútil; contra esse argumento, eu lembraria que a murta aparece nas *Odes* de modo sistemático em sua relação com a deusa do amor, o que é um ponto que deve ser levado em consideração, seja qual for a interpretação preferida.

v. 8: Há uma espécie de encerramento temático no último verso, que compreende duas palavras-chaves das *Odes uite bibentem*, a inspiração e o ato, a divindade e o poeta, o espaço e a poética, resumidos em cinco sílabas. Mayer (2012, p. 227) ainda sugere que última palavra, "*bibentem*", silencia de algum modo o poeta, que não encerra o livro cantando, mas simplesmente bebendo. A meu ver, o espaço da bebida é também o espaço da poesia em Horácio, banquete e lírica não se separam (cp. *Arte poética* 85: "*libera uina*"); assim o encerramento com a bebida, e não com o canto, longe de não ser metapoético, apenas contribui para o que tenho chamado aqui de encerramento em chave menor.

Notas às *Odes* 2

O livro

Todos os comentadores parecem concordar que o segundo livro oferece na prática uma espécie de *aurea mediocritas*. Temos apenas quatro metros diversos: 12 poemas alcaicos, seis sáficos, um hiponacteu e um asclepiadeu 2; o que é uma diminuição de variedade drástica, se lembrarmos que Horácio oferece 11 metros diversos no primeiro livro. Além disso, vemos uma clara diminuição de assuntos políticos explícitos (ainda que apareçam aqui e ali em quase todas as odes); pouco uso explícito das fontes líricas gregas; nenhuma ode mítica. Por fim, o tamanho dos poemas também é mais uniforme: como lembram Nisbet & Hubbard (p. 1), nenhum poema tem mais de 10 estrofes, e apenas um tem menos de seis; enquanto nove das 10 odes apresentam exatamente seis estrofes. Isso tudo parece dar ao livro uma aparência mais uniforme, tanto na escolha da matéria quanto na variedade de metros e de elocuções.

Sobre a análise da disposição do livro, entretanto, a tal singeleza parece não resultar em simplicidade interpretativa de estrutura. West (1998, pp. xii–xviii) divide o livro em seis temas principais:

a) políticos (2.1, 2.2, 2.3, 2.7, 2.10 e 2.15);
b) amorosos (2.4, 2.5 e 2.8);
c) amizade (2.7, 2.12 e 2.17);
d) *carpe diem* (2.11 e 2.14);
e) éticos (2.16 e 2.18); e
f) metapoéticos (2.9, 2.13, 2.19 e 2.20).

Villeneuve (pp. 53–55), já faz uma divisão em cinco partes, porém bastante diferente, por ser mais baseada nos dedicatários:

a) exortação moral (2.2, 2.3, 2.9, 2.10, 2.11, 2.14 e 2.16);
b) exortações eróticas (2.4 e 2.5);
c) filosofia moral, ou monólogos (2.15 e 2.18);
d) temas diversos (2.1, 2.6, 2.7, 2.8, 2.12 e 2.17); e
e) orgulho lírico (2.13, 2.19 e 2.20).

Porém, a meu ver, Nisbet & Hubbard (1978, pp. 1-6) levantam os pontos mais interessantes. São eles os que mais insistem no fator métrico óbvio de termos metro alcaico em todas as odes ímpares, além de 2.14 e 2.20 (discuto isso no momento oportuno). Nessa análise métrica, salta aos olhos a concentração bipartida de alcaicos e sáficos nas primeiras onze odes (alcaicos nas ímpares e sáficos nas pares). Também são eles que apontam para o fato de que, se aceitarmos o número de odes do livro, teríamos uma espécie de quiasmo de dedicatórias: 2.1 a Polião e 2.20 a Mecenas; enquanto as duas odes centrais seriam dedicadas, a 2.10, a Licínio Murena (cunhado de Mecenas), e a 2.11, a Quíntio (provável cunhado de Polião). Além disso, a ode 2.12 é dedicada a Mecenas, logo após a série de odes em sáficos e alcaicos, o que nos sugere ainda outra possibilidade de estruturação que dividiria o livro em 2.1-11 (11 odes) e 2.12-20 (9 odes), com a dedicatória a Polião na primeira parte e a dedicatória a Mecenas na segunda. Para finalizar, convém notar que, ao menos desde o estudo de Schulze (1916), é costume observar que há pares temáticos nas odes, que seguem a seguinte estrutura, que também é similar no estudo de Port (1926) e de Perret (1959), que dos três realiza uma leitura com maior pendor para a simetria:

Odes	Schulze (1916)	/	Port (1926)	/	Perret (1959)
1	dedicatória a Polião	/	idem	/	idem
2/3	riquezas	/	filosofia	/	moralia (a)
4/5	amor	/	idem	/	amor (b)
6/7	Tíbur	/	amizade	/	amizade(c)
8/9	amor	/	idem	/	amor (b)
10/11	modo de vida	/	filosofia	/	moralia (a)
12	dedicatória a Mecenas	/	idem	/	idem
		/		/	
13/14	morte	/	idem	/	morte do poeta (a)
15/16	moderação	/	**15/18** política	/	**15/18** luxo (b)
17/18	Mecenas	/	**16/17** paz	/	**16/17** ócio e amizade (c)
19/20	metapoesia	/	metapoesia	/	poeta imortal (a)

É possível perceber como, nos três casos, há uma fusão entre a análise da métrica e a análise da matéria, para criar uma bipartição do livro (2.1-11 + 2.12-20), com duas dedicatórias isoladas, seguidas de poemas aos pares, que formam uma atmosfera temática. Com isso, aliado ao fato de que os primeiros onze poemas se dividem alternadamente em estrofes sáficas e alcaicas (fazendo pares temáticos em 2-3, 4-5, 6-7, 8-9, 10-11), tudo parece sugerir uma forte possibilidade de leitura bipartida do livro; no entanto, como bem notam N-H, a segunda metade do livro parece se oferecer menos a uma leitura estrutural simplista; e é nisso que temos de ver os diversos níveis, além, é claro, dos diálogos possíveis com os poemas dos outros dois livros.

Por fim, gostaria de sugerir uma última leitura, apresentada por Santirocco (1986), que busca apresentar uma simetria central no livro, da seguinte maneira, por análise da matéria:

7 (a) Horácio foge da morte (em Filipos)
8 (b) amor e infidelidade (Barine)
9 (c) perda do amado, projeção no passado (Válgio)
10 (d) *aurea mediocritas*
11 (c) angústia, projeção no futuro (Quíntio)
12 (b) amor e fidelidade (Licínia)
13 (a) Horácio foge da morte (da árvore)

A meu ver, a coexistência das estruturas diversas – seja pela divisão ao meio proposta por N-H (2.1-10 + 2.11-20) enfocada nos destinatários; seja pela divisão assimétrica (2.1-11 + 2.12-20), também por ênfase nos destinatários associada à métrica, quando esta última, que privilegia a posição central de 2.10 e as congruências em anel dos poemas que a cerca – não é impossível. E com elas ainda convivem as outras divisões temáticas propostas por Villeneuve e West, por exemplo, sem que um arranjo desfaça necessariamente o outro. Critérios diferentes apontam para respostas diferentes, e o livro sustenta tais leituras por fazer uma abertura derivada de feixes heterogêneos.

Para conseguir limitar um pouco o alcance dos comentários, darei preferência às relações entre os poemas do mesmo livro. Apenas nos casos que julgar mais importante, farei referência a poemas do livro 1 ou 3.

2.1

Por estar na abertura do livro, a ode funciona ao mesmo tempo como dedicação em forma de poema e como dedicação do livro inteiro. Pelo tema e metro, ela parece ser uma clara recusa ao que poderia sugerir o último poema longo do livro anterior (1.37, também em estrofe alcaica), com uma *recusatio* à matéria grandiosa da guerra civil, para fazer um louvor a Polião, escritor mais capaz de tratar da matéria. Em relação com a posição programática para o livro 2, podemos perceber que a recusa horaciana parece funcionar perfeitamente para o todo desse livro, já que amaina a aspiração política presente no anterior para se voltar ainda mais para o mundo privado do banquete. É num ambiente de poesia *ad hominem* que se configuram esta ode e muitas outras ao longo do segundo livro.

Aqui, percebemos a filiação lírica de Horácio por contraste aos feitos públicos e à literatura elevada de Polião. No fim das contas, este poema de elocução elevada emula o procedimento de Polião e retoma 1.37, mas se encerra num modo menor como 1.38. A estrutura da *recusatio* da ode parece embasar o adiamento em Íbico, fragmento 282(a) Campbell (cf. intro a 1.6). Além disso, tal como vemos na ode horaciana, este poema também se constrói sobre o contraponto entre a matéria épica e a glória da beleza.

– Metro: estrofe alcaica.

v. 1: O consulado de Quinto Cecílio Metelo Céler junto com Lúcio Afrânio foi em 60 a.C., quando se formou o primeiro triunvirato entre César, Pompeu e Crasso. Como bem se sabe, essa aliança abalou o poder do senado e acabou levando à guerra civil, que só teve, de fato, fim, após a batalha do Ácio, em 31 a.C.

v. 6: Alusão ao famoso momento em que César, em 49 a.C., atravessa o rio Rubicão para dar origem à guerra civil. Ao tomar a decisão, o general teria dito a frase *"alea iacta est"*, que costuma ser traduzida por "a sorte está lançada". Optei por uma tradução ao mesmo tempo mais fiel e mais literária, ao retomar o sentido de "dados" para *"alea"* e fundir a imagem num lance de dados, que para o leitor contemporâneo de poesia não pode deixar de evocar Mallarmé.

vv. 9–12: A Musa da tragédia é Melpômene. O coturno cecrópio (referente à Ática, por Cécrope ser o fundador mítico de Atenas) é uma alusão à tragédia grega, uma vez que os atores usavam coturnos para encenar as peças. Aqui Horácio indica um gênero praticado por Polião, a tragédia de modos gregos em texto latino (cf. *Sátiras* 1.10.42). Porém, como nota Syndikus (p. 347), "a menção à tragédia é em si significativa, [...] na guerra civil Horácio vê uma enorme tragédia, a tragédia de Roma".

v. 14: Caio Asínio Polião (76 a.C.-4 d.C.) foi uma figura famosa do período, mencionado também por Virgílio nas *Bucólicas*, 4 e 8, e por Horácio em *Sátiras*, 1.10. Em 40 a.C. foi cônsul; daí a sua menção ligada à cúria (no sentido de "senado"). Apesar de ser amigo de Marco Antônio, sabemos que não tomou parte na batalha do Ácio e depois disso afastou-se da vida pública. Temos registro de que escreveu uma história das guerras civis em 17 livros, onde narrava os acontecimentos do primeiro triunvirato até a morte de Pompeu. Horácio ainda louva nesta ode os trabalhos de orador (de gosto ático), chefe militar (sob Júlio César e posteriormente sob Antônio) e poeta trágico que

NOTAS ÀS *ODES 2* | 417

assumiu Polião ao longo da vida. Um detalhe importante para a interpretação desta ode é tentar determinar como Horácio poderia fazer um elogio de um partidário de Antônio: a meu ver, a resposta é simples – a *clementia* augustana (cf. *Res gestae*, 3.1), imperativa que era, permitia e convidava os ex-inimigos à paz (como é o caso do próprio Horácio); nesse sentido, como atenta West (1998, p. 13), o poema também configura um louvor a Augusto.

v. 16: Em 39 a.C. Polião realizou um triunfo pela vitória contra os partinos, um povo da Dalmácia, com a subsequente tomada da cidade de Salona.

v. 24: Catão da Útica (Marco Pórcio Catão, 95 a.C.-46 a.C.) cometeu suicídio depois da derrota contra Júlio César na batalha de Tapso, em 46 a.C., para não se render. Sua figura passou a representar o grande defensor da República.

vv. 25-28: Aqui há três detalhes culturais: 1) os romanos acreditavam que Juno protegia a cidade de Cartago; 2) no pensamento antigo, cria-se que o deus abandonava a cidade que fosse destruída; 3) "a morte de tantos ilustres romanos na batalha de Tapso (46 a.C.), na África, devia aplacar os manes do rei da Numídia Jugurta, que Mário havia arrastado consigo num triunfo em 104 a.C. O chefe das tropas pompeianas em Tapso, Quinto Metelo Cipião, era neto de outro Metelo, vencedor das forças de Jugurta (cf. Salústio, *A guerra de Jugurta*, 68-80)" (Bekes, 2005, p. 196).

vv. 31-32: Os medas são o mesmo que os partas (cf. 1.2.51 e 29.4). O adjetivo "hespério" (segundo Villeneuve, *ad loc.*) serve tanto para indicar a Itália como a Hispânia.

v. 34: Dâunio aqui serve para indicar especificamente a Apúlia (cf. 1.22.14), com o sentido genérico de "itálico", ou seja, trata-se das guerras civis. Mas não deixa de lembrar a região onde Horácio nasceu, já mencionada no livro 1.

v. 38: Referência ao poeta lírico grego Simônides de Ceos (*circa* séc. VI-V a.C.). A nênia é um canto fúnebre, em geral assimilado ao treno.

v. 39: O *antro Dionaeo* (antro dioneu) é uma imagem da poesia amorosa, já que Vênus era por vezes representada como filha de Dione e Júpiter.

v. 40: O plectro era uma espécie maior de paleta com que se tocava os instrumentos de corda antigos: um plectro mais leve aqui indica temas mais leves, como Horácio já demonstrara programaticamente desde 1.6.20 e 1.24.19.

2.2

Esta ode, se pegarmos por contraponto a última estrofe de 2.1, parece não realizar plenamente a promessa de *leuiore plectro*, ainda que evite temas públicos de maior fôlego, como as guerras civis. Nesse sentido, os dois primeiros poemas parecem realizar, ao modo de uma *callida iunctura*, a explicitação a elocução deste livro como um todo, a saber, uma espécie de mediania, diversa da intenção variação que vimos no livro 1.

Embora a tópica do poema horaciano seja desenvolvida sobretudo segundo os padrões da filosofia estoica, é possível retraçar sua origem ao menos em Píndaro (*Píticas*, 1.90-4), dedicada da Hierão de Siracusa:

> εἴπερ τι φιλεῖς ἀκοὰν ἁδεῖαν αἰ-
> εἰ κλύειν, μὴ κάμνε λίαν δαπάναις·
> ἐξίει δ' ὥσπερ κυβερνάτας ἀνήρ
> ἱστίον ἀνεμόεν. Μὴ δολωθῇς,
>   ὦ φίλε, κέρδεσιν ἐντραπέ-
>   λοις· ὀπιθόμβροτον αὔχημα δόξας
>
> οἶον ἀποιχομένων ἀν-
>   δρῶν δίαιταν μανύει
> καὶ λογίοις καὶ ἀοιδοῖς. οὐ φθίνει Κροί-
>   σου φιλόφρων ἀρετά.

> Se desejas ouvir amável re-
>   nome não mais insistas nas despesas;
> dispõe, tal como um capitão de barca,
> tuas velas ventosas. Nem te enganes
>   meu amigo, com ganhos vergo-
>   nhosos: somente a glória após a morte
>
> revela como costuma-
>   vam viver nossos mortos
> a oradores e poetas. A virtude
>   de Creso não morrerá.

Porém vemos a inovação horaciana sobretudo por "apresentar o encômio do rico benfeitor como denúncia do materialismo" (N-H, 1978, p. 34). Outro fator peculiar é o uso de palavras não poéticas, como "*lamna*", "*aceruus*", dentre outras, que são usadas neste caso por similaridade com o gênero satírico, apesar das claras diferenças genéricas (cf. Syndikus, 1972, pp. 357-358).

– Metro: estrofe sáfica.

vv. 1-4: Caio Salústio Crispo (?-20 d.C.) foi sobrinho do historiador Salústio, depois adotado pelo tio, de modo que se tornou riquíssimo como seu herdeiro; depois da morte de Mecenas, sucedeu-o como conselheiro de Augusto e de Tibério. Plínio (*História natural*, 34.3) diz que Salústio possuía minas de prata nos Alpes, daí a matéria inicial do poema. Ainda é importante lembrar que Salústio era conhecido como um patrono generoso; e esta ode pode ser comparada com um epigrama de Crinágoras dedicado ao mesmo Salústio (*Antologia palatina*, 16.40), que faz referência às riquezas dos *Horti Sallustiani* e à presença das *Tres Fortunae* na vizinhança:

> Γείτονες οὐ Τρισσαὶ μοῦνον Τύχαι ἔπρεπον εἶναι,
> Κρίσπε, βαθυπλούτου σῆς ἕνεκεν κραδίης,
> ἀλλὰ καὶ αἱ πάντων πᾶσαι· τί γὰρ ἀνδρὶ τοσῷδε
> ἀρκέσει εἰς ἐτάρων μυρίον εὐσοΐην;
> νῦν δέ σε καὶ τούτων κρέσσων ἐπὶ μεῖζον ἀέξοι
> Καῖσαρ· τίς κείνου χωρὶς ἄρηρε Τύχη;

> Não bastam só as Três Fortunas tuas vizinhas,
> ó Crispo, por teu coração riquíssimo,
> porém todas que houver: pois para um homem assim
> o que aumenta a alegria dos amigos?
> Mas que agora te ajude quem é maior que elas,
> César: sem ele o que nos dá a Fortuna?

Importante notar como, nesse epigrama, o louvor a Salústio logo se desenvolve num louvor a Augusto. Horácio, como de praxe, prefere a sutileza da insinuação sobre a bondade do *princeps* a partir das relações com outras personagens públicas, como a da nota seguinte. Horácio faz ainda um jogo já no do poema, ao mencionar o "uso temperado" (vv. 3-4) das lâminas de prata, ou seja, sua transformação em moedas a partir do fogo, tal como o bronze temperado ("*aes temperatum*") que aparece em Plínio (*História natural*, 7.197); que depois será retomado como palavra não mencionada na "temperança" esperada do sábio.

v. 5: Caio Proculeio Varrão Murena, cunhado de Mecenas, foi outro famoso conselheiro de Augusto, que, segundo Porfirião (*ad loc.*), ganhou fama por dividir as riquezas com os irmãos que haviam perdido tudo durante as guerras civis, um dos quais seria o Licínio Murena de 2.10. De certo modo, podemos ver nessa figura um símbolo familiar da *clementia* augustana (cf. nota a 2.1.14).

vv. 7-8: A designação da Fama parece contrapor-se ao mito de Ícaro.

vv. 9-12: Unir a Líbia (na África) a Gades (atual Cádiz, na Espanha) significa deter o poder sobre essas duas regiões dominadas pelo púnicos (cartagineses). Contra tal ambição, Horácio propõe a máxima estoica do controle de si: trata-se da imagem do sábio como rei (cf. *Epístolas*, 1.1.106-8).

vv. 13-16: É comum, nos textos cínicos e estoicos, encontrarmos uma comparação entre o avaro/ganancioso e o hidrópico representado como indulgente, dado à bebedeira e à comilança (cp. Sêneca, *Consolação a Hélvia*, 11.3, e o próprio Horácio, *Epístolas*, 2.2.146). No entanto é bom lembrar, como West (1998, p. 21), que isso não implica associação dogmática de Horácio, que "fazia uso de qualquer filosofia que coubesse ao poema, e geralmente fazia graça com ela".

v. 17: Fraates IV, governante da Pártia entre 38 e 2 a.C., teve de controlar duas rebeliões locais lideradas por Tirídates com o apoio de Roma; cf. nota a 1.26.5. Ciro, o Grande, estabeleceu a dinastia aquemênida na Ásia Central e Menor, no séc. VI a.C.; é a figura central da *Ciropedia* de Xenofonte.

vv. 18-19: Aqui a Virtude (*Virtus*) parece ser personificação do conceito estoico, segundo o qual a Virtude está afastada da plebe e da turba em geral.

2.3

Esta ode, que mantém o modo da mediania previsto pelas odes anteriores, tem duas palavras-chave: em primeiro lugar, "*aequam*" abre o poema e marca seu cerne enquanto proposta moral de Horácio, por contraponto às duas últimas "*impositura cumbae*" (v. 28), que marcam a motivação do poema, qual seja, a morte que é imposta a todos. Em segundo, o termo "*moriture*" funciona como um pedal musical para a ode: à primeira vista estranho ao gênero poético, ele vai se revelando a palavra-chave do poema como um todo.

– Metro: estrofe alcaica.

v. 1: A tópica anunciada é um lugar bastante comum no pensamento e na poesia antiga. Podemos citar como antecedentes mais famosos Arquíloco 128 West, Teógnis 319 e Epicuro fragmento 488.

v. 4: Quinto Délio foi uma figura ativa ao longo das guerras civis, importante diplomata, famoso por mudar de partido algumas vezes (de Dolabela, Cássio, Antônio e Otaviano), de modo que ganhou o apelido de *desultor bellorum ciuilium* ("cata-vento das guerras civis") da parte de Messala, segundo Sêneca, o Velho (*Suasoriae*, 1.7); sabemos, por exemplo, que em 36 a.C. ele era oficial de Antônio na infeliz campanha contra os partas, que ele mesmo relatou posteriormente; mas em 31 a.C. já militou a favor de Otaviano contra

NOTAS ÀS *ODES 2* | 421

Antônio. Desse modo, o poema parece ser intimamente ligado ao interlocutor, sobretudo se acreditarmos como N-H, que "Délio devia ter se orgulhado de seu equilíbrio e resiliência internos" (p. 52). Como observa Syndikus (pp. 360-361), o adjetivo "*moriture*" vem de modo inesperado, onde costumeiramente apareceria outro adjetivo de louvor. Ao longo da ode, essa palavra se revela profundamente significativa por contraste ao *carpe diem*.

vv. 6-8: Importante lembrar como os romanos pareciam separar o *negotium* dos dias normais do *otium* reservado aos dias festivos; Horácio, portanto, não escolhe à toa o momento para descrever o lazer prazeroso com uma taça de vinho. O Falerno era um vinho refinado, cf. nota a 1.20.10. Usei o termo "selado" para traduzir "*nota*", porque os romanos tinham o costume de marcar a data dos vinhos depois de guardá-los na adega.

vv. 9-12: Sigo a imensa maioria dos editores com "*quo*" (v. 9) e "*quid*" (v. 10), em vez de "*qua*" (v. 9) e "*et*" (v. 10), da edição de Shackleton Bailey.

vv. 15-16: As três irmãs que tecem os negros fios do destino são as Parcas, identificadas com as Moiras gregas: seus nomes eram Cloto, Láquesis e Átropo, que respectivamente fiava, tecia e cortava o fio da vida. Sabemos que havia três estátuas para as Parcas no Foro romano, sob o nome "*tria Fata*" ("três destinos").

v. 21: Ínaco, filho mítico de Oceano e Tétis e pai de Io, representa a realeza antiga como o primeiro rei de Argos (cf. Virgílio, *Eneida,* 7.371, onde aparece como antepassado de Turno).

v. 24: "Orco" é o nome itálico tanto para o rei dos mortos como para o lugar onde eles ficavam, como o Hades grego. Seguindo N-H (p. 52), entendo que "*uictima*" carrega o sentido sacrificial, por isso, em vez do esperado "vítima" em português, preferi o termo "hóstia", por carregar um sentido mais especificamente ritual.

v. 26: A imagem da urna também aparece em 3.1.14-16.

v. 28: A barca é a de Caronte, que leva as sombras dos mortos.

2.4

Em primeiro lugar, esta ode parece retomar os motivos de 1.27, porém invertendo: lá, o poeta iniciava a fala imaginando um amor positivo do amigo, para depois descobrir que se trata de um problema e elogiar a própria amada como uma mulher liberta; aqui, começamos pela imagem da escrava, que termina sendo positiva para o amor do amigo. Eu me pergunto se essa apropriação de origens troianas não nos faria retomar a misteriosa ode 1.15. Aqui, podemos começar a perceber com mais clareza que permanecem, mesmo nas figuras baixas, como escravos, uma marca de seu passado – não existiria em Roma uma marca ancestral do origem troiana? Essa questão vai se formando para ser resolvida mais plenamente em 3.3, na fala de Juno aos romanos.

Mandruzzato (1988, p. 489) lembra que Pasquali qualificou esta ode como um *scherzo*; mas atenta ao fato de que se trata de um poema de elocução grave, por aproximar-se dos temas épicos. Do ponto de vista social, como notam N-H (p. 67), "não há incompatibilidade entre a ode e a ideologia contemporânea", isto é, temos diversos casos de relações entre senhores e escravas, que não sofriam críticas, desde que não afetassem os deveres do homem na vida pública. Além disso, podemos apresentar antecedentes distintos, como este epigrama de Filodemo (*Anth. Pal.*, 5.132), cuja abertura é similar ao início da última estrofe da ode:

> Ὦ ποδός, ὦ κνήμης, ὦ τῶν (ἀπόλωλα δικαίως)
> μηρῶν, ὦ γλουτῶν, ὦ κτενός, ὦ λαγόνων,
> ὤμοιν, ὦ μαστῶν, ὦ τοῦ ῥαδινοῖο τραχήλου,
> ὦ χειρῶν, ὦ τῶν (μαίνομαι) ὀμματίων,
> ὦ κατατεχνοτάτου κινήματος, ὦ περιάλλων
> γλωττισμῶν, ὦ τῶν (θῦ' ἐμὲ) φωναρίων.
> εἰ δ' Ὀπικὴ καὶ Φλῶρα καὶ οὐκ ἄδουσα τὰ Σαπφοῦς,
> καὶ Περσεὺς Ἰνδῆς ἠράσατ' Ἀνδρομέδης.

> Ó pés, ó pernas, ó (é justo assim morrer)
> coxas, ó bunda, ó xota, ó cinturinha,
> ombros, ó peitos, ó sutil, fino pescoço,
> ó mãos, ó (enlouqueço assim) olhinhos,
> ó movimento calculado, ó incomparáveis
> beijos, ó (vai, me imola) seus sussurros.
> Se é osca, o nome é Flora e nunca canta Safo;
> mas Perseu não amou a hindu Andrômeda?

Outros poemas que tratam de matéria similar são *Anth. Pal.*, 5.18 (de Rufino), e Ovídio, *Amores* 2.8. Porém, como se pode perceber pelo contraste entre esta ode e o epigrama apresentado anteriormente, embora a tópica seja antiga, o modo horaciano é original: no lugar da sensualidade, o poeta prefere inesperadamente levantar a elocução num estilo que evoca a *Romanitas*. Quanto ao clima geral na relação entre matéria e elocução, é difícil chegar a uma definição específica; mas tendo a concordar com Syndikus (pp. 366-367), de que Horácio não está fazendo chiste; apesar da óbvia autoironia tipicamente horaciana no fim do poema e do uso de tópica elegíaca, como os *exempla* míticos para uma motivação bastante singela e fundo amoroso. Não obstante tudo isso, é difícil segurar um leve riso ao vermos uma comparação entre Cassandra e uma escrava romana contemporânea. Voltando a Syndikus (p. 368), parece que estamos diante de um poema que não é "nem uma admoestação séria, nem uma piada irônica. Horácio joga levemente com um motivo conhecido".

– Metro: estrofe sáfica.

v. 2: Não sabemos quem é Xântias (fócio é relativo à Fócida, na Grécia central onde havia o famoso templo de Apolo em Delfos), ou Fílis; mas, pelos nomes gregos, podemos crer que se trata de nomes fictícios, como no caso de 1.8 – é difícil afirmar que se trate especificamente de máscaras para pessoas reais. O nome "Xântias" em grego designa o homem loiro, de belos cabelos, o que já nos prepara para a comparação com Aquiles; já Fílis ecoa "φύλλα", as folhas, de um verde-escuro, talvez a juventude, como no caso de Clóe, em 1.23.

vv. 2-8: Briseida, filha de Brises, o rei dos Lélegos, na Cária, foi uma jovem tomada como escrava por Aquiles, nas batalhas troianas. Como Agamêmnon tomou-a para si, Aquiles se retira da guerra, o que dá início à *Ilíada*. A leitura amorosa desse acontecimento é de gosto helenístico, e não consta em Homero ("no primeiro livro da *Ilíada*, Briseida é um símbolo de *status*, não um objeto de afeição", N-H, *ad loc.*), senão pela sugestão possível dos versos 1.346-51. Tecmessa, que não aparece em Homero, no *Ajax* de Sófocles é filha de Teleutas, rei da Frígia, e aparece como esposa do herói, que se chama Telamônio por ser filho de Telamão. A virgem raptada é a vidente Cassandra, filha do rei Príamo. Segundo o mito, Agamêmnon a levou consigo no retorno a Micenas, e, na tragédia homônima de Ésquilo, tanto ele como ela são mortos por Clitemnestra e Egisto. Como lembra David West (p. 32), "a força de uma palavra depende de suas vizinhas. Não precisamos olhar a seção 8 do *Oxford Latin Dictionary* na entrada *rapere* para sabermos o que é uma *uirgo rapta*". Não menos importante que simplesmente observar que se trata de mitos épicos para acalmar Xântias é atentar para o fato de que, em todos esses mitos, temos finais trágicos e violentos.

vv. 9-10: Os bárbaros são os troianos, por serem da Frígia (cf. *Epodos*, 9.6, onde o canto em modo frígio é chamado *"carmen barbarum"*, e Catulo 64.264 chamando a tíbia frígia de *"barbara"*); enquanto o vencedor tessálio é Aquiles, rei de Ftia, na Tessália.

v. 12: Pérgamo é um dos nomes de Troia.

vv. 13-20: Nestes versos, temos uma tópica da Comédia Nova: a jovem escrava seria, na verdade, de origem nobre, o que daria o a justificativa necessária para Xântias, tão preocupado com a origem baixa da jovem Fílis.

v. 15: Os Penates, junto com os Lares, são divindades que protegem o lar da família e do estado. Aqui Horácio imagina que Fílis chora pela derrocada de sua origem régia, como uma espécie de traição dos Penates.

vv. 23-24: O lustro é um período de cinco anos; portanto aqui Horácio indica que está chegando aos quarenta, reforçando condição de adulto experimentado, capaz de aconselhar os jovens (uma figura bem diversa do eu-elegíaco de Tibulo, Propércio e Ovídio), como já vimos, por exemplo em 1.5. Não se deve esquecer que a *renuntiatio amoris* na idade mais madura também é uma tópica tradicional (cp. Outro epigrama de Filodemo, *Anth. Pal.*, 5.112).

2.5

A ode pode ser dividida em três partes principais: nos versos 1-9, nos é apresentada a metáfora da bezerra imatura para o amor, sem qualquer tipo de partícula comparativa; nos versos 9-16, a anáfora de *"nondum"* (v. 1 e v. 2) é retomada pela apresentação do futuro próximo (*"iam"* anafórico), com as promessas de que essa bezerra que agora desdenha ainda desejará o interlocutor (aqui vemos que ela é nomeada como Lálage) se ele apenas souber esperar, ao mesmo tempo que a metáfora muda de "bezerra" para a de "uva verde", sem qualquer mediação; e por fim, nos versos 17-24, o poema faz uma aparente guinada num trícolon de três figuras que serão superadas por Lálage – Fóloe, Clóris e Giges – para se encerrar numa imagem homoerótica. A sensação que resta ao leitor é a de que a descrição sensualista das últimas duas estrofes acaba servindo como uma espécie de sugestão epicurista de prazeres amorosos, enquanto o interlocutor espera pela madureza de Lálage. Nesse momento vemos que a ode tem uma função dupla: a de exortar uma espera sábia pela maturação mas também a de incentivar o *carpe diem* dessa espera.

Como observara Pseudo-Acrão nos seus comentários às *Odes* (*ad loc.*) e Syndikus (p. 369), não podemos saber quem é o interlocutor do poema: segundo N-H, a ode deve ser interpretada como um monólogo do eu-lírico que aconselha a si mesmo no desvario amoroso, como Catulo 8 (há quem veja, como N-H, ecos do *"amata... quantum"* de Catulo 8.5 no *"dilecta quantum"* do v. 17); mas também podemos seguir a indicação de um manuscrito de que a ode seria dedicada a Álbio Gabínio, um famoso inimigo de Cícero; nesse caso, segundo West (p. 39), o poeta aconselharia ao amigo, ao modo do *praeceptor amoris*. Em todo caso, nada nos obriga a optar por uma leitura, de modo que a outra seja de todo excluída, pois o poema funciona igualmente bem nos dois casos.

NOTAS ÀS *ODES 2* | 425

Outro ponto importante é a similaridade com Anacreonte fragmento 417 (cf. notas a 1.23). Porém, como bem observa West (p. 34-35), as cenas são completamente diferentes: em Anacreonte, o poeta tenta seduzir uma jovem; enquanto Horácio adverte ao interlocutor que este *não deve* seduzir uma jovem; daí a brutalidade tão notada nesta ode na animalização da mulher (vv. 3-4, por exemplo).

– Metro: estrofe alcaica.

v. 6: A metáfora da bezerra como jovem era comum para traduzir o grego "δάμαλις" (Eurípides, *Andrômeda*, 711; *Hécate*, 526 e ss., e Virgílio, *Bucólicas*, 8.85-9). Cf. notas a 1.23 (onde há trechos de Anacreonte com matéria similar) e nota a 1.36.13.

v. 11: Alguns comentadores (como N-H e West) veem aqui uma personificação de "*Autumnus*". Optei por seguir essa leitura no lugar de "*autumnus*" em minúscula, como editado por Shackleton Bailey.

v. 13: A virada do jogo amoroso ecoa claramente Safo fragmento 1 Voigt, verso 21.

vv. 13-15: A consolação destes versos carrega a típica ironia horaciana: a idade é *ferox* para ambos, pois toma os anos do homem mais velho e o aproxima da morte, no mesmo passo que dá anos à jovem e a aproxima da vida sexual. Paradoxalmente, o que pode trazer prazer ao homem velho é também o que o leva à morte: o tempo.

v. 16: Lálage é um nome que já apareceu em 1.22, um poema amoroso também de espaço rural. Embora não precisemos pensar que se trate da mesma figura, há uma série de ecos possíveis.

vv. 17-18: Fóloe apareceu em 1.33.7, como figura secundária, mas também fugaz. Clóris aparece aqui pela primeira vez e, tal como o nome de Clóe (de 1.23), ecoa "verde", em grego, ou então um "verde-claro", que pode sugerir brancura (N-H, p. 89); ela reaparecerá em 3.15.

v. 19: Talvez possamos considerar que haja um trocadilho aqui em "*mari*", que pode significar tanto "mar" como "macho" (de *mas, -ris*, termo raro na poesia), o que já iniciaria o final inesperado de Giges (N-H, p. 91). Nesse caso a imagem seria de Clóris branca, brilhando como a lua sobre um "macho noturno".

vv. 21-24: Essa imagem de Giges remete ao mito de Aquiles entre as filhas de Licomedes, até que foi descoberto pelo convidado saga, Odisseu; cf. nota a 1.8.13-16. Giges é um nome de origem lídia (que nos faz recordar do riquíssimo rei Giges), e o fato de que tem origem em Cnido serve apenas para associá-lo a Vênus (cf. 1.30.1-4). Por fim, a imagem dos cabelos soltos é um costume entre as jovens virgens, ao passo que as mulheres casadas mantinham os cabelos presos.

2.6

"Este parece ser um poema modesto e simples, que fala em tons tranquilos e resignados sobre retiro e morte e os deleites da Itália. No entanto ele apresenta uma força peculiarmente horaciana. [...] a concentração de oposições no poema. Setímio está disposto a ir com Horácio a três lugares notáveis (a) pela distância, (b) pela recusa em aceitar a lei romana e (c) pela barbárie e o mar bravio. Essa oferta é recusada por Horácio nas primeiras duas palavras da segunda estrofe. '*Tibur Argeo*' diz-nos que ele prefere a cidade italiana de Tíbur fundada por um grego de Argos, e então ele continua ao deixar claro que está cansado do (c) mar, (a) de viagens a lugares distantes (Gades está no limite ocidental do mundo) e (b) da guerra. Na terceira estrofe também, a centelha decorre de contrastes: o mar bravio mauritânio dá lugar à água doce de um rio com ovelhas em suas margens; a suburbanidade de Tíbur e sua famosa catarata são trocados por um remoto distrito rural com um rio aprazível. Tal contraste é realçado pela relação entre a primeira linha da estrofe de Tíbur, 'Tíbur, fundada por colono Argivo', respondida no fim da estrofe de Tarento, 'rural domínio / do rei Falanto', '*Tibur Argeo positum colono*' respondida por '*regnata Laconi rura Phalantho*'. Agora vemos que Tarento, uma colônia grega em solo itálico, une o melhor do grego e do romano. [...] O tema de Tarento é definido pelos vv. 13-14, '*ille terrarum mihi... angulus* [...]' retomado por '*ille te mecum locus*' no verso 21" (WEST, 1998, p. 44-45). A esta última oração, ainda acrescento a sutileza de unir em *series* a terceira, segunda e primeira pessoas na mesma construção, que tentei recriar como "A ti e a mim, aquele".

– Metro: estrofe sáfica.

vv. 1-4: Pouco sabemos de Tito Setímio, senão que é um equestre romano (segundo Porfirião) também citado na epístola 1.9 – onde é recomendado a Tibério – e que aparece numa carta de Augusto a Horácio citada por Suetônio (*Vida de Horácio* 7); nesses pontos, parece se tratar de alguém mais jovem que o poeta. Sobre Gades, cf. nota a 2.2.9-12; sobre as Sirtes, cf. nota a 1.22.5-6; sobre a Guerra Cantábrica, cf. nota a 1.36.3. De qualquer modo, os três pontos geográficos são marca de espaços selvagens, perigosos e distantes para um romano; a construção inicial da ode lembra Catulo 11, onde o poeta mostra os amigos Fúrio e Aurélio passando por diversos locais longínquos em nome da amizade, antes de chegar ao cerne do poema. Há um detalhe importante atentado por West (p. 43), "aqui, e apenas aqui nas odes, duas linhas consecutivas terminam com a palavra *et*". Por esse motivo, optei pelo encerramento também em português com "e", que é considerado fora das regras de metrificação.

v. 5: Sobre Tíbur, cf. As odes e as notas aos poemas 1.7 e 1.18. O colono argivo é seu fundador Tiburno.

vv. 10-11: O Galeso (atual Gallese) era um rio da Calábria próximo à cidade de Tarento, que desaguava numa cidade homônima, no sul da Itália: o rio aparece em Virgílio, nas *Geórgicas*, 4.125-9, com ênfase na fertilidade. A ovelha aqui aparece como "encoberta" (*pellitis*) porque seria costume cobri-las com couro na região para preservar a lã fina (cf. Varrão, *Da agricultura*, 2.2.18).

v. 12: Falanto teria sido o líder espartano (donde "*Laconi*" no texto latino) que fundou Tarento no final do séc. VIII a.C. (cf. Estrabão 6).

vv. 14-16: O monte Himeto, na Ática, era famoso pela qualidade do mármore e do mel. Venafro, uma cidade da Campânia, era famosa pelas plantações de azeitona.

v. 18: O Áulon era um monte próximo a Tarento, cujas margens eram propícias à plantação de videiras (citado também por Marcial 13.125).

vv. 22-24: Era costume antigo espargir água ou vinho sobre as cinzas fúnebres. A tópica da aspersão com lágrimas já aparece na poesia pelo menos desde Eurípides, *Orestes*, v. 1239 (cf. também Propércio, 2.1.77, e Ovídio, *Fastos*, 3.560). A tópica da velhice e da morte é vista por Syndikus (p. 378-380) como um traço de similaridade com a poesia de Tibulo (cp. 1.1.59-68, 1.3.5-9 e 3.2.9-12).

v. 24: Julgo ser importantíssimo nesta ode o encerramento do último verso, que guarda duas palavras-chave: "*uatis amici*"; o eu-lírico faz questão de representar-se aqui como o vate, poeta-profeta de importância política romana, mas sobretudo como amigo pessoal de Setímio, e nesta última palavra do poema temos o eixo temático do poema: a amizade.

2.7

Esta ode, como 1.36 e 3.17 (cf. comentários de Syndikus, p. 381), está na tradição genérica dos poemas de boas-vindas, o *epibaterion*, (cf. CAIRNS, 1972, p. 18 e ss.), que nos remete a Homero, *Odisseia*, 16.23 e ss., Alceu, 350 e Catulo 9 e 31. No entanto, como bem observam N-H, p. 108, "o poema de Horácio é uma obra-prima do tato. Ele agradece obliquamente a Otaviano pela anistia de seu amigo sem nenhuma bajulação mais óbvia como as que Cícero empregara em circunstâncias similares". Por fim, ainda vale a pena notar que boa parte do pano de fundo para o acontecimento mencionado no poema aparece em *Epístolas*, 2.2.

Do ponto de vista da construção conceitual, é importante notar como há um contraste entre os sofrimentos da guerra (estrofes 1, 3 e 4) e os prazeres do banquete (estrofes 2, 5, 6 e 7). Essa questão está microapresentada na primeira estrofe, que se divide entre as guerras passadas e a volta à cidadania presente, um detalhe que só se consuma plenamente na última estrofe, quando percebemos a euforia báquica de Horácio.

– Metro: estrofe alcaica.

v. 2: O verso original joga com uma figura etimológica entre "*deducte*" (conduzido) e "*duce*" (guia, ou general). Na impossibilidade de manter um jogo igual a este, retomei o adjetivo "brutal". Entendo que a redundância do original parece insinuar mais peso sobre a figura de Marco Júnio Bruto e sua culpa sobre a guerra civil: no português esse efeito ficou mais óbvio, mas talvez faça mais sentido para um leitor historicamente tão distante do fatos mencionados na ode.

vv. 3-4: A resposta imediata para tal pergunta é: Otaviano Augusto, que sancionou o retorno de Pompeu, provavelmente em 30 a.C. Os termos jurídicos para a cidadania é "*ius Quiritium*" (lei dos Quirites), como sinônimo de "*ius ciuitatis*": sobre o termo "*Quirites*", cf. nota 1.1.7-8.

v. 5: Não há como ter certeza sobre a identidade do Pompeu aqui mencionado. Há uma tradição manuscrita de que se trataria de um certo Pompeu Varo, mas também pode se tratar de um liberto do general Pompeu Magno (de qualquer modo, o nome é, por si só, bastante significativo, já que indica o adversário de Júlio César nas primeiras guerras civis), ou do Varo que aparece como destinatário de 1.18. Se acreditarmos nesta ode, podemos ver que, enquanto Horácio abandonou o partido republicano liderado por Bruto após a batalha de Filipos e foi bem-aceito na corte de Augusto; Pompeu teria continuado no partido contra Otaviano. Por fim, ele teria recebido de volta os direitos de cidadania, por meio de uma graça particular, ou da anistia em 30 a.C.; a julgar pelo que lemos aqui, isso deve ter acontecido apenas após a batalha do Ácio, em 31 a.C. (Villeneuve, *ad loc.*)

vv. 6-7: West (p. 52) atenta para como Horácio fala de um costume grego pouco usual para os romanos: beber durante o dia. Nese caso, é provável que ele faça alusão ao período em que estudava em Atenas (talvez junto com Pompeu), pouco antes de se alistar no exército de Bruto. A "luz da coma" ("*nitentis capillos*") parece ser indicação do brilho resultante do óleo perfumado que os romanos costumavam passar nos cabelos, sobretudo em dias de banquete.

v. 8: O "*malobathrum*" era uma planta síria usada como unguento, perfume e tempero, além de útil na medicina ou como soporífico (cf. Plínio, *História natural*, 12.129, e N-H, p. 112).

v. 9: A batalha de Filipos (cidade na região nordeste da Grécia) ocorreu em 42 a.C., foi nela que as forças conjuntas de Otaviano e Marco Antônio derrotaram os exércitos de Bruto e Cássio, o que resultou no suicídio dos dois líderes derrotados.

v. 10: Largar o escudo era a imagem tradicional da covardia, já que o peso impedia a fuga. A passagem ecoa Arquíloco 5 West.

> Ἀσπίδι μὲν Σαΐων τις ἀγάλλεται, ἣν παρὰ θάμνωι,
>   ἔντος ἀμώμητον, κάλλιπον οὐκ ἐθέλων·
> αὐτὸν δ᾽ ἐξεσάωσα. τί μοι μέλει ἀσπὶς ἐκείνη;
>   ἐρρέτω· ἐξαῦτις κτήσομαι οὐ κακίω.

> Um Saio se gloria do escudo no arbusto,
>   arma impecável: sem, querer perdi.
> Mas me salvei. Que me importa aquele escudo?
>   Adeus! Eu compro um novo, e não pior.

Daí que se possa concluir que, apesar de vermos aqui um dado biográfico sobre Horácio, ele está claramente filtrado pelas lentes da literatura.

vv. 13-14: Sobre Mercúrio e suas possíveis relações com Augusto, cf. 1.2, 1.10 e 1.12, além de suas notas. Nesta passagem, logo depois de uma intertextualidade com Arquíloco, temos uma reminiscência homérica, onde vemos alguns heróis salvos por intervenção divina (cf. *Ilíada*, 3.380 e ss., ou 5.344 e ss., dentre outros); mas talvez também estejamos diante de uma inter-textualidade com Arquíloco fragmento 95 West com a conjuntura no terceiro verso feita por Zielinski:

> δ᾽ ἐπὶ στρατηγ[
> νῦν ἐεργμένω[
> πῆ μ᾽ ἔσωσ᾽Ἑρμ[ῆς
> ἀλκίμω[

> e na milíc[ia
> ora já sofrido[
> onde me salvou Herm[es
> com bravura[

Mas é fácil imaginar que o mote homérico possa ter aparecido em outros autores gregos e latinos, como uma piada, ou com certa ironia, antes de Horácio.

vv. 15-16: A imagem do mar estuoso parece indicar a possibilidade de que Pompeu tenha seguido o exército de Sexto Pompeu, que acabou por ser derrotado na batalha naval de Milas, em 36 a.C.

vv. 17-18: O banquete aparece como um ex-voto em agradecimento a Júpiter. Novamente, não podemos deixar de lembrar as relações entre Júpiter e Augusto, constantes nas *Odes*. O agradecimento ao pai dos deuses simboliza, num registro menor, o agradecimento ao humano *princeps* romano.

v. 19: O laurel era comumente plantado no pátio das casas romanas. No entanto a imagem aqui é ambígua, já que Pompeu também se protegerá à sombra da poesia (o louro é a planta de Apolo) horaciana.

vv. 23-24: Sobre o vinho mássico, cf. nota a 1.1.19-22; aqui o poeta parece insinuar a presença do escravo escanção. O aipo é descrito como úmido por nascer melhor em regiões próximas a água, tais como margens de rios.

vv. 25-26: O juiz do vinho (*"arbiter"* ou *"magister bibendi"*, além de outras designações similares) era uma espécie de vigia dos brindes e da diluição do vinho com água. Seu "ocupante" era escolhido numa rodada de dados entre os convivas, cujo vencedor obtinha o "lance de Vênus" (*iactus Venerius*); cf. 1.4.18 e nota.

vv. 26-27: Os edônios eram um povo da Trácia, a pátria de Baco, daí sua relação aqui evocada – cf. 1.27.2; mas o sentido não para aí: foi no território dos edônios que se travou a batalha de Filipos. Com essa imagem, Horácio parece indicar que não poderá ocupar a posição de "juiz do vinho", por estar muito bêbado.

2.8

Este poema, apesar de aparentemente simples, "é puro Horácio na sua densidade, suas modulações tonais, suas interações internas, sua revitalização de temas familiares, suas viradas inesperadas, seu humor, seu gosto pelo risco, sua imagética e seu ilusionismo" (WEST, p. 60).

NOTAS ÀS *ODES 2* | 431

Na *series* do livro, a ode parece dar continuidade ao encerramento passional de 2.7, enquanto retoma com a variação da matéria amorosa de 2.5 (lá temos uma jovem ainda despreparada para o casamento, e aqui uma sedutora provavelmente liberta que arruína casamentos). Na métrica, percebemos que nesse livro a dissociação entre metro e matéria gera efeitos complexos para esta abertura: 2.2 apresenta uma modulação moral ligada ao acúmulo de bens; 2.4 trata do amor entre senhores e escravos com usos míticos elevados; 2.6 celebra a amizade ao mesmo tempo que louva paisagens romanas; e agora o poeta faz uma crítica aos perjúrios amorosos. A pergunta que poderíamos nos fazer neste momento é: qual(is) conceito(s) surge(m) dessa espécie de acorde complexo ou dissonante? Eu arriscaria dizer que, em todos eles, uma ética privada lança questões para a esfera pública, o que torna a separação uma linha muito tênue.

O perjúrio dos amantes é um lugar-comum da poesia antiga, e Júpiter costuma aparecer como um arquétipo do amante. Talvez uma das influências para esta ode seja o desenvolvimento mais conciso dado por Calímaco no epigrama 25:

Ὤμοσε Καλλίγνωτος Ἰωνίδι μήποτ' ἐκείνης
  ἕξειν μήτε φίλον κρέσσονα μήτε φίλην.
ὤμοσεν: ἀλλὰ λέγουσιν ἀληθέα τοὺς ἐν ἔρωτι
  ὅρκους μὴ δύνειν οὔατ' ἐς ἀθανάτων.
νῦν δ' ὁ μὲν ἀρσενικῷ θέρεται πυρί· τῆς δὲ ταλαίνης
  νύμφης ὡς Μεγαρέων οὐ λόγος οὐδ' ἀριθμός.

Jurou Calignoto a Jônis: nunca amar
  rapaz ou moça mais do que ama a ela.
Jurou, mas é verdade: as promessas de amor
  não alcançam ouvidos imortais.
Hoje ele arde por fogo macho, e à pobre noiva,
  como aos Mégaros, não dará mais trela.

No entanto, Calímaco trata do ponto de vista do jovem que pretende se casar e – talvez sem ter consciência do próprio juramento – acaba por não cumpri-lo (a "pobre noiva" assim parece ecoar nas "míseras virgens recém-casadas" dos vv. 22-23), enquanto Horácio está voltado para uma perjura provavelmente liberta, ou seja, aquela que gera um comportamento inconstante como o de Calignoto. Outros epigramas de matéria similar foram escritos por Meléagro (*Anth. Pal.*, 5.8, 5.175 e 5.184) e Asclepíades (*Anth. Pal.*, 5.7 e 5.150), dentre outros.

Esse mesmo mote chega à comédia nova romana, como podemos ver nas palavras da alcoviteira da *Cistellaria*, v. 472: "*similest ius iurandum amantum quasi ius confusicium*" ("o juramento dos amantes mais parece um jura e mente"), para depois tornar-se um lugar-comum em Catulo 70 e 72 e na elegia (cf. Tibulo, 1.4.23-4, ou Propércio, 1.15.33 e ss.). No entanto, como bem observam N-H

(p. 123), "Horácio zomba dos vívidos noturnos do epigrama e da intensidade da poesia amorosa", talvez até retomando os próprios versos de *Epodos*, 15.1-4; para aqui assumir mais a *persona* do homem maduro e autocontrolado que demonstra certo cinismo por meio dos exageros na descrição de Barine.

– Metro: estrofe sáfica.

v. 2: Barine, ao que tudo indica, é um nome para indicar a pessoa provinda de *Barium*, atual Bari, na região da Apúlia. Como observam N-H (p. 123), essa referência poderia evocar a fama das *libertas* (derivado da terminação grega em "*e*" do nome) do sul e suas possíveis relações com homens casados. Em Porfirião, lemos outro nome, *Varine*, que, como argumentam N-H, não faz muito sentido; por fim, alguns manuscritos identificam a personagem com uma certa *Iulla* (ou *Iulia*) *Barina*, mas isso parece ser decorrente da abertura do poema em "*ulla*".

vv. 3-4: Horácio apresenta dois exemplos de crença romana sobre os sinais da mentira: um dente preto ou uma marca branca na unha.

vv. 21-24: Há um jogo complexo nesta construção: a preocupação das mães pelos novilhos (*iuuencis*) já pode ser entendida como uma metáfora comum para os jovens (cf. 2.5.6), mas, somada à imagem da *aura* (que traduzi por "brisa", por ecoar Pirra em 1.5.11-12, *aurae fallacis*), pode resultar na imagem do cheiro que exala uma vaca no cio. Isso se dá porque "*aura*" serve para explicitar tanto o vento (e daí a metáfora do amor como navegação) quanto os cheiros. Nesse sentido, a passagem parece similar a Virgílio, *Geórgicas*, 3.250-1:

> *Nonne uides ut tota tremor pertemptet equorum*
> *corpora, si tantum notas odor attulit auras?*

> Não vês como um tremor atiça todo o corpo
> dos cavalos, se um certo cheiro vem no vento?

Aqui temos mais um claro trabalho horaciano em que o adiamento de uma palavra ressignifica plenamente as imagens de versos anteriores.

v. 22: O "velho avaro" é uma clara imagem derivada de personagens típicos da comédia, onde os velhos temem pelos gastos que terão, se os filhos se apaixonarem por uma liberta ou por uma prostituta.

2.9

– Metro: estrofe alcaica.

vv. 1-8: O sofrimento humano era muitas vezes comparado ao clima, como demonstram N-H e West; chuva pode ser choro (Catulo, 68.56), nuvens podem ser a face entristecida (*Epodos* 13.5) e, mais obviamente, as tempestades são as paixões humanas. De modo similar, os verbos podem sugerir ações humanas de climáticas – tentei manter essas possibilidades de leitura na tradução.

vv. 3-4: O mar Cáspio era famoso pelas tormentas, de modo que sequer havia portos na região (cf. "*Mare Caspium* [..] *atrox, saeuum, sine portubus, procellis undique expositum*", Pompônio Mela, 3.3.58). O clima da Armênia já era conhecido dos antigos pelo menos desde Xenofonte, *Anábase*, 4.4.

v. 5: Trata-se provavelmente de Caio Rufo Válgio, o mesmo que aparece nas *Sátiras*, 1.10.82, quando Horácio cita o nome de alguns amigos que pertenciam ao círculo de Mecenas. Se for mesmo essa figura, sabemos que teria traduzido a retórica de Apolodoro (Quintiliano, 3.1.18) e escrito sobre questões de gramática e botânica medicinal (Plínio, *História natural*, 25.4). Além disso, foi cônsul em 12 a.C. Mais importante, talvez, seja lembrar que Válgio era um poeta que trabalhou em vários gêneros, como provavelmente a épica (a tomar pela comparação a Homero feita no "Panegírico a Messala", vv. 179-180), epigrama, sátira e elegia amorosa. Este último gênero parece ser o destacado por Horácio, na terceira estrofe, quando fala de "*flebilibus modis*", que verti por "canto e pranto".

vv. 6-8: O Gargano (donde "gargâneo") era um monte da Apúlia. Aquilão é o vento nordeste. A imagem dos freixos viúvos (*uiduantur*) anuncia o a perda (e sugere o da morte), que aparece na estrofe seguinte.

vv. 9-12: "Mistes" – um nome derivado do grego, "μυστής", "iniciado", encontrável na vida real romana (sobretudo em filhos de pais religiosos, segundo N-H) – é provavelmente o nome literário do amado de Válgio em gênero elegíaco. Porfirião (*ad loc.*) diz que seria um escravo favorito de Válgio. N-H (p. 137) defendem que não se trata de uma pessoa real, mas sim de um mero personagem literário que se adéqua ao mote da elegia, já que está longe (talvez morto, a depender da interpretação dada a "*ademptum*") do amante que lamenta por ele. Outra tópica elegíaca mencionada aqui é o lamento que atravessa a noite e invade o dia.

vv. 13-17: Dois exemplos míticos, de matéria épica (já que se trata de um gênero praticado por Válgio), sobre os limites do luto, que sugerem que Mistes esteja morto: Nestor, o rei de Pilos (que, segundo a *Ilíada*, 1.250, teria vivido ao longo de três gerações) lamentou a morte do filho Antíloco, do lado dos gregos, que foi morto por Mêmnon (cf. *Odisseia*, 4.187-8). Por sua vez, Príamo, rei dos troianos (ou frígios), chorou a morte do jovem Troilo nas mãos de Aquiles (Virgílio, *Eneida*, 1.475-6). Convém notar que, nos dois casos, trata-se mais de jovens efebos do que de guerreiros valentes, o que reforça a relação com o pranto por Mistes, por contraste: nesta ode, o poeta vai do elegíaco ao épico em poucos versos, retomando a variedade de gêneros praticada pelo amigo.

vv. 17-19: O convite de Horácio é, no mínimo, curioso. Em vez de lamento elegíaco, Válgio deveria cantar os novos feitos de Augusto César, ou seja, fazer poesia de louvor público, provavelmente épica, ou uma lírica de encômio. É exatamente o que o próprio Horácio diz que não poderá fazer em 2.1, na *recusatio*. Uma interpretação simples é que Horácio tenta fazer Válgio retornar à épica ou ao panegírico (WEST, pp. 64-65), após largar a elegia. A meu ver, o contraste entre esses dois poemas pode também nos dar uma chave de leitura para o projeto poético das *Odes*, que terá seu auge nas Odes Romanas: esses livros buscam tecer um louvor público do ponto de vista privado; por isso o mero lamento amoroso não tem vez; é preciso, em vez disso, conectar o privado à esfera pública, criar um registro moral e religioso capaz de definir poeticamente a nova era augustana.

vv. 20-24: Horácio menciona alguns dos feitos de Augusto com relação aos povos bárbaros: a derrota dos cântabros, em 24 a.C., e as embaixadas aos armênios, partas, citas e sármatas. O Nifates indica a região da Armênia, mas os comentadores não entram em acordo se seria um monte ou um rio: o mesmo problema ocorre em Virgílio, *Geórgicas*, 3.30, e em Lucano, 3.245 (em Juvenal e Sílio Itálico ele aparece como um rio), onde ele também aparece; por isso, mais importante aqui é notar o contraste entre "*rigidum*", "rígido", e "*mollium*", "moles". O rio meda é o Eufrates, que corta o reino dos partas. Os gelonos são um povo nômade da Cítia e da Sarmácia.

2.10

Esta ode estabelece uma série de diálogos. No livro 2, ela é a quinta ode em estrofe sáfica, que encerra a série binária com as estrofes alcaicas que faz abertura deste livro, ao mesmo tempo que também evoca 2.3, dando-lhe mais clareza e centralidade. Ao mesmo tempo, posicionada no centro do livro (e também no ponto central dos três livros), ela trata da *mediocritas*, enquanto encerra a primeira parte e prepara o leitor para a segunda metade do livro. Notável portanto é que, como já se disse, num livro mediano quanto a tamanho, elocução e variedade, também a ode em posição central (*medium*) explicite uma condição moral relacionada à estética geral da obra. Além disso, a formulação contrastiva de "*auream mediocritatem*" – quase oximoro – apesar de hoje ser chavão, é uma construção preciosa para o pensamento aristotélico.

NOTAS ÀS *ODES 2* | 435

Talvez esta ode seja imitada por Lólio Basso num epigrama (*Anth. Pal.*, 10.102).

– Metro: estrofe sáfica.

v. 1: A *gens Licinia* era bastante difundida em Roma, por isso não podemos ter certeza sobre o indivíduo a quem essa ode é endereçada. Apesar disso, a figura mais provável, cujo nome aparece em alguns manuscritos, é a de Lúcio Licínio Murena, filho do Murena que defendeu Cícero, acabou sendo adotado por Terêncio Varrão e assim passou a ser cunhado de Mecenas (casado com Terência, filha de Terêncio). Pelo que podemos saber, Licínio teve uma vida política bastante conturbada e acabou condenado à morte quando era cônsul, em 23 a.C., após participar com Fânio Cepião de uma conspiração contra Augusto (cf. Veleio Patérculo, 2.91, e Dião, 54.3, onde a data aparece como 22 a.C. – uma discussão sobre datações é feita por N-H, pp. 151-158). West: 68 argumenta que "é como se Horácio [...] soubesse que o cunhado de Mecenas corria o risco de cair em desgraça com Augusto, e, como um poeta de Augusto, demonstra onde está sua lealdade. Não é uma moralização no vácuo". Ainda vale lembrar que Horácio faz referência a um Murena em *Sátiras*, 1.5.38; e também já vimos como em 2.2.5-6 ele elogiou Proculeio por ajudar financeiramente os irmãos.

vv. 3-4: N-H (*ad loc.*) atentam para o fato de que a moreia ("*muraena*", ou "*murena*" em latim) era capturada quando vinha para perto da praia. Talvez haja aí um chiste com a transparência do nome de Licínio Murena. Apesar da estranheza de uma tal piada, convém lembrar que os romanos tinham um gosto por trocadilhos com nomes bem diversos do nosso.

v. 5: A maioria dos estudiosos vê na formulação da *aurea mediocritas* o conceito peripatético da busca do meio termo. Há indícios (cf. N-H, p. 152 e ss.) de que Murena era um peripatético, o que justificaria ainda mais o preceito neste poema. De qualquer modo, a tópica da mediania já aparece numa série de poetas gregos: Hesíodo (*Trabalhos e dias*, 694), Teógnis (frag. 220), Focílides, (frag. 12, Diels), Píndaro (*Píticas* 11.52 e ss.), etc.

vv. 14-17: A figura de Júpiter é sempre ligada ao clima. No entanto, é possível considerar se os ataques desse deus não estariam de algum modo ligados à ira do *princeps*. A sugestão, embora não seja óbvia, está longe de ser descartável. A passagem parece evocar 1.12.14-6.

vv. 18-20: Aqui Horácio demonstra como símbolo da alternância e da mediania as duas funções do deus Apolo: seu trabalho com o arco (com a guerra) e com a lira (como patrono das artes). Não creio ser inviável ler aqui uma alusão às funções de Augusto como pacificador da República e como incentivador da poesia.

2.11

Esta ode dá início à segunda metade do livro 2, com a repetição do metro de 2.1 ao mesmo tempo que parece dar continuidade à alternância entre sáficos e alcaicos que marcaram os 10 primeiros poemas. Além disso, dialoga com 2.1 em mais um aspecto: ela realiza também uma espécie de *recusatio*, já que convida Quíntio a largar os pensamentos políticos e bélicos para relaxar num banquete tipicamente lírico, acompanhado de uma hetaira, ao som da lira. Em certos aspectos, esta ode lembra a ode anacreôntica 32 Campbell:

> Ἐπὶ μυρσίναις τερείναις
> ἐπὶ λωτίναις τε ποίαις
> στορέσας θέλω προπίνειν·
> ὁ δ᾽ Ἔρως χιτῶνα δήσας
> ὑπὲρ αὐχένος παπύρωι
> μέθυ μοι διακονείτω.
> τροχὸς ἄρματος γὰρ οἷα
> βίοτος τρέχει κυλισθείς,
> ὀλίγη δὲ κεισόμεσθα
> κόνις ὀστέων λυθέντων.
> τί σε δεῖ λίθον μυρίζειν;
> τί δὲ γῆι χέειν μάταια;
> ἐμὲ μᾶλλον, ὡς ἔτι ζῶ,
> μύρισον, ῥόδοις δὲ κρᾶτα
> πύκασον, κάλει δ᾽ ἑταίρην·
> πρίν, Ἔρως, ἐκεῖ μ᾽ ἀπελθεῖν
> ὑπὸ νερτέρων χορείας,
> σκεδάσαι θέλω μερίμνας.

> Sobre as murtas mais suaves
> sobre plantas, flor de lótus,
> só irei beber deitado.
> Que o Amor amarre a manta
> com papiro no pescoço,
> que me sirva só de vinho;
> como a roda em cada carro
> corre a vida em suas voltas,
> nós nos deitaremos – poucas
> cinzas de ossos desmembrados.

Pra que perfumar as pedras?
E pra que libar à terra?
Me perfume enquanto vivo,
venha me cobrir de rosas
e chamar alguma china:
Amor, antes que eu me parta
para as danças do outro mundo,
eu afasto tanta angústia.

No entanto, como afirmam N-H (p. 169), "os *Anacreontea* eram simples no metro e ingênuos no estilo, mas a ode é complexa é variada. A cena grega idealizada junto com um elemento realista romano: o bem-sucedido Quíntio é plausivelmente representado numa combinação de ansiedades mundanas, *horti* suburbanos e de uma adega de vinho". De interesse também é a análise da construção do poema feita por Syndikus, p. 408.

– Metro: estrofe alcaica.

v. 1: Os cântabros eram um povo da parte superior do Ebro, ao norte da Hispânia, aonde Augusto enviou algumas campanhas entre 29 e 24 a.C.; enquanto os citas ocupavam a fronteira nordeste do império, separados da Península Itálica pelo mar Adriático, eles teriam auxiliado Fraates a retomar o trono (cf. notas a 2.2.17 e 1.26.5). Assim, Horácio aponta dois povos bárbaros de pontos opostos.

v. 2: Quíntio, uma figura de todo desconhecida, é comumente identificado com o destinatário da epístola 1.16. No entanto, como notam N-H e outros comentadores, nesta ode o referencial filosófico é bastante epicurista, ao passo que na epístola temos um pensamento estoico em ação; isso, obviamente, não implica que não possa se tratar da mesma figura, mas nos daria, no mínimo, um aspecto de profundo contraste entre as duas aparições no *corpus* horaciano. Outro detalhe importante é o termo *"Hirpine"*: por um lado, a maioria dos comentadores entende que se trate do *cognomen* de Quíntio; porém N-H (pp. 167-169) e West (pp. 72-74) argumentam que se trata de um adjetivo toponímico que indicaria os hirpinos, povo guerreiro próximo aos Apeninos na Itália central. Por fim, a hipótese que parece mais interessante derivada disso tudo é a de que Quíntio seja cunhado de Polião (a quem se dedicou o poema de abertura do livro, a ode 2.1); assim teríamos uma arquitetura simétrica com dois cunhados nos pontos centrais (Licínio em 2.10 e Quíntio em 2.11), em complemento às figuras mais importantes (Mecenas, que encerra o livro, e Polião, que o abre).

vv. 13-14: "É uma convenção pastoral sugerir espaços alternativos de repouso" (N-H, *ad loc.*, cf. Virgílio, *Bucólicas*, 5.5 e ss.; Calpúrnio Sículo, 1.8. e 6.66, e Nemesiano, *Éclogas*, 1.30).

v. 16: Referência aos perfumes importados da Índia. Segundo Bekes e Villeneuve (*ad loc.*), "*Assyria*" aqui estaria poeticamente para "*Syria*", por serem em portos sírios os embarques desses produto (cf. Virgílio, *Geórgicas*, 2.465).

v. 17: Sobre Évio, cf. nota a 1.18.8-11. Aqui está claramente funcionando como sinédoque do vinho.

vv. 18-20: Horácio faz referência ao costume antigo de se misturar o vinho à água pura de um rio; aqui a imagem compara o ardor do álcool a um fogo que precisa ser extinto pela água do rio (cp. Eurípides, *Alceste*, 758 e ss., e Meléagro, *Anth. Pal.*, 9.331). O garoto em questão é um escravo, um escanção, já que o termo latino "*puer*" é comum para designar escravos jovens, como em 1.38.

vv. 21-24: A descrição de Lide é similar à de uma hetaira grega, que também toca e canta; outro detalhe dessa descrição é o penteado grego, ao modo lacônico, isto é, espartano (famoso pela simplicidade, cp. Propércio, 3.14.28), talvez criando uma espécie de composição em anel, que retoma tópicas bélicas (normalmente associadas à cultura guerreira espartana) sob o filtro dos banquetes líricos, ou seja, com uma cantora de estilo espartano, em vez de batalhas. O nome "Lide" (do grego "Λύδη"), além de se associar com a denominação da amada de Antímaco, que deu esse mesmo nome a um livro de elegias, poderia evocar associações com a Lídia, uma região da Ásia Menor que, no imaginário romano, está cheia de associações ao prazer: o mesmo nome aparece ainda em 3.11 e 3.28. Por fim, não seria de todo inútil comparar esta figura àquela que aparece sob o nome de Lídia, em 1.8, 1.13 e 1.25 (cf. as notas aos poemas).

vv. 23-24: Estes dois versos são um dos maiores problemas editoriais nas *Odes*, com muitas variantes. Na prática, elas fazem pouca diferença para o sentido geral do poema, por isso optei por seguir a edição de Shackleton Bailey, como venho fazendo. Comentários sobre o problema podem ser vistos em Syndikus, p. 409, e N-H, *ad loc.*

2.12

Como observava Syndikus (p. 413), esta *recusatio* de gosto calimaquiano (cf. introdução aos poemas 1.6 e 1.31) é um caso peculiar, pois Horácio não se recusa a escrever um tema proposto pelo patrono, mas insinua ironicamente

NOTAS ÀS *ODES 2* | 439

que a recusa é do próprio Mecenas, o que é bem marcado pela primeira palavra do poema, "*nolis*". A questão fica ainda mais complexa com a segunda parte do poema, que aponta para uma certa Licínia de difícil identificação. Por fim, Romano (1991, p. 677) sugere que esta ode pode ser uma *recusatio* que responde a outra *recusatio* de Propércio a Mecenas (*Elegias*, 2.1), onde aparece a imagem da amada que gera o talento poético ("*ingenium nobis ipsa puella facit*").

– Metro: asclepiadeu 2.

vv. 1-3: A guerra Celtibéria, a qual se deu entre os anos 141 e 133 a.C., quando finalmente caiu a cidade da Numância, serviu como *recusatio* de Lucílio nas *Sátiras* (660 e ss.); porém, como observam West (p. 81) e N-H (*ad loc.*), seria possível pensar nas batalhas de Augusto contra os cântabros em 26-5 a.C., numa região próxima à Numância. Aníbal foi o maior general de Cartago (púnicos são os cartagineses) na Segunda Guerra Púnica (218-202 a.C.), a grande inimiga de Roma desde Primeira Guerra Púnica (séc. 264-41 a.C.); com isso, recebeu bastante ênfase de Ênio na épica. O mar Sículo, ou mar da Sicília fica entre a ilha homônima e a África, onde estava Cartago antes de ser completamente destruída pelos romanos; mas também seria possível pensar na batalha naval de Augusto (ainda Otaviano) e Agripa contra Sexto Pompeu em 36 a.C. Nesse sentido, a escolha do que Mecenas não deseja insinua aquilo que ele deseja: os feitos de Augusto.

vv. 5-9: Sobre batalha entre lápitas e centauros, cf. nota 1.18.8-11. Hileu era um dos centauros (talvez seja importante lembrar a profunda associação entre Marco Antônio e Baco, além das acusações de ebriedade feitas por Augusto). Os filhos do chão, ou da terra, são os gigantes, que tentaram invadir o Olimpo ainda sob o reinado de Saturno (um problema, já que comumente a batalha era contra Júpiter/Zeus). Como só podiam ser mortos por um ataque simultâneo de um deus e de um mortal, Hércules foi uma ajuda importantíssima na vitória da Gigantomaquia. Essa imagem foi usada por Horácio como metáfora para a guerra civil em 1.3.40, o que nos levaria a supor, como N-H, que Hércules simbolizaria Augusto (como é possível ler a *Eneida*, 8.18e ss., sobre Hércules e Caco); o que reforça o argumento da nota anterior.

vv. 9-12: Em vez de Horácio, o próprio Mecenas deverá escrever história em prosa, e não poesia ("*pedestris*" também poderia designar uma poesia sem música ou um verso humilde). Também não deve se deter sobre as vitórias do passado ou assuntos mitológicos típicos da épica, mas sobre os feitos recentes de Augusto; daí a imagem típica de um triunfo romano, onde reis bárbaros são exibidos na rua. Deve-se lembrar, contudo, que não há qualquer indício histórico de que Mecenas tenha ensaiado uma tal empreitada.

v. 13: Não se sabe ao certo quem seria Licímnia, mas é geralmente interpretada como sendo Terência Licínia, esposa de Mecenas, já que os dois nomes (Terência e Licímnia) têm a mesma disposição métrica (u – u u), que era o padrão de pseudônimos dos poetas amorosos, e o termo "*domina*" sugere a ideia de que possa ser a matrona ("*uxoris tuae*", ou "*patronae meae*", segundo N-H). Também seria possível entender esse mesmo "*domina*" como termo típico da poesia amorosa, e nesse caso Licínia seria a amada de Horácio ("*amicae meae*" ou "*tuae*", segundo N-H), o que faria com que o "tu" das últimas duas estrofes fosse lido como impessoal. De qualquer modo, a descrição das últimas duas estrofes criam problemas interpretativos. Há quem veja no nome um possível jogo etimológico com o grego "γλυκύς" (doce) e " ὑμνεῖν" (hinear), uma vez que o γ grego muitas vezes não era pronunciado pelos romanos: assim teríamos um sentido próximo a "doce hineadora" (outras hipóteses são aventadas por N-H). Por fim, a sugestão de Gordon Williams (1968, p. 299 e ss.) de que seria um poema feito para o casamento de Mecenas com Terência poderia resolver os problemas de contexto e das liberdades tomadas por Horácio, porém não há dados na ode que confirmem a hipótese aventada.

v. 14: Tentei manter a ambiguidade de "*lucidum*", que poderia ser ligado também ao próprio poeta: *me lucidum*.

vv. 17-20: A festa de Diana era comemorada no dia 13 de agosto. Como deusa virgem, era de se esperar que a consagração fosse realizada sobretudo (embora não exclusivamente) por jovens virgens. N-H (*ad loc.*) atentam para o fato de que, embora em Roma o espaço feminino fosse mais emancipado, poderia haver aqui uma referência literária à cultura grega, onde a reclusão feminina era liberada em dias festivos, que muitas vezes levavam a paixões inesperadas.

v. 18: "Brincar de brigar" ("*certare ioco*") parece indicar aqui um jogo de cantos amebeus (quando há uma disputa entre dois grupos ou indivíduos).

vv. 21-24: Aquêmenes foi o fundador da dinastia aquemênida na Pérsia, um local sempre lembrado pela riqueza. A Migdônia, uma região da Frígia, também era famosa pelas riquezas, tal como a Arábia como um todo (cp. 1.29). Essas comparações parecem, de algum modo, retomar os temas bélicos das duas primeiras estrofes; se for o caso, não haveria nessa pergunta a Mecenas também uma pergunta sobre a poesia (Syndikus, p. 416)? Assim, também Horácio não trocaria a lírica amorosa por temas épicos.

2.13

A matéria desta ode – a queda da árvore que quase matou Horácio – é tida por muitos como de origem biográfica. Não temos como confirmar a

NOTAS ÀS *ODES 2* | 441

factualidade do acontecimento, mas Horácio optou por retomá-lo poeticamente nas *Odes* em 2.17, 3.4 e 3.8, o que faz com que seja um cena importante para os estudos que tentam retomar alguma informação biográfica do poeta. De acordo com a maior parte dos estudiosos, a árvore teria caído nas calendas de março de 30 a.C., na *uilla Sabina*; porém, como observam N-H (p. 201), a datação do ano é bastante problemática e pode variar de 33 a 26 a.C. Um detalhe poético que deve ser lembrado é que a tópica da morte por objetos é bastante anterior a Horácio, e um epigrama anônimo, como *Anth. Pal.*, 9.67, pode ser um antecedente (cf. ainda Marcial, 11.41).

– Metro: estrofe alcaica.

vv. 1-12: Como bem defende West (p. 90), o poema é irônico (*contra* Villeneuve, *ad loc.*), e a intensa crítica ao lavrador que teria plantado uma árvore no terreno de Horácio e que depois quase teria matado o poeta, é um jogo ilógico que, pelo exagero gera um efeito cômico. Por isso o excesso de ataques de que esse lavrador seria um ímpio, sacrílego (vv. 1-2), parricida com as próprias (vv. 4-5), assassino de hóspedes que espalha o sangue em locais sagrados do próprio lar (vv. 6-8), feiticeiro (daí a referência à Cólquida, a terra de Medeia) e envenenador (vv. 8-10). Interessante ainda notar como Horácio adia a causa da crítica para os versos 11-12, quando anuncia a queda da árvore sobre sua própria cabeça.

v. 1: "*Dies nefastus*" é um termo técnico romano; o dia era marcado com um N no calendário, e os negócios públicos eram proibidos. Nesse caso, Horácio parece usar um termo técnico num contexto pouco adequado; e talvez "*religiosus*" fosse mais específico, já que nesses dias seria ruim realizar uma empreitada nova, tal como plantar uma árvore.

v. 2: Pode haver um jogo etimológico em "*sacrilega*", já que o termo implica "aquele que leva/rouba um bem sacro" (*sacra + lego*), e não apenas ímpio.

vv. 6-7: O termo "*penetralia*", que verti por "sacrário", é bastante específico em latim: trata-se do espaço, no interior de um lar, onde se veneravam os Penates, espíritos dos antepassados familiares, responsáveis, dentre outras coisas, pelo bem-estar dos hóspedes. A cena toda é de um profundo horror, pois o hóspede era uma figura sagrada na Antiguidade: matá-lo já seria um ato de impiedade; mas matá-lo traiçoeiramente enquanto dorme e espargir seu sangue em *penetralia* seria o cúmulo, digno de uma cena de tragédia.

vv. 13-14: Este momento gnômico, além de tipicamente filosófico, guarda grande similaridade com a lírica de Simônides (citado na nota a 1.4).

vv. 14-20: Os púnicos (cartagineses) eram famosos pelas habilidades marítimas, que garantiam comércio no Mediterrâneo; o Bósforo é a estreita passagem que leva ao mar Negro; dada a distância entre Cartago – na África – e o Bósforo, alguns estudiosos desconfiam do texto tal como nos chegou, mas creio (com N-H *ad loc.* e West, p. 95) que não haja corrupção no texto transmitido. Os partas eram lembrados pela capacidade de fugir sobre o cavalo, de costas, enquanto lançavam flechas contra os inimigos. O "soldado" que aparece aqui é certamente o soldado romano, por contraposição ao soldado parta.

vv. 21-23: Prosérpina é a rainha dos mortos, esposa de Plutão. Éaco teria sido filho de Zeus/Júpiter e da ninfa Egina, e pai de Peleu. Depois de levar uma vida notável pela justiça e piedade, ele teria sido agraciado com um posto de juiz no reino dos mortos (cf. Platão, *Górgias*, 524a). Os justos teriam um lugar separado entre os mortos, nos Campos Elísios, que é o mais próximo de um céu cristão que se pode encontrar no Orco romano.

vv. 24-28: A lira eólica faz referência à região e ao dialeto de Safo e Alceu, os dois principais modelos das *Odes*. A matéria do lamento contra as conterrâneas aparece nos fragmentos de Safo 94 e 131 Lobel-Page. O mesmo vale para Alceu na próxima estrofe: os fragmentos 6 e 208 sobre o navio; 114 e 130 sobre exílio; guerra é um *topos* que atravessa inúmeros fragmentos. Importante notar a catalogação dos dois: de um lado, Safo canta seus amores; do outro, Alceu entoa temas civis.

v. 31: Batalhas e tiranos aparecem sobretudo no que nos restou de Alceu: Melancro, tirano de Mitilene foi derrubado por Pítaco; e outro tirano foi Mírsilo, que talvez também tenha sido exilado. Para N-H (*ad loc.*) "Horácio está reagindo contra os gostos dos neotéricos e seus sucessores augustanos [...]; ao mesmo tempo que faz um manifesto sobre sua própria poesia, que se propunha a imitar a aparência prática e masculina de Alceu". O mesmo pensa Romano (1991, *ad loc.*).

v. 33-36: O centicípite é o cão Cérbero, que guarda a entrada do Orco. Em geral, é representado com apenas três cabeças; e aqui a referência a 100 cabeças, apesar de ter respaldo na poesia grega (tal como em Píndaro, frag. 249b), resultaria numa conta de 200 ouvidos (em Hesíodo, *Teogonia*, v. 312, ele tem 50 cabeças), parece reforçar ainda mais o exagero de Horácio. As Eumênides (do grego, "benevolentes") são Erínias gregas, ou as Fúrias romanas, responsáveis por punir crimes familiares e comumente representadas com serpentes nos cabelos, tal como Medusa.

vv. 37-40: O pai de Pélops é Tântalo (cf. nota a 1.6.8). Prometeu por vezes aparece sendo punido no Orco/Hades, e não no Cáucaso: a versão que vemos aqui não aparece em nenhum texto antes desta ode. Oríon, em vida, teria sido um caçador, que acabou condenado por tentar estuprar Diana: com isso foi punido com a caça infinita também depois de morto. A cena de alívio ao tormento das sombras e captura da atenção parece similar à de Virgílio, nas *Geórgicas*, 4.471-84, onde Orfeu canta no reino dos mortos.

2.14

Esta ode tem o mesmo metro da anterior, o que poderia permitir a união das duas num só poema. Creio que, embora essa leitura não seja obrigatória, é bastante possível: 2.13 não apresenta um interlocutor determinado e trata do risco de morte do poeta diante de uma árvore, ao passo que esta ode dedicada a Póstumo retoma o tema da morte e ainda faz referência ao cipreste que poderia seguir o dono na morte; ora, um dos modos de uma árvore seguir o dono na morte é caindo em cima dele e, portanto, morrendo no próprio ato de matá-lo; o outro é sendo especificamente um cipreste, já que era a planta consagrada a Plutão. Se não considerarmos as odes como uma unidade, ainda assim creio que seria inevitável traçar entre as duas um profundo diálogo temático que se reforça pela similaridade métrica; a elocução desta peça, embora menos notavelmente risível, ainda parece carregar bastante humor (WEST, p. 98).

— Metro: estrofe alcaica.

v. 1: Nada sabemos sobre quem seria Póstumo. Poderia ser o poeta Rabírio, que escreveu um poema sobre a morte de Marco Antônio, mas também poderia ser o mesmo Póstumo a quem é dedicada a elegia 3.12 de Sexto Propércio. Um dado, no entanto, parece ser importante: o nome romano *Postumus* era costumeiramente dado a um filho nascido depois da morte do pai. Nesse caso, mesmo que se trate de uma figura ficcional (caso extraordinário nas *Odes*, já que os nomes romanos são quase sempre identificáveis), o nome já sugere as relações entre vida, morte e herança.

vv. 5-9: Um sacrifício de 300 touros (três hecatombes!) é um exagero com base histórica, pois sabemos que, em 217 a.C., tal sacrifício fora performado como agradecimento pela derrota de Aníbal. Plutão é o rei dos mortos, ilacrimável (provável neologismo horaciano) porque não chora diante dos pedidos das sombras. Gerião é um monstro mítico composto de três corpos, filho de Crisaor e Calirroé, que reinava na Erítia, que acabou sendo morto por Hércules em um dos trabalhos, quando teve de roubar os bois do monstro. Tício era um gigante filho da Terra com Zeus/Júpiter (cf. *Odisseia*, 11.576), que, por ter tentado estuprar Latona, acabou fulminado pelo próprio pai (em outras versões, ele teria sido morto por Febo e Diana, filhos de Latona com Júpiter) e lançado ao Tártaro, onde águias lhe comeriam eternamente o fígado. As tristes ondas são referência ao Estige, rio dos mortos. A passagem como um todo guarda grande semelhança com um fragmento de Ésquilo (*Niobe*, frag. 147).

v. 10: O verso parece ser reminiscência homérica (*Ilíada*, 6.142): οἳ ἀρούρης καρπὸν ἔδουσιν ("os que se nutrem do fruto da terra").

vv. 11-12: A imagem horaciana é similar a um mosaico encontrado em Pompeia, onde vemos uma caveira: de um dos lados, o cetro e o diadema reais; do outro, o cajado de um mendigo.

v. 13: Marte aqui representa, por metonímia, a guerra. É em vão que os homens fogem à morte bélica ou marítima.

vv. 15-16: Ao que tudo indica, o outono era considerado insalubre: Hipócrates, *Aforismas*, 3.9; uma imagem similar já havia aparecido em *Sátiras*, 2.6.18 e ss. E voltará a aparecer em *Epístolas*, 1.7.5-13; além disso, sabemos que, em Roma, poderia ocorrer um surto de malária nessa época.

vv. 18-19: O Cocito é representado ora como um rio, ora como um lago do Orco; e Horácio o representa com um jogo etimológico, já que o termo é derivado do grego "κωκύω" (que significa gritar ou lamentar alguém morto). A raça de Dânao (lendário rei de Argos) são as Danaides, suas 50 filhas, que, ao se casarem com 50 filhos de Egito, mataram-nos todos na noite de núpcias, por ordens do pai. A única que o desobedeceu foi Hipermestra, que assim salvou o marido Linceu. As 49 criminosas foram condenadas a encher um poço sem fundo após a morte. O tema é desenvolvido em 3.11.

v. 20: Sísifo, filho de Éolo (por isso um Eólide), é uma figura mítica a quem são atribuídos vários dolos contra homens e deuses. Por isso, foi condenado a subir uma rocha num monte, que logo desceria novamente, fazendo com que repetisse os esforços eternamente entre os mortos: essa representação data ao menos desde Homero (*Odisseia*, 11.593 e ss.).

v. 23: Os ciprestes eram consagrados a Plutão e outros deuses dos mortos e eram comumente plantados próximo a tumbas, sobretudo de homens nobres (cf. Lucano, *Farsália*, 3.442); por isso sua sombra era considerada nefasta.

vv. 25-26: A imagem do herdeiro já aparece de modo similar em 2.3.20. O cécubo é um vinho muito valorizado na Antiguidade (cf. 1.20).

v. 27: "*pauimentum*" pode indicar um chão feito de mármore ou de mosaicos. De toda forma, ele implica uma pavimentação de alto luxo no período romano.

v. 28: Os banquetes pontificiais eram proverbialmente famosos pelo luxo (cp. 1.37.2-4, além de Macróbio, *Saturnália*, 3.13.11). A imagem final é, portanto, a do vinho que sobrevive ao dono e acaba aproveitado em banquetes de um jovem herdeiro.

2.15

Nesta ode sem destinatário, a crítica às construções luxuosas dos ricos é um lugar comum da *diatribe* grega que foi amplamente incorporada pelos romanos a partir do séc. I a.C. (cp. Sêneca, o Velho, *Controversie, excerpta*, 5.5.1), associada a críticas já existentes na tradição romana (Syndikus, p. 435). Horácio aponta sobretudo para os efeitos visuais nos campos romanos, graças aos novos plantios sem produção de alimentos. "Talvez Horácio tenha tomado temas da *diatribe* contra a elaboração da horticultura e os ligou à ansiedade romana pelo declínio da terra arável e do campesinato livre: o resultado é que um ponto de vista ético mais teórico é apresentado como se fosse um argumento social conclusivo" (N-H, p. 243). Porém, como observa Romano (1991, p. 693), a política de Augusto, por um lado, promovia as edificações como propaganda do *princeps* ao mesmo tempo que retomava o modelo catoniano de simplicidade arcaica, o que resultava num paradoxo que não é desenvolvido por Horácio, uma vez que pode pôr em risco o projeto augustano. Essa preocupação intensa com a moral tradicional romana parece prenunciar as Odes Romanas que abrem o terceiro livro.

– Metro: estrofe alcaica.

v. 3: O lago Lucrino ficava na Campânia, perto do balneário de Baias, ao norte de Nápoles. Na guerra contra Sexto Pompeio, em 37-36 a.C., Agripa reforçou a linha de areia entre o lago e o mar, além de abrir uma passagem navegável até o Lago Averno (cf. Virgílio, *Geórgicas*, 2.161-4): esse foi um dos feitos mais notáveis da engenharia antiga, e Horácio compara esse mesmo lago aos novos tanques artificiais dos romanos, numa hipérbole notável que sugere o ridículo.

vv. 4-10: O plátano é solteiro (*caelebes*) porque, ao contrário dos olmos, não era usado para dar suporte às videiras, mas servia para criar sombra, de modo que costumava ser plantado pelos mais ricos. A imagem nos leva a pensar em plantios ornamentais, sem o pretensão de frutos (segundo N-H, "*caelebs*", para a política augustana, indicaria também a inutilidade social do indivíduo que não se casa nem produz uma prole romana, e a metáfora do casamento já aparece em Horácio, *Epodos*, 2.9-10). O mesmo ocorre na troca das oliveiras pelos louros, mirtos e violetas.

vv. 10-12: Segundo alguns mitos, Rômulo seria o fundador de Roma e teria tomado importantes auspícios para a decisão de atos públicos (Cícero, *Republica*, 2.16, e Lívio, 1.6-16 parecem indicar isso): embora seja mais representado como pastor, há referências sobre a disposição das terras para plantio (cf. Varrão, *De re rustica*, 1.10.2, e Cícero, *Republica*, 2.26); além de ser um símbolo da vida rústica e simples (Virgílio, *Geórgicas*, 2.532-3). Marco Pórcio Catão, o Censor (234-149 a.C.), uma das figuras centrais na história política de Roma, é representado intonso, com a barba longa, para reforçar sua austeridade (Cipião Africano – 15 anos mais novo que Catão – teria sido o primeiro romano a fazer a barba regularmente); na verdade, seu nome servia para invoçar os valores tradicionais romanos, uma vez que teria sido criado nos montes sabinos. Em *De agricultura*, 7.1, vemos uma lista de indicações para plantios, e o centro é a plantação alimentar; embora em 8.2 também haja indicações sobre plantas ornamentais. Um ponto importante, como observa West (p. 108-9), é que Otaviano pensou em assumir o nome de Rômulo, antes de se decidir por Augusto (Suetônio, *Augustus*, 7), que ele tomou auspícios no primeiro consulado (p. 95) e que, como Catão, também realizou o trabalho de censor (*Res gestae*, 6).

v. 13: Sigo a maioria dos editores (tais como Villeneuve, Venini e West, dentre outros): mantenho "*priuatus*" (com base nos manuscritos) em vez de "*probatus*" que aparece na edição de Shackleton Bailey a partir da conjuntura defendida por N-H.

vv. 14-16: Ao mencionar um passado mais humilde, Horácio indica que as casas eram pequenas (não mediam 10 pés de altura) e não eram voltadas para o Norte, rumo à constelação da Ursa, para evitar o calor do verão.

v. 17: A céspede poderia ser utilizada para cobrir a casa, formando um telhado, ou como parte do material para se fazer o adobe.

v. 20: Entende-se por "pedra nova" (*nouo saxo*) o mármore recém-extraído, que ainda não foi utilizado em outras construções. Toda a estrofe se funda na oposição entre a simplicidade das construções privadas, com o uso mais caro de pedras apenas para edifícios públicos. A imagem poderia nos lembrar que, em 28 a.C., Augusto restaurou 82 templos (*Res Gestae*, 20).

2.16

– Metro: estrofe sáfica.

v. 1: O termo *"otium"* é de difícil definição, pois, se por um lado, implica o ócio do *far niente* em oposição a *"negotium"* (com associações à indolência e à luxúria), por outro ainda implica aquele tempo livre dedicado à intelectualidade (*"cum dignitate otium"*, de Cícero, próximo à "σχολή" grega), que seria derivada de certa independência material (Villeneuve, *ad loc.*). Para além disso, o termo ainda indicaria a simples paz de espírito, ou tranquilidade (N-H, p. 252), a ἀταραξία epicurista, por oposição ao termo *"cura"* (ou derivados) que aparece nos vv. 11, 22 e 26, e que traduzi por "aflição". Por isso, e por crer que os sentidos diversos da palavra são invocados em diferentes partes desta ode (WEST, p. 115), mantive o termo "ócio" na tradução, e também por julgar que possa haver aqui algum eco da última estrofe de Catulo 51: "à crítica catuliana de um *otium* [...] Horácio responde com o elogio do *otium*" (ROMANO, 1991, p. 696); e isso se dá porque o sentido da mesma palavra é diferente em cada um dos poemas (SYNDIKUS, p. 444).

vv. 1-2: Esta imagem de abertura guarda um profundo intertexto com Lucrécio (*De rerum natura*, 2.1-2):

> *suaue mari magno turbantibus aequora uentis*
> *e terra magnum alterius spectare laborem*

> Doce, quando em mar fundo os ventos se perturbam,
> é ver, da terra, os fundos trabalhos alheios

Ao leitor interessado, a série de comparações se estende pelos primeiros 50 versos do segundo livro de Lucrécio.

v. 6: Os medas aqui indicam os partas.

v. 7: Pompeu Grosfo também é mencionado em *Epístolas*, 1.12. Embora saibamos pouco sobre ele, podemos deduzir alguns detalhes: é bastante provável que detinha grandes posses na Sicília, como se pode depreender pelos versos 33-4 e pela epístola supracitada, mas também pelo fato de ter havido dois *duumuiri* com tal nome em Pompeia, em 59 d.C.; Porfirião indica que ele seria um equestre. Segundo N-H (p. 253) "parece possível que os Grosfo tinham associações bem conhecidas com gado e cavalaria", e ainda sugerem que o epicurismo da ode indique as preferências filosóficas do destinatário. O nome "Grosphus", que em grego, "γρόσφος", significa uma lança de arremesso, é comumente traduzido em latim por *"iaculum"*, com o qual Horácio joga nos versos 17-18, o que nos sugere que o nome familiar talvez seja por patronato em Pompeia, derivado de feitos bélicos.

v. 9: Cada um dos dois cônsules de Roma tinham uma escolta de 12 litores encarregados também de fazer cumprir as suas ordens.

vv. 13-14: Ao que tudo indica, um saleiro de prata seria comum mesmo nos lares mais humildes e servia como símbolo da herança modesta (cp. Pérsio, *Sátiras*, 3.25). A imagem da parcimônia é muito próxima da de Lucrécio (*De rerum natura*, 5.1119): "*uiuere parce aequo animo*" ("viver parcamente com ânimo justo").

vv. 21-24: Alguns editores, como Klingner, consideram esta estrofe espúria; porém, como a grande maioria, considero a oposição entre "*otium*" e "*cura*" fundamental para o desenvolvimento do poema. Sobre o Euro, cf. nota a 1.25.17-20

vv. 29-30: A morte precoce de Aquiles em nome da glória imortal é uma das questões recorrentes da *Ilíada*, já que o guerreiro deve fazer uma escolha. Sobre Titono, cf. nota a 1.28.6-15.

vv. 35-37: O múrice é um tipo de molusco donde se extraía o púrpura, muito comum na Lacônia e em costas africanas da Fenícia, tal como na cidade de Sídon. O termo, em português, indica a própria cor, além do molusco. A imagem das lãs duplamente tingidas também aparece em *Epodos*, 12.21.

v. 37-39: As Camenas são, originalmente, ninfas das fontes d'água (Varrão, *De lingua latina*, 7.26); mas acabaram assimiladas às Musas gregas desde Andronico e Névio. Sobre a Parca, cf. nota a 2.3.15-16; aqui o termo parece estar ligado a "*parcere*", por isso retomei o jogo com o termo "parco". As imagens de brevidade e pouco alento (cp. Virgílio, *Bucólicas* 4.54 e Propércio 3.17.40) podem indicar a metapoesia helenística, como em 1.6., 1.31, 1.38 , 2.12 e, mais adiante, em 2.20.

2.17

Esta ode é comumente comentada como uma espécie de profecia: aqui, vemos Horácio que tenta alegrar Mecenas em sua doença, com o argumento de que ambos morrerão juntos; ironicamente, ambos faleceram em 8 a.C., e Horácio viveu apenas alguns meses a mais que seu patrono, muito embora seja difícil acreditar que a causa da morte do poeta possa ter sido algo como saudades ou luto pelo patrono. Imagina-se que a matéria da congratulação pública pela melhora numa doença ("σωτηρία") teria sido praxe, porém não temos exemplares em prosa que comprovem tal hipótese; ainda assim, um exemplo poético muito próximo é a *Silvae*, 1.4 de Estácio, onde o poeta se alegra pela recuperação de Rutílio Gálico e também apresenta as tópicas de aplausos do povo e agradecimentos aos deuses com sacrifícios. Na esfera privada, temos ainda as elegias: Tibulo, 1.5, Propércio, 2.28, e Ovídio, *Amores*, 2.13, dentre outros. N-H ainda supõem que essa ode poderia nos dar indícios sobre uma hipocondria real de Mecenas (pp. 273-274), como atesta Plínio (*História natural*, 7.172) o que ajudaria a explicar certo humor que atravessa o poema (*contra* West, p. 120 e ss.).

– Metro: estrofe alcaica.

v. 4: Essa descrição de Mecenas ecoa a que lemos em 1.1.2.

v. 5: Esta imagem coa aquela utilizada para Virgílio na ode 1.3.8.

vv. 9-10: *"sacramentum dicere"* é uma expressão de âmbito militar que denomina o juramento do soldado ao general.

vv. 13-16: Sobre a Quimera, cf. nota a 1.27.23-4. Giges aqui citado não é o mesmo de 2.5, mas sim um dos gigantes de 100 mãos (ou hecatônquiros gregos), filhos da Terra e do Céu, que atacaram o Olimpo, mas, após a derrota, foram punidos com a prisão no Tártaro (cp. Ovídio, *Tristia*, 4.7.18, onde o nome que aparece é *"Gyas"*). Sobre as Parcas, cf. nota a 2.3.15-16. A Justiça (em grego Δίκη) é comumente representada como filha de Júpiter e Têmis e irmã das Parcas (cf. Hesíodo, *Teogonia*, 901-905).

vv. 17-25: Se contrastarmos com 1.11, onde Horácio critica a astrologia, todo esse trecho pode ser lido como irônico. É possível, porém, lermos esta passagem como efeito de uma poesia escrita *ad hominem*, se confiarmos nos relatos de que Augusto e Mecenas confiavam em astrologia (Suetônio, *Augustus*, 94, Dião Cássio, 3.36), como propunha Fraenkel (1957, p. 216 e ss.); nesse caso, Horácio varia suas crenças de acordo com os destinatários. Na astrologia antiga, Libra e Júpiter eram astros favoráveis, enquanto Escorpião, Capricórnio e Saturno seriam perigosos (Manílio, *Astronomica*, 4.217 e ss., 4.547 e ss., e 4.773. e ss.). Capricórnio é o tirano das ondas hespérias porque aparece em dezembro, um período de tempestades. West (pp. 123-124) faz algumas hipóteses sobre a factualidade do horóscopo aqui apresentado, com a ideia que de Capricórnio estava em Mercúrio no dia 8 de dezembro de 65 a.C., provável data de nascimento do poeta. O Fado não era costumeiramente representado com asas (*uolucris*); mas N-H (*ad loc.*) supõem que Horácio possa aludir aos demônios da mitologia etrusca.

vv. 21-22: Horácio usa o termo *"astrum"*, que é mais vago em latim, mas o pensamento astrológico antigo previa que as constelações teriam influência sobre o temperamento dos indivíduos, porém casos de salvamento e intervenção são atribuídos aos planetas. No caso, os planetas são Júpiter por Mecenas e Mercúrio por Horácio.

vv. 25-26: Dada a similaridade com 1.20.3-8, alguns comentadores julgam que seria a mesma cena e interpretam a ode precedente sob essa luz.

vv. 27-30: A árvore que quase matou o poeta ocupa o centro de 2.13. Aqui quem o salva é Fauno (cf. notas a 1.4.11-12 e 1.17.1-2), uma divindade que faz parte do séquito de Baco; já em 3.8.7, Horácio menciona o próprio Baco como seu salvador. Ao se descrever como um homem mercurial, Horácio pode estar indicando o próprio horóscopo, ou simplesmente se relacionando à poesia, porém também a Augusto (cf. notas às odes 1.2, 1.10, 1.12 e 2.7, bem como Hasegawa, 2013). Por fim, uma relação com Fauno estaria no mito de que ele seria filho de Mercúrio.

2.18

Esta ode de certo sabor cínico é curiosamente descrita por West (p. 130) como "mais similar a um sermão do que a uma ode. Mais similar a um epodo do que a uma ode"; mas podemos ver que guarda reminiscência de dois fragmentos de Baquílides. Um é o fragmento 20B Campbell:

> χρυσῷ δ' ἐλέφαντί τε μαρμαίρουσιν οἶκοι,
> πυροφόροι δὲ κατ' αἰγλάεντα πόντον
> νᾶες ἄγουσιν ἀπ' Αἰγύπτου μέγιστον
> πλοῦτον· ὣς πίνοντος ὁρμαίνει κέαρ.

> de ouro e de marfim resplandece a sua casa,
> trazem-lhe trigo, cruzando o mar brilhante,
> barcos que buscam distantes no Egito muitos
> bens: assim se agita o peito do ébrio.

Outro, o fragmento 21 Campbell (um convite aos Dióscuros para um banquete), que também apresenta um ritmo de predominância trocaica:

> οὐ βοῶν πάρεστι σώματ' οὔτε χρυσὸς
>   οὔτε πορφύρεοι τάπητες,
>   ἀλλὰ θυμὸς εὐμενής
> Μοῦσά τε γλυκεῖα καὶ Βοιωτίοισιν
>   ἐν σκύφοισιν οἶνος ἡδύς.

> Não há greis de bois aqui, não há nem ouro,
>   nem o púrpura dos tapetes,

> só um coração gentil,
> a Musa querida e em beócias
> taças o vinho mais doce.

que também é tópica de Lucrécio, 2.20 e ss., sobretudo os versos 27 e 28:

> *nec domus argento fulget auroque renidet*
> *nec citharae reboant laqueata aurataque templa,*
>
> nem a casa refulge na prata, ou brilha com ouro,
> nem ressoam as cítaras ressoa em templos laqueados,

Além disso, o louvor à simplicidade rústica está em diálogo com Virgílio, *Geórgicas*, 2.461 e ss.; mas não sabemos quem teria escrito primeiro. Mais importante, creio, é a importância política desse tipo de diatribe sob o principado de Augusto.

Ainda interessante é reparar na possibilidade de dividir a ode em três partes (vv. 1-14, 15-28 e 29-40), que formam a seguinte disposição: 14 + 14 + 12; que poderia se aproximar da organização pindárica da tríade.

– Metro: hiponacteu. É o único exemplar em Horácio, mas sabemos que teria sido usado por Alceu (Césio Basso, 6.270.21) e posteriormente por Prudêncio em seu *Epilogus*.

v. 3: Do monte Himeto, próximo a Atenas, se extraía um tipo de mármore com veios azulados.

vv. 5-8: Átalo III, em 133 a.C., entregou o reino aos poderes de Roma; assim foi criada a província da Ásia. Seu nome e o dos descendentes eram um sinal de riqueza, e a hipótese de um herdeiro distante e desconhecido parece evocar tópicas da Comédia Nova. Sobre o púrpura da Lacônia, cf. nota a 2.16.35-7. Sabemos que era comum um patrono receber visitas de cumprimentos dos clientes todos os dias pela manhã, por vezes acompanhados das esposas (cf. Juvenal, *Sátiras* 1.122)

v. 10: O *"pauper"* ("pobre") na poesia latina não é aquele que passa necessidades, mas apenas o homem de condições mais modestas. A pobreza dos poetas, como clientes, amantes ou moralistas, era uma tópica convencional, mesmo quando sabemos que o poeta era em realidade um equestre (Ovídio, *Tristia*, 4.10.22, ou Tibulo, 1.1.5).

vv. 12-14: Lembre-se de que Horácio recebeu de Mecenas uma *uilla Sabina* em 33 a.C. (cf. *Sátiras*, 2.6), daí que seja apresentado como um "amigo poderoso". Levando esse detalhe importante em conta, é possível pensar que esta ode sem destinatário explícito seja dedicada ao patrono de Horácio (N-H *contra* Romano); e isso pode explicar a referência aos atálidas, segundo N-H, que cogitam uma relação entre Mecenas e a dinastia de Átalo.

v. 17: O *"tu"* que abre este verso é motivo de disputa entre os comentadores. Com N-H (*contra* West), creio que exista uma ambiguidade – pelo contexto do poema, somos levados a crer que seria Mecenas; porém a crítica direta ao plutocrata não se enquadraria no decoro do poeta, então passamos a supor que seria um *"tu"* impessoal da pregação diatríbica; no entanto, penso que ao fim a ambiguidade não se resolve completamente.

v. 20: Baias, cidade da Campânia, era uma praia termal que servia de ponto turístico dos romanos.

vv. 23-26: A iniquidade de um patrono com os clientes era considerada sacrilégio, segundo a *Lei das 12 tábuas* 8.21: *"Patronus si clienti fraudem fecerit, sacer esto"*. Entenda-se aqui a relação de patrono e cliente como um dos pilares da vida social romana. Os exilados levando seus Penates (cf. nota a 2.4.15) fazem um forte contraste que demonstra os resultados humanos da ganância a partir de uma imagem religiosa.

vv. 34-35: O guarda do Orco (mundo dos mortos) seria Caronte, o barqueiro que levaria as almas dos mortos. N-H e West aceitam a variante *"reuinxit"* ("desacorrentou") em lugar de *"reuexit"* ("reviveu") e assim cogitam que o guarda em questão seria Mercúrio, que aparece em Horácio sob essa alcunha em 1.10, por exemplo: a meu ver, as duas variantes são muito convincentes, bem como as leituras entre Caronte e Mercúrio, embora a última possa ser mais instigante para os debates sobre a importância de Mercúrio nas *Odes*. Sobre Prometeu, cf. nota a 2.13.37-40.

v. 37-38: Sobre Tântalo, cf. nota a 1.6.8. Sua estirpe inclui Pélops (filho), Atreu e Tiestes (netos), Agamêmnon e Menelau (bisnetos) e Orestes (tataraneto), todos marcados por crimes familiares.

vv. 39-40: Há quem veja nestes versos uma alusão à fábula 60 de Esopo, que trata do velho e da morte.

2.19

Esta ode hínica dedicada a Baco nos remete imediatamente a 1.18, onde, de modo diverso, o poeta também presta honras ao deus do vinho. Como bem observam N-H (pp. 314-315), havia muitos modelos para uma ode a Baco: desde o sétimo hino homérico, passando por Anacreonte, uma série de ditirambos (de que nos chegaram, infelizmente, poucos exemplares), a tetralogia dramática *Lycurgeia*, de Ésquilo, e as *Bacantes* de Eurípides. Além disso, Baco era figura recorrente na poesia augustana: cf. Propércio 3.17; Ovídio, *Metamorfoses*, 4.17 e ss., e *Tristia*, 5.3. Cf. ainda as notas a 1.18.

Esta ode forma um par de encerramento com 2.20: aqui a ênfase recai sobre Baco, como símbolo da inspiração poética; lá, o poeta transformado em ave (provavelmente um cisne) se aproxima de Apolo: com esses dois polos é que surge a lírica horaciana – *ars* e *ingenium*.

– Metro: estrofe alcaica.

vv. 3-5: Sobre ninfas e sátiros, cf. nota a 1.1.29-32. Sobre o grito de "evoé", cf. nota a 1.18.8-11.

vv. 7-8: Sobre Líber, cf. nota a 1.12.22. O tirso é um cajado utilizado por Baco e seus seguidores; ele era feito com folhas de videira e hera e com uma pinha no topo.

vv. 9-12: As tíades eram as seguidoras de Baco; o nome é derivado da agitação do culto (do verbo grego "θύειν", "agitar-se", "desejar"). No mito, o toque do tirso sobre pedras e plantas faria brotar vinho, leite e mel, que formariam fontes e rios (cf. Eurípides, *Bacantes*, 704 e ss.).

vv. 13-16: A esposa de Baco é Ariadne, que, depois de ser abandonada por Teseu, foi desposada pelo deus para assim se tornar imortal, e então uma constelação nasceu da coroa nupcial. Penteu, rei de Tebas, e Licurgo, rei dos edônios da Trácia, foram dois opositores aos ritos de Dioniso que acabaram pagando caro por isso: Penteu foi estraçalhado por um coro de bacantes que incluía a própria mãe, Agave; ao passo que Licurgo também foi duramente punido (cf. nota a 1.18.8-11).

vv. 17-20: Na passagem pela Índia, Baco teria desviado o curso dos rios Orontes e Hidaspes, ou o Indo e o Ganges, além de ter acalmado as ondas do oceano Índico. É possível ver nessas "distantes serras" uma referência ao Parnaso; o termo latino "*uuidus*" quer dizer, como o "úvido" português, "úmido" e, por extensão, "ébrio"; mantive o termo porque ainda vejo nele um eco sonoro de "*uua*", "uva". As bistones, ou bistônides, eram bacantes da Bistônia, uma região da Trácia que se situa entre o mar Egeu e o monte Ródope. Em geral, eram representadas com cabelos soltos, mas por vezes apareciam com um laço feito de cobras (Eurípides, *Bacantes*, 101-2).

vv. 21-28: Na gigantomaquia, um grupo de gigantes tentou invadir o monte Olimpo (lar de Júpiter, pai de Baco), mas foram derrotados pelos deuses olímpicos em associação a outras figuras, como Baco e Hércules: Reto era um desses gigantes (também em 3.4.55). Horácio aproveita o mito para apresentar a face violenta de Baco, o qual geralmente é mais associado às bebidas do banquete, sinédoque de tempos de paz. A associação de Baco com os leões é comum, bem como sua metamorfose (*Hino homérico*, 6.44).

vv. 29-32: Baco desceu ao mundo dos mortos para resgatar sua mãe, Sêmele, e conseguiu o feito ao trocá-la com Hades por um ramo de murta. Sobre Cérbero, cf. nota 2.13.33-6. O chifre era considerado um atributo de poder animal; e Dioniso era representado com um chifre de ouro que conteria o sumo da vida. Há ainda a imagem de um Dioniso taurimorfo que poderia justificar os chifres.

2.20

Esta impressionante ode de encerramento do livro 2, dedicada a Mecenas, além de retomar os metapoemas 2.13 e 2.19, funciona como intermediária entre os encerramentos de 1.38 e de 3.30: aqui o anúncio da imortalidade é figurado numa metamorfose do poeta em pássaro, que pelo voo alcança os lugares mais distantes com sua obra. O poema se aproxima de uma σφραγίς ("assinatura"), um lugar-comum da poesia antiga pelo menos desde Teógnis, mas também presente em Calímaco (frag. 203, que encerraria os *Jambos*), Meléagro (*Anth. Pal.*, 12.257); e depois nos romanos, como Virgílio (*Geórgicas*, 4.563 e ss.) e Propércio (1.22 e 2.34). No entanto, aqui Horácio não insere seu nome como assinatura. Esse tipo de processo também era comum em epigramas com epitáfios dos próprios poetas, tais como Leônidas de Tarento (*Anth. Pal.*, 7.715), Calímaco (epigrama 35), bem como os romanos Névio, Pacúvio e Plauto (citados por Aulo Gélio, 1.24). Julgo digno de nota citar o epitáfio de Ênio:

> *Aspicite, o ciues, senis Enni imaginis formam.*
> *Hic uestrum panxit maxima facta patrum.*
> *Nemo me lacrimis decoret nec funera fletu*
> *faxit. Cur? Volito uiuos per ora uirum.*

> Vede, meus cidadãos, a imagem de Ênio já velho,
> ele que a vós abriu máximos feitos dos pais.
> Não vá ninguém enfeitar com prantos as minhas exéquias.
> Qual o motivo? Eu voo vivo nas bocas mortais.

Horácio retoma a recusa ao luto e a ideia de imortalidade pela escrita, para ampliar poeticamente a imagem do voo. Certamente não num sentido estrito, que remeteria a alguma mística, mas ao símbolo da longevidade da escrita, em comparação com a vida efêmera dos homens.

– Metro: estrofe alcaica. Em termos métricos, é interessante observar que a repetição de alcaicos no fim do livro 2 já anuncia a exclusividade alcaica nas Odes Romanas do livro 3.

vv. 1-4: N-H atentam que um poeta poderia ser associado aos pássaros por motivos diversos do canto: Píndaro se ligava à águia pela majestade (*Olímpicas*, 2.88), e também Baquílides pela amplidão do voo (5.31), ou mesmo à imortalidade (Eurípides, frag. 903, Nauck); no caso de Horácio, o interesse é marcar uma espécie de sobrevida poética simbolizada pela metamorfose, o que, em parte, também se aproxima da imagem do Íon de Platão, 534b. Há uma alusão ao mito de Ícaro, que se explicita a partir do verso 13. Uma imagem horaciana similar, porém indicando o fracasso poético, aparece em 4.2.3-4. Em geral, é aceito pelos comentadores que Horácio se torna um cisne pela descrição e pela ligação do pássaro a Apolo.

vv. 5-8: Horácio rememora sua origem humilde, de pai liberto, se confiarmos nas informações que ele já havia dado nas *Sátiras*, 1.6.45 (*"libertino patre natum"*). Sobre o Estige, Cf. nota 2.14.5-9.

vv. 9-12: Estes versos que descrevem a concretude da metamorfose já foram considerados espúrios, pela aparente estranheza a um contexto sublime; mas creio que sua convivência com o resto do poema é perfeitamente plausível, sobretudo num poeta autoirônico como Horácio, como se pode ver no poema imediatamente anterior (2.19). N-H (p. 334) ainda indicam uma série de usos das metamorfoses antes de Horácio. Com isso, concordo com West (p. 147), quando este afirma que o poema é "sério, mas não solene" (*contra* Fraenkel e Romano, que veem aqui uma tentativa fracassada de sublime que se arrisca a cair no ridículo).

vv. 13-16: Sobre Ícaro, cf. nota a 1.3.24-6. Sobre o Bósforo, cf. nota a 2.13.14-20. Sobre as Sirtes, cf. nota a 1.22.5-6 Os hiperbóreos são mencionados aqui por estarem numa posição praticamente inacessível; essa terra era muitas vezes vista como um ponto de descanso para os mortos; mas N-H recordam que os hiperbóreos era também associados a Apolo e aos cisnes, o que justificaria ainda mais.

vv. 17-20: Sobre os colcos, cf. nota 1.13.1-12. Sobre os dácios, cf. nota a 1.35.9-12. Sobre os gelonos, cf. nota a 2.9.20-24. Sobre os mársios, cf. nota a 1.2.39. Os iberos habitavam o sul da Gália e, no tempo de Horácio, já estavam mais dominados e romanizados, daí que apareçam como "cultos". Ródão é uma variante mais rara para designar o rio Ródano, que nasce na atual Suíça e desce até o Mediterrâneo, passando pela França. Os povos citados servem como um louvor discreto a Augusto, por mantê-los sob o império romano.

v. 21: West (p. 146) atenta para o fato de que "*funus*" também significa "cadáver", além de "funeral". Nese caso, se tomarmos a expressão "*inani funeri*" literalmente, nós teríamos um cadáver vazio, o que faz sentido se considerarmos que o poeta transmutado estará ausente do enterro. Penso numa outra possibilidade tradutória para o verso: "Nada de nênias para o cadáver vão".

Notas às *Odes* 3

O livro

Análises do livro 3 são as mais variadas. Neste livro, Horácio retoma a grande variedade do livro 1 e deixa de lado a maior univocidade de matéria, métrica e elocução do livro 2. A abertura é certamente notável por ser constituída por 84 estrofes alcaicas consecutivas (336 versos), comumente divididas pelos editores como as seis Odes Romanas, ou Odes Cívicas. Existe a possibilidade de se analisar o grupo inteiro na forma de um poema só, como propôs Klingner (1952) e, mais recentemente, Griffiths (2002), com base em Porfirião e Diomedes (*contra* Heinze). No entanto, se deixarmos de lado essa questão, podemos tentar analisar o livro como um todo.

De grande importância parece ser a dedicatória a Mecenas em 3.16, que divide o livro em duas partes simétricas (3.1-15 e 3.16-30), um ponto importante para a leitura de Minarini (1989), que vê na primeira parte um Horácio mais confiante e, na segunda, uma figura mais insegura, até o crescendo final, que explode em 3.30, numa confiança plena da realização poética. A partir dessa bipartição Magdalena Schmidt (1955, pp. 210-213) tenta ampliar a simetria analisando as últimas seis odes (3.25-30) como uma unidade de atmosfera, tal como as Odes Romanas (3.1-6), criando uma construção parcial em anel, no que é seguida por Perret (1959). No geral, a argumentação é pouco convincente, por ser excessiva na busca por simetria, mas apresenta uma possibilidade instigante de leitura. Em contraposição à bipartição tradicional, temos a proposta geral de Perret, que busca uma tripartição numérica por quantidade de versos: ao notar que as Odes Romanas ocupam exatamente um terço do tamanho do livro (336 de 1.008 versos), ele propõe uma divisão por 3.1-6 + 3.7-19 + 3.20-30. Entretanto, a análise, embora faça sentido numérico, ganha pouco apoio pelas posições de destaque que ganhariam, por exemplo 3.19 e 3.20. Uma última análise interessante aparece em Minarini (1989), a partir do trabalho de Santirocco (1986). Para Alessandra Minarini, o livro 3 poderia, ainda, ser quadripartido simetricamente do seguinte modo:

3.1-6	(6 odes)	Odes Romanas
3.7-15	(9 odes)	Temas amorosos e políticos
3.16-24	(9 odes)	Religião, política e vinho
3.25-30	(6 odes)	Poesia, banquete e amor

As Odes Romanas, tal como no esboço feito por Alexandre Hasegawa (2010, p. 51), com base em Maury (1945), poderiam ser lidas como uma construção simétrica (entre parênteses está o número de versos):

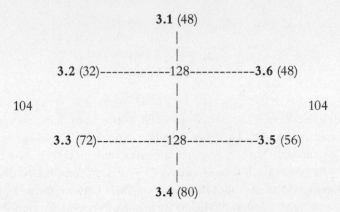

Assim, as somas dos números de versos de 3.1 + 3.4; ou 3.1 + 3.2 + 3.6; ou 3.3 + 3.5, todas dão 128 versos. Enquanto as somas de 3.2 + 3.3 e de 3.5 + 3.6 dariam 104. Tudo isso daria posição de destaque para 3.4 como ode central e 3.1 como proêmio do grupo. E evidenciaria as relações entre 3.2 e 3.6, por um lado e 3.3 e 3.5 por outro. Outra possibilidade é a leitura em anel com relações entre 3.1 e 3.6, 3.2 e 3.5, e 3.3 e 3.4, ao modo de Porter (1987). Já no caso do encerramento, com as últimas seis odes como um espelho das primeiras seis, teríamos a seguinte disposição, ela própria em anel (com base em Perret, 1959):

    3.25 poesia (a)

    3.26/27 amor (b)

    3.28/29 banquete (c)

    3.30 poesia (a)

Quanto às sequências centrais do livro, teríamos as seguintes disposições simétricas. No caso de 3.7-12, vejamos as propostas dadas por Santirocco e Porter (note-se que Porter se esforça por inserir a complexa 3.13 no esquema)

Odes	Santirocco (1986)	Porter (1987)
3.7	conselhos a matronas (a)	conselhos a matronas (a)
3.8	Mecenas e política (b)	Augusto e política (b)
3.9	contraste entre amantes (c)	metro asclepiadeu, com idílio (c)
3.10	convite à amante tímida (d)	amor (d)
3.11	convite à amante tímida (d)	ponto central, tema amoroso
3.12	monólogo da amante (c)	amor (d)

3.13	[foge ao esquema]	metro asclepiadeu, com idílio (c)
3.14	Augusto e política (b)	Augusto e política (b)
3.15	conselhos a matronas (a)	conselhos a matronas (a)

No caso de 3.16-24 (proposto pela própria Minarini):

3.16	política e Mecenas (a)
3.17/18	festas religiosas (b)
3.19/20/21	amor e vinho (c)
3.22/23	religião (b)
3.24	política (a)

É a uma conclusão muito similar que Porter também chega (1987). Por fim, a ode 3.30, como já tratei nas notas ao livro 1, é uma retomada métrica de 1.1 que funciona como uma espécie de longo hipérbato com "*iunctura*".

Como no caso dos outros livros, creio que as possibilidades de divisão e análise do livro coexistem: a bipartição e a quadripartição são, na verdade, sobrepostas, já que ambos os casos aceitam 3.16 como ponto de virada no meio do livro. Talvez seja mais complexo, no fim das contas, fazer que a estrutura tripartida funcione, já que até o momento não tenho conhecimento de um estudo que leve adiante a constatação formal e faça dela uma base significativa para interpretar o todo. Talvez o medo de Nisbet & Rudd (doravante N-R, p. xxvii) tenha algum valor como advertência aos fanáticos pela organização perfeita: "Aqueles que procuram por significância em cada justaposição e discernem sequências e ciclos complicados esquecem que seria impossível organizar tal obra". Para responder, poderíamos dizer que não se trata de organização (no sentido tradicional de intenção autoral), mas do modo como a máquina agora funciona independente do autor, tão complexa quanto possamos pensá-la.

Odes Romanas

Independentemente de considerarmos estas odes como uma única ode maior, é importante observarmos nelas uma recorrência de metro, elocução e matéria. West (pp. 3-11) apresenta dez recorrências temáticas como parte de um inventário augustano:

1. Conquista – Augusto foi o maior expansor do império, se confiarmos nas *Res gestae*, 26-33, que pode ser resumido também na *Eneida*, 1.278-9:

> *His ego nec metas rerum nec tempora pono:*
> *imperium sine fine dedi.*

Não lhes imponho nem um limite do espaço ou do tempo:
Dei um império sem fim.

2. Clemência – uma política implantada por Júlio César de poupar os vencidos, que foi marca de toda política bélica augustana, como podemos ver em *Res gestae*, 3. Novamente, *Eneida*, 6.852-3:

> *pacique imponere morem*
> *parcere subiectis et debellare superbos*

> e impor à paz um costume
> Para poupar o vencido, mas debelar os soberbos.

3. Paz, prosperidade e ordem – A *Pax Augusta* praticamente dispensa comentários, cf. *Res gestae*, 13, onde vemos como Augusto fechou por três vezes o portão de Jano Quirino (em 29, 25/24 e 8/7 a.C.), que só poderia ser encerrado quando não houvesse nenhuma guerra interna ou externa sobre os romanos. Antes de Augusto, o templo havia sido encerrado nos tempos míticos de Numa e em 241 a.C., ao fim da Primeira Guerra Púnica.

4. Itália – Em *Res gestae*, 25, Augusto afirma que toda a Itália lhe jurara lealdade para a batalha do Ácio. As origens itálicas de Roma são um tema fundamental para a *Eneida*, e no tempo de Augusto o conceito de romanidade estava em franca expansão, incluindo vários povos dominados ao longo dos séculos.

5. Reforma moral – A política de Augusto incluiu a reforma de diversos templos (cf. *Res gestae*, 20, sobre a restauração de 82 templos), além de certo enrijecimento moral, como no caso da *Lex Iulia de maritandibus ordinibus*, que tornou o casamento obrigatório para os homens entre 25 e 60 anos e mulheres entre 20 e 50; e a *Lex Iulia de adulteriis et pudicitia*, que incentivou maior rigor na punição dos adultérios.

6. Exemplos – A prática da política como exemplo ao povo foi retomada, também com a inserção de mitos exemplares: nessa linha, entram Rômulo, Eneias e Augusto.

7. Frugalidade – O imaginário romano sempre viu no luxo importado um sinal da degenerescência moral e política. Com o fim das guerras civis, a política augustana propunha um retorno à idealizada frugalidade do romano rústico das origens.

8. Juventude – Se confiarmos em Suetônio (*Vida de Augusto*, 64 e 65), Augusto se empenhou pessoalmente na criação das crianças da família, servindo ele próprio de exemplo e muitas vezes de instrutor. Como resultado, ele era mais paciente com a morte de um membro familiar do que com um comportamento indecoroso. O mesmo interesse pela juventude se dá na esfera pública, já que os jovens certamente seriam mais maleáveis para uma nova política do principado, com a nova moral.

9. Religião – A restauração religiosa está profundamente ligada com a reforma moral. Junto a isso, vem a propaganda política da *gens Iulia* como descendente direta de Julo e, portanto, da deusa Vênus. Outro fator importante foi o aparecimento do cometa em julho de 44 a.C., durante os funerais de Júlio César, que foi utilizada como propaganda política pela prova da divinização do falecido. Em 40 a.C. Otaviano ganhou a alcunha de "*diui filius*" ("filho do deus"), e sabemos que, em muitos lugares do império, Júlio César e Augusto passaram a receber ritos.

10. Troia – A *Eneida* é uma peça fundamental na difusão do mito de Roma como *noua Troia*. Eneias, um troiano fugitivo vem ao Lácio sob ordens divinas, para que os descendentes venham a fundar Roma. Obviamente, essa relação mítica, além de ligar os romanos aos gregos, impunha sérias reflexões morais a partir as origens da queda de Troia e de como Roma deveria agir para evitar nova recaída após as guerras civis.

3.1

Apesar da preponderância religiosa romana e da filosofia estoica nas Odes Romanas, Syndikus e N-R (a partir de Pöschl, Pasquali e Lyne) observam que os argumentos predominantes do poema são epicuristas, com muita influência do segundo livro de Lucrécio. Se pensarmos na estrutura geral do livro, podemos perceber nos *topoi* epicuristas de 3.29 um encerramento em anel que aponta para a assinatura poética realizada em 3.30. Importante notar que a presença do epicurismo não é contraditória, necessariamente, com o pensamento tradicional romano, e muitas das odes dos dois livros precedentes já vinham nos preparando para isso nos momentos de moralização, tal como em 2.16 e 2.18.

Outro ponto notável do poema é o movimento de abertura soleníssima para um encerramento em chave menor, com a imagem do poeta em sua *uilla* (Syndikus, pp. 9-10; West, p. 14), embora também a presença do poeta se dê na primeira e na última estrofe, também criando uma sensação de anel (Williams e Romano).

– Metro: estrofe alcaica.

vv. 1-4: O primeiro verso ecoa 1.38.1 e pode apontar para o *Hino a Apolo* de Calímaco. Esta abertura da ode, do ciclo de Odes Romanas e do terceiro livro cria um efeito de solenidade ritual que eleva o papel do poeta (depois do sublime que encerra o livro 2). Era comum nos rituais romanos, para preservar uma repetição perfeita, a invocação do silêncio (*"fauete"* tem o sentido mais estrito de "favorecer", mas aqui se entende que o favorecimento é o silêncio ritual) e a expulsão dos infaustos/profanos (*"profanum"* é aquilo que está fora do templo, que ainda não foi iniciado). Diante disso, o poeta se propõe a cantar para as novas gerações, que podem representar os coros de virgens, como temos o exemplo no *Canto secular.*

vv. 2-3: A expressão *"carmina non prius audita"* lembra a abertura de 2.20, *"non usitata"*, por isso traduzi lá por "inusitadas ... intrépidas", e aqui por "inédito".

v. 7: Sobre a gigantomaquia, cf. nota a 2.19.21-8.

v. 13: Sobre o regime de patronato e clientela, cf. notas ao poema 2.18.

vv. 14-16: A imagem da urna já apareceu em 2.3.26. Sobre a personificação da Necessidade, cf. nota a 1.35.17.

vv. 17-19: Alusão à espada de Dâmocles: segundo a história (Cícero, *Tusc.*, 5.21.61), o Dionísio, tirano de Siracusa, depois de ouvir muitas bajulações de Dâmocles, propôs que invertessem os papéis: o cortesão adorou a ideia até que, no meio de um banquete, percebeu que sobre a cabeça estava pendurada uma espada por apenas um rabo de cavalo; com isso, percebeu o risco da vida régia.

v. 21: Villeneuve vê aqui alusão às insônias de Mecenas, que eram acalmadas pela música, segundo Sêneca (*De prouidentia*, 3.10).

vv. 27-28: Arturo é uma estrela da constelação de Boieiro, e Capro indica as Plêiades. O ocaso do Boieiro coincidia com o aparecimento das Plêiades, entre o fim de setembro e o início de outubro, período marcado por muitas tempestades (cp. Virgílio, *Geo.*, 1.205).

vv. 31-32: Os astros ardentes fazem referência à canícula, período do ano que que a estrela de Cão Maior brilha mais, em pleno verão, o que gerava muitos problemas para o cultivo.

vv. 33-37: Talvez referência histórica às construções no balneário de Baias (cf. nota a 2.15.3).

NOTAS ÀS *ODES 3* | 463

v. 36: Mantenho a leitura dos manuscritos, *"cum famulis"*, em vez da correção proposta por Shackleton Bailey, *"tum famuli"*.

vv. 39-40: Representações das angústias que tomam os mercadores e os guerreiros, sempre atrás de mais riquezas, um lugar bastante comum na poesia horaciana. Convém lembrar que Mecenas tinha uma trirreme particular, mas concordo com N-R, quando afirma que tal aproximação entre o patrono e homens censurados não seria necessariamente uma ofensa excessiva.

vv. 41-44: O mármore frígio era branco com veios púrpuras. Sobre o púrpura de Sídon, cf. nota a 2.16.35-7. Sobre o vinho falerno, cf. nota a 1.20.9-11. Embora o costo seja, na verdade, provindo da Índia, a Aquemênia, por ser espaço de domínio persa, sempre foi associada aos perfumes de grande refinamento; como no epodo 13.8, Horácio menciona o nardo como proveniente de lá (*"Achaemenio... nardo"*); trata-se de uma essência extraída do nardo e muito usada para temperar um vinho.

vv. 47-48: Sobre *"uilla Sabina"* de Horácio, cf. notas à ode 1.17. Certamente essa referência, além de inserir a *persona* de Horácio como exemplo de conduta – e assim interlaçar as esferas pública e privada, ou, nas palavras de Syndikus, o ético e o político –, também serviria como cumprimento a Mecenas. Note como a matéria de encerramento desta ode se amarra perfeitamente com o início de 3.2.

3.2

– Metro: estrofe alcaica.

vv. 1-5: Decalquei o termo *"angustam"* por ser sonoramente muito próximo ao título *"Augustus"*. Aqui a salutar pobreza (leia-se, poucos bens, mas não miséria) da formação dos jovens é uma representação da política augustana de retomada do *mos maiorum*. Villeneuve (*ad loc.*) argumenta que certamente essa descrição não se aplicaria ao legionário, em geral nascido de família pobre, mas ao romano de estirpe, como podemos ver pela referência à cavalaria, reservada à classe equestre. Sobre os partas, cf. nota a 1.2.51.

v. 13-14: O primeiro verso ecoa claramente Tirteu (frag. 10.1-2):

> Τεθνάμεναι γὰρ καλὸν ἐνὶ προμάχοισι πεσόντα
> ἄνδρ᾽ ἀγαθὸν περὶ ᾗ πατρίδι μαρνάμενον.

> Pois é belo morrer tombando em meio à vanguarda
> o homem ao combater bravo por bens da sua pátria.

E talvez Calino (frag. 1.6 e ss.). Já o segundo alude a Simônides (frag. 524, Campbell): "ὁ θάνατος κίχε καὶ τὸν φυγόμακον" ("mas a morte também segue quem foge ao combate"), bem como Calino (frag. 1.12 e ss.).

v. 17: Importante atentar para o fato de que *"uirtus"* significa tanto "virtude" moral ("ἀνδρεία" grega) quanto "coragem", "hombridade", "masculinidade" ("ἀρετή"), por ser um termo derivado de *"uir"* ("homem", "varão"). Convém ainda lembrar que Augusto foi condecorado com um escudo em homenagem à *uirtus* (*Res gestae* 34.2).

vv. 17-20: Toda a estrofe trata da vida política, com os cargos e magistraturas (*honores*, cargos honoríficos) e a relação do homem político com o povo que o elege e depois cobra atitudes. As secures eram machadinhas carregadas pelos litores romanos como insígnia de poder.

vv. 23-24: O solo é úmido em contraposição aos ares mais secos. A imagem da imortalidade como um voo inevitavelmente nos faz recordar toda a ode 2.20.

vv. 25-27: Estes versos seriam alusão a uma máxima de Simônides (frag. 582, Campbell) que Augusto costumava citar: "ἔστι καὶ σιγᾶς ἀκίνδυνον γέρας" ("o silêncio é prêmio certo sem perigo"). A imagem pode ser contrastada com a do poeta Galo apresentada por Ovídio (*Tristia*, 2.446): *"linguam nimio non tenuisse mero"* ("de tanto vinho, não conteve a língua"). Na sequência, Horácio faz referência aos cultos de mistério prestados à Deméter Eleusina em Roma, e o trecho lembra Calímaco, *Hinos*, 6.116-7:

> Δάματερ, μὴ τῆνος ἐμὶν φίλος, ὅς τοι ἀπεχθής,
> εἴη μηδ' ὁμότοιχος· ἐμοὶ κακογείτονες ἐχθροί.

> Deusa Deméter, não quero amizades com quem tu detestas,
> Nem partilhar o lar: odeio vizinhos nefastos.

A grande similaridade faz Romano afirmar que se trata de uma fórmula das preces eleusinas. West (p. 28) ainda lembra que Augusto teria sido iniciado nesses mistérios ainda em Atenas (Suetônio, *Augusto*, 93).

vv. 27-28: Entre os antigos acreditava-se que a presença de um sacrílego num lar ou num barco poderia trazer uma ruína para grupo como um todo (cp. Sófocles, *Antígona*, 372 e ss.; ou Ésquilo, *Sete contra Tebas*, 602 e ss.). Segundo N-R este trecho também remontaria a Simônides, pois circulava a história de que ele teria sido avisado num sonho a não tomar um barco, que acabou afundado (Cícero, *Da adivinhação*, 1.56) e que noutro momento ele conseguiu escapar de um edifício que desabou (Cícero, *Do orador*, 2.352-3).

NOTAS ÀS *ODES 3* | 465

v. 29: Sobre Diéspiter, cf. nota a 1.34.5-8.

vv. 31-32: Para além da imagem de Pena manca (uma personificação da punição talvez como uma Fúria, como em Tibulo 1.9.4) como marca de que a justiça tarda mas não falha, é possível ver aqui – segundo Bekes, 2005, *ad loc.* – uma reminiscência do imaginário régio-divino ligado a quem coxeia: nos mitos gregos, Hefesto (Vulcano), Anquises, Édipo e até mesmo Jasão (que aparece com apenas uma sandália no início das *Argonáuticas*); em Roma, Horácio Cocles e talvez Augusto, se acreditarmos em Suetônio (*Augusto*, 80).

3.3

Toda esta ode pode ser lida em comparação com um trecho importante da *Eneida*, 12.827 e ss., em que Juno declara as condições para que pare de perseguir Eneias, com o detalhe de que usa de um elo estreito entre vida privada e pública (SYNDIKUS, p. 34) promovido pelo gênero lírico. Se contrastarmos as duas passagens, podemos encontrar uma série de lugares-comuns na leitura de Roma como nova Troia, porém obrigada a fundar uma nova tradição de costumes a partir dos povos itálicos. Certamente esse imaginário mítico teve profunda relevância para a política augustana, ao contrário do que defendia Fraenkel ao comentar esta ode como mero exercício poético (1957, p. 267 e ss.).

– Metro: estrofe alcaica.

v. 1: Esta ode começa com uma inversão da matéria que encerra a passada, também criando um efeito de continuidade: em 3.2 terminamos com a punição dos criminosos, aqui começamos pela exaltação do homem justo e constante. Convém recordar que, para a escola do Pórtico, a constância ("*constantia*", "ἀπαραλλαξία") é uma das principais virtudes do sábio, e Cícero até a define como uma tradicional virtude romana (*Tusculanae*, 3.9); e assim o epicurismo de 3.1 ganha um equilíbrio estoico.

vv. 4-5: O Austro é outro nome para o vento Noto. Cf. nota a 1.28.21-2.

vv. 9-12: Há uma passagem de Cícero que lembra esta de Horácio (*De natura deorum*, 2.24.62). Pólux foi divinizado depois de morto, mas recusou a oferta sem que seu irmão humano (Castor) a recebesse também; e assim eles passam um período do ano entre os mortos e outro entre os deuses, é a sina dos Dióscuros. Hércules, depois dos doze feitos também foi imortalizado e casou-se com a deusa Hebe. Na visão de Horácio, Augusto também será divinizado (como Júlio César já teria sido) pelos grandes feitos. O néctar é a bebida típica dos deuses, e a imagem da boca purpúrea de Augusto tanto pode indicar a bebida como um traço de beleza divina e juventude eterna, se compararmos esta passagem com *Eneida*, 2.593, onde Vênus é descrita com *"roseoque... ore"* ("uma boca rósea").

vv. 13-16: Baco (geralmente representado num carro conduzido por tigres e panteras) era por vezes considerado como um mortal que havia alcançado o estatuto divino, tal como Quirino, o nome deificado de Rômulo após ser arrebatado pelo deus Marte, seu pai (cf. nota a 1.2.45-6); e o Aqueronte é um rio do Orco, a região dos mortos. Augusto é frequentemente associado a Rômulo, como podemos depreender por moedas da época em que lemos *Romulo Augusto* (Commager 1962, p. 212),

vv. 17-18: Esse conselho dos deuses, segundo Villeneuve, seria como aquele de Ênio em que Júpiter garante a Marte a imortalidade de seu filho Rômulo (*Annales*, frag. 65, que também aparece nas *Metamorfoses* de Ovídio, 14.81e e ss.). Aqui, no entanto, quem aparece é Juno, a tradicional inimiga dos troianos e dos romanos, que garante a imortalização de Rômulo pelas virtudes de justiça e constância.

vv. 19-20: O juiz é Páris (cf. notas a 1.15), pelo famoso julgamento da beleza das três deusas (Minerva, Juno e Vênus) em que premiou Vênus e com isso caiu na ira das outras duas (uma das causas da guerra de Troia); e a forasteira é Helena. Essa indicação pode fornecer uma chave de leitura histórico-moral para a ode 1.15.

vv. 21-22: Laomedonte é o fundador mítico de Troia, que teria pedido a Apolo e a Netuno para construírem as muralhas da cidade, porém depois recusou-se a pagar conforme o prometido (cf. *Ilíada*, 21.441-60).

vv. 25-28: A adúltera lacônia (i.e. espartana) é Helena, e o hóspede é Páris. Príamo, descendente de Laomedonte (por isso o lar perjuro) e pai de Páris, era o rei de Troia, e seu filho Heitor foi o maior guerreiro dentre os troianos.

vv. 29-30: As disputas dos deuses sobre o destino de Troia aparecem algumas vezes ao longo da *Ilíada*.

vv. 31-32: Rômulo é o neto, porque, como filho de Marte com Ília, sacerdotisa Vestal, seria neto de Juno. Ele é odioso porque representa a continuidade do sangue troiano a partir do exilado Eneias, tema central da *Eneida*. Ao chamar a sacerdotisa de "troica" Horácio segue a mesma tradição que Ênio e Névio de apontar em Ília uma filha de Eneias.

vv. 43-44: No Capitólio, um dos sete montes de Roma, estava o templo de Júpiter Capitolino, repleto de ex-votos e troféus de guerra, por isso muitas vezes ele é considerado como o símbolo da cidade (cf. 3.30). Os medas podem indicar aqui o mesmo que os partas, uma preocupação política constante de Augusto (cf. nota a 1.2.51). Um novo templo a Júpiter foi dedicado por Augusto em 22 a.C.

v. 48: Essa imagem faz referência às colunas de Hércules no Egito.

vv. 49-52: A crítica da cobiça evoca 2.2.

vv. 55-6: I.e. as regiões mais quentes e mais frias do mundo.

vv. 57-60: Sobre os Quirites, cf. nota a 1.1.7-8. Aqui chegamos a um ponto central: apesar de Roma ser encarada como uma continuação de Troia (fundamental para a *Eneida*), seu valor está em não repetir os crimes morais que levaram à decadência troiana. Isso poderia se dar se avaliarmos o resto das Odes Cívicas, pelo resgate dos valores tradicionais romanos. Suetônio (*Vida de Júlio*, 79) fala de um rumor – hoje considerado falso pela maioria dos comentadores – de que Júlio César cogitara levar a capital do império para a antiga sede de Troia ou para Alexandria, um problema não apenas geográfico como também moral, já que assim Roma voltaria a ser asiática (ou africana, no caso de Alexandria), um espaço comumente associado às luxúrias. Troia, no fim das contas, representa a república romana cindida pelas guerras civis com seus crimes (já anunciado em 1.2), por isso não pode haver um retorno, a começar pela manutenção do sítio sagrado de Roma.

v. 67: Os argivos são os gregos, um nome bastante adequado para o uso de Juno, já que a deusa também tinha um templo na cidade de Argos.

vv. 69-72: A curiosa estrofe final é muito bem comentada por Gordon Williams (1969, p. 45) e de modo sucinto: "Na ode 3 ele se dissocia de dois modos: primeiro, a inspiração lhe foi imposta, e ele protesta assim que volta a si; em segundo lugar, a matéria é típica da épica, e assim tanto o tratamento como os detalhes devem ser vistos como pertencentes a outro gênero de poesia". West (p. 34) ainda observa um ponto fundamental para a autoironia horaciana: "Horácio não apenas é inconsistente, como aponta as inconsistências". Isso ficará ainda mais claro com o início da próxima ode.

3.4

Esta ode é a mais longa de toda a coleção, provavelmente a mais impactante das Odes Romanas (segundo West, p. 49) e certamente uma das mais complexas (a elocução varia entre o grandioso e a história pessoal de estilo pouco verossimilhante), a começar por certa retomada formal da poesia de Píndaro, como, por exemplo, *Píticas* 1 pelo modo de desenvolvimento, ou *Píticas* 8 pela referência à Gigantomaquia. Porém, Píndaro trabalha com a lírica coral de louvores públicos, enquanto Horácio se situa na lírica pessoal, sendo a solução horaciana precisamente um movimento entre o pessoal, o político e o mítico: da inspiração poética ele retraça uma afinidade com Augusto, que então aponta para Júpiter, e as descrições do mito por sua vez retornam para a política augustana.

Se considerarmos a hipótese de dividir as Odes Romanas em duas tríades, aqui teríamos a segunda abertura, numa elocução igualmente solene; porém também é possível ver nesta abertura metapoética uma continuidade do encerramento da ode anterior.

– Metro: estrofe alcaica.

vv. 1-4: Calíope é a Musa da épica (Hesíodo, *Teogonia*, 79 a apresenta como a mais importante), porém aqui é apresentada com instrumentos de outros gêneros: a tíbia é a versão do aulo grego (um instrumento de sopro com dois tubos) usado na lírica coral, a cítara, como seria de esperar, é da lírica monódica e atribuída a Apolo. Mantive o termo *"melos"* em português por se tratar de uma palavra grega que designa o poema lírico, ou mélico, que não é usado por Horácio em outro trecho, nem por Catulo ou Virgílio. Esta abertura evoca a primeira pítica de Píndaro, v. 1:

> Χρυσέα φόρμιγξ, Ἀπόλλωνος καὶ ἰοπλοκάμων
> σύνδικον Μοισᾶν κτέανον·

> Áureo fórminx, dom de Apolo e Musas cachos-púrpura
> tido em comunhão.

vv. 9-12: Aqui Horácio nos conta uma história de infância poética que se aproxima das lendas sobre os poetas gregos arcaicos: e.g. Píndaro, *Olímpicas*, 6.45-7, a história de Iamos protegido por serpentes; ou Dião Crisóstomo, 64.23, contando como abelhas vieram até Píndaro e lhe marcaram os lábios com cera e mel. O Vúltur era uma montanha a oeste da Venúsia, entre a Apúlia e a Lucânia. Mantive a edição *"limina Pulliae"* como designação do nome da nutriz (um nome romano atestado por inscrições), mas traduzi como "dA PÚLIA" para manter sonoramente outra possibilidade editorial dos manuscritos que lê *"limen Apulliae"*, entendendo a própria Apúlia como nutriz de Horácio: o termo *"fabulosae"* poderia se ligar às pombas (*"palumbes"*); na impossibilidade de manter essa ambiguidade julguei mais interessante ligar *"fabulosae"* a *"Pulliae"*; ao manter o termo "fabulosa", sustento uma ambiguidade entre uma nutriz

NOTAS ÀS *ODES 3* | 469

que conta fábulas (até mesmo esse pequeno acontecimento miraculoso com o bebê) e uma nutriz que é fábula de Horácio (o que poderia ser reforçado pelo fato de que o nome só aparece neste trecho do *corpus* horaciano). As pombas são as aves de Vênus.

vv. 13-16: Acerúntia, Bântia (daí "bantinos") e Forento eram pequenas vilas no sudoestes de Venúsia. West (p. 48) defende que os contemporâneos do poeta não conheceriam esses lugares.

vv. 17-20: O laurel é a planta de Apolo, a murta é de Vênus, ou seja, a representação da poesia amorosa. Mantive o termo "infante" porque parece estar em jogo o fato de se tratar ainda de um Horácio incapaz de falar: a inspiração divina precede o próprio conhecimento linguístico, ou, nas palavras de West (p. 47), "ele é um *animosus infans*, um infante que detém a *anima* divina dentro de si".

vv. 21-24: As Camenas são divindades romanas associadas às Musas gregas: este momento nos ajuda a perceber como o poeta volta seus interesses de um início grego (Calíope, cítara, melos) para o contexto romano. Horácio tinha uma *uilla Sabina* dada por Mecenas. Preneste (atual Palestrina), Tíbur e Baias são três pontos turísticos romanos, muito comuns no veraneio.

vv. 25-28: Sobre a batalha de Filipos, cf. 2.7 e notas. Sobre a árvore fatal, cf. 2.13 c notas: cla ainda aparccc cm 3.8.6-8. Não sabcmos nada sobrc os perigos que Horácio teria corrido no cabo Palinuro (na Lucânia, junto ao mar Tirreno); mas pode ser que tenha alguma relação com as batalhas navais de Otaviano contra Sexto Pompeu, em 36 a.C.; Villeneuve julga que poderia haver relação com o que nos é contado em 3.27.18.

vv. 29-36: Sobre o Bósforo cf. nota a 2.13.14-20. Os bretões teriam o costume de realizar sacrifícios humanos (cf. Tácito, *Anais*, 14.30, e Estrabão, 4.5.2); apesar de a conquista ter sido iniciada por Júlio César, Augusto teve de dar continuidade ao processo. Os côncanos são um povo da Cantábria, no norte da Hispânia, e supostamente beberiam sangue de cavalos (Sílio Itálico, 3.361). Os gelonos são um povo nômade da Cítia e da Sarmácia. A ribeira cita faz referência ao Tanais (atual Don).

vv. 37-40: César aqui é Augusto, que, sabemos, tinha grande interesse por poesia a ponto de ter se aventurado na escrita (cf. Suetônio, *Augusto*, 84-89); por isso Horácio o representa auxiliado pelas Camenas nos momentos de descanso da vida militar e política, ou também guiado pela relação entre o rei e as Musas apresentado por Hesíodo, *Teogonia*, 81 e ss. O acontecimento político mencionado é provavelmente o retiro das tropas após a batalha do Ácio (cf. *Res gestae* 3), quando o *princeps* teria criado colônias para 300 mil militares. A gruta do monte Piério, na Macedônia, era consagrada às Musas (cf. Píndaro, *Píticas*, 4.48), daí que tenhamos as Piérides (cf. nota a 1.26.9): essa imagem se aproxima de Píndaro (*Píticas*, 6.48), onde vemos Trasibulo colher sabedoria entre as Piérides. Bekes ainda recorda que Augusto dedicou um templo a Apolo em 29 a.C., depois de fechar os portões de Jano como símbolo de paz interna e externa (matéria de 1.31), após vencer a batalha do Ácio contra Antônio e Cleópatra em 31 a.C.

vv. 41-42: Williams (p. 51) considera que os conselhos das Camenas sejam para a clemência, e elas se regozijam porque Augusto acata o conselho para sua política: a Marca dessa virtude do *princeps* está na referência a Filipos, onde Horácio tomou o lado oposto, foi derrotado, porém anistiado por Augusto. Já Romano pensa num *consilium* mais amplo que formaria a nova ordem política, um ponto que me parece mais convincente, uma vez que o texto pouco nos esclarece de minúcias. O jogo sonoro deste trecho é impressionante: temos o poliptoto do verbo "*datis*" no particípio "*dato*" que ainda ecoa em "*gauDetis*"; na tentativa de recriar joguei com "CONSEDEIS", "CONSElho" e "COM CEDER".

vv. 43-44: A rápida passagem da política de Augusto para o mito de Júpiter reforça a relação de poder e símbolo entre essas figuras: Augusto é um Júpiter entre os homens. Referência à Titanomaquia (a batalha dos olímpicos contra os Titãs), aqui mesclada com a Gigantomaquia (dos olímpicos contra os Gigantes); os dois exemplos míticos são comumente associados à guerra civil. Como Júpiter comanda os olímpicos e é o deus do raio, Horácio representa todos eles derrotados pela força.

vv. 49-58: A tática de ataque dos Gigantes foi empilhar o monte Pélion sobre o monte Ossa para alcançar o Olimpo (cp. Ovídio, *Metamorfoses*, 1.149-62): eles são "firmes nas mãos" porque confiam no poder dos cem braços. Em seguida, temos uma lista dos gigantes: Tifeu de cem cabeças (filho da Terra), Mimas, Porfirião, Reto e Encélado; o último foi soterrado sob o Etna por Palas (como veremos no v. 76). Sobre a égide, cf. nota a 1.15.9-12: mas Villeneuve se pergunta se ela seria sonora graças aos golpes da batalha (como na *Ilíada* 17.593); ou se estaria representada aqui como uma malha de metal.

vv. 61-64: A Castália (daí "castálico") é uma fonte do monte Parnaso consagrada a Apolo e às Musas; o bosque natalício é o do monte Cinto, em Delos. O deus ainda é descrito pelos epítetos de "Délio", por ter nascido em Delos, e "Patareu", por ter um oráculo em Pátara, na Síria.

NOTAS ÀS *ODES 3* | 471

vv. 65-68: Aqui chegamos à *gnome* do poema, de matiz augustano: o uso da força só pode funcionar se for legitimado por temperança e autocontrole (N-R, p. 56).

vv. 69-72: Sobre Giges, cf. nota a 2.17.13-16. Sobre Oríon, cf. nota a 2.13.37-40.

vv. 73-80: Sobre a relação do Etna com os Gigantes filhos da Terra, cf. nota 49-58. Sobre Tício, cf. nota a 2.14.5-9. Sobre Pirítoo, cf. notas a 1.18.8-11 e a 1.3.34-6. Como se pode perceber: os três mitos aludem – por contraste às importantes figuras anteriores da virgem Diana e da matrona Juno – a uma incontinência sexual, que poderia ser ligada à propagada de Augusto contra Marco Antônio no Egito, amasiado com Cleópatra.

3.5

Como observa a maioria dos comentadores, esta ode tem relação profunda com as campanhas militares de Augusto, a partir de 27 a.C. A história de Régulo, portanto, serve como *exemplum* histórico para o comportamento do *princeps* e do povo romano. Mas Romano (via La Penna, 1989) atenta para o colorido estoico da figura de Régulo, o que faz com que a ode cresça além do contexto imediato até atingir uma elocução de moralidade.

– Metro: estrofe alcaica.

vv. 1-4: Aqui a comparação entre Júpiter e Augusto, tão desenvolvida na ode anterior, passa a ser explícita; o que gera certa continuidade entre os poemas: Júpiter é o deus dos deuses, e Augusto está a um passo da divindade entre os homens – vale atentar para o fato de que Horácio nunca trata o *princeps* explicitamente como um deus, nas *Odes*, mas apenas o aproxima de um. Horácio aqui menciona dois povos que ainda ameaçam o poder de Augusto: o *princeps* preparou uma expedição contra os bretões em 27 a.C. que não se realizou, cf. ainda notas a 3.4.29-36 e a 1.26.5 (sobre Tirídates e Fraates). Os persas aqui representam os partas, que antes haviam derrotados as forças de Crasso em Carras, em 53 a.C., cf. nota a 1.2.51.

vv. 5-8: Horácio aqui critica o que teria sido a postura de alguns soldados de Crasso sobreviventes da derrota: renegaram a origem romana e passaram a viver com os bárbaros. Penso que a imagem do romano casado com uma estrangeira possa sustentar uma comparação com Marco Antônio, que se une à egípcia Cleópatra.

vv. 9-12: Meda indica parta ou persa. A Mársia e a Apúlia são duas regiões itálicas famosas no tempo de Horácio pelo temperamento bélico: o poeta imagina soldados romanos dessas origens agindo de modo covarde. Em seguida, temos uma série de símbolos da romanidade (cp. com a cena de Tito Lívio, 5.54.7). O ancil era um escudo oval que teria sido lançado por Júpiter dos céus para Roma: para proteger esse artefato sacro, o rei Numa mandou fazer cópias confiadas aos sálios, que assim confundiriam qualquer pretenso ladrão. O nome é a marca familiar, portanto da origem romana. A toga é a roupa típica do cidadão romano nas funções públicas. Sobre Vesta, deusa protetora de Roma, cf. notas a 1.2.15-16 e 17-20. A imagem final invoca a fórmula *"salua urbe atque arce"*, que indica a segurança de Roma (*urbe*) e do Capitólio (*arce*), onde estava o principal templo de Júpiter (cf. Williams, 1969, p. 58). A implicação das duas estrofes é a de que Augusto deve dar continuidade às campanhas até conquistar a Pártia, o que terminaria com um acordo de paz em 20 a.C.

vv. 13-18: A história de Marco Atílio Régulo aparece na literatura romana pelo menos desde Semprônio Tuditano, um contemporâneo dos Gracos no séc. 2 a.C. (cf. Aulo Gélio, 7.4), é tratada com atenção por Cícero (*Dos deveres*, 3.99-100); porém curiosamente passa despercebida por Políbio, que narra outros acontecimentos sobre Régulo, de modo que hoje é difícil saber se estamos diante de um acontecimento histórico ou fictício. De qualquer modo, importante é que, no tempo de Horácio, a narrativa era conhecida e certamente detinha bastante crédito. Como cônsul durante a Primeira Guerra Púnica, invadiu com o exército a África com algumas vitórias, até ser derrotado e capturado com 500 homens, em 255. a.C.; porém, em vez de ser retido como prisioneiro, os cartagineses o libertaram para retornar a Roma e negociar a paz, com a promessa de que depois retornaria à pátria inimiga. Ao contrário do esperado, Régulo foi ao senado e incentivou os romanos a continuarem a guerra contra Cartago; depois, conforme prometera, retornou aos inimigos, quando foi morto num ritual em que o lançaram dentro de um barril do alto de um monte. Aqui, a previsão de Régulo é a de que os jovens romanos feitos prisioneiros devem ser mortos: o exemplo negativo que viria da traição é revisto no caso dos romanos que passaram a viver na Pártia após a derrota de Crasso. Novamente, Fraenkel (1957, p. 272 e ss.) parece equivocado por ver nessa narrativa apenas um efeito literário.

vv. 18-24: Tal como Régulo tinha visto insígnias romanas nos templos cartagineses, também os contemporâneos de Horácio sabiam da existência de insígnias nos templos partas, porque os soldados se entregavam sem luta. Para além disso, a imagem dos portões abertos e do campo cultivado demonstra que os cartagineses não estavam preocupados com a ameaça romana.

vv. 23-24: Marte está aqui para designar a guerra: o mesmo vale para o verso 34. Estes versos sugerem uma ambiguidade sintática: o ablativo *"Marte nostro"* pode ser o agente tanto de *"populata"* como de *"coli"*, criando, para além do oximoro entre os dois verbos, também uma imagem inaceitável da guerra romana cultivando o campo cartaginês. Por isso, optei na tradução por uma sintaxe enviesada, que pode sugerir um "Marte romano em flor".

vv. 25-27: O argumento aqui é que o soldado desonrado não será recuperado pelo dinheiro, como mercenário: o que está em jogo neste poema é a conduta moral com base num exemplo tradicional romano.

v. 42: Horácio parece indicar com *"capitis minor"* o caso jurídico de *deminutio capitis maxuma* (cf. Tito Lívio 22.60.15): quando um cidadão romano caía nas mãos de um inimigo e automaticamente perdia todos os seus direitos como cidadão, bem como a pessoa civil e bens de família. Régulo, portanto, apesar de retornar à cidade, recusa a família: ele se encara como um ex-cidadão privado desses direitos, bem como dos laços familiares: o olhar voltado para o chão é o sinal de uma vergonha que demonstra, na ode horaciana, uma virtude de piedade que excede qualquer desejo pessoal.

vv. 49-50: Bárbaro aqui, como *"barbara"* no verso 5 (na mesma posição), o estrangeiro; e não uma característica pessoal do torturador.

vv. 53-56: A imagem final é poderosíssima: Régulo, ao partir para o exílio autopromovido, vai não como um homem vil, mas com toda a dignidade do homem público (aqui um patrono que advoga por um cliente – sobre clientes, cf. nota a 2.18.5-8) que cumpriu seus deveres e pode se retirar numa *uilla*, ou talvez num outro dever em regiões afastadas. Sobre Venafro e Tarento, cf. 2.6 e notas. "Lacedemônia" é o equivalente de "espartana".

3.6

A ode anterior tratava do crime dos soldados de Crasso, entregues entre os partas, com uma exortação para que Augusto mantivesse o exemplo moral e político de Régulo. Nesta última ode romana, Horácio trata da expiação dos crimes da geração anterior, ou seja, a guerra civil entre César e Pompeu, seguida das novas guerras após a morte de César. A solução seria o combate à dissolução dos costumes para implantar a restauração dos *mores maiorum*, numa clara filiação à política religiosa de Augusto a partir de 28 a.C. A matéria e parte da elocução nos remete aos *Epodos* 7 e 16, porém, como observa Syndikus (p. 87), é preciso atentar para o fato de que esta ode foi escrita num período e numa política muito diversos daqueles dos epodos: isso pode alterar em muito nossa interpretação dos poemas.

Importante notar uma construção em anel que amarra toda a série das Odes Romanas: aqui o poeta novamente se dirige à nova geração, tal como em 3.1.4; porém, como bem observa Williams (p. 66), "o poeta nunca prega neste poema. As ideias surgem naturalmente como uma série de imagens numa grande visão da sociedade contemporânea em suas relações com o passado de Roma, tanto recente como remoto. Muito fica a cargo do leitor, e permanece um senso de mistério e de coisas não ditas, como é comum à grande poesia."

– Metro: estrofe alcaica.

vv. 2-4: Ao designar o interlocutor como "romano" (*Romane*), Horácio eleva a elocução do poema, para um modo sacramental (West, p. 66). Virgílio só usa esse termo num verso da *Eneida*, 6.851, quando Anquises fala no Orco: "*tu imperio regere populos, Romane, memento*" ("Romano, lembra teu império sobre os povos"). Impossível não lembrar a restauração dos templos, santuários e estátuas, comandada por Augusto depois da batalha do Ácio, e que seguia a todo vapor no período de publicação das *Odes* (cp. *Res gestae*, 20, e Suetônio, *Augusto*, 30). A fuligem que suja as estátuas é a típica fuligem dos rituais, e não uma necessária indicação de mera sujeira.

v. 8: Hespéria é a Itália.

vv. 9-12: Moneses foi provavelmente o chefe dos partas na vitória contra Ópio Estatiano em 36 a.C.; e Pácoro foi o chefe dos partas na batalha contra Lúcio Decídio Saxa (ambos comandantes de Marco Antônio) em 40 a.C., um novo marco nas derrotas romanas contra os partas. Essas duas derrotas dão continuidade ao problema parta desde o massacre de Crasso em Carras (matéria da ode anterior), em 53 a.C.

vv. 13-16: Os dácios são um povo do norte do rio Danúbio, que fez pequenas invasões no território romano durante o período das guerras civis e eram famosos pela habilidade com a lança. Os etíopes aqui representam os egípcios, ou seja, a batalha de Augusto contra Antônio e Cleópatra: sua representação em barcas alude à batalha naval do Ácio. Tratar o exército de Cleópatra – que provavelmente se considerava grego – como etíope é ainda mais um esforço de demérito, tornando as forças inimigas também bárbaras.

vv. 21-24: Shackleton Bailey edita a própria proposta "*innupta uirgo*" ("A virgem sem casório" seria uma tradução mantendo o ritmo); porém creio que a tradição manuscrita, "*matura uirgo*" ("a virgem que madura", que está pronta para o casamento), é mais convincente. A dança jônia era vista pelos romanos como uma prática lasciva, e o ritmo jônico era dançado, por exemplo, pelos *cinaedi*. A ideia de que a jovem se molda artificial, ou com artifícios, parte da noção da criança como maleável, capaz de se adaptar ao processo formativo (N-R, *ad loc.*). A expressão *"de tenero ungui"* (provavelmente associada ao grego "ἐξ ἁπαλῶν ὀνύχον", *Anth. Pal.*, 5.129.1) causa dissenso entre os comentadores: Villeneuve indica, a partir de comparação com Cícero (*Ad Fam.*, 1.6.2, onde lemos *"teneris unguibus"*) e do comentário de Porfirião, que seria uma referência às unhas tenras dos bebês e, portanto, à mais tenra infância (*"a prima infantia"*); já Williams e N-R sugerem que deva ser interpretado como "até a ponta dos dedos", ou seja, como uma intensificação emocional, o mesmo ponto de vista explicitado pelas traduções de Rudd e West. Da minha parte, opto por manter a imagem e deixar o sentido para o leitor, tal como Bekes na tradução por *"aun tiernas sus uñas"*.

vv. 29-32: Uma passagem de Juvenal é muito similar (*Sátiras* 1.55-7):

> *cum leno accipiat moechi bona, si capiendi*
> *ius nullum uxori, doctus spectare lacunar,*
> *doctus et ad calicem uigilanti stertere naso;*

> o cafetão aceita os presentes do amante,
> sem lei pra sua esposa: sabe olhar pro teto,
> sabe voltar o seu nariz atento ao copo.

Na sátira de Juvenal, a sugestão de cumplicidade apresentada por Horácio (*"conscio marito"*) se torna uma acusação de uso deliberado da esposa (*"leno"* indica o cafetão na cultura romana).

vv. 34-36: Referências aos momentos mais importantes das guerras romanas: contra os cartagineses (Primeira Guerra Púnica), que foram navais na costa da Sicília, em Milas, 260 a.C., e nas ilhas Égatas, em 241 a.C.; contra Pirro, que comandava os tarentinos na guerra de 280 a 272 a.C.; contra Antíoco, rei da Síria, que por sua vez deu asilo ao cartaginês Aníbal, em geral rememorado como o mais terrível inimigo de Roma na Segunda Guerra Púnica. Segundo Villeneuve e Bekes, há um crescendo na lista, que culmina com Aníbal.

vv. 38-41: Os sabélios são os sabinos, povo representado no imaginário romano como detentor da cultura tradicional agrícola e religiosa. O jovem aqui obedeceria à mãe severa porque o pai (rústico soldado) estaria longe, na guerra.

vv. 41-44: O sol – muitas vezes assimilado a Apolo, o que pode dar uma conotação política para este trecho – era geralmente representado num carro puxado por cavalos de fogo.

vv. 45-48: A pergunta sem resposta indica uma decadência física que será desenvolvida nos versos seguintes segundo o plano moral. A imagem da decadência crescente entre gerações remonta a Hesíodo, *Trabalhos e dias*, 109 e ss., sobre as várias idade do homem, que estaria lido a partir do mito da Justiça apresentado por Arato (*Fenômenos*, vv. 123 e ss.).

No caso de Horácio, nós não temos uma indicação de circularidade que renove a idade de ouro, e assim o poema e as Odes Romanas terminam num profundo pessimismo, que não parece inteiramente compensado pelos projetos augustanos. É claro que esta última estrofe não arruína todo o louvor a Augusto estabelecido ao longo destas odes, mas certamente as modula (N-R, p. 100, veem nesse pessimismo um eco das frustrações do próprio *princeps*) ao mesmo tempo que cria uma urgência para suas propostas.

3.7

Este primeiro poema após o ciclo das Odes Romanas, apesar da mudança de metro e da imediata leveza na elocução ("παίγνιον", segundo Romano), retoma imediatamente o final de 3.6, que é o da castidade do casamento. Se lá Horácio não havia feito nenhuma pregação positiva, aqui temos a descrição de um casal (os nomes são gregos, mas num contexto facilmente identificável como romano) que deve se manter fiel: o homem nas viagens, e a mulher no lar, contra o assédio dos poetas amorosos (importante notar que Horácio não usa um termo sequer que explicite se estamos diante de um casamento ou não). Diante disso, Santi-rocco (1986, p. 125), por exemplo, conclui que esta ode reforça a crítica de 3.6.

O poema é estabelecido a partir de um eu-lírico que consola a esposa Astérie, confirmando a castidade do marido, Giges, que agora viaja, para em seguida aconselhá-la a fazer o mesmo.

É ainda possível contrastar esta ode com o gênero elegíaco (Syndikus, p. 94) e especialmente com a elegia 3.12 de Propércio; embora o poeta elegíaco se dirija a Póstumo, o marido que viaja para longe da esposa Gala, para confirmar a castidade da mulher. Algumas possibilidades de interpretação estão resumidas neste trecho de West (p. 77) que termina com a própria opinião:

> Há vários modos diferentes de ler este poema. Horácio pode estar jogando com gêneros literários, contrapondo a elegia à lírica. Pode estar produzindo uma defesa das preocupações augustanas sobre a fidelidade sexual e um louvor ao treinamento militar augustano. Esta nota não aceitou tais interpretações. O poema não é um exercício no cruzamento de gêneros, nem uma defesa da monogamia, mas uma sátira leve sobre a tolice dos amantes na elegia romana.

– Metro: asclepiadeu 3.

vv. 1-4: O nome "Astérie", derivado do grego "ἀστήρ" ("astro"), pode sugerir uma beleza igual à de uma estrela. A Tínia é uma região da Bitínia, na Ásia Menor, próxima ao mar Negro. Pela descrição de Giges, ele não é um militar como Póstumo em Propércio (3.12), mas sim um mercador. Favônio é o vento oeste.

vv. 5-6: Sobre o nome Giges, que pode nos indicar riqueza, cf. nota a 2.5.21-4; mas não há nada em comum entre o personagem desta ode e daquela, fora o fato de que ambos se apresentam como objetos de desejo. Noto é o vento sul. A Cabra é a principal estrela da constelação de Auriga (ou Cocheiro) que aparece no final de setembro no hemisfério norte, período em que começam as tormentas, por isso é descrita como louca. Órico é uma cidade perto de Épiro, na costa do mar Adriático. Williams (1969, p. 69) imagina o seguinte contexto: Giges vem da Bitínia para Roma, porém fica preso em Órico por causa das tempestades do vento sul. O Favônio, na primavera, trará o clima propício para um retorno seguro.

vv. 9-20: Sobre o nome Clóe, cf. nota a 1.23.1. Nada nesta ode contribui para relacionarmos esta Clóe com a de 1.23, fora o nome. Pelas histórias que veremos a seguir, é possível imaginar que se trate de uma mulher grega casada disposta a ameaçar Giges.

Nesta estrofe e nas próximas, o mensageiro de Clóe tenta convencer Giges da deslealdade das esposas em dois sentidos: elas tentam trair os maridos e depois ainda tentam matar os amados, por serem recusadas. A escolha de Horácio para a fala do mensageiro é refinada: os mitos, em geral, estavam mais voltados para o louvor da castidade dos heróis, enquanto o mensageiro busca dar um novo enfoque sobre o papel das mulheres, para seduzir Giges para sua senhora, ao mesmo tempo que demonstra os riscos de ser demasiado casto como Belerofonte e Peleu (nos resumos que recebemos, o mensageiro não menciona que os dois conseguiram se salvar).

vv. 13-16: Anteia (ou Estenobeia), esposa de Preto, o rei de Tirinto, tentou seduzir Belerofonte, enquanto este era um hóspede do palácio. Como o jovem recusou a rainha, esta passou a caluniá-lo para o marido, sob a acusação de que fora assediada por ele. Com isso, Preto enviou Belerofonte para o combate com a quimera, na esperança de que assim o herói morresse (cf. *Ilíada*, 6.155 e ss.).

vv. 17-20: Hipólita (ou Astidamia), esposa de Acasto, o rei de Iolco (uma cidade da Magnésia, na Tessália, por isso em latim ela é representada como "*Magnessam*", termo que não aparece na tradução), também caluniou Peleu, por quem estava apaixonada. Diante da acusação, Acasto deixou Peleu adormecido e sem armas entre os centauros, porém o herói conseguiu se salvar (cf. Píndaro, *Nemesianas*, 4.54 e 5.26). O Tártaro aqui representa a região dos mortos.

vv. 21: Sobre as Rochas Icárias, cf. nota a 1.1.15.

vv. 22-28: Enipeu é um nome atestado (cf. N-R, *ad loc.*) nas províncias da Hispânia, portanto sugere uma existência romana mais palpável que Astérie e Giges. O nome ainda implica o rio homônimo da Tessália: ele aparece em Homero como um rio que seduz a jovem Tiro (*Odisseia* 2.235 e ss.), e o mito aparece também em Propércio 1.13.21.

vv. 25-28: Sobre o Campo de Marte, cf. nota a 1.8.4. As águas etruscas são referência ao rio Tibre, que nasce na Etrúria.

vv. 29-32: Aqui Horácio desenvolve o lugar-comum do *paraklausithyron* (cf. 1.25.7-8 e nota), típico da poesia elegíaca; no entanto, o ponto de vista passa a ser diverso: em vez de enfoque no poeta trancado do lado de fora, temos a insistência para que a mulher mantenha a porta fechada e resguarde a castidade. A tíbia (cf. nota a 3.4.1-4) podia ser usada nessas espécies de serenatas, bem como a lira (cf. Aristeneto1.14.1); mas, no caso da tíbia (por ser instrumento de sopro), o canto e o instrumento deveriam alternar.

3.8

Esta é a última ode a retomar a árvore quase fatal, iniciada em 2.13, depois retomada em 2.17 e 3.4. N-R (p. 125) supõem que o banquete comemorativo de Horácio teria lugar no dia 1º de março de 25 a.C. Romano (1991, p. 763) apresenta a hipótese de que seria entre 29 ou 28 a.C., durante uma ausência de Otaviano, mas julgo essa alternativa mesmo provável.

– Metro: estrofe sáfica.

v. 1: O dia 1º de março, em Roma, era consagrado às mulheres casadas, então se celebravam com flores e incensos e fogos as *Matrimonalia* em homenagem a Juno Lucina (ligada ao parto) e às mulheres sabinas que deram fim à guerra entre seus pais e maridos (cf. Ovídio, *Fastos*, 3.229 e ss.). Donde a aparente incongruência do primeiro verso: Horácio, como homem (e ainda por cima solteiro), nada teria que celebrar; assim só podemos estar diante de uma paródia de etiologia (N-R, p. 123).

v. 5: Com isso, Horácio quer dizer que Mecenas (ainda não nomeado), apesar de culto conhecedor do grego e do latim (cf. seu poema citado na nota introdutória a 1.17, cheio de termos gregos), não poderá encontrar um texto que justifique a celebração de Horácio. Williams (1969 p. 72) sugere que o termo "*sermones*" indique tratados filosóficos e naturais em formato de diálogo, onde o patrono buscaria a etiologia da celebração horaciana (sabemos até que Mecenas teria escrito um *Symposium*). Como veremos, Mecenas não poderá descobrir, porque a causa é privada.

vv. 6-8: Sobre sacrifícios de bodes a Baco (Líber), cf. Virgílio, *Geórgicas*, 2.378 e ss.; West (p. 82) ainda lembra que bodes são comedores de vinhas e, por isso, sacrificáveis a Baco. Sobre a árvore, cf. 2.13 e notas. Usei o verbo "enfunerar", que não aparece no Houaiss, mas consta no *Dicionário informal* e no *VOLP*, *on-line*, como sinônimo de "ferrar" e "delatar"; aproveitei a etimologia fúnebre para recriar o efeito do termo "*funeratus*" do latim, uma palavra rara que, segundo West (p. 84), teria também um lado cômico (cp. Petrônio, *Satyricon*, 129.1, em que vemos o verbo aplicado a um pênis sem ereção).

vv. 11-12: Os romanos tinham costume de indicar os anos pelos consulados, e não por uma sequência numérica, como nós. No caso, há dois Volcácio Tulo como cônsules: um em 33 a.C. e outro em 66 a.C., um ano antes do nascimento de Horácio. As ânforas romanas costumavam ficar no alto das casas, onde acabavam recebendo baforadas do forno à lenha: seria possível sugerir que Horácio usou a casca da árvore fatal para fazer a rolha para a ânfora, que depois foi selada com piche. Ainda seria possível pensar que Horácio apenas convida Mecenas para tomar um vinho bastante envelhecido, o que poderia explicar a possibilidade de Volcácio Tulo como cônsul em 66 a.C. (esta ode é comumente datada em 29 a.C., e nesse caso um vinho de 33 a.C. seria ainda pouco envelhecido).

vv. 17-24: Sabemos que, durante as ausências de Otaviano, Mecenas cumpria diversas das funções do *princeps* sob a alcunha de um *curator urbis*. Horácio aqui pede que o amigo deixe de lado as preocupações civis, para se dedicar a uma comemoração privada do poeta. Cotisão, príncipe dos getas, um povo da Dácia, foi derrotado por Crasso em 30 a.C. Os medas aqui indicam os partas (cf. nota a 1.26.5 sobre as guerras intestinas). Os cântabros foram derrotados por Estatílio Mauro em 29 a.C. e em 25 a.C. foram completamente dominados pelos romanos. Por fim, o mesmo Crasso ainda derrotou povos citas em 29 a.C. É importante notar que a descrição de Horácio demonstra que Mecenas não estava, de fato, com problemas por resolver; além disso, a datação da ode para depois de 29 a.C. sugere que Mecenas não estaria cumprindo o trabalho de *curator urbis* no momento do convite (doutro modo, seria demasiado negligente da parte de Horácio).

3.9

Esta ode, uma das mais famosas e traduzidas, é um caso único em Horácio, por ser totalmente escrita no formato de um diálogo com as duas partes falantes. Importante observar as simetrias: seis estrofes divididas em três pares, sempre com uma estrofe para o homem e outra para mulher, numa forma de canto amebeu (1.27 e 1.28 sugerem uma conversa, mas sem a voz do outro), em que o segundo retoma o que foi apresentado pelo primeiro numa espécie de competição (cp. Virgílio, *Bucólicas*, 3 e 7, ou Catulo 62). É possível ligar o poema à máxima terenciana (*Andria*, 555): *"Amantium irae amoris integratio est"*, "As iras dos amantes são a união do amor". Syndikus (p. 110-116) atenta para o caráter popular e mais simples desta ode, até na disposição das palavras (N-R, p. 134) que tentei manter na tradução. Commager (1962, pp. 55-57) comenta como os efeitos de repetição e minúcia sintática dão a esta ode um efeito quase tesselado de mosaico.

– Metro: asclepiadeu 4.

v. 6: Sobre o nome de Lídia, cf. nota a 1.8.1-2. Sobre Clóe (que aparece mais no livro 3), cf. nota a 1.23.1.

v. 8: "Ília" é outro nome para a vestal Reia Sílvia, a mãe mítica de Rômulo e Remo (fundadores de Roma). Cf. nota a 1.2.17-20.

v. 14: Este verso é um *tour de force* de grecismo: "Cálais", "Órnito" e "túrio" (ou "turino", da cidade de Túrios) são todos termos de origem grega. Cálais é um nome "de associações exóticas e implausíveis" (N-R, *ad loc.*), pois poderia evocar o argonauta homônimo, filho de Bóreas, nascido na Trácia (*Argonáuticas* 1.213): no caso, o nome estaria etimologicamente ligado a 'καλὸς", "belo" (cf. escólio a Píndaro, *Píticas* 4.182). Há ainda a possibilidade de lermos o termo *"cal(l)ais"*, que significa "turquesa". Na menção de Lídia, Cálais tem uma estirpe (ao contrário de Clóe que aparece como uma escrava ou cortesã): Órnito parece derivar do grego "ὄρνυμι", para sugerir o vento alado (cp. com o Órnito que aparece na *Eneida*, 11.677 e ss.). Túrios era uma cidade grega próxima a Síbaris, no Golfo de Tarento, mas não temos conhecimento de alguma associação ao luxo ou ao erotismo, apenas o nome de Síbaris, que aparece nas *Odes*, 1.8.2; um ponto importante é que tudo indica que houve um culto a Bóreas na cidade e que o nome indicaria uma etimologia em "θούριος" ("furioso", associável ao voo e ao vento). Curiosamente, Otaviano tinha o nome de Turino por parte do avô (Suetônio, *Augusto*, 7.1 e 2.3), e Marco Antônio o teria insultado com este nome, sem que Otaviano tentasse responder às ofensas.

v. 20: Shackleton Bailey segue a conjetura *"reiecto"*, de Peerlkamp, mas sigo os manuscritos e a maioria imensa do editores com *"reiectae"*. Como N-R (*ad loc.*), penso que *"reiecto"* quebra o equilíbrio das simetrias da ode.

NOTAS ÀS *ODES 3* | 481

vv. 21-24: O gosto autoirônico pela autodepreciação é de gosto horaciano desde as *Sátiras* 2.7, quando o escravo derrota Horácio, aqui descrito como leviano e irritadiço, como o mar Adriático (que grafo "Ádria", como Horácio grafa a variante mais poetica "*Hadria*"). Não devemos, no entanto, esquecer que o homem desta ode-diálogo permanece inominado.

3.10

Esta ode se enquadra no subgênero do *paraklausithyron* (cf. nota a 1.25.7-8) tão comum na poesia elegíaca; mas a elocução é mais solene e menos patética do que a da elegia romana; o que fica ainda mais claro com o encerramento ameaçando o abandono da porta (embora partilhe com a elegia do humor). Moralmente, esta ode parece entrar em franca contradição, por exemplo, com a moral apresentada em 3.6 e 3.7 e mais adiante em 3.24; mas o gênero poético permite tais variações: para N-R (p. 142), "quando um poeta professa cortejar uma mulher casada, ele não está tentando minar as constrições augustanas contra o adultério".

– Metro: asclepiadeu 2.

v. 1: O Tanais é o atual Don, no sul da Rússia. Horácio imagina como seria se Lice fosse uma mulher dos citas (cp. 2.20.20, *Rhodani potor*), um povo que castigava com a morte a infidelidade feminina (cf. 3.24.24); creio ainda que a localização geográfica sugere o frio que passa o poeta do lado de fora da casa. O nome "Lice" existia no tempo de Horácio, mas o significado sugestivo derivado do grego "λύκη", "loba", talvez simbolizando sua crueldade; porém não podemos esquecer que em latim "*lupa*" ("loba") também servia para designar as prostitutas.

v. 4: O violento Aquilão (vento norte) teria ali seu lar (*incolis*), com o vizinhos pela constância, desdobramento do moral no físico.

vv. 5-6: As árvores entre belos tetos são a descrição do "*cauaedium*", uma espécie de jardim de inverno, no pátio interior das casas.

v. 8: Júpiter representa o céu e o clima, portanto, o frio e as tempestades.

v. 10: A imagem parece sugerir uma polia para a *rota*: caso o peso exceda, caem a mulher e a corda juntos: Villeneuve (*ad loc.*) tenta explicar com a seguinte imagem: "Venus erguia Lice; se aquela a abandona, Lice cai. Ou então o orgulho de Lice é um peso excessivo a corda se rompe e escapa". Achei mais funcional transferir a imagem para o de uma corda se desfiando pelo excesso de peso.

vv. 11-12: Penélope, esposa de Odisseu, é o símbolo da castidade feminina no casamento. No imaginário romano, pelo contrário, os tirrenos (i.e., etruscos) eram famosos pela entrega aos prazeres (cp. Virgílio, *Eneida*, 11.736).

v. 15: A Piéria fica na Macedônia. Horácio parece sugerir que se trata de uma escrava por quem o marido de Lice estaria apaixonado. Outra hipótese seria imaginar que o marido de Lice tem uma amante nesse local, enquanto viaja por motivos políticos e/ou econômicos. West (p. 100-01) ainda sugere a hipótese de que, como a Trácia também estivesse ao norte da Macedônia, Horácio sugeriria a figura de Clóe, mulher trácia que apareceu na ode exatamente anterior; no caso, uma cortesã que também canta ("piéria" aqui conteria uma ironia com as Musas Piérides). Aqui o jogo elegíaco ganha seu espelho: o marido se apaixona por uma escrava, enquanto a esposa fica à mercê de poetas apaixonados por uma mulher casada.

vv. 17-18: As serpentes da Mauritânia (daí "áfricas", na tradução para "*Mauris*") eram um símbolo da resistência e da dureza extremas.

vv. 19-20: Certamente os dois versos finais não sugerem ameaça de suicídio nem risco de morte (dos *topoi* da elegia amorosa), mas, pelo contrário, indicam que o poeta não aguardará para sempre: eles são a ameaça do abandono.

3.11

Esta ode tem desenvolvimento complexo: abre-se (vv. 1-8) com invocação a Mercúrio e à lira para dar poderes ao poeta na sedução da jovem Lide; a partir das associações míticas de Mercúrio com o Orco (cf. 1.10 e notas), Horácio passa a maior parte do poema descrevendo efeitos de Mercúrio no mundo dos mortos e parte para a narrativa exemplar das Danaides e de Hipermestra, um mito que serve ao convencimento de Lide, ou seja: a própria realização do pedido feito nas duas primeiras estrofes.

Há quem veja na origem desta ode uma homenagem ao templo de Apolo consagrado por Augusto, onde havia imagens das Danaides (cf. Propércio, *Elegias*, 2.31, onde o poeta elegíaco descreve o templo). De qualquer modo, o que vemos é um recurso similar ao de 3.5 e 3.27, em que o espaço (amoroso) da lírica cria um modo de englobar "*topoi*" narrativos comumente tratados na épica e na tragédia. Com o exagero da invocação a Mercúrio (basta contrapormos a 1.30, brevíssima) e o elevado da mitologia (com ameaças de sofrimento eterno) em contraste com o simples objetivo erótico de Horácio, é possível então lermos a ode inteira como uma espécie de "paródia da manipulação inescrupulosa dos argumentos de machos predatórios" (West, p. 108) sobre algumas jovens, um

NOTAS ÀS *ODES 3* | 483

processo marcado por uma tensão irônica constante ("*ironische Spannung*", nos termos de Syndikus, pp. 125-126).

– Metro: estrofe sáfica.

vv. 1-2: Mercúrio é associado à mentira e muitas vezes aparece como cúmplice de Júpiter nos adultérios (o que pode ser cômico, se pensarmos no *Anfitrião* de Plauto). Anfíon (filho de Júpiter e Antíope, portanto, fruto de um adultério) é o poeta mítico que teria erguido os muros de Tebas apenas com o poder do canto e da lira (dada por Mercúrio), que as pedras obedeciam. Se Mercúrio foi capaz de ensinar Anfíon a demover o símbolo da insensibilidade – as pedras –, ele também poderá ajudar Horácio com uma mulher.

vv. 3-4: A testude é a lira feita com um casco de tartaruga; as cordas eram geralmente feitas com tripas ou nervos de animais.

vv. 7-12: Lide (sobre o nome, cf. nota a 2.11.21-4) é descrita como uma virgem, que ainda não se casou. A comparação com uma égua jovem pode nos remeter a Lucílio (1.042, Marx):

> *anne ego te uacuam atque animosam*
> *Tessalam ut indomitam frenis subigamque domemque?*
>
> E a ti que és feroz e liberta
> feito uma égua tessálica devo domar-te no freio?

O fragmento de Lucílio, por sua vez, aponta para Anacreonte, fragmento 417 Campbell.

vv. 13-24: Embora Horácio pareça se dirigir à própria lira, os feitos mencionados nestas estrofes estão ligados ao mito de Orfeu (cf. Virgílio, *Geórgicas,* 4), que guiava animais e plantas ao som do canto à lira. Também a descida ao inferno em busca de Eurídice faz parte dos feitos órficos. Sobre Cérbero cf. nota a 2.13.33-6: as serpentes na cabeça são "furiais" porque as Fúrias são descritas com cabelos de serpentes, tais como a Medusa. Ixíon, rei dos lápitas e pai de Pirítoo, foi condenado ao Tártaro por tentar estuprar Juno, a esposa de Júpiter; assim ele é castigado numa roda que gira sem parar. Sobre Tício, cf. nota a 2.14.5-9. Sobre as Danaides, cf. nota a 2.14.18-19; esta última menção mítica abre o poema para a narrativa de função exemplar.

v. 34: O pai perjuro é Dânao, que quebra o juramento feito a Egito de casar suas 50 filhas, ao ordenar que estas matassem os genros.

vv. 45-52: Segundo parte dos mitógrafos, Hipermestra teria sido presa e depois liberta pelos juízes de Argos (cf. Apolodoro 11.1.15 e os comentários de Sérvio à *Eneida*, 10.497). Os campos numídios aqui indicam simplesmente uma região remota. Certa da morte, a jovem apenas pede ao marido uma inscrição tumular como monumento à sua fidelidade de esposa. Temos uma inscrição tumular na pirâmide de Gizé, feita no tempo de Trajano, que parece ecoar a estrofe horaciana (*Carmina epigraphica*, 270, Bücheler):

> *Vidi pyramidas sine te, dulcissime frater*
> *Et tibi quod potui lacrimas hic maesta profudi*
> *Et nostri memorem luctus hanc sculpo querelam.*

> Vi sem ti as pirâmides, ó meu irmão mais querido,
> tudo que pude fazer por ti foi verter o meu pranto
> para em lembrança do luto que sinto gravar um lamento.

3.12

Esta é a única ode horaciana escrita em jônicos menores e também na poesia romana (Williams, p. 86, ainda considera a matéria perfeitamente adequada ao metro), e os editores não têm consenso sobre como dividir os versos e as estrofes do poema. A única regularidade é a repetição de 40 pés jônicos menores (v v — —). Não está muito claro se estamos diante de um monólogo de Neobule consigo mesma, ou se o poeta é que se dirige a ela (conforme interpretava Porfirião), de modo que cabe ao leitor preencher o contexto e dar sentido à ode. De qualquer maneira, parece certo que Horácio está dialogando com um poema de Alceu (frag. 10B Campbell) também em jônicos (*contra* West), ligados ao lugar-comum do lamento da jovem:

> ἔμε δείλαν, ἔ]με παίσ[αν κακοτάτων
> πεδέχοισαν
>   ]δομονο[
>   ]ει μόρος αἴσχ[ρος
> ἐπὶ γὰρ πᾶρ]ος <ἀ>νίατον ἱκάνει
> ἐλάφω δὲ] βρόμος ἐν σ[τήθεσι φύει φόβερος,   5
>   μ]αινόμενον [
>   ]ἀνάταισ' ὠ[

> sou mulher mais miserável] tod[os males
> compartilho
>   ]pela casa[
>   ]destino vergonh[oso
> pois me a]tinge um incurável ferimento

os gemidos de um [cervato] entra a[o peito temeroso   5
e d]elirante [
]das paixões[

Entretanto, no caso de Horácio, está claro que, se os nomes gregos apontam para a tradição lírica arcaica, tanto o comportamento de Neobule quanto o de Hebro indicam uma cultura romana.

– Metro: jônico menor

v. 3: A severidade do tio paterno (*patruus*) era proverbial em Roma, pois esse tio – em geral, celibatário, nas famílias rurais – era também responsável pelos sobrinhos (quase ao modo de um padrinho), sobretudo na ausência do pai. A presença é comum nas comédias, mas sabemos da sua real função social. Sabemos que, na Roma arcaica, o vinho era interdito às mulheres (cf. Aulo Gélio, 10.23)

v. 4: O filho de Citera (Vênus) é Cupido, que aqui distrai Neobule dos deveres de Minerva, ou seja, a tecelagem. Esta estrofe parece ecoar um fragmento de Safo (frag. 102 Campbell):

γλύκηα μᾶτερ, οὔτοι δύναμαι κρέκην τὸν ἴστον
πόθωι δάμεισα παῖδος βραδίναν δι' Ἀφροδίταν

ó doce mãe, é certo: eu já não sei tramar teares,
tomada de paixão por um rapaz com Afrodite esbelta

v. 5: O nome "Neobule" sugere νεά βουλή ("nova vontade"), derivada da intervenção de Cupido. O nome aparece muito ligado a Arquíloco, como no fragmento 118 West.

v. 6: Liparense, ou lipareu, é aquele que nasce em Lípara, a maior das ilhas eólicas, mas o termo grego "λιπαρός" também significa "*nitidus*" em latim, "brilhante", ou "belo". Hebro é o mesmo nome do rio da Trácia, o que parece contrastar com as ondas tiberinas do verso seguinte, porém o nome grego é atestado por algumas inscrições. No fragmento 45 de Alceu, o rio Hebro é descrito com o mais belo (κάλλιστος ποτάμοων, frag. 45, Campbell), onde se banham muitas moças.

vv. 7-12: Aqui a descrição de Hebro: ele se banha no Tibre depois dos exercícios no Campo de Marte (como os jovens romanos), é hábil na cavalaria (melhor que Belerofonte sobre o Pégaso é um exagero com certo toque cômico), no pugilato e na corrida, além de caçador. Parte das imagens nos fazem recordar de outras passagens das *Odes*, tais como Síbaris em 1.8.3 e ss. e Enipeu em 3.7.25 e ss. A imagem final do caçador, segundo West

(p. 115), poderia insinuar uma preocupação de Neobule para que Hebro não termine morto como Adônis, o caçador amado por Vênus.

3.13

Esta ode peculiar ("celebérrima, considerada um verdadeiro manifesto de poética", Romano, 1991, p. 781) parece assumir a forma de um hino (WEST, p. 118), curiosamente dedicado a uma fonte desconhecida. Como o mesmo West observa na página seguinte: "Horácio já foi amiúde criticado pela crueldade dessa imagem vivaz do jovem animal cujo sangue vermelho mancha a água fria. Porém os campesinos da Itália estavam acostumamos a mostrar agradecimento com a devolução de uma vida aos deuses que lhes haviam dado vida, primícias da colheita para Ceres, libações de vinho para Baco e sacrifício de animais. O sacrifício é a retribuição da dívida humana para os deuses, a gratidão em sua forma visível". Já Cairns (*apud* Romano, 1991, p. 780) enquadra o poema num *anathematikon*, uma promessa de sacrifício, talvez próximo de um epigrama de Teócrito (*Anth. Pal.*, 6. 336).

– Metro: asclepiadeu 3.

v. 1: A fonte de Bandúsia, ao que tudo indica, era de fato pouco renomada no tempo de Horácio, então o poema tenta um ato performativo de dar fama através da poesia. Sua localização é próxima a Venúsia; mas Porfirião, por exemplo, imaginava que poderia se tratar de outra fonte, mais próxima à *uilla Sabina* do poeta (que poderia ser aquela mencionada nas *Sátiras*, 2.6.2, e nas *Epístolas*, 1.16.12 e ss.).

vv. 2-4: Na celebração dos *Fontanalia*, em 13 de outubro, os romanos lançavam coroas de flores sobre as fontes (o poema se situa no dia 12, pelo que podemos deduzir de "*cras*", "amanhã"). No entanto, o sacrifício do cabrito – ainda mais com a referência à vida perdida e ao sangue na água – não consta das práticas da celebração e, por isso, intriga a maior parte dos comentadores. Vemos apenas em Ovídio, *Fastos*, 3.300, uma cena parecida.

vv. 13-15: Villeneuve vê nesta última estrofe um modo similar aos que encontramos nos poemas votivos da *Antologia palatina*, e Syndikus (p. 137) insiste que, apesar disso, a forma é estritamente lírica. Porém, a meu ver, o que Horácio faz aqui é igualar uma fonte romana ao estatuto das fontes gregas ligadas à poesia, tais como Hipocrene, Castália, Aretusa, etc. Como observa West, o termo "*lympha*" em latim significava tanto uma ninfa aquática quanto a própria água, o que tentei manter com "linfa" (já que sonoramente sugere ninfa); além disso mantive a sonoridade líquida das aliterações finais.

3.14

Esta ode é um dos exemplos mais claros da fusão entre as esferas pública e privada: em comemoração a um feito de Augusto, Horácio organiza um banquete e convida uma cortesã. Romano (1991, p. 784) aponta que, no caso, o elo entre as duas esferas estará na "εὐθυμία", ou "*tranquillitas animi*", a tranquilidade de espírito: a *pax Augusta* garante a vida privada do poeta. A organização do poema é de uma simetria meticulosa: três estrofes para anunciar o retorno e as cerimônias públicas em agradecimento, uma estrofe central sobre a festividade do dia e depois três outras estrofes centradas na preparação de um banquete privado.

– Metro: estrofe sáfica.

vv. 1-4: Nos seus trabalhos, Hércules também passou pela Ibéria com os bois de Gerião; outro ponto fundamental que está em jogo nessa comparação é o fato de que Hércules, de humano, foi alçado ao estatuto divino (cp. 3.3.9-12), assim também Augusto (César) segue o mesmo destino, aqui marcado pelo retorno das batalhas contra os cântabros (cf. 1.36), em 24 a.C., depois de três anos ausente de Roma: com esse retorno, Agripa assumiu o comando bélico na região, e Augusto não aceitou a proposta de triunfo, o que fez com que o senado realizasse uma *supplicatio*, cerimônia de agradecimento aos deuses, na qual em geral as mulheres tinham papel importante (cp. Tito Lívio 27.51.9). O louro simboliza aqui tanto o louro triunfal dos generais vencedores, concedido nos triunfos oficiais romanos, quanto o símbolo da glória em si. Sobre os penates, cf. nota a 2.4.15. "*O plebs*" é uma apóstrofe única na literatura latina.

vv. 5-12: Os agradecimentos das mulheres: em primeiro lugar, Lívia, a esposa de Augusto ("*unico marito*" pode sugerir alguma ironia, já que Augusto foi o segundo esposo de Lívia [COMMAGER, 1962, p. 227]), acompanhada de Otávia, sua irmã (cf. nota a 1.12.46), e das várias mães romanas, todas vestidas com as ínfulas, uma espécie de veste sacrificial que poderia ser usada na *supplicatio*. O pedido de Horácio aos jovens por silêncio no mau augúrio é bastante similar ao "*fauete linguis*" em 3.1.2 (cf. nota).

v. 11: A tradição manuscrita apresenta "*puella iam uirum expertae*" ("que provaram marido"), o que me parece bastante plausível, seguida por Bekes, Williams e Romano, por exemplo. No entanto, sigo a correção proposta por Bentley e incorporada por West e Shackleton Bailey, "*non uirum expertae*". Há ainda outro problema editorial: Shackleton Bailey segue outra conjetura de Bentley, "*male inominatis*" ("inominável"), enquanto a maioria dos editores segue a tradição manuscrita "*male nominatis*", que me parece mais convincente.

vv. 13-14: A simbologia da cor das "atras aflições" vem por oposição ao costume romano de marcar no calendário os dias festivos com uma cal branca.

vv. 17-20: O garoto aqui é um escravo do poeta, encarregado de preparar um banquete de comemoração. A guerra marsa é a Guerra Social, que aconteceu entre 91-89 a.C., quando os marsos ganharam fama pela coragem; indica, portanto, que se trata de um vinho bastante envelhecido; depois o poeta joga com um motivo de comemoração romana anterior: a derrota da rebelião escrava comandada por Espártaco, entre 73-1 a.C.; porém o modo como o poeta escreve gera uma ambiguidade, dando a entender que Espártaco é que teria bebido todas as jarras, perdidas durante a insurreição escrava. Com essas referências e a alusão à Batalha de Filipos, mais adiante, Horácio sugere uma continuidade de guerras civis romanas por mais de meio século, que só viriam a terminar com a figura conciliadora de Augusto (WEST, pp. 129-130).

vv. 21-22: Neera é cortesã, como se pode depreender pelo nome comum; o significado ainda é importante, pois sugere "jovem", por oposição às cãs do poeta. *"Crinem murreum"* pode indicar a cor do cabelo de Neera como algo entre o loiro e o castanho (assim lia Porfirião), ou com cheiro adocicado de murta, ou até um laço de cabelo feito com murta; de qualquer modo, a associação indica outra função para além do canto, já que a planta é consagrada a Vênus.

vv. 26-28: Lúcio Munácio Planco foi cônsul com Marco Lépido em 42 a.C. (ano singular na vida de Horácio, pois foi quando se deu a Batalha de Filipos, cf. nota a 2.7.5); quando Horácio ainda tinha 23 anos e não aceitaria "não" como resposta, tal como era mais fervoroso nas escolhas políticas. Por contraponto, o poeta anuncia que já está mais velho, com um espírito mais ameno, mas não precisamos assumir, com isso, que o Horácio "sofria de canície precoce" (Romano, *ad loc.*).

3.15

A matéria invectiva desta ode mais se aproxima do que vemos em alguns epodos horacianos, embora o registro aqui seja bem mais mediano do que o baixo explícito de *Epodos*, 8 e 12. Villeneuve aponta similaridade com uma série de epigramas da *Anthologia Palatina*, 11.66-74, nas quais vemos a tópica do ataque à mulher que não aceita a chegada da velhice, tema que reaparece numa série de epigramas de Marcial (cf. Agnolon, 2010).

– Metro: asclepiadeu 4.

v. 1: Todos os personagens desta ode têm nome grego: "Íbico" nos remete imediatamente ao poeta grego arcaico, famoso por sua vida e por versos libidinosos e homoeróticos. Ainda sabemos da existência de um provérbio grego, "ἀρχαιότερος Ἰβύκου", "mais antiquado que Íbico" (Diogeniano, *Provérbios*, 2.71), para designar os tolos. Tudo isso leva West a imaginar nessa figura um marido tolo, antiquado e cercado de garotos ccmo amantes.

v. 3: Há um jogo de palavras aqui: "*famosis*" pode sugerir a infâmia do comportamento de Clóris, porém a proximidade com "*laboribus*" nos faz pensar nos trabalhos de Hércules (para conseguir se manter jovem, ela tem um trabalho hercúleo), além de que o tema do trabalho retornará ao fim da ode.

vv. 7–8: Sobre os nomes "Fóloe" e "Clóris", cf. respectivamente as notas a 1.33.2 e a 2.5.17-18. Nesta ode, as personas retomadas apresentam figuras opostas: Clóris não brilha como a lua, e Fóloe não é uma garota difícil. Aqui, então, a etimologia de "χλωρός" pode sugerir a cor pálida da grama seca como em Safo 31.14-15.

vv. 8–9: A tradução "ao pé da letra" seria "Será melhor tua filha / expugnar as casas dos jovens"; mas verti por "Melhor será / tua filha pilhar rapaz". O ponto central é que Fóloe, filha de Clóris, por ser jovem, ainda teria mais direito de assediar os homens (embora esse tipo de ataque fosse malvisto numa mulher de qualquer idade, *contra* Syndikus).

v. 10: Sobre as tíades, cf. nota a 2.19.9-12. Sobre os tímpanos, cf. nota a 1.18.14-15.

vv. 11–12: "Noto", do grego "νόθος", significa "bastardo", sobretudo para designar o filho e um homem livre com uma escrava.

vv. 13–14: Lucéria era uma cidade da Apúlia, uma região famosa pela qualidade das lãs (Plínio, *NH*, 8.190), o que de repente traz todo o poema para o mundo romano. Em outras palavras, a velha Clóris deveria se concentrar na tecelagem, um encargo das matronas romanas: em Tibulo, 1.6.77, e na *Anth. Pal.*, 6.283 vemos a imagens de velhas que são obrigadas a tal trabalho para ganhar a vida, o que poderia retomar a figura do marido pobre do primeiro verso.

vv. 14–16: Os últimos três versos descrevem os prazeres da juventude, que por sua vez se misturam à descrição do banquete, resultando na própria lírica subjetiva simpótica horaciana.

3.16

Esta ode, que dá início à segunda metade do livro 3 (1.20 também é dedicada a Mecenas numa posição central), é bastante complexa e inesperada, apesar de ter uma unidade clara. Ao começar por uma narrativa mítica de Dânae (numa interpretação alegórica do suborno que tem origens gregas, cf. N-R, 2004, p. 199 e 203), Horácio expande para outros exemplos históricos até concluir com uma moral sobre a cobiça. Depois, volta-se para as relações com o patronato de Mecenas. Villeneuve vê nessa justaposição de mito, moral e poesia privada uma origem pindárica, enquanto Romano aponta nela uma diatribe mais próxima do *sermo*.

– Metro: asclepiadeu 2.

vv. 1-8: Acrísio, rei de Argos, teria preso a filha Dânae numa torre, por medo da previsão de um oráculo de que ela teria um filho que mataria o próprio avô. Júpiter, no entanto, apaixonou-se pela virgem e invadiu a torre na forma de uma chuva de ouro (o que explica a formulação curiosa do v. 8): dessa noite nasceu Perseu. O jovem herói acabou matando o avô acidentalmente ao lançar um disco (cf. *Ilíada*, 14.319).

v. 2: "*robustae*" significa tanto "fortes", "sólidas", como "feitas de carvalho". Nenhum dos comentadores parece ter atentado para o fato irônico de ser essa a árvore dedicada a Júpiter, como que a anunciar o adultério.

vv. 11-13: O áugure argivo é Anfiarau (cf. Ovídio *Metamorfoses*, 9.406 e ss., e Estácio, *Tebaida*, 2.299 e ss.). Ao prever que morreria no sítio de Tebas, ele se escondeu; mas foi entregue pela esposa Erifile, depois que ela foi subornada com joias por Polinices. Anfiarau morreu quando um abismo se abriu debaixo do carro. Em vingança, seu filho matou a própria mãe e depois foi morto pelos tios: assim o lar de Anfiarau se arruinou.

vv. 13-16: O macedônio é Filipe II (382-36 a.C.), pai de Alexandre. A ele é atribuída a ideia de que nenhuma cidade seria inexpugnável, desde que fosse possível adentrar nela um jumento carregado de ouro (Cícero, *Epístolas a Ático*, 1.16.12). É possível ver nos versos 15-16 uma alusão a Mena – ou Menodoro –, general náutico da frota de Sexto Pompeu, entre 39 e 36 a.C., que, depois de receber um suborno de Otaviano, traiu o grupo.

vv. 17-24: Talvez estas duas estrofes, em que finalmente aparece o poeta, junto com o patrono Mecenas, façam uma alusão ao cargo de secretário oferecido por Augusto e recusado por Horácio (Suetônio, *Vida de Horácio*, 18).

vv. 25-28: A terra de Horácio seria desprezível para o vulgo que não valoriza os "verdadeiros bens". O apúlio é o camponês da Apúlia. A imagem do rico que acumula sem utilizar é recorrente em Horácio pelo menos desde

Sátiras, 1.1.44; como resultado, esse homem rico de bens é pobre na prática, pois não utiliza, daí minha solução sintética por "indigente riquíssimo".

vv. 33-36: A Calábria ficava no sudeste da Itália, onde está Tarento (cp. Virgílio, *Geórgicas*, 4.109 e ss.). Os lestrigões canibais – o que indicaria o humor de Horácio nesta passagem – que aparecem em Homero (*Odisseia*, 10.80 e ss.) eram associados a Fórmias, no sul do Lácio, uma região famosa pelos vinhos. N-R ainda observam que Terência, a esposa de Mecenas, talvez fosse proveniente dessa região, o que daria ainda mais especificidade à sua escolha. A lã da Gália Cisalpina é louvada por Estrabão (5.1.12) e Plínio (*NH*, 8.190). Baco é claramente metonímia para o vinho.

v. 37: Verti *"pauperies"* por "paupéria", e não pelo dicionarizado "paupérie", para ecoar os Últimos dias de *Paupéria*, livro póstumo de Torquato Neto.

vv. 41-42: A Migdônia (nome derivado do rei Mígdon) era uma região vizinha à Frígia, na Ásia Menor (cf. nota a 2.12.21-4), enquanto os reinos de Alciates (verti por "Alcíates" em favor do metro) foi um rei da Lídia nos séc. VII-VI a.C. (uma origem possível para a família de Mecenas, cf. *Sátiras* 1.6.1) e pai de Creso: unir os dois reinos seria constituir um império.

3.17

Esta breve ode tem um recurso parentético surpreendente, com uma elocução grandiosa que vai do segundo verso até o nono, ocupando metade do poema. O contraste com o final quase rústico cria um efeito de disparidade que amarra o poema pela ironia.

– Metro: estrofe alcaica.

vv. 1-9: Sobre os irmãos Lâmias, cf. 1.26 e notas. É provável que aqui o Élio mencionado seja o Lúcio, e não Quinto; isso se dá a partir do que diz o próprio poeta em *Epístolas* 1.14.5-8, revelando maior ligação com Lúcio. Sabemos que Varrão escreveu um livro *De familiis Troianis*, para apresentar origens troianas para algumas famílias romanas; neste caso, Horácio liga os Lâmias a Lamo, rei mítico dos lestrigões (*Odisseia*, 10.81 e ss., e cf. nota a 3.16.33-6), além de fundador de Fórmias (onde os Lâmias tinham uma propriedade), na Campânia, onde corre o rio Líris, o qual forma um pântano em Minturnas. Em Minturnas havia um templo dedicado a Marica, divindade antiga da Itália, comumente representada como esposa de Fauno e mãe de Latino (cf. Virgílio, *Eneida*, 8.47 e ss.). Os fastos são os dias santos do calendário romano, mas aqui parecem indicar festividades familiares, ou, como sugere West (p. 154), uma piada, já que seria impossível haver calendários romanos que remontassem ao período homérico. Williams (p. 104) lembra que *"nobilis"* pode indicar especificamente alguém cuja família já ocupou um consulado (o que não era o caso) ou simplesmente "famoso", por isso preferi decalcar o termo. Williams (p. 105, também defendida por West) ainda apresenta a ideia, no mínimo instigante, de que a etiologia aqui apresentada seja uma piada interna (talvez sobre a soberba antiga e a pobreza atual), o que ganharia um grande efeito irônico pelo imenso espaço parentético e grandioso destas duas estrofes.

v. 9: Os editores costumam ver em *"late tyrannus"* ("tirano imenso") uma tradução da expressão homérica "εὐρὺ κρείων", o que faz Bekes supor que não haja nada de crítico no termo *"tyrannus"*. Da minha parte, sempre julgo que um eco semântico é possível, embora o contexto não colabore, a não ser com permissão de leve ironia.

vv. 10-13: Entre os romanos havia um provérbio *"uillior alga"* ("mais vil/inútil/vão que uma alga"). Euro é o vento sudeste. A gralha, ave de agouro (e aqui ligada às chuvas), aparece aqui como *"annosa"*, "velha" – por contraste à brevidade humana e ao leitão, que consta logo abaixo –, porque os antigos supunham que ela vivia em média nove gerações (cp. Ovídio, *Amores*, 2.6.36, e Plínio, *NH* 7.153, comentando Hesíodo). Essa previsão é do próprio poeta, que aqui assume ligeiramente o papel de *"uates"*, o que pode explicar também o registro elevado das primeiras estrofes.

vv. 15-17: O Gênio é uma divindade que nasce com cada indivíduo, cidade, instituição, etc. e o protege (algo similar ao anjo da guarda cristão). Os romanos costumavam fazer oferendas ao Gênio nos aniversários, porém pode ser que Horácio esteja aqui apenas retomando a expressão *"indulgere genio"*, qual seja, "ser complacente com o próprio gênio". O convite a buscar lenha está ligado à previsão de tempestades, apresentado nos versos anteriores.

3.18

Este poema tem a forma de um hino a Fauno, no que retoma em parte suas aparições em 1.4 e 1.17. West afirma que esta "parece ser a ode mais simples de Horácio" (p. 159), para na página seguinte concluir que é uma "simplicidade calculada". De qualquer modo, podemos aproximar o poema de algumas falas encantatórias, como a que aparece em Catão, *De agricultura*, 141.2-3:

> *uti tu morbos   uisos inuisosque*
> *uiduertam   uastitudinemque*
> *calamitates   intemperiasque*
> *prohibessis defendas   auerruncesque*

NOTAS ÀS *ODES 3* | 493

pra que às doenças   visíveis e invisíveis
à desgraça   e à devastação
às calamidades   e às intempéries
tu proíbas defendas   e afastes

– Metro: estrofe sáfica.

vv. 1-4: Sobre Fauno, cf. notas a 1.4.11-12 e 1.17.1-2. Nem sempre as ninfas são descritas fugindo de Fauno: por isso talvez Horácio faça alusão a um mito como o da Siringe (cp. Ovídio, *Metamorfoses*, 1.689 e ss.). É crucial, no pedido do poeta, a ênfase na chegada e na partida do deus, pois estes são também perigosos aos mortais (Williams, 1969, p. 106). Cabe ainda notar que Pã (em geral associado a Fauno) é chamado em grego "Λύκαιος", "*Lycaeus*", derivado do grego "λύκος" ("lobo"), por manter os lobos afastados graças à afinidade com esses animais, daí uma ambiguidade no seu caráter.

vv. 6-7: A passagem guarda uma pequena ambiguidade na interpretação de "*Veneris sodali uina creterrae*". A imensa maioria dos editores e tradutores lê "*craterae*" (taça) como aposto de "*sodali*" (companheiro), ou seja, a taça seria a companheira de Vênus como base para essa leitura;além da relação proverbial entre amor e vinho, citam Posidipo (*Anth. Pal.*, 5.134.3), onde uma garrafa aparece como serva de Baco, das Musas e de Citereia (Vênus). Villeneuve (*ad. loc.*) propõe outra leitura, também interessante: para ele, temos dois dativos decorrentes de "*desunt*" (faltar), tal como em Ovídio (*Met.*, 9.771 2): "*soduli*" e "*craterae*"; no caso de "*craterae*" faltariam "*uina*", no caso de "*sodali*" tudo o que vem sendo mencionado. Assim, o companheiro de Vênus seria o próprio Fauno. Para justificar a leitura, Villeneuve cita Pausânias (5.15.6), que descreve um autor de Vênus junto ao de Pã, em Olímpia. Sigo a maioria dos tradutores, mas considero a proposta de Villeneuve no mínimo instigante.

v. 10-12: Certamente não se trata das *Faunalia*, em 13 de fevereiro, mas de algum rito pouco conhecido, talvez peculiar à região da Sabina, celebrado nas nonas (no dia 5) de dezembro. Provavelmente, trata-se da aldeia de Mandela (cp. 2.3.4 e *Epístolas*, 1.18.105).

v. 13: Os borregos são bravos sob a proteção de Fauno, que lhes garante segurança, numa espécie de milagre.

v. 14: Mantive "*agrestis tibi*" da tradição manuscrita (como todos os outros editores), em vez de "*arentis ubi*", conjeturas de Cornelissen ("*arentis*") e L. Müller ("*ubi*") incorporadas por Shackleton Bailey.

vv. 15-16: O lavrador ("*fossor*") detesta a terra pelo trabalho que ela lhe dá ao cavá-la e lavrá-la. No rito, tudo indica que eles pisavam três vezes sobre o chão numa dança (cp. 1.4.7 e 1.37.2), provavelmente um "*tripudium*", associado aos sálios (cf. nota a 1.36.12). Na tradução, achei que o verbo "tripudiar", com suas acepções em português de "escárnio" e "dança", além da etimologia com o "*tripudium*" dava conta de todas as nuanças e ambiguidades do texto horaciano.

3.19

Esta ode difícil tem uma organização muito próxima à de 1.27 que força o leitor a inferir o não dito (WEST, pp. 167-170, dá uma ideia sobre as possíveis interpretações): tudo indica que estamos à beira do início de uma festa, quando alguém inoportuno cita assuntos históricos e é refutado pelo poeta (vv. 1-8); depois este chama o escravo que os serve e lhe pede mais vinho e música (vv. 9-24); por fim se volta ao jovem Télefo para falar da vida amorosa. É possível ler esta ode como invectiva contra um velho, se atentarmos para as recorrências de imagens antigas (vv. 1-2, na história, e v. 24, o velho Lico).

– Metro: asclepiadeu 4.

vv. 1-2: O poeta se irrita com uma das questões mais difíceis para os antigos: relações cronológicas entre as narrativas (Williams, 1969, p. 109), tais como as que aparecem nos *Aetia* fragmento 178 de Calímaco, em Ateneu ou em Aulo Gélio, ou até a obra de um certo Castor, que teria escrito uma *Chronica* no séc. 1 a.C. Sobre Ínaco, cf. nota a 2.3.21; a função aqui pode indicar elogiosamente uma origem da família de Murena, que poderia ser ligada à mítica colonização argiva de Lanúvio por Diomedes. Codro foi o último rei histórico de Atenas: quando os dórios invadiram a Ática, o oráculos de Delfos prometeu a vitória para o lado que perdesse o general; ao saber disso, Codro vestiu-se de mendigo, saiu da cidade e iniciou uma briga com soldados inimigos até ser morto, assim garantindo a vitória de Atenas pelo cumprimento do oráculo, pois, quando os atenienses cobraram o corpo do rei, os dórios abandonaram o campo.

vv. 3-4: Os eácidas, descendentes de Éaco, são, de uma parte, Peleu, Aquiles e Pirro, e, de outra, Telamão, Ajax e Teucro.

vv. 5-8: O vinho de Quios era certamente um dos mais caros e famosos da Antiguidade (N-R ainda comentam sobre sua possível relação com o tataravô de Murena como governador da Ásia em 84 a.C.). Horácio, portanto, quer saber quanto deve pagar pelo vinho e quem trará a água quente para diluí-lo (um costume romano), para que o festim se inicie, talvez um ἔρανος, onde todos os participantes contribuem. O frio nos Apeninos, região do Sâmnio habitada pelos pelignos, era proverbial entre os antigos (cp. Ovídio, *Fastos* 4.80-1).

v. 9: A partir daqui, o poeta toma para si o papel de *arbiter bibendi* (cf. nota a 2.7.25-6).

vv. 10-11: Provavelmente Licínio Murena ou seu irmão Álbio Terêncio Varrão Murena (cf. 2.10 e notas), que entrou para o colégio dos áugures, um cargo bastante distinto em Roma. Villeneuve e Williams, dentre outros, consideram que a ode seja uma celebração desse momento, portanto situando o acontecimento na noite de 31 de dezembro.

vv. 11-17: Horácio parece tratar das porções específicas na diluição do vinho, propondo uma *lex conuiuii* (lei do banquete), com escolhas possíveis aos convivas. Segundo N-R (*ad loc.*), 12 cíatos fazem um sextário, que seria uma taça; enquanto a média toma três porções de vinho para nove de água; outros podem preferir nove de vinho para três de água. Ao se aliar ao número ímpar das nove Musas, o poeta indica que deseja beber nove cíatos, ou seja, mais vinho do que os outros, que ficaram com o número três das Graças.

v. 14: O termo *"attonitus"* indica o indivíduo tomado pelo raio (derivado do grego "ἐμβρόντητος"), ou seja, indica o indivíduo numa espécie de transe místico, que Horácio aqui aproxima da persona do vate. Optei por manter o termo em português pela etimologia.

vv. 17-20: Sobre o termo "berecíntias", cf. nota a 1.8.14-15. Na tradução, optei por forçar a sonoridade com "be-re-cín-ti-as tí-bi-as" por julgar que a proximidade sonora entre *"Berecyntiae tibiae"*, somada ao fato de que as duas palavras afastadas encerram os respetivos versos, cria um efeito quase encantatório de recorrência. Como o trecho guarda muitos ecos com 4.1.21-4, optei pelo mesmo efeito naquela passagem também.

vv. 22-24: "Lico" é um nome derivado do grego "λύκος" ("lobo"), que aqui representa um velho rabugento casado com uma mulher muito mais nova.

vv. 25-26: Télefo (cf. 1.13 e notas), como já pensava Porfirião (*ad loc.*, *contra* Williams), certamente não é o mesmo indivíduo a quem o poeta se dirige no início desta ode. Ele é comparado a Véspero, a estrela da tarde, ou seja, o planeta Vênus.

v. 27: O nome "Rode" é derivado do grego "ῥόδη" ("roseira"), o que sugere sua idade, jovem como Télefo. É possível supor que ela seja a esposa de

Lico, mas o texto não é claro quanto a esse ponto. No original, o termo *"tempestiua"* tem dois sentidos, que tentei de algum modo manter pela ambiguidade: por um lado, Rode se apressa atrás de Télefo, por outro ela está madura para um homem (cp. 1.23.12).

v. 28: Sobre Glícera, cf. nota a 1.19.5-6.

3.20

– Metro: estrofe sáfica.

vv. 1-2: Pirro é um nome fictício que evoca, tal como Pirra em 1.5, o grego "πυρρός", que em latim indica as cores do cabelo, *"flauus"* ou *"burrus"*, entre o loiro e o ruivo pela cor de fogo; mas também poderia indicar o temperamento do personagem. Seria possível ainda pensar em Pirro (ou Neoptólemo), filho de Aquiles, comumente representado como cruel e covarde. Sobre leões da Getúlia, cf. nota a 1.23.9-10. Aqui, não se trata da mãe de Nearco, mas de uma jovem mulher que disputa seu amor com Pirro.

v. 6: Nearco é um nome derivado do grego, "νέος ἀρχή", algo como "jovem líder" ou "líder dos jovens". Pelo contexto, podemos perceber que se trata de um jovem passando à idade adulta, segundo o imaginário grego (e de interesse helenístico), pois vai saindo da vida de erômeno para atrair as mulheres, de modo similar ao que vimos em 1.4.19-20.

vv. 11-12: Num gesto de desprezo por ambos, Nearco pisa sobre a palma da vitória, em vez de trazê-las nas mãos para o vencedor. A nudez do pé, somada ao contexto, cria uma fusão entre disputa ginástica e disputa amorosa.

vv. 15-16: Nireu aparece na *Ilíada*, 2.673, como o mais belo dos gregos em Troia. O jovem raptado junto ao monte Ida é o troiano Ganimedes, filho de Príamo levado por Júpiter, na forma de uma águia, até o Olimpo, onde passou a ser escanção dos deuses (*Ilíada*, 20.233): os dois mitos homéricos são reforçados pela palavra *"aquosa"* que traduz o termo "πολυπῖδαξ" ("de muitas fontes", que verti por "fontano") incluído na épica para descrever o monte Ida. Mantive o termo "raptado" na tradução de *"raptus"*, para manter a ambiguidade sexual do sequestro e do estupro.

3.21

Esta ode forma uma espécie de hino irônico (a seriedade nos engana até o quarto verso) à jarra de vinho, embora não precisemos por isso desacreditar

NOTAS ÀS *ODES 3* | 497

de seu conteúdo de louvor à bebida. Na realidade, vemos depois que o poema se dirige a Messala. Por vezes, já foi aproximada de uma epigrama de Posidipo (*Anth. Pal.*, 5.134):

Κεκροπί, ῥαῖνε, λάγυνε, πολύδροσον ἰκμάδα Βάκχου,
ῥαῖνε, δροσιζέσθω συμβολικὴ πρόποσις.
σιγάσθω Ζήνων ὁ σοφὸς κύκνος ἅ τε Κλεάνθους
μοῦσα· μέλοι δ' ἡμῖν ὁ γλυκύπικρος Ἔρως.

Ânfora cécrope, esparge-nos todo o orvalho de Baco,
vai e espalha o orvalhar sobre um alegre festim.
Cale-se o sábio cisne Zenão junto a Cleantes
com sua Musa: falaremos do amor agridoce.

No entanto, o desenvolvimento dado por Horácio é completamente peculiar.

– Metro: estrofe alcaica.

v. 1: Lúcio Mânlio Torquato e Aurélio Cota foram cônsules em 65 a.C. A partir desta ode é que se costuma datar o nascimento de Horácio. Ao datar a jarra com a mesma idade, Horácio reforça o envelhecimento e, portanto, o valor.

v. 5: O mássico é um vinho famoso da região da Campânia. O nome estaria estampado no selo da jarra, desde quando foi guardada, indicando procedência e ano (no caso, o consulado). No entanto, Horácio também pode estar tratando a jarra como divindade inominada, o que reforça a comicidade do trecho.

v. 8: Trata-se de Marco Valério Messala Corvino (64-8 a.C.), apesar de – como Horácio – ter lutado na batalha de Filipos (40 a.C.) do lado de Antônio, foi um colaborador de Otaviano Augusto e ocupou o cargo de cônsul em 31 a.C.; em 27 a.C. realizou um triunfo sobre os aquitânios (cf. Tibulo, 1.7). Sabemos que foi um orador notável (Cícero, *ad Brutum*, 1.15.1, e Quintiliano, 10.1.13), escreveu elegias e reuniu um grande círculo de escritores (Tibulo, Ovídio, dentre outros), tal como Mecenas. Nos comentários de Sérvio à *Eneida* (8.310), ficamos sabendo que Messala aparece no *Symposium* de Mecenas, junto com Virgílio e o próprio Horácio, e que na obra ele tece louvores ao vinho, o que ajudaria a explicar o interesse desta ode. Neste trecho, ele pode ser visto como *"arbiter bibendi"* do banquete.

vv. 9-12: Sabemos que Messala também se dedicou à filosofia. *"Horridus"*, que verti por "desleixado", indica a aparência austera do filósofo (cínico ou estoico) despreocupado com o corpo, com a barba malfeita, etc. Catão, o Velho

(Marco Pórcio Catão, o Censor, 234-149 a.C.), embora não fosse filósofo, era um símbolo das virtudes tradicionais romanas.

v. 13: A famosa expressão em oximoro *"lene tormentum"* é derivada de Baquílides, que também descreve os efeitos do vinho como "γλυκεῖ ἀνάγκα" ("doce necessidade").

v. 18: Os chifres são símbolo da força (*"cornua"*), mas também eram associados a Baco. Villeneuve atenta para sua origem oriental, contrastando esta passagem com trechos da *Bíblia*: *Salmos* 111 e *Samuel* 1 2:1. Verti por "viço e forças".

vv. 21-4: Horácio descreve a companhia dessa jarra divina como uma série de deuses que auxiliam o banquete: Baco é o próprio vinho, Vênus é o sexo e as Graças são o deleite da conversa (Williams, p. 117). Ao fim, Febo – na função de Sol – termina o banquete com o raiar do dia, criando certa oposição com Baco.

3.22

Apesar de se iniciar como uma espécie de hino, esta ode brevíssima dedica um pinho à deusa Diana, com o anúncio de um ritual de sacrifício. Neste sentido, ela parece um epigrama votivo, tal como *Anth. Pal.*, 6.157, de Teodóridas:

> Ἄρτεμις, ἡ Γόργοιο φύλαξ κτεάνων τε καὶ ἀγροῦ,
> τόξῳ μὲν κλῶπας βάλλε, σάου δὲ φίλους·
> καί σοι ἐπιρρέξει Γόργος χιμάροιο νομαίης
> αἷμα καὶ ὡραίους ἄρνας ἐπὶ προθύροις.

> Ártemis, ó guardiã de Gorgo em bens e terras,
> fere a flecha aos ladrões e salva o amigo:
> e Gorgo deve te sacrificar o sangue
> de uma cabra e carneiros no quintal.

O epigrama 53 Pfeiffer de Calímaco (*Anth. Pal.* 6.146):

> Καὶ πάλιν, Εἰλήθυια, Λυκαινίδος ἐλθὲ καλεύσης
> εὔλοχος ὠδίνων ὧδε σὺν εὐτοκίῃ·
> ὡς τόδε νῦν μέν, ἄνασσα, κόρης ὕπερ, ἀντὶ δὲ παιδὸς
> ὕστερον εὐώδης ἄλλο τι νηὸς ἔχοι.

> Vem de novo, Ilitia, ao clamor de Licênide,
> aplaca a dor do parto e fá-lo fértil;
> Um voto é pela filha; e depois, se vem homem,
> teu templo perfumado vai ter outro

NOTAS ÀS *ODES 3* | 499

Porém é preciso atentar, como Williams (1969, p. 118), que este poema horaciano não funciona como uma inscrição, mas como obra a ser lida, e que nele temos a impressão de que o poeta fala com a deusa enquanto nos deixa ouvir o momento. Além disso, se nos epigramas gregos o poeta se dirige a uma das várias funções de Ártemis, Horácio se dirige a três funções ao mesmo tempo (West, p. 186). Por fim, outro ponto curioso é que Horácio não explicita uma causa para a dedicatória e o sacrifício (N-R, 2004, p. 255).

– Metro: estrofe sáfica.

vv. 1-4: A virgem é Diana, deusa de origem itálica associada a Ártemis, que presidia a caça (razão pela qual era sempre representada com arco e flecha), por isso ligada a florestas e montes (cp. *Canto seculari* 1). Recebia ainda a alcunha de *Diana Nemorensis* (Diana dos bosques), pelo qual era venerada na região da Arícia: seu sacerdote era intitulado *rex nemoris* (o rei do bosque), cujo dever era zelar pela árvore consagrada à deusa, e o cargo seria vitalício, até que alguém o matasse e assumisse o posto. No entanto, era também ligada ao trabalho de parto, quando recebia os nomes de Ilitia (do grego "εἰλείθυια"), Genital (do latim "*genitalis*") ou Lucina (nome também atribuído a Juno, na mesma função), como podemos ver no *Canto secular*, 13-16.

Talvez ela seja representada como triforme porque seria a Lua no céu, Diana na terra e Hécate nos infernos (cf. *Eneida*, 4.511: "*tergeminamque Hecaten, tria uirginis ora Dianae*", "à trigêmea Hécate e às três faces da virgem Diana"). No entanto a Hécate grega já recebe a o nome de "τρίμορφος" (triforme), que é representada pela deusa Trívia dos romanos, a guardiã das encruzilhadas, que presidia invocações infernais (sua estátua em formato de T tinha três cabeças). Uma imagem muito próxima já apareceu em Catulo 34.13-16:

> *Tu Lucina dolentibus*
> *Iuno dicta puerperis*
> *tu potens Triuia et notho es*
> *dicta lumine Luna.*

> Juno Lucina és tu chamada
> pelas puérperas em dores,
> tu, poderosa Trívia, chama-te
> Lua, a de luz não sua.
> (trad. João Angelo Oliva Neto)

De qualquer modo, podemos ver nesses quatro versos de Horácio a posição ambígua da deidade: auxiliar dos partos, mas também armada, capaz de suscitar a morte.

vv. 5-6: A consagração de uma árvore a um deus era comum entre os antigos: cf. Catulo, fragmento 1.1, *Eneida*, 7.62 ou Plínio, *NH*, 12.3, como alguns dos vários momentos em que encontramos descrições dos ritos. Difícil não considerar a "quinta" mencionada como a *uilla Sabina* de Horácio.

vv. 7-8: O porco jovem aqui descrito parece ser posse do poeta, mas a descrição como animal selvagem convém com a figura de Diana caçadora.

3.23

Esta é a última ode rural do livro, com uma forte ênfase nos cumprimentos dos ritos de acordo com as possibilidades do indivíduo, ou seja, uma retomada da *pietas* tão importante para a política Augusto (cf. Virgílio, *Geórgicas* 2.493 e ss.). Alguns estudiosos viram no poema uma defesa das intenções contra a obrigatoriedade das oferendas (Pasquali, Cairns, Syndikus); mas creio, como West (pp. 192-193), que se trata de um poema sobre ação, e não intenção. A fórmula *do ut des* permanece até o final; apenas com a possibilidade de se ofertar algo simples (*mola salsa*), no lugar de um sacrifício animal, e ainda assim só será aceito pelos deuses se estiver relacionado com as condições do indivíduo que perfaz o ritual.

– Metro: estrofe alcaica.

v. 1: "*nascente luna*" (em latim no verso 2) indica o período da lua crescente, no começo do mês lunar. Apesar de o calendário de César ser desvinculado do lunar, ainda era costume oferecer sacrifícios aos Lares (cf. nota a 2.4.15); apesar de não haver um caráter oficial nesses ritos, tudo indica que eles permaneceram fortes na vida rural.

v. 2: O nome Fídile, "*Phidyle*", é um nome grego atestado em inscrições, derivado do grego "φείδεσθαι" ("poupar", "economizar"); portanto significa algo como "frugal". O adjetivo "*rustica*" reforça tanto o caráter campesino como a simplicidade da personagem. É possível ver em Fídile uma *uilica* (a escrava encarregada, ou esposa do administrador de uma *uilla*); os atributos e deveres de uma figura assim são descritos por Catão, *De agricultura*, 143: manter tudo limpo e organizado, varrer ao redor da lareira ao fim de cada dia e o mais importante: "*Kalendis, Idibus, Nonis, festus dies cum erit, coronam in focum indat, per eosquem dies Lari familiari pro copia supplicet*": "nas calendas, nos idos, nas nonas e nos dias santos, deve coroar a lareira e, ao longo desses dias, suplicar por abundância ao Lar familiar".

vv. 5-8: O Áfrico é o vento sul, muito quente, que poderia queimar as videiras. Os fungos ("*robigo*") de cor avermelhada podiam atacar as plantações,

NOTAS ÀS *ODES 3* | 501

e os antigos criam ser esse o efeito de uma divindade chamada *Robigus* ou *Robigo*; por isso, no dia 25 de abril acontecia a Robigália, quando eram realizadas alguns sacrifícios ao deus. A estação dos frutos é o outono, aqui marcada como "dura" (*graue*) porque era a época em que se espalhava a malária ("*mala aria*", "maus ares") pela Itália; como os romanos desconheciam a causa pelo mosquito, atribuíam a doença ao clima.

vv. 9-12: Sobre o Álgido e suas ovelhas sacrificiais, cf. nota a 1.21.7-8. "Devota" aqui tem o sentido de "animal prometido para o sacrifício".

vv. 15-16: Os Lares são um exemplo desses deuses menores, no caso, até fisicamente, já que as imagens eram pequenas. Segundo N-R (2004, p. 261), os Lares eram importantes para os marginalizados, tais como mulheres, libertos e escravos. Em Pseudo-Apuleio (*Herbarium*, 79), lemos que o alecrim era utilizado nos ritos antes de os romanos entrarem em contato com o incenso importado do Oriente. A murta é a planta consagrada a Vênus e é caracterizada como "frágil" porque o ramo é facilmente quebrável.

vv. 19-20: Sobre os Penates, cf. nota a 2.4.15. O *topos* da oferta simples já aparece em Hesíodo (*Trabalhos e dias*, 336), para depois ser aprovado por Sócrates, em Xenofonte *Memorabilia*, 1.3.3 Uma formulação próxima aparece num fragmento 946 N. de Eurípides e num epigrama de Árquias (*Anth. Pal.*, 10.7.7-8): "οὐδ' ἑκατόμβη / τόσσον ὅσσον τιμὴ δαίμοσιν ἀνδάνεται" ("nenhuma hecatombe / agrada aos numes mais do que uma honra"). A oferta aqui é de uma *mola salsa*, uma espécie de bolo feito com farinha e sal, usado em oferendas, que era espalhado sobre a vítima ou sobre o altar; note-se que de "*mola*" surge o verbo "*imolare*". A espelta era o grão mais utilizado pelos romanos antes da implantação do trigo; sua caracterização como sagrada aparece ainda em Virgílio, *Eneida*, 5.745, e em Pseudo-Tibulo, 3.4.10, nos dois casos como *farre pio*, o que nos leva a pensar talvez se tratasse de uma fórmula ritual. A imagem do sal crepitando no fogo (daí "saltarilho") aparece também em Ovídio (*Fastos*, 4.409, "*micae... salientis*"): nos dois casos o termo "*sal*" dá lugar a "*mica*" (que representa o grão grosso do sal), mas reaparece no trocadilho com "*saliens*".

3.24

Nesta ode de matéria afim a 2.15, 2.18 e às Odes Romanas, temos uma diatribe que em parte se assemelha com *Sátiras*, 1.1-3 ("isto é sátira num poema lírico", West, p. 204), embora a elocução desta peça seja mais constante e elevada. É possível que o poema tenha estreita relação com o ano de 23 a.C., quando Augusto ocupou o cargo de censor e passou a propor algumas leis com o objetivo de corrigir os costumes romanos de seu tempo. Dois aspectos estilísticos horacianos são radicalizados nesta ode: o gosto pelo cavalgamento (que aqui praticamente se torna regra) e o desenvolvimento de longos períodos (basta olhar a construção dos vv. 33-44).

– Metro: asclepiadeu 4.

vv. 1-4: Sobre construções que invadem o mar, cf. nota a 2.15.3. Sobre o imaginário das riquezas árabes e hindus, cf. respectivamente as notas a 1.29.1-3 e 1.31.5-6. O texto manuscrito do verso 4 é muito incerto e varia muito (a última palavra varia entre *"publicum"*, *"apulicum"*, *"ponticum"*, *"punicum"*), por isso cito duas opções comuns, além da editada por Shackleton Bailey a partir de conjetura de Palmer: (1) *"Tyrrhenum omne tuis et mare Apulicum"* ("o Tirreno e encher mares da Apúlia"), versão seguida por West e Bekes; (2) *"terrenum omne tuis et mare publicum"* ("todo o público mar, todos os chãos que houver"), onde *"terrenum"* é conjetura de Lachmann sobre escólio de Porfirião e utilizada por Villeneuve.

vv. 5-8: A personificação da Necessidade já havia aparecido antes, cf. 1.35 e notas. Aqui a imagem é bastante impactante: o humano tenta construir com luxos, mas a Necessidade (associada ao destino e à morte), também uma construtora de obras imutáveis (por isso os pregos de adamante), dá um toque final que arruína a empreitada humana. Williams (1969, p. 126) ainda lembra que o *pontifex maximus* fincava um prego numa parede a cada ano, para marcar o fim do ano precedente.

vv. 9-16: Sobre os citas, cf. nota a 1.35.9-12 e o início de 3.10. Os getas eram um povo da Trácia vizinho aos dácios; exemplos de uso comum das terras são descritos por Júlio César acerca dos suevos (*Guerra da Gália*, 4.1) e Tácito acerca dos germanos (*Germânia*, 26). Ceres aqui está por metonímia à produção de cereais. De qualquer modo, é bom lembrar, como N-R (2004, p. 272), que no tempo de Horácio os citas eram comumente confundidos com os sármatas e getas.

vv. 19-20: Quando uma jovem se casava, ela levava um dote ao marido e, em caso de separação, ela poderia reaver seus bens; com isso, era possível ter certo poder sobre o marido, de um modo que, para o patriarcalismo romano, pareceria inatural. O *topos* já aparece em vários trechos de Plauto, tais como *Asinaria*, 87, *Aulularia*, 534-5, e depois em Juvenal, 6.136 e ss.

vv. 27-28: *"Pater urbium"* ("pai das cidades") não é uma expressão técnica romana, mas aqui parece indicar algo próximo a *"pater patriae"* ("pai da pátria"), uma expressão que foi utilizada para designar Augusto em moedas a partir de 2 a.C., apesar de já circular desde antes na cultura e na propaganda (Romano, 1991, p. 814); no entanto sabemos que em Zara Velha houve uma inscrição (C.I.L. 3.1. n.º 2.907) que o denominava *"pater coloniae"* ("pai da colônia").

v. 32: Horácio, que vem tratando de Augusto sem nomeá-lo, aqui sugere sua morte de modo muito sutil; West (p. 200) chega a aproximar a passagem à morte de Rômulo narrada por Tito Lívio 1.16.

vv. 38: Bóreas é o vento norte.

vv. 45-46: Sobre o Capitólio, cf. nota a 3.3.43-4. Em Suetônio (*Aug.*, 30) e nas *Res gestae*, 21.2, vemos que, em 29-28 a.C., Otaviano ofertou ao templo dezesseis mil libras em ouro e cinquenta milhões de sestércios em joias e pérolas.

vv. 51-56: A imagem da educação militar rigorosa ecoa 3.2.1-6.

vv. 56-58: As "argolas helênicas" (*Graeco trocho*) eram um brinquedo típico formado por uma haste cheia de argolas. Nós temos alguns testemunhos sobre a proibição legal dos jogos de dados, pelo menos desde o tempo de Plauto (*Miles gloriosus*, 164, sobre a *lex alearia*), Cícero, *Filípicas*, 2.56, e Ovídio, *Tristes*, 2.471-2.

v. 60: A partir de uma conjetura de Bentley, Shackleton Bailey insere um *"et"* após *"consortem"* (*"consortem et socium"*); mas prefiro seguir os manuscritos e unir *"consortem socium"*.

3.25

Neste caso, a proposta de Griffiths certamente cai por terra: não faz sentido algum unir esta ode com a anterior por causa da recorrência métrica. Enquanto lá temos uma diatribe, aqui temos, tal como em 2.19, quase um hino dedicado a Baco como deus inspirador da poesia em nome de Augusto. Há, no entanto, um ponto que as une; a ode anterior anunciava feitos de Augusto sem mencioná-lo; nesta, o furor báquico leva o poeta a cantá-lo abertamente.

Um ponto interpretativo interessante foi levantado ainda por Porfirião, que, segundo uma linha alegórica, via nesta ode uma relação direta entre César e Baco.

– Metro: asclepiadeu 4.

vv. 1-2: Optei por uma solução mais concisa que o original. Horácio indica o arrebatamento do vinho pelo verbo *"rapis"* e pela descrição de *"tui plenum"* (possível versão do grego "ἔνθεος"); ou seja, o poeta, depois de beber, sente a inspiração poética. Resumi a imagem com o verbo "inflar", que pode tanto sugerir a barriga cheia quanto a inspiração, um tipo de ambiguidade muito cara à poesia horaciana que pude recriar aqui.

vv. 5-6: A apoteose de César e Augusto já se anuncia desde 1.12.47-52 (cf. notas). Ao verter *"egregii"* por "claríssimo", busquei criar uma ambiguidade entre a etimologia de *"clarus"* ("famoso", "renomado") em latim e sua relação com a luz em português, apontando para a presença do *princeps* entre estrelas.

vv. 7-8: Sobre o lugar-comum, cf. nota depois dos vv. 17-18.

vv. 9-12: Sigo *"exsomniis"*, dos manuscritos, em vez de *"Edonis"*, conjetura de Bentley incorporada por Shackleton Bailey. Uma evíade é uma adoradora de Évio (cf. nota a 1.18.8-11). Ela é descrita como insone por passar noites em claro num frenesi observando a paisagem invernal. O Hebro é um rio da Trácia, e o Ródope (atual Despoto-Dagh) é um maciço montanhoso também trácio (daí os pés bárbaros que passam por ele), ambos relacionados a Baco. É provável que estejamos diante de uma descrição da festa dionisíaca rural realizada no inverno, já que o deus anunciava o renascimento da natureza na primavera.

vv. 14-16: As náiades são ninfas das fontes; em 2.19.3 vemos ninfas no séquito de Baco. Em seu frenesi, as bacantes são relacionadas a acontecimentos sobrenaturais (como em 2.19.9-12), mas aqui a imagem beira o grotesco e está próximo do que lemos em Eurípides, *Bacantes*, 1.109 e ss.

vv. 17-18: Aqui temos o lugar-comum da originalidade, que gera debate entre os estudiosos. Williams (p. 131) julga que a questão gire em torno da inovação augustana (e notavelmente horaciana) da fusão entre política romana e poesia grega; já N-R (2004, p. 298) defendem que se trate de uma expressão do furor dionisíaco numa excitação associada ao ditirambo. De qualquer maneira, não podemos deixar de lembrar que o *topos* da inovação do *primus* é de origem calimaquiana (frag. 1.23-8, Pfeiffer):

'. . . . . . .]. . . ἀοιδέ, τὸ μὲν θύος ὅττι πάχιστον
θρέψαι, τὴ]ν Μοῦσαν δ' ὠγαθὲ λεπταλέην·
πρὸς δέ σσε καὶ τόδ' ἄνωγα, τὰ μὴ πατέουσιν ἅμαξαι
τὰ στείβειν, ἑτέρων δ' ἴχνια μὴ καθ' ὁμά
δίφρον ἐλ]ᾶν μηδ' οἶμον ἀνὰ πλατύν, ἀλλὰ κελεύθος
ἀτρίπτο]υς, εἰ καὶ στεινοτέρην ἐλάσεις.'

"...], poeta [*amado*], engorda o gado,
mas à Musa mantenhas sempre fina.
E por isso eu [te] ordeno: onde não passa carro,
por lá prossigas; não [conduz]as nunca
em rastro alheio e estradas largas; por caminhos
intact]os, segue a senda mais estreita."

E já havia se tornado um lugar-comum na poesia romana, em Lucrécio 1.926 e ss. e 4.1 e ss.; em Virgílio, *Geórgicas*, 3. 291 e ss.; em Propércio, 3.1.3-4; etc.

Optei por verter essa famosa expressão horaciana tomando duas referências poéticas contemporâneas do Brasil: o oximoro de Caetano Veloso "cada um sabe a dor e a delícia de ser o que é", e o lema de Augusto de Campos "Poesia é risco".

v. 19: Leneu, do grego "Ληναῖος" (derivado de ληνός, "lagar"), é um epíteto de Baco.

v. 20: Os comentadores hesitam na interpretação de "*cingentem*": pode ser o deus Baco ou o poeta. N-R e West optam pela segunda opção, enquanto Villeneuve, Williams Romano e Bekes preferem a primeira. Da minha parte, optei por manter certa ambiguidade: em português não é possível saber se as têmporas envolvidas são do deus ou do poeta.

3.26

Esta ode que, ao modo de epigrama votivo, encerra o ciclo de Clóe iniciado em 1.23 (passando por 3.7 e 3.9), é uma pequena pérola de trabalho verbal, já que todo o poema hesita entre o sentido amoroso e bélico, a *militia amoris*, um lugar-comum da elegia romana aqui levado aos limites. Para além disso, o poema cria uma virada no último verso, já que o poeta nos leva a crer que está aposentando as armas amorosas, para no fim da ode nos revelar que tudo está voltado para a conquista ou a punição de uma jovem desejada.

– Metro: estrofe alcaica.

v. 1: O primeiro verso sugere que estaríamos diante de um epigrama funerário em primeira pessoa, tal como vemos em algumas inscrições romanas: CLE 106.1, "*uixi beatus dis amicis literis*" ("eu vivi rico de deuses, amigos e letras"), ou 381.1, "*uixi uiro cara custosque fidelis*" ("eu vivi amada pelo marido, como fiel guardiã"); ou mesmo as últimas palavras de Dido na *Eneida*, 4.653-4:

Vixi et quem dederat cursum fortuna peregi,
et nunc magna mei sub terras ibit imago

Eu vivi e o curso fechei que a fortuna me dera,
mas agora debaixo da terra se vai minha sombra.

Mas essa leitura funerária logo se revela falsa.

v. 4: Sobre o bárbito, cf. nota a 1.1.33-4. Interessante notar como o instrumento musical (arma de sedução?) se junta às outras armas mais violentas da vida amorosa. Ao chegarmos a esse ponto, tudo indica que estaríamos diante de um poema de aposentadoria (que condiz com aproximação do fim do livro): o poeta dedica seus instrumentos como agradecimento, e novamente a sugestão se revela falsa.

v. 5: Geralmente era do lado direito do templo que ficavam os ex-votos (cf. nota a 1.5.13-16), por isso à esquerda da estátua da deusa. Porém sabemos que o lado esquerdo era considerado pelos romanos como de bom augúrio; a razão é que seus augúrios eram feitos voltados para o sul, e assim a esquerda estava voltada para o oriente (enquanto os gregos se voltavam para o norte e consideravam a direita – novamente o oriente – como bom augúrio). Sobre as relações de Vênus com o mar, cf. nota a 1.3.1-4. Num epigrama como o de Getúlico (*Anth. Pal.*, 5.17), podemos ver o cruzamento entre as funções de deusa amorosa e marinha:

> Ἀγχιάλου ῥηγμῖνος ἐπίσκοπε, σοὶ τάδε πέμπω
> ψαιστία καὶ λιτῆς δῶρα θυηπολίης·
> αὔριον Ἰονίου γὰρ ἐπὶ πλατὺ κῦμα περήσω,
> σπεύδων ἡμετέρης κόλπον ἐς Εἰδοθέης.
> οὔριος ἀλλ᾽ ἐπίλαμψον ἐμῷ καὶ ἔρωτι καὶ ἱστῷ,
> δεσπότι καὶ θαλάμων, Κύπρι, καὶ ἠιόνων.

> Ó guardiã da borda marinha, a ti eu devoto
> estes bolos e os dons de um sacrifício frugal.
> Pois amanhã atravesso o mar da Jônia nas ondas,
> corro louco até ter a Idótea pra mim:
> Brilha com teus favores sobre os amores e os mastros,
> Cípria, rainha que és sobre meu leito e meu mar.

vv. 6-8: As outras armas aqui mencionadas todas parecem estar na ambiguidade entre sitiar uma cidade e tentar arrombar a porta da amada diante do *paraklausithyron*: fachos para incendiar, alavancas (ou pés de cabra) para arrombar (já aparece em Terêncio, *Eunuco*, 771, para arrombar a porta da prostituta Taís) e arcos, numa marca de guerra que evoca Cupido.

vv. 9-10: Sobre Chipre, cf. nota a 1.30.1-4. Sabemos que na cidade egípcia de Mênfis, às margens do Nilo, havia um templo dedicado a Afrodite (cf. Heródoto

2.112), que também é representado por Baquílides fragmento 30 como desprovido do frio: "τὰν ἀχείμαντον τε Μένφιν / καὶ δονακώδεα Νεῖλον" ("ou a Mênfis sem tormentas / ou ao Nilo de caniços"). Sobre a Sitônia, cf. nota a 1.18.8-11; a neve da Trácia era proverbial. A associação entre Vênus e a egípcia Ísis, que aqui parece sutil, é explícita nas obras de Tibulo (Délia é uma devota em 1.3.23) e de Propércio (Cíntia é uma devota em 2.33); o que nos faria pensar que Clóe também poderia ser uma devota castigada pela soberba amorosa.

vv. 11-12: *"Sublimi"* aqui cria um efeito ambíguo: por um lado, faz referência à própria deusa nas alturas, por outro indica a mão erguida bem alto com o açoite, para bater mais forte; mantive a ambiguidade com o termo "sublime". Por isso, *"tange"* ("toca") no verso deixa de ter qualquer leveza. Sobre o nome de Clóe, cf. nota a 1.23.1.

3.27

Depois de desejar sofrimento às viagens dos ímpios – talvez numa reminiscência de 1.3 –, o poeta deseja boa viagem a Galateia, a amada; para então se deter no mito de Europa raptada por Júpiter na forma de um touro. Assim, de um tradicional *propemptikon* (desejo de boa viagem), Horácio abre espaço para uma longa digressão mitológica, de modo similar ao que já vimos em 3.11. Narrativas longas sobre o mesmo tema aparecem na prosa, em Apolodoro (*Biblioteca*, 1.3), e na poesia, no idílio 2 de Mosco e nas *Metamorfoses*, de Ovídio (2.833 e ss.).

Diante da grandiloquência para uma cena tão corriqueira, é praticamente impossível não pensar, como a maioria dos comentadores (*contra* Fraenkel), que esta ode – talvez a mais difícil e controversa do *corpus* – faz uma piada com a figura dos profetas profissionais, tal como Hóros, em Propércio, 4.1. West ainda insiste que toda a descrição do mito de Europa é uma "paródia do amor sentimental" (p. 224) representado na tragédia, no epílio e na elegia.

– Metro: estrofe sáfica.

vv. 1-7: Temos uma série de animais ominosos. A *"parra"* é um termo incerto: provavelmente indica alguma ave de mau agouro, tal como a coruja ou a águia marinha; por isso optei por manter a indecisão da palavra. A loba que vem de Lanúvio chega pela direita (o ocidente), considerado o lugar de mau augúrio, por oposição ao oriente.

v. 8: É difícil levarmos a sério essa autointitulação como profeta vinda de um poeta como Horácio.

vv. 9-12: A ave em questão é o corvo, como se explicita no verso 12. A aparição de uma ave no lado oriental era vista como bom augúrio. Assim, o poeta-profeta procura o bom augúrio que compensa o primeiro negativo.

v. 14: O nome "Galateia" é atestado como de cortesão em Ateneu 1.6; mas aqui é mais provável que o nome crie um eco com os idílios 6 e 11 de Teócrito, sobretudo com este último, onde vemos Galateia como uma Nereida que brinca no mar sem dar atenção ao ciclope. Em Propércio, 1.8.17-18, Galateia aparece como uma Nereida que pode ajudar numa viagem marítima. Nesta ode, tudo indica que ela partirá numa viagem pela Via Ápia através de Lanúvio para talvez depois pegar um barco até a Grécia (West, p. 224).

vv. 15-16: O pica-pau e a gralha também eram animais de mau agouro.

vv. 17-20: Sobre Oríon, cf. nota a 1.28.21-2. Sobre Jápige, cf. nota a 1.3.1-4; aqui o vento favorável engana porque estamos no período de tempestades representado por Oríon.

v. 24: Shackleton Bailey propõe a conjetura *"costas"* em vez de *"ripas"*; mas, por considerar a proposta pouco justificável, mantenho-me junto à tradição manuscrita e à maioria dos editores.

vv. 25-28: Europa, filha de Fênix, ou Agenor, o primeiro rei de Tiro, na Fenícia, colhia flores quando foi raptada por Júpiter, que apareceu para ela no formato de um imenso touro. Atraída pela beleza do animal, a jovem o acariciou e montou sobre ele; depois ele partiu voando sobre as ondas até chegar a Creta, onde, depois de uma noite com Europa, engravidou-a de Minos, Radamante e Sarpédon. A comparação da viagem de Galateia com o rapto de Europa é, por si só, absurda e gera riso; porém, podemos pensar que há aí alguns pontos de interesse: sugestão da beleza de Galateia (que também teria um "torso níveo"). Cairns (1972, pp. 191-192) e West chegam a sugerir que podemos depreender que Galateia abandona Horácio por outro homem, uma argumentação que me parece pouco convincente. Ela é representada pelo oximoro *"palluit audax"* porque teve a coragem de montar num touro, mas receia o mar com seus monstros; novamente uma cena ridícula. Nos versos seguintes, veremos como seu lamento se aproxima do gênero trágico (cf. Harrison, 1988), tal como Ariadne em Catulo 64 e Dido na *Eneida*, 4.534 e ss.

vv. 31-32: Somente na versão horaciana do mito o rapto acontece à noite.

vv. 33-34: A descrição de Creta remete à *Ilíada*, 2.649, onde lemos "Κρήτην ἑκατόμπολιν".

vv. 37-38: A imagem de mais de uma morte como punição às jovens incastas aparece também em Propércio 4.4.17 acerca de Tarpeia: *"Et satis una malae potuit mors esse puellae?"* ("mas basta uma só morte para a moça infame?").

vv. 39-42: Na *Odisseia*, 19.562-8, vemos que os sonhos podem vir por duas portas: se vêm pela porta de chifres, seriam verdadeiros; se vêm pela porta de marfim, seria falsos. Isso se daria por um jogo de palavras em grego: "κραίνειν" ("realizar") evoca "κέρας" ("chifre"), enquanto "ἐλεφαίρεσθαι" ("enganar") evoca "ἐλέφας" ("marfim"). Na *Eneida*, 6.893-6, há uma passagem bastante controversa que também retoma a passagem homérica.

v. 50: Cf. nota 1 1.34.9-12.

vv. 57-60: No mito, a árvore que costuma aparecer é o plátano, ou o olmo, que, por ter dado sombra aos amores de Júpiter com Europa, teria sido consagrada com o verde perene (cf. Plínio, *NH*, 12.11). A cinta usada sobre a roupa das meninas é o símbolo da virgindade, de modo que a ideia de soltar a cinta servia como eufemismo para a perda de virgindade.

vv. 66-67: O filho de Vênus é Cupido, representado sempre com um arco.

vv. 75-76: Em Salústio (*Guerra de Jugurta*, 17.3) vemos que a maioria dos autores da época dividiam o mundo em duas partes: Europa e Ásia, de modo que a África ficaria dentro da Europa; embora um grupo também realizasse uma tripartição.

3.28

Última ode amorosa, que também encerra o ciclo de Lide, se dá numa celebração a Netuno que começa ao fim do dia e invade a noite. Assim, vemos como uma festividade pública logo se encerra numa festa privada marcada pelos *topoi* da lírica simpótica: canto, vinho e amor.

– Metro: asclepiadeu 4.

vv. 1-2: A festa de Netuno (Netunálias), realizada em 23 de julho, era uma celebração de origem popular e marcada por muitos cantos, segundo Williams (1969, p. 143). Não se trata, provavelmente, da festa a Netuno pela batalha do Ácio, realizada normalmente em 2 de setembro. Seria ainda possível uma comemoração na data grega dedicada a Posêidon, 8 de dezembro, que coincide com o nascimento do poeta. Não é possível decidir a data, mas é importante notar, de qualquer modo, a importância de Netuno no imaginário augustano, sobretudo após a vitória de uma batalha naval como a do Ácio.

vv. 2-3: Sobre o nome de Lide, cf. nota a 2.11.21-4. Sobre o cécubo, cf. nota a 1.20.9-11. Sobre o cécubo, cf. nota a 1.20.9-11.

v. 5: Os romanos não aprovavam a bebida durante a luz do dia. Porém, como a festa era pública, o dia era feriado, e as celebrações podiam ser iniciadas logo depois do meio dia.

v. 8: Marco Calpúrnio Bíbulo foi cônsul junto com Júlio César, em 59 a.C. É possível ver um jogo de palavras entre *"Bibuli"* e o verbo latino *"bibere"* que permanece ausente do poema ("beber").

v. 9: Horácio propõe o canto alternado: Bekes vê a seguinte estrutura: Horácio faz a estrofe sobre Netuno, Lide uma antístrofe a Latona e Diana; depois um epodo conjunto em homenagem a Vênus e um encerramento à Noite. Já N-R pensam que Horácio cantará a Netuno, Lide às Nereidas; depois novamente Lide a Latona e Diana; para por fim cantarem junto a Vênus e à Noite. West (p. 242), na proposta que mais me convence, defende que Horácio se propõe a cantar Netuno e as Nereidas, pede a Lide que cante Latona, Diana e Vênus; para por fim cantarem juntos à Noite.

v. 10: As Nereidas, como deusas marinhas, fazem parte do séquito de Netuno, sobretudo para o helenísticos, pois não faziam parte dos cultos romanos. Na tradução, perdi a referência aos cabelos, embora tenha mantido o verde relacionado ao mar.

v. 12: Sobre Latona e a Cíntia (Diana), cf. nota a 1.21.2-3.

vv. 13-15: O canto a Vênus (deusa de Cnido, Pafos e das Cíclades, representada numa carruagem puxada por cisnes, cf. nota a 1.30.1-4) também representa metonimicamente o sexo entre o poeta e Lide.

v. 16: O termo latino *"nenia"* gera dissenso entre os comentadores. O termo, originalmente, indicaria um canto fúnebre, monótono e próximo ao *"threnos"*, ou seja, um lamento (West, por exemplo, fica apenas com essa leitura); porém seria possível ler na passagem também a ideia de uma cantiga de ninar (N-R, *ad loc.*, e Villeneuve optam pela segunda opção). Heinze ainda cogitou que *"nenia"* aqui indicaria a coda do canto; uma hipótese que me parece pouco justificável, mas que é incorporada por Williams sob o argumento de que a *"nenia"*, sendo um canto aos mortos, é um canto final ou o final de um canto. West ainda faz um argumento importante: nesta última ode amorosa, temos uma despedida, que se justificaria como um lamento (lembre-se de que *"nenia"* é a última palavra da ode). Como solução, busquei explicitar os dois termos possíveis: em vez de fazer mero decalque com o dicionarizado "nênia", acrescentei o verbo "ninar".

3.29

Pela retomada de Mecenas, esta ode convivial (considerada por West, p. 223, a maior das líricas de Horácio) retoma 1.1, num encerramento antecipado dos três livros de odes, que permite a 3.30 traçar outro diálogo, ao modo de um epílogo. Talvez possamos datar a cena em 29 a.C., ano em que Mecenas deixou os afazeres políticos como substituto de Otaviano (cf. nota a 1.20.3).

– Metro: estrofe alcaica.

vv. 1-4: Sobre Mecenas, cf. 1.1 e notas. *"Balanus"* é um tipo de óleo aromático da semente da raiz-forte extraído no Egito, utilizado para fazer perfumes.

vv. 5-8: Sobre Tíbur, cf. nota a 1.7.12-14. Segundo alguns mitos, Telégono, filho de Ulisses e Circe, teria matado o pai, sem saber de quem se tratava. Ele era tido como o fundador da cidade de Túsculo (daí a função geográfica do v. 8). Segundo o mito, Telégono teria nascido em território itálico, perto do monte Circeu, o que, do ponto de vista romano cria um efeito contraditório com o nome em grego ("τηλέγονος" significa "o que nasceu longe").

v. 10: Referência à *turris Maecenatiana*, uma construção bastante elevada em meio ao jardim da sua residência, no Esquilino (cf. *Epodos*, 9.3, e *Sátiras*, 1.8.14), que em dias claros dava vista para Preneste, Tíbur, Éfula e Túsculo. Foi dessa torre que Nero teria assistido, muitos anos depois, ao incêndio de Roma (Suetônio, *Nero*, 38).

vv. 17-24: O pai de Andrômeda é Cefeu, uma constelação; enquanto Prócion é a estrela mais brilhante de Cão Menor, que antecipa Cão Maior (daí o nome grego "προκύων", que significa "pré-cão"). Trata-se, portanto, de referência ao brilho dessas constelações, que aparecem em julho, no hemisfério norte, ou seja, no verão, antes de o sol entrar no signo de Leão, em 20 de julho: a ode se passa no final desse mês. No entanto, como observa West (p. 252), a descrição de Horácio se aplica ao estudos dos alexandrinos, mas não à realidade de Roma, já que lá Cefeu aparece o ano inteiro.

Diante dessa descrição do calor, é natural que o pastor procure sombra e água para o gado. Silvano, filho de Fauno, o deus romano dos bosques, aqui aparece como "hirsuto" ("*horridi*"), porque também era representado cheio de pelos e com chifres.

vv. 25-28: Sobre os seros, cf. nota a 1.12.53-6. Báctria, ou Bactriana, com capital em Bactros, uma das partes mais remotas do reino parta, foi uma região conquistada pelo rei Ciro (cf. nota a 2.2.17). Sobre o Tanais, cf. nota a 3.10.1, e sobre a discórdia que assolava os partas, também cf. nota a 2.2.17. É possível notar que nenhum desses povos de fato oferecia uma maior ameaça a Roma, por isso o argumento de Horácio funciona: Mecenas está preocupado sem motivos.

vv. 31-33: "*ultra fas trepidat*" indica um temor para além do que é permitido pelos deuses. Diante disso, optei por criar uma imagem de movimento "rumo ao nefasto", àquilo que cruza o que é permitido pelas leis divinas. A imagem a seguir é de gosto epicurista, basta compararmos com Lucrécio, 3.957-8:

> *quia semper aues quod abest, praesentia temnis*
> *imperfecta tibi lapsa est ingrataque uita.*

> como sempre buscas o ausente, evitando o presente
> vai-te a vida imperfeita, infeliz.

Uma tópica que, na poesia, remonta pelo menos a Píndaro, *Píticas*, 3.19-23.

vv. 35-36: O rio que deságua no mar Etrusco é o Tibre, um rio já ligado a Mecenas em 1.20.5-6.

vv. 43-44: O Pai é Júpiter.

v. 46: Aproveitei para criar uma intertextualidade com a estrofe final do poema "Memória", de Drummond: "Mas as coisas findas / muito mais que lindas, / essas ficarão".

vv. 49-52: Sobre a Fortuna, cf. as odes 1.34 e 1.35 e notas.

vv. 53-56: Horácio representa aqui a pobreza (cf. nota a 2.18.10) como uma esposa sem dote (cf. nota a 3.24.19-20). A imagem do homem que, nas adversidades da Fortuna, se resguarda na virtude é de origem estoica (porém também presente no epicurismo), representando a independência virtuosa, a "αὐτάρχεια".

NOTAS ÀS *ODES 3* | 513

vv. 57-61: Sobre o Áfrico, cf. nota a 1.1.15. Chipre e Tiro eram dois importantíssimos pontos comerciais na rota marítima do Mediterrâneo. Sobre as preces na religião romana, cf. nota a 3.23.19-20.

v. 61-64: O mais importante sobre um esquife birreme, nesta ode, é que se trata de uma pequena embarcação que poderia ser utilizada por um indivíduo sem ajuda. Mais um exemplo da independência mencionada na nota aos versos 53-6. Sobre Pólux, cf. nota a 1.3.1-4.

3.30

Esta ode, que claramente retoma 1.1 (pelo metro), mas também 1.38 e 2.20 pela metapoética, encerra os três livros das *Odes* ao modo de um epílogo grandioso, uma σφραγίς, assinatura ou selo do poeta, tal como a que vemos no fim do quarto livro das *Geórgicas*, de Virgílio (vv. 559-66), nas elegias 1.21 e 1.22, ou 2.34 de Propércio, na Elegia 3.15 de Ovídio. Para tanto, também traça um diálogo com Píndaro, *Píticas*, 6.10 e ss.:

> ἑτοῖμος ὕμνων θησαυρὸς ἐν πολυχρύσῳ
> -Ἀπολλωνίᾳ τετείχισται νάπᾳ·
> Β' τὸν οὔτε χειμέριος ὄμβρος, ἐπακτὸς ἐλθών
> ἐριβρόμου νεφέλας
> στρατὸς ἀμείλιχος, οὔτ' ἄνεμος ἐς μυχούς
> ἁλὸς ἄξοισι παμφόρῳ χεράδει
> τυπτόμενον.

> um tesouro estocado de hinos multiáureos
> erguido no vale apolíneo,
> que nem a chuva em borrasca, nem o exército implacável
> de nuvens de retumbantes
> que agora chega, nem o vento que leva ao fundo
> do mar as sujeiras que encontra,
> nada o demole.

E com Semônides, fragmento 26.4-5 Page:

> ἐντάφιον δὲ τοιοῦτον οὔτ' εὐρὼς
> οὔθ' ὁ πανδαμάτωρ ἀμαυρώσει χρόνος.

> mas a esta lápide nem mesmo o mofo
> nem o tempo doma-tudo arrasará.

Porém certamente Píndaro e Baquílides usam essa imagem arquitetural para a glória de quem louvam, enquanto a ode horaciana opera um retorno sobre si mesma: é o poeta imortalizado pela própria arquitetura poética.

– Metro: asclepiadeu menor, ou 1. É a primeira vez que esse metro reaparece desde 1.1.

v. 1: "*monumentum*" é um termo ligado ao verbo "*moneo*" ("avisar", "aconselhar"), portanto serve como recordação e aviso sobre o passado; por isso era feito de bronze, uma matéria durável. No entanto, como todos sabem (e certamente o saberia qualquer romano que vivia naquela cidade cheia de placas de bronze), mesmo o bronze está propenso a manchas decorrentes da chuva, enquanto a poesia, que vive pela reprodução, pode, de certo modo permanecer intacta; por isso a poesia também é representada como monumento (cf. Lucílio. 1.084 M; Catulo 95.9; Cícero, *Dos deveres*, 1.156). O lugar-comum curiosamente aparece num papiro egípcio de 1200 a.C. acerca do poder dos escribas arcaicos (verto do inglês a partir de N-R, 2004, p. 366): "eles não fizeram para si pirâmides de bronze com placas de ferro [...] seus ensinamentos são pirâmides [...] seus monumentos estão cobertos de terra [...] porém seus nomes são mencionados graças aos seus livros". Embora seja praticamente impossível fazer um elo direto entre Horácio e o papiro egípcio, é no mínimo interessante supor que esse lugar-comum possa ter chegado a Roma através dos helenísticos alexandrinos.

A palavra "*perennius*" (hápax horaciano) realiza uma palavra com o nome do poeta Ênio, *Ennius*, o fundador da poesia romana com metros gregos, neste metapoema (um jogo talvez derivado de Lucrécio 1.118, acerca de Ênio: "*detulit ex Helicone perenni fronde coronam*", "do Hélicon ele tirou a coroa de fronde perene"). Ênio também é aludido em 2.20 (cf. poema e notas). Busquei recriar o chiste usando "milênio" no quinto verso.

v. 2: A comparação com as pirâmides não tem precursor na poesia grega, mas pouco depois já aparece em Propércio, 3.2.19; com isso, a poesia aqui ganha uma nova comparação, que é com a especificidade do monumento funerário. "*situ*" é uma palavra de interpretação controversa: pode significar sítio, ou seja, o local das pirâmides (que não são altos), mas também o próprio edifício das pirâmides (N-R, p. 366). Para além disso, "*situs*" poderia ser uma tumba, ou mesmo indicar decadência (West, p. 260). Dentre essas possibilidades, optei pela palavra "chão" e evitei o termo "mais alto", mudando para maior. Assim o monumento também pode ser visto como mais amplo, na tradução. Tudo indica que havia pequenas pirâmides de bronze espalhadas como monumentos em cerca de 23 a.C., tal como a tumba de Céstio, construída entre 18 e 12 a.C.

v. 3: Sobre o Áquilo, cf. nota a 1.3.12-16. Há um jogo de palavras entre "*impotens*" ("louco", "violento") aqui e "*potens*" ("poderoso", "firme") no verso 12, que ainda por cima aparecem na mesma posição, ao fim do verso. Por isso, optei por um jogo entre "desrazão" e "firmar razão".

v. 7: Vênus Libitina era a deusa romana que presidia os funerais. Havia um bosque de Libitina (*lucus Libitinae*) próximo ao cemitério do Esquilino. Sua menção neste poema específico gera algum debate: por um lado, é provável que ela dê certa seriedade por personificar a morte; por outro, tudo nos indica que era seria uma divindade pouco literária e talvez criasse algum efeito autodepreciativo, o que é reforçado se contrastarmos esta passagem com o que Horácio diz nas *Epístolas*, 2.1.48-9.

vv. 8-9: Sobre o Capitólio, cf. nota a 3.3.43-4. Horácio faz referência ao rito realizado pelo pontífice máximo junto com outros sacerdotes e com um grupo de virgens vestais (o singular no latim é um recurso poético); o silêncio ritual aparece no início deste livro, 3.1.1-2, mas, aqui sabemos, pelo rito, que ele estaria acompanhado do canto de um coro. É interessante notar que Horácio impõe uma duração para a longevidade após a morte, a duração do império romano com sua cultura; algo similar acontece na *Eneida*, 9.446-9, quando Virgílio promete a Niso e Euríalo a imortalidade enquanto durar a casa de Eneias no Capitólio. Porém, segundo os *Cantos Sibilinos*, a capital romana seria eterna.

vv. 10-12: Sobre Dauno, cf. nota a 1.22.13-16. O Áufido era um rio da região. Designar a própria terra por um fundador mítico e um rio é um recurso de estilo homérico que eleva a elocução do poema, ao mesmo tempo que cria um contraste com os versos anteriores, junto ao centro religioso de Roma. Sobre as origens humildes de Horácio, cf. nota a 2.20.5-8.

vv. 13-14: Sobre o lugar-comum do *primus*, cf. nota a 3.25.17-18; por isso Horácio não menciona as estrofes sáficas de Catulo (11 e 51), por exemplo; de qualquer modo, Catulo não fez um emprego sistemático dos metros eólicos, mas apenas esporádico, e portanto podemos confiar em parte na afirmação horaciana. Trazer os cantos eólicos aos tons itálicos é o projeto geral das *Odes*, anunciado no final de 1.1; com isso, ao importar metros da poesia lírica grega (sobretudo de Alceu e Safo) à poesia romana, o poeta recupera uma tradição ao mesmo tempo que inventa uma nova, já que ela precisa se aclimatar numa nova língua. Por isso *"Italos modos"* já é o resumo do seu trabalho, a criação de modelos romanos a partir de metros gregos.

v. 16: Sobre Melpômene, cf. nota a 1.24.3. Se contrastarmos este encerramento com o de 1.1, vemos que lá, ao início da empreitada, o poeta se mostra humilde e pede um lugar a Mecenas; aqui, além de se dirigir diretamente à divindade, Horácio exige a coroa de louros délficos (vindos de Delfos, pátria de Apolo, o deus da poesia concedido para os gregos, por exemplo, nos Jogos Píticos) com o devido lugar entre os vates líricos. De qualquer forma, sempre convém lembrar que a coroação com o laurel, na cultura romana, também fazia referência ao ritual do triunfo dos generais (cp. Propércio, 3.1.9-12), portanto se amplia para além do mundo poético. Este encerramento parece ecoar a σφραγίς de Píndaro, *Olímpicas*, 14.20-4, que é também o que encerra este livro do poeta grego:

> μελαντειχέα νῦν δόμον
> Φερσεφόνας ἔλθ᾽, Ἀ-
> χοῖ, πατρὶ κλυτὰν φέροισ᾽ ἀγγελίαν,
> Κλ<εό>δαμον ὄφρ᾽ ἰδοῖσ᾽, υἱὸν εἴπῃς ὅτι οἱ νέαν
> κόλποις παρ᾽ εὐδόξοις Πίσας
> ἐστεφάνωσε κυδίμων ἀέθλων πτεροῖσι χαίταν.

> à negrimurada casa
> de Perséfone irás, ó E-
> co, levando a gloriosa mensagem ao pai:
> quando vires Cleodamo, dirás que seu filho cingiu,
> nos famosos vales de Pisa,
> com plumas de grandes jogos os jovens cabelos.

Notas às *Odes* 4

O livro

Esta coleção de *Odes* foi lançada provavelmente em 13 a.C., dez anos depois de *Odes* 1-3 (23 a.C.), e quatro depois de *Canto secular* (17 a.C.); nesse meio-tempo, Horácio já havia publicado um livro das *Epístolas* (19-18 a.C.) e indicado seu afastamento da lírica. Talvez por causa dessa distância temporal – com a presença de um novo gênero no intervalo – e pela falta de Mecenas na posição de abertura do livro, é que Suetônio (*Vida de Horácio*) afirma que esse livro teria sido encomendado diretamente por Augusto com os panegíricos (4.4, 4.5, 4.14, 4.15) para si e para sua família. Com essa leitura do livro 4 como peça ilhada e laudatória, seus poemas acabaram por receber menos atenção por parte dos estudiosos. No entanto, é notável que, nos quinze poemas, o poeta faz uso de oito metros diferentes e até emprega um metro inédito, o arquilo-queu. Além disso, é possível ver alguns períodos longuíssimos nos poemas mais extensos, com neologismos e maior risco poético; ou seja, Horácio não estava fazendo o mero jogo da composição encomendada, e é bastante provável que a afirmação de Suetônio não proceda de todo. Diante disso, os últimos anos nos deram alguns estudos interessados em resgatar a complexidade da obra (Thomas, 2011, e Johnson, 2004, para ficarmos em apenas dois exemplos) e suas conexões com a lírica precedente.

Nessas leituras, vemos a possibilidade de encarar a poesia laudatória ho-raciana como um procedimento literário que não se resume ao louvor vazio, ao mesmo tempo que vemos que o livro também não se restringe aos louvores políticos; na verdade, continuamos no espaço simpótico estabelecido em *Odes* 1-3, talvez com a diferença mais significativa de que agora temos um poeta que assume em sua *persona* uma idade maior, cerca de 50 anos (*circa lustra decem*, 4.1.6), que já não se adequaria perfeitamente aos prazeres do vinho e do sexo. É pela complexidade dessa *persona* – historicamente lírica, porém envelheci-da; voltada para interesses mais elevados, porém subjugada por Vênus – que deveremos ler o funcionamento do livro 4 como um todo. No final do livro 3, Horácio mostrava seu monumento, uma obra finda; e aqui o anexo de um livro funciona como uma intervenção geral de leitura no passado: a nova obra certamente não faz parte da integridade de 1-3, porém é capaz de retomar e dialogar constantemente com a lírica pregressa, de modo a interferir nas interpretações, via intertextualidade.

Quanto à estrutura do livro, todos os estudiosos tendem a concordar que existe um enquadramento com um epinício a uma figura próxima de Augusto, seguido por um louvor direto a Augusto tanto em 4.4 e 4.5 como em 4.14 e 4.15, o que forma uma estrutura que se repete e ajuda a dar um mote interpretativo ao livro. Essa observação nos poderia sugerir uma leitura em tríade pentádica de odes: 4.1-4.5, 4.6-4.10 e 4.11-4.15, que não convence a todos. Porém, como observa Thomas (p. 7), "vários padrões estruturais foram detectados, e nenhum deles exclui os outros". Apresento alguns a seguir.

A imensa maioria sugere uma organização bipartida: 4.1-4.7 e 4.9-4.15, com o centro em 4.8, um número de odes que poderia evocar o segundo livro das *Sátiras* (oito poemas), com um pseudofinal, o que é ainda mais reforçado pelo fato de que seu metro (asclepiadeu menor) é exatamente o metro de 1.1 e 3.30, portanto de uso liminar; com isso Horácio faria um centro que encerra e dá a chance de um recomeço. Notável ainda é o fato de que 4.8 é a única ode horaciana que tem um número de versos indivisível por quatro (34 vv., portanto a única quebra indiscutível da *lex Meinekeana*. O único a oferecer uma estrutura bipartida diversa é Belmont (1980, pp. 8-10): 4.1-4.6 e 4.8-4.15, com o centro em 4.7, uma proposta que me parece pouquíssimo convincente.

A partir da centralidade de 4.8, Fraenkel (1957, p. 426) propôs uma tríade diferente, também simétrica: (seis odes) 4.1-4.6, (três odes) 4.7-4.9 e (seis odes) 4.10-4.15. Com essa divisão, os dois poemas a Ligurino passam a abrir as partes simétricas, uma disposição que não é revelada em outras análises estruturais.

Já Putnam (1986) pensava numa estrutura de cinco tríades:

4.1-4.3: A musa amatória
4.4-4.6: Douto Apolo
4.7-4.9: Tempo e redenção
4.10-4.12: Música de festival
4.13-4.15: Encanto e canto

Villeneuve (pp. 150-151) propõe a seguinte divisão temática assimétrica:

Odes liminares, ou prólogo: 4.1 e 4.2
Consciência do próprio gênio e desprezo aos invejosos: 4.3, 4.6, 4.8 e 4.9
Odes cívicas: 4.4, 4.5, 4.14 e 4.15
Odes ligeiras: 4.7, 4.10, 4.11, 4.12 e 4.13.

Porter (1975, p. 189) também pensa numa organização temática em três grupos:

Melancolia ante a efemeridade: 4.1, 4.7, 4.10, 4.11, 4.12 e 4.13
Imortalidade da poesia: 4.2, 4.3, 4.6, 4.8 e 4.9
Celebração de Augusto: 4.4, 4.5, 4.14 e 4.15.

Por fim, Dettmer (1983, p. 484 e ss.) oferece uma arquitetura muito mais complexa e – como seria de se esperar de seus estudos para *Odes* 1-3 – muito mais simétrica, com estrutura de anel:

A – 4.1 *Recusatio*
    B – 4.2 *Recusatio*

        C – 4.3 *Carmen saeculare*
            E1 – 4.4 Feitos de Augusto via Druso
            E1 – 4.5 Feitos de Augusto

        C – 4.6 *Carmen saeculare*

        F – 4.7 Aniquilação
            G – 4.8 Poesia e imortalidade
        F – 4.9 Poesia é a salvação contra a aniquilação

        D – 4.10 Velhice
            E2 – 4.11 Convite ao banquete
            E2 – 4.12 Convite ao banquete
        D – 4.13 Velhice

    B – 4.14 Inverso da *recusatio*
A – 4.15 *Recusatio*

4.1

A abertura da nova coleção de odes horacianas é também uma série de retomadas e inversões para construir uma nova persona capaz do projeto de um novo livro de poesia lírica, após um intervalo de dez anos. Em primeiro lugar, temos, em vez de um tradicional hino clético, uma *apopompe* ("esconjuração") de Vênus, como já observaram K-H. O poeta, mais velho com seus 50 anos, já não é mais capaz de militar no amor (cf. 3.26, última ode erótica anterior, que por sua vez finaliza o programa anunciado em 1.6), então tenta passar a lírica amorosa para Paulo Fábio Máximo. Mas a derrota é inevitável, e Horácio passa a tratar de sua *Musa puerilis*, seu desejo pelo jovem Ligurino. A matéria parece dialogar com um fragmento de Íbico (287 Campbell):

Ἔρος αὖτέ με κυανέοισιν ὑπὸ
βλεφάροις τακέρ' ὄμμασι δερκόμενος

κηλήμασι παντοδαποῖς ἐς ἄπει-
    ρα δίκτυα Κύπριδος ἐσβάλλει·
ἦ μὰν τρομέω νιν ἐπερχόμενον,
ὥστε φερέζυγος ἵππος ἀεθλοφόρος ποτὶ γήραι
ἀέκων σὺν ὄχεσφι θοοῖς ἐς ἄμιλλαν ἔβα.

Novamente o Amor com a pálpebra em breu
    me contempla e derreto perante o olhar,
com tantos encantos nas redes sem fim
    da deusa de Chipre me arremessou.
Eu tremo em supor que ele possa chegar
feito um corcel vencedor na velhice carrega seu jugo
e amarrado num carro veloz que à corrida se vai.

Kiessling via nesta ode um epitalâmio disfarçado pelo casamento de Márcia, sobrinha de Augusto, com Lúcio Márcio Filipo. Mais importante, talvez, seria notar como a duplicidade da ode – por um lado, a poesia erótica, por outro, o louvor de um aristocrata – anuncia as duas frentes do livro como um todo. De certo modo, é ainda possível ver na matéria erótica do poema e no seu desenvolvimento irônico uma proximidade com a elegia (ROMANO, 1991, p. 848), e é de se observar que "este não é um louvor comum" (JOHNSON, 2004, p. 44).

– Metro: asclepiadeu 4.

vv. 1-2: "*intermissa*", que abre o livro, indica a interrupção temporal entre a publicação de *Odes* 1-3, em 23 a.C., e esta nova coleção, em 15 a.C. Vênus (poesia erótica) esteve interrompida, bem como as guerras (odes de louvor); por enquanto, o poeta anuncia apenas as guerras amorosas impostas pela deusa (a *militia amoris* que aparece em 3.26); mas logo veremos que o livro também se volta para os feitos bélicos romanos. Em Johnson (2004, p. 34) encontrei uma sugestão que já me havia aparecido por conta própria: "*intermissa Venus*" poderia ser uma designação para coito interrompido. Essa ambiguidade está no fato de que *intermissa* pode ser interpretado como acusativo neutro plural (com "*bella*") e também como vocativo feminino singular (com Vênus): essa ambiguidade parece já indicar toda a potencialidade do livro 4 como poesia simpótico-amorosa e laudatória.

v. 4: Cínara reaparece em 4.13.21; mas seu nome já havia aparecido na poesia horaciana das *Epístolas* 1.7.28 e 1.14.33 e também na elegia 4.1.99 de Propércio. Como aparece sugestivamente morta, alguns estudiosos como Fraenkel (1957, p. 411) julgaram se tratar de uma pessoa real; porém, como argumenta Thomas (p. 7), "se ela é/era real, por que ele não falou dela quando estava viva?". K-H chegam a supor, pela relação com o verso seguinte, que ela seria Glícera (pela sonoridade proparoxítona e pela invocação da ode 1.19). Mais importante, talvez, seja a sugestão de seu nome, derivado do grego "κινάρα" ("alcachofra"); porque temos um fragmento 347 Lobel-Page de Alceu em que ele convida ao banquete quando a alcachofra floresce (v. 4, "ἄνθει δὲ σκόλυμος"); Johnson (2004, p. 229, n. 88) ainda lembra que a alcachofra com vinho era considerada afrodisíaca.

Porém há uma outra possibilidade ainda mais sugestiva: John D. Morgan (*apud* Thomas) aponta uma inscrição do início do principado, na região da Venúsia (pátria de Horácio). Trata-se da tumba onde lemos: "*Cinura / L. Salui (serua) h(ic) / sita est*" ("Aqui está Cínura, escrava de Lúcio Sálvio"). Os manuscritos horacianos mostram uma grande variedade de ortografias para o nome, tais como "*Cinar*", "*Cinayr-*", "*Cinyr-*", "*Cynar-*", "*Cynir-*"; o mesmo acontece nos comentários de Porfirião. Com isso é possível que se trata-se de uma figura real; porém o mais interessante são as duas novas etimologias possíveis. Cíniras (Κινύρας, *Cinyras*) é uma figura ligada a Apolo em Píndaro, *Píticas* 2.15.17. Já Cínura ou Cínira (*Cinura* ou *Cinyra*) poderia apontar para uma palavra grega, "κινύρα", de origem hebraica ("*kinnor*"), que é um instrumento musical de cordas, similar à lira. Nos dois casos, seu nome indicaria uma relação com a poesia.

v. 5: Este verso é idêntico à abertura de 1.19, numa clara retomada do *corpus* anterior de odes.

v. 6: Se confiarmos na idade do poeta, podemos datar esta ode em torno de 15 a.C.

vv. 10-11: Os cisnes são as aves de Vênus e costumam ser representados puxando sua carruagem. O mais provável é que se trate de Paulo Fábio Máximo (46 a.C.-14 d.C.), tribuno na Espanha em 36-35 a.C., questor no oriente entre 22-19 a.C. e que viria a ser cônsul em 11 a.C., um confidente de Augusto, chegou a se casar com sua sobrinha Márcia. Com bem observa Johnson (2004), o poema está num período próximo ao do casamento de Máximo e Márcia, portanto poderia ser lido nessa chave, o que nos levaria a uma conclusão peculiarmente irônica, quando o poeta louva os dotes amorosos de um noivo: nesse caso, o louvor também incorpora humor. Ele também é mencionado por Ovídio nas *Pônticas*, 1.2 e 3.3. A longa separação entre *Pauli* e *Maximi* é estranha (cf. Thomas), por isso optei por também recriá-la em português.

v. 12: Para os antigos, o fígado é uma sede das paixões (cf. 1.13.3-4 e nota).

vv. 13-16: Horácio louva os feitos civis (na oratória) e "militares" de Paulo Máximo; porém na última palavra ("*tuae*"), vemos que se trata da milícia amorosa; por isso mantive "por ti" no final da série de quatro versos.

v. 19: Sobre os montes Albanos, cf. nota a 1.21-7-8. Os lagos Albanos eram quatro. É provável que Paulo Máximo de fato tivesse um residência na região, onde havia várias *uillae*.

v. 20: A tuia é uma madeira cara importada da África e utilizada para produção de perfumes; mas também seria possível identificar o termo *"citrea"* como referência ao cedro.

vv. 21-24: Estes versos são muito próximos à construção de 3.19.17-20 (cf. nota *ad loc.*).

vv. 27-28: Sobre os sálios, cf. nota a 1.36.12 e 3.18.15-16.

vv. 33-34: A partir daqui, o poema realiza uma peripécia, e o poeta cede à força de Vênus, revelando sua paixão por Ligurino (que aparece em 4.10). O nome pode indicar uma origem geográfica na Ligúria e aparece como nome real em algumas inscrições; porém, mais interessante é buscar uma origem etimológica: é possível procurar uma origem em Cupavo, homem da Ligúria, filho de Cicno, que viria a se transformar num cisne graças à sua paixão por Faetonte (*Eneida*, 10.185-93). Também pode ser ligado às palavras *"ligurrio"* ("comer iguarias", "fartar-se") ou *"liguritio"* ("gulodice"), que apontam para o ambiente simpótico. O único outro nome de um jovem amado por Horácio é Licisco, nos *Epodos*, 11.23-4, que sugestivamente significa "lobinho".

v. 40: O termo *"uolubilis"* ("volúvel"), embora esteja ligado a *"aquas"*, sugere certa ligação com o próprio Ligurino, produzindo uma espécie de paradoxo com *"dure"*. Tentei recriar parte do efeito com a expressão "duro em volúveis, tu".

4.2

Píndaro (522-438 a.C.) é o maior exponente grego da lírica coral; sua métrica, sobretudo nos ditirambos, é de fato das mais complexas, e seu estilo elevado se distingue da poética lésbia majoritariamente seguida por Horácio. Isso não quer dizer, por outro lado, que o poeta romano não tivesse interesse pela estética pindárica; pelo contrário, sempre que foi necessário elevar o tom, Horácio parece ter buscado em Píndaro algumas soluções, como no caso notável de 1.12. No entanto, esta *recusatio* do encômio pindárico tem um valor fundamental para a construção do *ethos* deste quarto livro de odes. É pela poesia simpótica que Horácio pretende realizar louvores, enquanto deixa a épica grandiosa para Julo; Píndaro entra aqui não como modelo único, mas como possibilidade, e é bem isso que vemos nos 24 versos de abertura, com um período longo a partir do verso 4, metáfora ousada entre os versos 5-8, etc. (THOMAS, p. 20): é no contraste entre a recusa-utilização de Píndaro e as odes mais pindáricas (4.4 e 4.14) que se estabelecerão boa parte das instabilidades de leitura.

Há uma questão de datação importante para esta ode: ela é anterior ao retorno e subsequente triunfo de Augusto (o livro foi publicado em 13 a.C., no mesmo ano do retorno, portanto a ode provavelmente foi escrita antes dos acontecimentos), então estamos diante de um epinício antecipado.

– Metro: estrofe sáfica.

vv. 1-4: Julo Antônio (43-2 a.C.), filho de Marco Antônio com Fúlvia, foi criado por Otávia, irmã de Augusto e segunda esposa de Antônio, durante o período do triunvirato. O jovem casou-se com Cláudia Marcela, a filha de Otávia com Cláudio Marcelo (seu primeiro esposo, já morto), e viria a ser pretor em 13 a.C. e cônsul em 10 a.C. Sabemos que foi condenado por adultério com Júlia, filha de Augusto, e condenado à morte. A metáfora usada para quem emula Píndaro é o voo de Ícaro, filho de Dédalo, cf. notas a 1.1.15 e 1.3.34-6.

vv. 5-24: Esta longa construção ironicamente emula o estilo pindárico.

vv. 10-12: Sobretudo se comparados à rigidez da métrica lésbia, os ditirambos mais parecem versos livres, daí que Horácio os caracteriza, ao pé da letra, como "metros livres de lei", onde aparecem neologismos.

vv. 14-16: Sobre os centauros, cf. nota a 1.18.8-11. Sobre a quimera, cf. nota a 1.27.23-4.

vv. 13-24: Temas da lírica píndárica: hinos (louvor aos deuses), com ditirambos a Baco, peãs a Apolo, encômios aos reis e heróis, epinícios pelas vitórias nos jogos (a palma eleia é o prêmio da Élide, nos jogos olímpicos) e trenos (cantos de luto). Dessa vasta obra, chegaram-nos em melhor estado, infelizmente, só os epinícios.

vv. 19-20: Estes versos ecoam o próprio Píndaro, *Nem.*, 5.1-5:

> Οὐκ ἀνδριαντοποιός εἰμ', ὥστ' ἐλινύσοντα ἐργά-
> ζεσθαι ἀγάλματ' ἐπ' αὐτᾶς βαθ'μίδος
> ἑστᾰότ'· ἀλλ' ἐπὶ πάσας
> ὁλκάδος ἔν τ' ἀκάτῳ, γλυκεῖ' ἀοιδά,
> στεῖχ' ἀπ' Αἰγίνας διαγγέλλοισ', ὅτι
> Λάμπωνος υἱὸς Πυθέας εὐρυσθενής
> νίκη Νεμείοις παγκρατίου στέφανον,

Eu não sou estatuário, que imóveis
figuras forja pousadas sobre
pedestais; mas que a barca
de mercancia, ó doce canto,
te leve de Egina a proclamar
que o poderoso Píteas, filho de Lâmpon,
vence em Nemeia a coroa do pancrácio

vv. 25-26: Havia uma fonte de Dirce, próxima a Tebas, cidade natal de Píndaro, daí que ele, como poeta, seja um cisne de Dirce, já que na Antiguidade o canto do cisne é comumente comparado à poesia.

vv. 27-32: Ao contrário de Píndaro, como poeta grandioso, um rio barrento e transbordante, Horácio se descreve como uma abelha de Matino (um promontório da Apúlia, terra do poeta), que recolhe mel e água em pequena quantidade. Embora a metáfora do poeta como abelha já apareça na poesia grega pelo menos desde Simônides, fragmento 88 Page, aqui ela tem também origem calimaquiana do *Hino a Apolo*, versos 105-113:

ὁ Φθόνος Ἀπόλλωνος ἐπ' οὔατα λάθριος εἶπεν
'οὐκ ἄγαμαι τὸν ἀοιδὸν ὃς οὐδ' ὅσα πόντος ἀείδει'.
τὸν Φθόνον ὡπόλλων ποδί τ' ἤλασεν ὧδέ τ' ἔειπεν:
Ἀσσυρίου ποταμοῖο μέγας ῥόος, ἀλλὰ τὰ πολλά
λύματα γῆς καὶ πολλὸν ἐφ' ὕδατι συρφετὸν ἕλκει.
Δηοῖ δ' οὐκ ἀπὸ παντὸς ὕδωρ φορέουσι μέλισσαι,
ἀλλ' ἥτις καθαρή τε καὶ ἀχράαντος ἀνέρπει
πίδακος ἐξ ἱερῆς ὀλίγη λιβὰς ἄκρον ἄωτον'.
χαῖρς ἄναξ: ὁ δὲ Μῶμος, ἵν' ὁ Φθόνος, ἔνθα νέοιτο.

Inveja então sussurra ao ouvido de Apolo:
"Não amo o aedo que não canta quanto o mar."
Mas Febo afasta Inveja aos chutes, e lhe diz:
"Grande é o fluxo do rio Assírio, porém muito
lixo e limo da terra carrega nas águas.
Melissas não dão água a Deo de todo canto,
mas a corrente pura e límpida se eleva
da fonte sacra, gota a gota, só finura".
Salve, senhor! E Momo, que acompanhe a Inveja.

vv. 33-36: Como observa Villeneuve (*ad loc.*), Horácio não aconselha Julo a compor poesia pindárica, mas sim a seguir o caminho da épica histórica em louvor de Augusto. Sabemos que Julo chegou a compor uma *Diomediea*, épica em 12 cantos (cf. Pseudo-Acrão, *ad loc.*). Os sicambros (ou sigambros) eram um povo da Germânia; em 16 a.C. fizeram uma coalisão para invadir a Gália e derrotaram o exército de Marco Lólio. O próprio Augusto teve de assumir os combates a partir de então e passou três anos na Gália, enquanto Druso e Tibério combatiam outros povos germanos, até que em 13 a.C. retornou; no entanto sabemos que Augusto recusou o triunfo, que nunca chegou a acontecer. Como parte do ritual de triunfo, o general subia a Via Sacra até o Capitólio, levando prisioneiros.

vv. 39-40: Trata-se da ida de ouro, representada, por exemplo, por Virgílio na quarta bucólica.

vv. 43-44: O fórum está órfão de lides porque, durante quaisquer festas públicas, a atividade judiciária ficava suspensa.

v. 49: O texto parece corrupto, e alguns editores preferem a solução "*dum procedis*", referindo-se ao próprio Julo.

vv. 53-60: Enquanto Julo ofertará em quantidade, Horácio tem pouco, porém com mais qualidade; ao menos é o que podemos depreender pela minúcia descritiva destas últimas duas estrofes: a poética calimaquiana encerra a ode que se iniciara pindárica.

4.3

A ode dá sequência à metapoesia de 4.2, dessa vez como uma afirmação do poeta como vate reconhecido, numa espécie de triunfo da poesia. De certo modo, é possível ainda pensar esta ode como modulação preparativa para a nova elevação de 4.4, um epinício de clara influência pindárica.

– Metro: asclepiadeu 4.

vv. 1-6: Sobre Melpômene, cf. 1.24.3 e a 3.30.16 e notas. Esta abertura ecoa Hesíodo, *Teogonia*, 81-4, ao falar dos reis:

> ὅντινα τιμήσουσι Διὸς κοῦραι μεγάλοιο
> γεινόμενόν τε ἴδωσι διοτρεφέων βασιλήων,
> τῷ μὲν ἐπὶ γλώσσῃ γλυκερὴν χείουσιν ἐέρσην,
> τοῦ δ' ἔπε' ἐκ στόματος ῥεῖ μείλιχα·

> Quem acaso honraram as filhas de Zeus grandioso,
> quando nascia filho de reis nutridos por deuses,
> para sua língua concedem dulcíssimo orvalho,
> corre mel da sua boca.

Bem como Calímaco, no final do epigrama 21:

οὐ νέμεσις· Μοῦσαι γὰρ ὅσους ἴδον ὄμματι παῖδας
†ἄχρι Βίου† πολιοὺς οὐκ ἀπέθεντο φίλους.

Justo: se as Musas põem o olhar sem ódio sobre
um jovem, não renegam na velhice.

Em Corinto havia uma tradição de Jogos Ístmicos em homenagem a Posêidon, já celebrada nas odes *Ístmicas* de Píndaro: Horácio aqui lembra dois tipos de competição atlética, o pugilato e a corrida de carros. Aqueu aqui significa o mesmo que "grego".

vv. 6-9: Na tradição do triunfo romano, o general era coroado com o laurel (planta consagrada a Apolo, deus de Delos, e por isso as "folhas délias"); assim trajado ele seguia ao Capitólio; cf. notas a 3.14.1-4 e 4.2.33-36.

vv. 10-12: A representação do poeta inspirado por bosques e águas é lugar-comum. Sobre Tíbur, cf. nota a 1.7.12-14; o contraste entre Roma e Tíbur também é o contraste entre os tipos de poesia (Thomas): de um lado o louvor bélico romano, do outro a lírica simpótica. A poesia eólica aqui, por um lado, representa a lírica em geral; porém, se nos lembrarmos da discussão apresentada na ode anterior, vemos que permanece uma determinação de especificidade, embora haja ecos de Píndaro também neste poema.

v. 16: Sobre a imagem da vitória da poesia sobre a inveja, cf. o trecho de Calímaco citado na nota a 4.2.27-32.

vv. 17-20: Sobre a testude, cf. nota a 1.32.13-14. Sobre as Piérides, cf. notas a 1.26.9 e 3.4.37.40. Sobre os cisnes, cf. nota a 4.2.25-6; seria possível pensar que Horácio retoma o tema da sua origem humilde com o crescimento através da poesia: ele próprio seria um peixe mudo transformado em cisne pelos dons da deusa (cf. 3.30).

vv. 23-24: Ao se apresentar como *Romane fidicen lyrae*, Horácio retoma seu papel como introdutor dos metros líricos eólicos na poesia romana (tema de 3.30). No verso final, que pode ser lido "ao pé da letra" como "se respiro e agrado, caso eu agrade, isso é feito teu", optei por recriar com uma ambiguidade: "se eu inspiro prazer" pode ser entendido como o poeta que recebe prazer e que dá prazer.

4.4

Depois da *recusatio* pindárica de 4.2, temos nesta ode um flerte assumido com Píndaro ("os mais ousados", segundo Fraenkel, 1957, p. 426): um epinício

NOTAS ÀS *ODES 4* | 527

dedicado a Druso, com símiles de gosto épico, construção complexa, elocução elevada, períodos longos, etc. No entanto, como observa Thomas (2004, p. 99), aqui faltam alguns recursos típicos do epinício, tais como um hino ou prece e um detalhamento encomiástico. Suetônio afirma que o poeta teria rescrito esta ode a pedido do *princeps*.

– Metro: estrofe alcaica.

vv. 1-12: O longo símile diz respeito à águia, ave consagrada a Júpiter, e parece retomar duas passagens de Píndaro: *Olímpicas*, 3.21 ("οἰωνῶν βασιλεύς", "rei das aves"), e *Píticas*, 1.7 ("ἀρχὸς οἰωνῶν", "líder das aves"). Ela é que teria raptado Ganimedes, um jovem troiano, para então transformá-lo num escanção dos deuses. Druso será como um enviado (a águia) de Júpiter (Augusto), que demonstra o dom natural para o combate. A águia era ainda símbolo em insígnias do exército romano.

vv. 13-16: Novo símile, antes mesmo de o anterior ser desvelado, e num quiasmo: a corça será uma vítima fácil, como os vindélicos, enquanto Druso assume o papel do leão jovem. É interessante observar que, ao contrário do primeiro símile, este gera mais simpatia pela vítima do que pelo predador; essa ambiguidade reaparece na fala de Aníbal, na segunda metade da ode.

v. 15: Este verso gera dissenso entre os comentadores. Shackleton Bailey e Thomas duvidam da transmissão do texto *"iam lacte"*, enquanto Villeneuve prefere ligá-lo ainda a *"ubere"*. Da minha parte, sugiro a leitura que encontrei apenas em K-H: é o leão que foi recém-desmamado (*"iam lacte depulsum"*), ou seja, a cabra perece diante de um leãozinho ainda, tal como Druso é ainda jovem, mas derrota os retos.

vv. 17-18: Druso Cláudio Nero (38 a.C.-9 d.C.), filho natural do primeiro casamento de Lívia Drusila com Tibério Cláudio Nero. Quando Lívia casou-se com Augusto, este adotou Druso e seu irmão Tibéo. Em 15 a.C., Druso, então questor, foi enviado numa campanha contra os vindélicos, povo alpino entre a Helvécia e a Nórica, que havia invadido a Gália Cisalpina. Graças à vitória, o jovem chegou a ser pretor logo em seguida; pouco depois Tibério também enfrentou esses povos e, com novas vitórias, fundou uma província romana na região, que passou a ser chamada Récia.

Ainda sobre Druso, seu nascimento criou rumores em Roma, pois Augusto, ainda Otaviano, havia desposado Lívia já grávida, e a criança veio à luz apenas três meses depois, quando Otaviano deu a paternidade ao ex-marido de Lívia. Diante desse caso insólito, houve piadas e sugestões de que Druso fosse na verdade filho de Otaviano num período de adultério, tanto que um verso grego correu por Roma: "τοῖς εὐτυχοῦσι καὶ τρίμενα παιδία", "aos felizardos nascem filhos de três meses".

vv. 18-22: Essa estranha digressão técnica – único momento em que o eu-lírico se mostra neste poema – alude a Píndaro, *Nem.*, 5.16b-18. É possível pensar que ela cumpra diversas funções no desenvolvimento do poema: em primeiro lugar, revelar o barbarismo violento dos vindélicos (sempre armados ao modo amazônio, pois havia crença de que as antigas amazonas haviam expulsado os vindélicos de sua pátria, segundo Porfirião) pelo uso de machados (cf. Arriano 7.13.2), mas também a posição do poeta como cantor limitado no seu saber, ou seja, que permite certa abertura para o leitor. Há ainda a possiblidade de que Horácio esteja fazendo um chiste com a obra de Domício Marso, *Amazonida*, uma epopeia também criticada por Marcial, 4.29.7.

vv. 29-36: Aqui vemos o tema – um para cada estrofe – do dom natural e da formação educativa: o primeiro aparece em Píndaro, *Nem.*, 3.40, e *Pít.*, 8.44-5; enquanto o segundo passa a ser parte do encômio lírico horaciano, contrariando a fórmula pindárica de *Nem.*, 3.41: "ὅς δὲ διδάκτ᾽ ἔχει ψεφεννὸς ἀνήρ", "aquele que tem instrução torna-se um homem obscuro". Com esse artifício, o poeta consegue louvar a família dos Cláudios Neros pelo sangue ao mesmo tempo que louva Augusto como pai adotivo que reforçou as qualidades dos jovens.

v. 34: Embora a tradução esteja no singular, sigo a tradição manuscrita "*roborant*", em vez de conjetura de Shackleton Bailey, "*roborat*".

vv. 37-38: Em 207 a.C., Caio Cláudio Nero (antepassado de Druso) e Lívio Salinator derrotaram o exército cartaginês de Asdrúbal, irmão de Aníbal, junto às margens do rio Metauro, na Úmbria. Com essa derrota, Aníbal, que se aproximava de Roma no intuito de invadi-la, desistiu de seus planos; assim começou a derrocada cartaginesa.

v. 41: "*adorea*" significava originalmente um tipo de espelta, que era entregue a soldados vencedores; porém, com o tempo passou também a significar a própria glória da vitória; por isso optei por deixar de lado "*alma*" e verter o sentido geral por "glória da adórea".

v. 42: O afro atroz é Aníbal, já que Cartago ficava na costa norte da África. Na viagem bélica até Roma, ele teve de passar pelo mar Sículo, daí as "sicílias ondas".

vv. 50 e ss.: A fala de Aníbal é uma pérola horaciana: a partir da derrota de Asdrúbal, é o maior inimigo da história de Roma quem fará o elogio da cidade, muito embora seja um elogio falacioso, capaz de ganhar simpatia para os derrotados. De modo similar, ela reforça o elogio a Druso – como descendente do Cláudio que derrotou Asdrúbal – enquanto sugere sua violência predatória.

vv. 53-56: Referência ao mito de Eneias, tema da *Eneida* de Virgílio. "Ausônias" é aqui sinônimo de "itálicas".

v. 58: Sobre o Álgido, cf. nota a 1.21.7-8.

vv. 61-64: Num dos trabalhos, Hércules teve de matar a Hidra de Lerna, um monstro com sete cabeças e que gerava duas novas cabeças cada vez que uma era cortada. Os colcos, povo da Cólquida, tinham touros que lançavam fogo pelas ventas, além de uma serpente gigante, para guardarem o velo de ouro. Cadmo, o fundador de Tebas, teve de matar uma serpente de cujos dentes nasceram guerreiros que se mataram uns aos outros, exceto cinco. Dentre os sobreviventes, estava Équion, que veio a se casar com Agave, filha de Cadmo; daí o epíteto "equiônia" para Tebas: no caso, parece que os soldados romanos nascem do chão, como dos dentes da serpente.

vv. 67-68: O texto é ambíguo e talvez ainda mais forte graças a isso: seriam as mulheres dos vencedores, orgulhosas de seus maridos; ou as viúvas de Cartago, que diante da perda terrível teriam apenas uma história por narrar?

vv. 69-70: Em Tito Lívio, 23.12, vemos como Aníbal mandou mensageiros e prisioneiros até Cartago após vencer a batalha de Canas.

vv. 71-72: Em Tito Lívio 27.51, lemos sobre Aníbal: "*tanto simul publico familiarique ictus luctu, agnoscere se fortunam Carthaginis fertur dixisse*", "dizem que, abatido por um luto ao mesmo tempo familiar e público, afirmou reconhecer o destino de Cartago".

vv. 73-76: Há uma disputa sobre quem falaria estes versos finais: Aníbal como uma previsão, ou o poeta como retomada. Já Porfirião e Pseudo-Acrão defendiam serem palavras do poeta, e Thomas (*ad loc.*) indica que a maioria dos comentadores recentes seguem os antigos. Porém fico com Fraenkel (1957, p. 428), Syndikus (p. 329) e com as edições de Villeneuve e Bekes, que incorporaram o encerramento à fala de Aníbal. Julgo que a solução é indecidível, mas, como não há indicação óbvia de fim de fala, adio-a até o fim do poema. No verso 73, sigo "*perficient*", como Villeneuve e Bekes, em vez de "*perficiunt*".

4.5

Como já disse em 4.2, Augusto realizou uma longa campanha da Gália entre 16 e 13 a.C., o que justifica o encômio na forma de um hino clético. Por seu tema, a ode tem uma relação estreita tanto com 4.4 como com 4.15. A abertura parece traçar uma alusão a Ênio (*Annales*, 105-6, Skutsch):

> *pectora [...] tenet desiderium: simul inter*
> *sese sic memorant: "O Romule, Romule, die*
> *qualem te patriae custodem di genuerunt!*
> *O pater, o genitor, o sanguen dis oriundum!*
> *Tu produxisti nos intra luminis oras."*

> Um desejo [...] toma o peitos, no instante seguinte
> todos juntos se lembram: "Rômulo, Rômulo divo,
> grande guarda da pátria que os deuses enfim nos cederam!
> Ó genitor, ó pai, ó sangue oriundo dos deuses!
> Tu nos guiaste sempre por dentro das lúcidas margens."

O que reforça a propaganda de Augusto como um segundo Rômulo (cf. Fraenkel, pp. 441-442, Syndikus, pp. 331-332, e Johnson 2004, p. 127). Thomas (pp. 114-133) apresenta ainda uma leitura interessantíssima para a ode capaz de torná-la ainda mais complexa como panegírico: ao divinizar Augusto num hino clético que ao mesmo tempo é um convite ao banquete, Horácio nos faz pensar em duas coisas: por um lado, Augusto se destaca de todos os outros mortais; por outro, tal como Rômulo, ele será mortal na vida comum (mesmo que divinizado após a morte). Assim, estamos diante do problema: quem sustenta o império quando Augusto não estiver presente? A resposta, para Thomas, seria o agricultor dos versos 29-36, com sua religiosidade, venerando os deuses, neste caso, o próprio Augusto já divinizado.

– Metro: asclepiadeu 2.

v. 1: Esta ode se abre com "*diuis*", e a próxima com "*diue*"; para recriar o efeito, traduzi aqui mais livremente por "Deuses deram-te à luz" e lá por "Deus castigador", assim mantendo o mesmo termo na abertura.

vv. 1-2: Augusto é prole divina porque, como descendente da *gens Iulia* seria ligado a Iulo, filho de Eneias e neto de Vênus. Os romúleos (*Romulae gentis*) são os romanos, descendentes de Rômulo. Talvez mais óbvio ainda seja lembrar que o *princeps* também detinha o título de *Iulii filius diui,* "filho do divino Júlio [César]".

vv. 4-5: Os "pais do concílio sagrado" são os senadores romanos.

NOTAS ÀS *ODES 4* | 531

vv. 10-11: O mar de Cárpatos fica entre Creta e Rodes. O Noto, vento sul, é um inimigo para os marinheiros que tentam subir o mar Egeu em direção a Roma.

v. 16: Deliberadamente fujo ao metro para reforçar a presença de César (*Caesarem*) no último lugar dessa série comparativa iniciada no verso 9.

v. 18: Ceres é metonímia da produção agrícola. "Fartura" traduz "*Faustitas*", uma divindade que aparece em Horácio apenas, talvez derivada de *Fausta Felicitas*, simbolizando os bons auspícios na produção.

v. 19: Em Suetônio (*Aug.* 98) lemos que Augusto teria sido louvado por marinheiros que lhe gritavam que viviam, navegavam e fruíam da liberdade graças ao *princeps*.

v. 20: "*fides*", em latim, tem uma série de sentidos: a lealdade, a fidelidade, fé, boa-fé, etc.

vv. 21-24: A estrofe para louvar a legislação augustana para coibir o adultério, cf. nota introdutória ao livro 3. No verso 23 está expresso de modo elíptico (que mantive na tradução) que os filhos nascem agora iguais aos pais, símbolo da fidelidade conjugal.

vv. 25-28: Os partas (cf. nota a 1.2.51) e os citas (cf. nota a 2.11.1) representam as ameaças orientais, enquanto os germanos vêm do ocidente (cf. nota a 4.2.33-6). A Ibéria era uma região recentemente tomada como província (talvez referência aos cântabros, cf. nota a 2.11.1).

v. 30: A árvore "viúva" tipicamente usada para se "casar" com a videira era o olmo.

v. 31: Sigo os manuscritos "*uina*", em vez de "*tecta*", conjetura de Shackleton Bailey.

vv. 31-36: No segundo prato de um banquete é que seriam feitas as libações aos deuses maiores, tais como os Lares e Penates. Bekes entende que então seria o momento de honrar o *genius* de Augusto, como protetor dos Lares públicos e privados, segundo decreto do senado em 30 a.C. (cf. Dião Cássio, 51.19.7); de qualquer modo, o que vemos é o *princeps* sendo louvado como uma divindade pelo campesino (vale notar que Horácio põe tal crença na cabeça do rústico e sutilmente se esquiva da divinização de Augusto). Castor e Hércules eram considerados deuses tutelares na Grécia, tais como os Lares

532 | ÇOLEÇÃO CLÁSSICA

e Penates romanos; convém lembrar que, nos dois casos, trata-se de humanos filhos de Zeus/Júpiter, que ao fim da vida alcançaram estatuto divino, tal como se sugere para Augusto.

v. 38: A Hespéria é a Itália.

4.6

Logo após a celebração de Augusto, numa forma que se aproxima do hino, temos aqui um hino propriamente dito, dedicado a Apolo, deus pessoal de Augusto, mas também patrono da poesia. A ode ainda parece fazer referência à apresentação do *Carmen saeculare*, em 17 a.C. (poema dedicado a Febo e Diana), inclusive pelo fato de estar escrita no mesmo metro. Outro ponto importante na organização do poema é sua bipartição: dos versos 1 ao 24, vemos a figura de Apolo arqueiro e vingador – sua faceta bélica, talvez mantendo o tom elevado de 4.4 e 4.5 –; depois, nos versos 25 a 44, temos o deus da música, numa contraposição calimaquiana que, em parte, volta o poema para sua lírica simpótica (THOMAS, 2011, p. 163, e JOHNSON, 2004, pp. 54-68).

– Metro: estrofe sáfica.

vv. 2-3: Níobe, esposa de Anfíon, tinha 12 (ou 14) filhos, e com isso zombou de Latona (mãe de Febo e Diana), por esta ter apenas dois. Como vingança, os dois deuses mataram todos os filhos de Níobe, que, de tanto chorar por luto, tornou-se uma fonte (cf. *Ilíada*, 24.602-14, e Ovídio, *Met.*, 6.125 e ss.). Sobre Tício, cf. nota a 2.14.5-9.

vv. 4-24: Longa digressão sobre Aquiles, filho da nereida Tétis com Peleu, o rei de Ftia, cidade da Tessália (Thomas, 2011, p. 163, chega a sugerir que mais parece um hino a Aquiles). Segundo o mito, o herói teria morrido pouco antes da queda de Troia, quando foi flechado no calcanhar (seu único ponto frágil) por Páris. Ainda segundo o mito, a flecha teria sido guiada por Apolo (*Ilíada*, 21.275-8 e 22.359-60). Horácio vê nessa interferência de Apolo a chance de sobrevivência de alguns troianos guiados por Eneias (para fundar nova muralha, ou seja, nova cidade), que vieram a gerar a raça romana (tema da *Eneida*). Se Aquiles tivesse vivido, nada restaria de Troia, nem mesmo as crianças. O cavalo de Troia (cf. *Odisseia*, 4.270 e ss.) foi um recurso dos gregos para enganar os troianos: ele teria sido deixado nas margens da cidade como oferenda a Minerva (Palas Atena) para que os gregos pudessem retornar em paz para seus lares; diante da – falsa – debandada inimiga, os troianos festejaram e trouxeram o cavalo de madeira para dentro da cidade (cf. *Eneida* 2.265 e ss.). Como todos sabem, dentro do cavalo estavam vários

NOTAS ÀS *ODES 4* | 533

guerreiros gregos, que uma vez dentro da cidade, abriram os portões à noite para o resto do grupo, levando a ruína à cidade troiana. O Euro é o vento leste, ligado ao frio.

vv. 25–28: Talia é comumente representada como musa da poesia pastoril, depois também da comédia, mas aqui parece indicar as musas como um todo: é o único momento em que aparece em Horácio, talvez aludindo a Virgílio, *Bucólicas*, 6.1-5, uma passagem de poética calimaquiana. "Xanto" é o nome que os deuses davam ao rio Escamandro, que corria perto de Troia. A Camena é a musa romana, aqui é representada como dáunia, por ser a Dáunia a pátria de Horácio, próxima à Apúlia (cf. nota a 1.22.13-16). Apolo é Agieu (Ἀγυιεύς) por ser patrono das ruas (ἀγυιαί): optei por sair do metro e dar mais ênfase ao epíteto.

vv. 31–36: Os quatro primeiros versos são um longo vocativo aos jovens guiados por Horácio no *Carmen saeculare*, 27 meninos e 27 meninas de origem nobre; o procedimento é provavelmente derivado de Píndaro, quando o condutor se dirige ao coro do peã. A Délia é Diana, deusa nascida em Delos. O poeta aparece regendo um coral (como um χοροδιδάσκαλος) em metros lésbios (no caso, a estrofe sáfica desta ode e também do *Carmen saeculare*) com seu dedo polegar.

vv. 38–40: "Noctiluca" ("luz noturna") é um epíteto arcaico para Diana em seu papel de lua (cf. Varrão *Da língua latina* 5.68 e 6.79, e Macróbio, *Saturnália* 3.8.3). Aqui é o calendário lunar que rege a agricultura.

vv. 41–44: Numa guinada imprevista, o poeta se volta para uma das virgens que teria cantado o *Carmen saeculare*. A assinatura desta ode é, curiosamente, a que falta ao *Carmen saeculare*.

4.7

A. E. Housman considerava este o poema o mais perfeito da língua latina, e La Penna o via como "rainha das odes horacianas" (*apud* Thomas, 2011, p. 174); o efeito talvez seja ainda maior por se tratar de uma espécie de oásis, uma pausa panegírica no livro 4. Há consenso entre os comentadores de que esta ode trava um diálogo explícito com 1.4, dedicada a Séstio: nos dois casos, a partir de um metro epódico do sistema arquiloqueu, vemos que a chegada da primavera serve como mote para uma discussão sobre a fugacidade da vida humana e para um convite ao *carpe diem*. No entanto, creio que o poema também dialoga bastante com 2.14, ode dedicada a Póstumo. Há ecos de elegias de Simônides, elegia 9, Campbell:

ἓν δὲ τὸ κάλλιστον Χῖος ἔειπεν ἀνήρ·
"οἵη περ φύλλων γενεή, τοίη δὲ καὶ ἀνδρῶν"·
παῦροί μιν θνητῶν οὔασι δεξάμενοι
στέρνοις ἐγκατέθεντο· πάρεστι γὰρ ἐλπὶς ἑκάστωι
ἀνδρῶν, ἥ τε νέων στήθεσιν ἐμφύεται.
θνητῶν δ’ ὄφρά τις ἄνθος ἔχηι πολυήρατον ἥβης,
κοῦφον ἔχων θυμὸν πόλλ’ ἀτέλεστα νοεῖ·
οὔτε γὰρ ἐλπίδ’ ἔχει γηρασέμεν οὔτε θανεῖσθαι,
οὐδ’, ὑγιὴς ὅταν ἦι, φροντίδ’ ἔχει καμάτου.
νήπιοι, οἷς ταύτηι κεῖται νόος, οὐδὲ ἴσασιν
ὡς χρόνος ἔσθ’ ἥβης καὶ βιότου ὀλίγος
θνητοῖς. ἀλλὰ σὺ ταῦτα μαθὼν βιότου ποτὶ τέρμα
ψυχῆι τῶν ἀγαθῶν τλῆθι χαριζόμενος.

o homem de Quios falou este primevo primor:
"Como a raça das folhas é também a dos homens";
      pena que poucos mortais tenham podido escutar
para guardá-la no peito, todos têm a esperança:
      jovens a sentem crescer dentro do seus corações.
Quando um mortal ainda tem as flores do viço,
      vai leviano pensar, "nada que tenho tem fim";
porque nunca espera ver a velhice ou a morte,
      quando se sente bem, nem imagina um torpor.
Tolo será quem pensa assim, porque nem desconfia
      que esta vida e vigor têm uma breve estação
para os mortais. Escuta, que estás no fim desta vida:
      sempre saber tolerar, sempre se dar um prazer.

– Metro: arquiloqueu 1. Só é usado nesta ode.

vv. 5-6: Sobre as Graças e as Ninfas, cf. nota a 1.4.5-8.

v. 9: Zéfiro é o mesmo vento que o Favônio (cf. nota 1.4.1-4)

v. 13: A imagem sugere que o ciclo lunar restaura as estações do ano, uma vez que o céu, como um todo, parece se alterar ao longo do ano.

vv. 14-15: Trata-se do Orco, reino dos mortos. Tulo Hostílio foi o terceiro mítico rei de Roma (representado como um rico conquistador por Tito Lívio, 1.31), e Anco Márcio foi o quarto.

vv. 19-20: Ao que tudo indica, o poeta varia aqui as expressões "*indulgere genio*" e "*animo obsequi*", ambas com o sentido de se permitir indulgências; por isso, compreendendo o efeito da locução, verti livremente.

v. 21: Sobre Minos, cf. nota a 1.28.6-15.

vv. 23-24: Pouco sabemos sobre Torquato, fora que provavelmente se trata do mesmo a quem Horácio dedica a epístola 1.5; Porfirião (*ad loc.*) nos diz que se tratava de um dos maiores advogados do período (o que é reforçado pela descrição de seus dons neste verso), embora não estejamos certos se seria Mânlio Torquato, ou Nônio Asprenas, oficialmente apelidado de Torquato por Augusto (cf. Suetônio, *Vida de Augusto*, 43). Se levarmos em consideração, que os Mânlios Torquatos eram, em geral, anticesaristas e republicanos – fato estranho ao livro 4 – e que seu último consulado familiar havia sido em 65 a.C. (50 anos, portanto), é possível concordarmos com Thomas (2011, p. 174) na impressão de que haveria nestes versos uma sugestão política, talvez próxima ao que vemos mais explicitamente no poema a Pompeu, em 2.7.

vv. 25-28: Na tragédia *Hipólito*, de Eurípides, vemos a história do jovem Hipólito, filho de Teseu, que, sem querer, seduz a própria madrasta, Fedra; depois de o rapaz se revelar casto (com veneração por Ártemis) na recusa às abordagens de Fedra, esta acusou o filho de tentar raptá-la. Diante da acusação, Teseu lança uma maldição sobre o filho, e assim, pouco depois, um touro vindo do mar derruba os cavalos de Hipólito, que o arrastam até a morte (o que talvez sugira o nome: "Ἱππόλυτος" a partir de "ἵππος", "cavalo", e "λύω", "livrar"). Em outras versões do mito, Esculápio (deus da medicina, filho de Apolo) ressuscita Hipólito, e Diana/Ártemis o leva para o bosque da Arícia (cf. nota a 3.22), onde o desfigura e muda seu nome para Virbio, cf. Ovídio, *Met.*, 15.479 e ss. Sobre Teseu e Pirítoo, cf. nota a 1.3.34-6 e a 1.18.8-11.

4.8

Esta ode ocupa a posição central do livro e por isso, creio, não foi escrita por acaso no metro asclepiadeu menor (que só apareceu antes em 1.1 e 3.30): a metapoesia aqui, como em 3.30, está no contraste entre os poderes de um monumento físico (estátuas, pinturas, inscrições) e abstrato (poesia) para conceder fama aos homens e deuses. Novamente, para Horácio, é a poesia quem garante uma imortalidade mais duradoura, superando as artes plásticas.

Outro ponto de discussão infinda é o número de versos: 34. Trata-se da única ode horaciana que não tem um número divisível por quatro (portanto a única que certamente não obedeceria à *lex Meinekeana*). Diante disso, alguns editores sugeriram cortes de versos. A maioria exclui os versos 17 e 33 (cf. notas), como é o caso de K-H, dentre vários. Já Lachmann (seguido por Klingner, Syndikus e Shackleton Bailey, dentre outros) sugeriu o corte entre os versos 15b e 19a (começando após a cesura, em *non celeres* e terminando em *rediit*, também na cesura), além da retirada dos versos 28 e 33. Da minha parte, prefiro manter todo o poema transmitido, tal como Villeneuve, Bekes, Thomas e outros, para então discutir as dificuldades do poema como efeito possível da leitura, por julgar que o corte resulta numa simplificação do efeito que ademais retira parte das construções pindáricas (THOMAS, 2011, p. 186). Apesar disso, traduzi de modo a permitir os mesmos cortes (15b-19a, 28 e 33, ou apenas os vv. 17 e 33) para os leitores contemporâneos, sem prejudicar a leitura. Outro ponto que me pareceu importante e que mantive o quanto pude foi o número elevado e anormal de rimas nos hemistíquios e fins de verso.

– Metro: asclepiadeu 1, ou menor.

vv. 1-8: Sabemos que em determinados dias festivos, tais como nas Saturnálias e no início do ano, os romanos trocavam presentes entre amigos; esses presentes chamavam-se *"strenae"*. A partir, talvez, dessa prática, o poeta sugere a possibilidade do poema como presente. Para Johnson (2004, pp. 74-79), no entanto, o que estaria em jogo em toda a ode seria uma oposição entre *"dona"* (o presente amigo) e *"munus"* (o serviço prestado); o *"donum"* é dado a quem o merece, e não pode ser exigido. Essa abertura vem sendo comparada com trechos de Píndaro (THOMAS, 2011, p. 185) tanto pela estrutura de priamel quanto pelo aspecto poeta/escultor (*Ístmicas*, 1.13).

v. 2: Não sabemos com absoluta certeza quem seria Censorino; o mais provável é que seja Caio Márcio Censorino (?-2 d.C.), cônsul em 8 a.C., elogiado por Veleio Patérculo (*História romana*, 2.106). No entanto também é possível que seja Lúcio Márcio Censorino, pai do anterior, cônsul em 39 a.C. Dentro do contexto do livro, com louvores a muitos jovens (4.1, 4.2, 4.4, por exemplo), poderíamos crer que seria o mais jovem; porém, dada a circunstância da poesia panegírica, seria de imaginar que o mais velho teria, de fato, feitos dignos de louvor; no entanto, esta ode ironicamente deixa de lado qualquer feito de Censorino (uma característica antipindárica), bem como seus outros nomes: a obscuridade é, portanto, parte constituinte do poema, e não podemos decidir.

vv. 3-4: A referência aos prêmios dos jogos gregos é mais uma proximidade com a poesia pindárica, e talvez evoque *Isthm.* 1.18 e ss.:

> ἔν τ᾽ ἀέθλοισι θίγον πλείστων ἀγώνων,
> καὶ τριπόδεσσιν ἐκόσμησαν δόμον
> καὶ λεβήτεσσιν φιάλαισί τε χρυσοῦ,

> e o prêmio levaram, em muitas disputas,
> então enfeitaram seus lares com trípodes
> com vaso, com taças douradas.

NOTAS ÀS *ODES 4* | 537

vv. 6-8: Parrásio de Éfeso (*floruit c.* 400 a.C., em Atenas) foi um pintor de grande renome, contemporâneo e rival de Zêuxis (cf. Plínio, *NH*, 35.60 e 67); enquanto Escopas de Paros, apenas um pouco posterior (*floruit c.* 350 a.C.), teria se destacado na escultura e na arquitetura (cf. Plínio, *NH*, 36.25-9); dele seria a imagem de Apolo Citaredo no templo Palatino. A contraposição entre poesia e artes plásticas aparecem em Píndaro *Nem.*, 5 (cf. texto e tradução na nota a 4.2.19-20)

vv. 13-20: Há uma ambiguidade no texto transmitido. O general que derrotou Aníbal e recebeu seu nome pelo domínio da África foi Cipião Africano, o Velho, cantado por Ênio nos *Anais*, porém incendiou apenas os acampamentos de Asdrúbal e Sífax, além de 50 navios cartagineses (cf. Tito Lívio 30.5 e 43); quem incendiou Cartago foi Cipião Africano, o Jovem, celebrado pelo mesmo Ênio em *Scipio*.

Diante dessa incongruência, o verso 17 foi excluído por muitos sob dois argumentos: primeiro, por ser o único do *corpus* que não obedece à cesura central, ele não seria horaciano; segundo, é ele quem faz a referência incongruente ao segundo Cipião. Como Thomas, creio que essa exceção, num momento-chave do incêndio de Cartago (ao ler é preciso fazer *Kar||tha-gi-nis*), pode gerar um efeito poético singular, e por isso também evitei a cesura na tradução. Da minha parte, mantenho a ambiguidade, por pensar que ela talvez até sugira ironicamente que os monumentos de pedra e bronze não são capazes de discernir os dois Cipiões, um feito que só se daria perfeitamente pela poesia.

As Piérides ligadas à Calábria são, provavelmente, as Musas de Ênio, que escreveu uma obra intitulada *Scipio* (Cipião). No entanto, Porfirião (*ad loc.*) pensava que seria uma referência ao próprio Horácio, já que a Venúsia é próxima da Calábria.

vv. 22-24: Sobre Rômulo, cf. nota a 1.2.17-20. "Mavorte" é outro nome para Marte. Convém notar que Rômulo também foi divinizado após a morte, um tema que já prenuncia os temas dos versos 29-34.

vv. 25-27: Éaco, pai de Peleu, foi o rei mítico de Egina, algumas vezes mencionado por Píndaro (*Olímpicas*, 8.31, e *Ístmicas*, 8.23, dentre outras). Aqui ele aparece como figura um pouco perdida, se não para aludir à poética pindárica pelo tema da imortalidade através da poesia (já ligado a Píndaro, em 4.2.22 e ss.). As Ilhas dos Bem-Aventurados – ou Ilhas Elísias, como verti em aproximação com os Campos Elísios – seriam um lugar reservado aos heróis mais notáveis após a morte, portanto, diferenciado do mundo dos mortos mais vulgar.

vv. 29-34: Hércules e os Dióscuros (Castor e Pólux, filhos de Tíndaro) foram imortalizados e divinizados, cf. nota a 3.3.9-12; sobre o astro dos

Dióscuros, cf. nota a 1.3.1-4. Líber é um epíteto de Baco, cf. o hino ao deus em 3.25 e notas.

v. 33: Este verso também foi excluído por muitos por ser bem similar a 3.25.20 (inclusive no mesmo metro). A meu ver, pode ser facilmente lida como eco, tal como o que aparece, por exemplo, em 4.1.5.

v. 34: O poema se encerra com o termo *"exitus"*, o mesmo que termina os *Epodos*; além disso estamos no poema 8 (o segundo livro de *Sátiras* termina com oito poemas); tudo isso, somado ao metro de 1.1 e 3.30, poderia levar o leitor a pensar que se está diante do último poema do livro, quando na verdade se está no seu exato centro. Se considerarmos suas "imperfeições" formais (34 versos, cesura desrespeitada, referência cruzada a dois Cipiões), somadas ao fato de termos um panegírico sem feitos louvados (Censorino não tem sequer um feito mencionado), seria possível ler a ode inteira como "o" metapoema do livro, explicitando – nas palavras de Thomas (2011, p. 186) – "o casamento precário entre lírica e propaganda".

4.9

Esta ode, que se inicia como continuidade do tema da precedente, provoca muito dissenso entre os leitores, e o melhor resumo das suas possibilidades de leitura é dado por Johnson (2004, p. 83) em quatro vertentes: "(1) O encômio é ainda geral o bastante. Além disso, Lólio não é o ponto principal, mas sim o poeta [Syndikus]; (2) Horácio pode não ter gostado da incumbência de louvar Lólio, mas deu o melhor de si [Fraenkel]; (3) o encômio é uma tentativa de reabilitar a reputação de Lólio [K-H]; (4) o louvor do poeta é um pastiche de encômio que acusa a torpeza moral de Lólio [Ambrose, 1965]". A essas quatro possibilidades, Johnson ainda apresenta a sua – a meu ver, a mais convincente –, de que o poema hesita entre um louvor a Lólio e a memória dos seus (maus) feitos; criando um encômio autocrítico que dá ao leitor o dever de participar; isso tudo estaria justificado no fato de que a poesia imortaliza os homens, mas não necessariamente apenas as suas virtudes (basta ver os *exempla* de Helena, Agamêmnon ou mesmo Deífobo, dentre outros). Diante dessas complexidades, Thomas (2011, pp. 197-198), por exemplo, se revela indeciso na interpretação do poema.

De qualquer modo, é sugestivo lê-la como um contraponto à ode anterior, dedicada a Censorino, em que vemos a capacidade do poeta de louvar sem mencionar feitos, ao passo que aqui as menções sugerem também os fracassos, frustrando a ideia de um encômio tradicional.

– Metro: estrofe alcaica.

vv. 1-12: O que está em jogo nestes primeiros versos é a possibilidade de a lírica, como gênero poético, também oferecer a imortalidade, tal como a épica. A segunda pessoa da abertura é impessoal, e não Lólio; porém mantive assim para garantir a abertura. Assim como a construção latina, na sintaxe e na disposição das palavras, complexa (Thomas, pp. 197-198), tentei manter certa obscuridade também na tradução.

vv. 2-4: Sobre o Áufido, cf. nota a 10-12.

v. 5: Sobre a origem meônia de Homero, cf. nota a 1.6.1-2.

vv. 7-12: Horácio nos apresenta aqui, em contraposição à poesia homérica, um catálogo de líricos gregos de subgêneros diferentes: Píndaro, Simônides de Ceos (daí "cea [...] Camena"), Estesícoro, Alceu, Anacreonte e Safo (a "garota eólia").

v. 14: O adúltero é Páris. Esta estrofe parece recordar os temas apresentados em 1.15. A referência a Helena e Páris parece confirmar que a poesia imortaliza figuras dignas de censura, e não apenas os homens virtuosos.

vv. 17-24: Agora o poeta nos apresenta um catálogo de heróis da guerra de Troia. Do lado grego: Teucro Telamônio, filho de Telamão e irmão de Ájax (o arco cidônio indica origem cretense e boa qualidade); Idomeneu, rei de Creta; Estênelo, o auriga de Diomedes; Agamêmnon (aqui vertido como Agamenão, para ajuste à métrica), o chefe dos gregos. Do lado troiano: Heitor e Deífobo, irmãos filhos de Príamo.

Como bem observa Johnson (2004, pp. 240-241, n. 96), os personagens escolhidos criam efeitos ambíguos, por não serem exemplos puros de virtude: sobre Helena, cf. nota ao verso 14; Teucro luta como uma criança (*Ilíada*, 8.268-72 e 312-14), além de não oferecer sacrifícios dignos (*Il.*, 23.850-83) e ser incapaz de salvar seu irmão, o que lhe rendeu um posterior exílio; Idomeneu era vanglório (*Il.*, 13.374-82 e 23.474-81), além de ter sido desprezado pelo próprio Augusto (cf. Suetônio, *Aug.*, 25); Estênelo foi substituído em alguns momentos (*Il.*, 5.835-38 e 8.98-115). Além disso, se por um lado a esposa de Heitor, Andrômaca, é realmente descrita como casta, por outro, a esposa de Deífobo teria sido Helena, depois da morte de Páris, e ela ainda teria tramado com Menelau para matarem seu novo marido: é curioso observar, nessa lista, que Helena é então proeminente como exemplo, enquanto Andrômaca permanece sem menção. Sobre Agamêmnon, cf. próxima nota.

vv. 25-27: Agamêmnon (vertido como Agamenão pelo metro) tem praticamente uma lista de problemas: sacrificou a própria filha, foi assassinado pela esposa adúltera enquanto trazia para o lar uma amante cativa (Cassandra), é por vezes criticado como movido apenas pela cobiça, etc., o que cria um profundo contraste com os valentes que não tiveram um poeta que os imortalizasse. No original, *"illacrimabiles"* é um uso raro, pois o termo tende a significar "aquele que não produz lágrimas", ao passo que aqui indica "quem não recebe lágrimas" e fica, portanto, sem pranto pela morte. Optei pelo decalque, já dicionarizado, que cria o mesmo efeito de ambiguidade.

v. 33: Marco Lólio, que já apareceu nas *Epístolas* 1.19, teve uma carreira política notável: como *nouus homo* ele administrou o protetorado da Galátia entre 25 e 22 a.C., ocupou sozinho o cargo de cônsul em 21 a.C., durante um período conturbado, foi procônsul da Macedônia entre 19 e 18 a.C. e ainda dominou os bessos da Trácia, além de participar como um quindecênviro nos Jogos Seculares de 17 a.C. No entanto, teve um fracasso importantíssimo para a compreensão desta ode: em 16 a.C., quando ele estava com o exército na Gália, os sigambros prenderam e crucificaram vários romanos; além disso, cruzaram o Reno e emboscaram a cavalaria romana, quando finalmente chegaram até Lólio, pegaram-no desprevenido e conseguiram capturar as insígnias, uma humilhação enorme para um general, que recebeu o nome de *clades Lolliana* (Tácito, *Anais*, 10.3). Diante dessa derrota é que Augusto envia Druso e depois Tibério para a Gália (cf. notas a 4.4). Sabemos que, apesar desse fracasso significativo, Lólio não caiu em desgraça, mas permaneceu vinculado à família do *princeps*, tanto que em 1 a.C. participou como conselheiro da comitiva do proconsulado de Caio César no Oriente; porém, em 2 d.C., foi acusado de influenciar o jovem Caio contra Tibério e de receber propinas dos partas; ao fim, morreu, talvez por suicídio. Sabemos que sua neta, Lólia Paulina, veio a ser esposa de Calígula.

Os historiadores romanos posteriormente o descreverão com muitas críticas, como é o caso de Veleio Patérculo, 2.97 e ss., Suetônio *Aug.*, 23, e *Tib.*, 12-13; Tácito, *Anais*, 1.10 e 3.48, dentre outros. Veleio, o crítico mais acerbo, o censura por pontos opostos aos de Horácio, como cobiçoso e dissimulado.

vv. 34-52: É possível ver nestes versos um sistema das quatro virtudes cardeais: *prudentia* (34-36), *iustitia* (37-44), *temperantia* (45-48) e *fortitudo* (49-52).

vv. 39-40: Bekes (*ad loc.*) vê nestes versos uma contraposição estoica entre a brevidade do cargo de cônsul (ocupado em 21 a.C.) e a constância do ânimo de Lólio, para assim louvar seu caráter.

vv. 43-44: Este louvor, embora possa ser confirmado factualmente pelo domínio sobre os bessos, certamente evocaria no leitor a memória mais recente da derrota para os sigambros.

vv. 45-47: Novamente, parece ser uma segunda pessoa impessoal, tal como no primeiro verso: mantive a ambiguidade. Há um jogo de palavras aqui, baseado na filosofia estoica: *"beatus"* significa em latim "rico", mas, para os estoicos, havia uma separação entre o homem rico em bens, *"diues"*, e o sábio, um *"beatus"* que detinha outro tipo de riqueza. Por isso escolhi o termo "afortunado", que em português também se aproxima da ideia de riqueza, embora tenha mais relação com a felicidade.

v. 49: Sobre "paupéria" cf. nota a 3.16.37.

v. 53: O verso ecoa o desejo expresso pelo poeta em 3.2.13; Villeneuve (*ad loc.*) se pergunta se o poeta não nos daria a ilusão de que a nova geração, de Lólio, que começara a vida política após 30 a.C., não seria aquela capaz de realizar seus votos de outrora.

4.10

A ode (a mais breve, junto com 1.30 e 1.38) é considerada por Villeneuve e Thomas como a mais alexandrina de toda a lírica horaciana, por dialogar com uma série de epigramas da *Anthologia Palatina* (12.24-41 e 12.186, por exemplo). Ela retoma a figura de Ligurino, que apareceu antes em 4.1, na abertura do livro, mas também o idílio XXX de Teócrito, escrito no mesmo metro:

> Ὤιαι τῶ χαλεπῶ καὶνομόρω τῶδε νοσήματος·
> τετόρταιος ἔχει, παῖδος ἔρος, μῆνά με δεύτερον,
> κάλω μὲν μετρίως, ἀλλ' ὅποσον τῷ πόδι περρέχει
> τᾶς γᾶς, τοῦτο χάρις· ταὶς δὲ παραύαις γλύκυ μειδίαι.
> καὶ νῦν μὲν τὸ κακὸν ταῖς μὲν ἔχει ταῖς δ' ὀν<ίησί με>,   5
> τάχα δ' οὐδ' ὅσον ὕπνω 'πιτύχην ἔσσετ' ἐρωία·
> ἐχθὲς γὰρ παρίων ἔδρακε λέπτ' ἄμμε δι' ὀφρύων
> αἰδέσθεις προσίδην ἄντιος, ἠρεύθετο δὲ χρόα.
> ἔμεθεν δὲ πλέον τὰς κραδίας ὦρος ἐδράξατο,
> εἰς οἶκον δ' ἀπέβαν ἕλκος ἔχων καῖνο<ν ἐν ἥτατι>.   10
> πόλλα δ' εἰσκαλέσαις θῦμον ἐμαύτῳ διελεξάμαν·
> ' τί δῆτ' αὖτε πόης; ἀλοσύνας τί ἔσχατον ἔσσεται;
> λεύκαις οὐκέτ' ἴσαισθ' ὅττι φόρης ἐν κροτάφοις τρίχας;
> ὥρα τοι φρονέην· μὴ <οὔτ>ι νέος τὰν ἰδέαν πέλων.
> πάντ' ἔρδ' ὅσσαπερ οἱ τῶν ἐτέων ἄρτι γεγευμένοι.   15
> καὶ μὰν ἄλλο σε λάθει· τὸ δ' ἄρ' ἦς λώιον, ἔμμεναι
> ξέννον τῶν χαλέπων παιδὸς ἐρω<των προγενέστερων>.
> τῷ μὲν γὰρ βίος ἕρπει ἴσα γόννοις ἐλάφω θοᾶς,
> χαλάσει δ' ἀτέρᾳ ποντοπόρην αὔριον ἄρμενα·
> τὸ δ' αὖτε γλυκέρας ἄνθεμον ἄβας πεδ' ὑμαλίκων   20

μένει· τῷ δ' ὁ πόθος καὶ τὸν ἔσω μύελον ἐσθίει
ὀμμιμνασκομένῳ· πόλλα δ' ὄραι νύκτος ἐνύπνια,
παύσασθαι δ' ἐνίαυτος χαλέπας οὐκ ἵ<κανος νόσω>.'
ταῦτα κἄτερα πόλλα πρός ἔμον θῦμον ἐμεμψάμαν·
ὃ δὲ τοῦτ' ἔφατ'· ' ὅττις δοκίμοι τὸν δολομάχανον   25
νικάσην Ἔρον, οὗτος δοκίμοι τοὶς ὑπὲρ ἀμμέων
εὔρην βραϊδίως ἄστερας ὀππόσσακιν ἔννεα.
καὶ νῦν, εἴτ' ἐθέλω, χρή με μάκρον σχόντα τὸν ἄμφενα
ἕλκην τὸν ζύγον, εἴτ' οὐκ ἐθέλω· ταῦτα γάρ ὦγαθέ,
βόλλεται θέος, ὃς καὶ Δίος ἔσφαλε μέγαν νόον   30
καὔτας Κυπρογενήας· ἔμε μάν, φύλλον ἐπάμερον
σμίκρας δεύμενον αὔρας ὀνέλων ὦκα φόρει <πνόᾳ>.

Que nefasta, fatal, negra doença essa que me assolou:
me devora a quartã por um rapaz faz uns dois meses já!
Tem beleza normal, mas que sutis, que graciosos pés,
traz um leve sorrir junto da tez, coisa suavíssima!
Passo dias de dor, noutros o ardor pode se aliviar;   5
logo não poderei mais nem sequer ter o meu sono bom.
Ontem mesmo lançou pelo viés todo seu leve olhar
por pudor de encarar – mas toda a tez logo se enrubesceu;
logo o Amor comprimiu meu coração com toda força em si,
e levei para o lar mais uma dor dentro peito vão.   10
Convocando minha alma eu conversei, mesmo que estando a sós:
"Que fizeste outra vez? Onde termina essa loucura vil?
Esqueceste que estás com a cabeça envelhecida e gris?
Toma tino: acabou todo o fulgor, todo o vigor de então;
não pretendas agir como os que estão inda no engatinhar.   15
Outra coisa, atenção! Velhos por bem só deverão ficar
afastados da dor de um tal amor por um cruel rapaz,
pois pra eles a vida anda veloz, feito uma cerva vai,
e amanhã lançam vela e outro percurso entram a perseguir;
pois são eles que têm doce de flor, um juvenil vigor.   20
Mas as recordações junto à medula entram a corroer
este velho, e visões várias à noite logo povoarão;
e a doença cruel dura sem cura – o ano já chega ao fim."
Essas poucas e boas todas falei para o meu ânimo,
mas assim respondeu: "Quem já pensou que poderá vencer   25
o Amor dolidoloso, este também antes pensou contar
noves-fora no céu quando encarou claras constelações.
Hoje devo ceder – já não importa o que que desejo ou não –
este jugo enlaçou no meu pescoço. Isso, querido, é só
o desejo do deus que dominou antes os ânimos   30

da mãe Cípria e de Zeus. Como quaisquer folhas efêmeras
são joguetes da brisa, eu sou lançado onde ele me soprar."

E ao mesmo tempo dialoga com um epigrama de Alceu de Messene
(*Anth. Pal.*, 12.30):

Ἡ κνήμη, Νίκανδρε, δασύνεται· ἀλλὰ φύλαξαι,
   μή σε καὶ ἡ πυγὴ ταὐτὸ παθοῦσα λάθῃ·
καὶ γνώσῃ, φιλέοντος ὅση σπάνις. ἀλλ' ἔτι καὶ νῦν
   τῆς ἀμετακλήτου φρόντισον ἡλικίης.

Nicandro, há pelos na canela; mas atenta
   pra que não subam pelo teu traseiro:
então verás uma escassez de amantes; mas
   pensa na juventude irrevogável.

Por fim, há ainda um epigrama atribuído a Asclepíades de Adramítio
(provavelmente diverso de Asclepíades de Samos), em *Anth. Pal.*, 12.36:

Νῦν αἰτεῖς, ὅτε λεπτὸς ὑπὸ κροτάφοισιν ἴουλος
   ἕρπει καὶ μηροῖς ὀξὺς ἔπεστι χνόος·
εἶτα λέγεις· "Ἥδιον ἐμοὶ τόδε." καὶ τίς ἂν εἴποι
   κρείσσονας αὐχμηρὰς ἀσταχύων καλάμας;

Hoje me chamas – leve pluma pelas têmporas
   rasteja e o pelo cresce em tuas coxas –
dizendo: "Estou melhor assim!". Mas quem diria
   que a palha seca ganha de uma espiga?

– Metro: asclepiadeu 5, ou maior. Pelo metro, ela retoma 1.11, já que *carpe diem* é também o ponto mais importante das duas odes.

v. 2: É possível ver uma conexão entre a "*pluma*" daqui e as "*plumae*" de 2.20 (Asztalos *apud* Thomas, 2011, p. 212), o que ligaria esta ode às passagens programáticas de 2.20 como um todo, bem como de 3.30.

v. 3: A imagem dos cabelos caindo não é referência à calvície, mas sim ao costume grego e romano de deixar os meninos com cabelos longos até a maturidade, quando eles eram cortados e ofertados a uma divindade. Portanto, o tema da ameaça da velhice (comum na ameaça às mulheres) aqui aparece como o risco da mera maturidade masculina. O imaginário, portanto, é grego: Ligurino, ao chegar à idade adulta, não poderá mais ter relações com um homem e assim se arrependerá.

v. 5: Sobre Ligurino, v. 4.1.33-4 e notas.

4.11

Esta ode retoma tematicamente a figura de Fílis, que aparece em 2.4 como objeto do amor de Xântias (cf. ode e notas), para talvez sugerir uma ironia. Em 2.4, diante da preocupação de Xântias (porque Fílis era escrava), o poeta se apresentava como mais velho e desinteressado em Fílis; já aqui ela é seu último amor, e está interessada num homem de classe mais alta, Télefo, que por sua vez aponta para as odes 1.13 e 3.19. O procedimento ganha mais força se pensarmos que os dois poemas dedicados a Ligurino (4.1 e 4.10) também funcionam como uma espécie de ciclo.

De modo também similar a 4.1, o louvor ao homem público (Mecenas, celebrado por seu aniversário) fica praticamente apagado diante da vida amorosa do poeta.

– Metro: estrofe sáfica.

vv. 1-2: O vinho albano é considerado por Plínio (*NH*, 14.64) como um dos melhores dentre os italianos, atrás apenas do pucino e do falerno. O seu envelhecimento por mais de nove anos parece apontar para o espaço entre a publicação de *Odes* 1-3 e este quarto livro, ao mesmo tempo que pode sugerir a duração de tempo entre 2.4 e esta ode.

vv. 3-8: Sobre o nome de Fílis, cf. nota a 2.4.2. Sobre o aipo, cf. nota a 1.36.15-16; sobre a hera, cf. nota a 1.25-17-20; sobre verbena, cf. nota a 1.19.14.

vv. 13-20: O poeta convida Fílis para um banquete em celebração ao aniversário de Mecenas, no dia 13 de abril. O (ex-?)patrono do poeta aparece apenas neste lugar do livro 4, de modo carinhoso – é fato – porém breve, sem ocupar uma centralidade temática da ode, embora esteja no centro físico do poema (v. 19). O mês de abril era consagrado a Vênus (cf. Ovídio, *Fastos*, 4.61 e ss.) também a partir de uma duvidosa etimologia – já apresentada por Porfirião (*ad loc.*) – entre *Aprilis* e *aphrós* ("espuma"), palavra dentro do nome de *Aphrodite*. Talvez haja ainda um trocadilho com a palavra *"Idus"* (os idos, que designam o dia 13 de cada mês) e sua suposta etimologia em língua etrusca *"iduare"* ("dividir"), tal como sugeria Macróbio, *Saturnália*, 1.15.17; como Mecenas tem origem etrusca, o trocadilho poderia servir de cumprimento.

v. 21: Sobre Télefo e seu nome, cf. nota a 1.13.1. Inútil insistir se seria a mesma personagem, mas convém lembrar que ele sempre apareceu antes como um jovem sedutor.

vv. 25-28: Faetonte, filho humano do Sol, pediu ao pai que o deixasse dirigir seu carro, porém foi calcinado pelo calor e quase incendiou todo o céu, até que foi morto por Júpiter, a fim de proteger o mundo (cf. Ovídio, *Met.*, 2.31 e ss.). Sobre Pégaso e Belerofonte, cf. nota a 1.27.23-4. Depois de matar a Quimera com seu cavalo, o herói teria tentado subir à casa de Júpiter, mas então Pégaso o teria derrubado (Píndaro, *Ístmicas*, 7.44 e ss.). Sabemos que os temas de Faetonte e Belerofonte serviram a duas tragédias fragmentárias de Eurípides.

vv. 29-31: O tema destes versos parece ecoar Calímaco, epigrama 1:

> Ξεῖνος Ἀρτανείτης τις ἀνείρετο Πιττακὸν οὕτω
> τὸν Μυτιληναῖον, παῖδα τὸν Ὑρράδιον·
> ʽ ἄττα γέρον, δοιός με καλεῖ γάμος· ἡ μία μὲν δή
> νύμφη καὶ πλούτῳ καὶ γενεῇ κατ᾽ ἐμέ,
> ἡ δ᾽ ἑτέρη προβέβηκε. τί λώϊον; εἰ δ᾽ ἄγε σύμ μοι
> βούλευσον, ποτέρην εἰς ὑμέναιον ἄγω.᾽
> εἶπεν· ὁ δὲ σπίκωνα γεροντικὸν ὅπλον ἀείρας·
> ʽ ἠνίδε κεῖνοί σοι πᾶν ἐρέουσιν ἔπος. ᾽
> οἱ δ᾽ ἄρ᾽ ὑπὸ πληγῇσι θοὰς Βέμβικας ἔχοντες
> ἔστρεφον εὐρείῃ παῖδες ἐνὶ τριόδῳ.
> ʽ κείνων ἔρχεο ᾽, φησί, ʽ μετ᾽ ἴχνια. ᾽ χὠ μὲν ἐπέστη
> πλησίον· οἱ δ᾽ ἔλεγον· ʽ τὴν κατὰ σαυτὸν ἔλα. ᾽
> ταῦτ᾽ αΐων ὁ ξεῖνος ἐφείσατο μείζονος οἴκου
> δράξασθαι, παίδων κληδόνα συνθέμενος.
> τὴν δ᾽ ὀλίγην ὡς κεῖνος ἐς οἰκίον ἤγετο νύμφην,
> οὕτω καὶ σύ, Δίων, τὴν κατὰ σαυτὸν ἔλα.

> Um forasteiro de Atarneia pede a Pítaco[1]
>   de Mitilene, descendente de Hirras:
> "Caro ancião, se dois casórios me convidam;
>   uma me iguala em raça e em riqueza,
> e outra supera: qual é melhor? Aconselha-me
>   com qual delas celebro o Himeneu."
> Então o velho aponta o cetro, arma anciã:
>   "Eis dois que falam tudo por dizer."
> Ali aos golpes rodam céleres peões
>   crianças numa larga encruzilhada.
> "Segue os seus rastros", disse. Então se aproximou
>   e eles falavam: "Leva a tua linha."
> Ouvindo, o forasteiro larga o lar mais rico,
>   compreendendo o presságio das crianças,
> e logo leva ao lar a esposa mais modesta.
>   Assim, tu também, leva a tua linha.

---

[1] Um dos Sete Sábios da Grécia.

4.12

Esta ode dedicada a (um) Virgílio gera debates sobre sua autoria, já na Antiguidade: se, por um lado, Pseudo-Acrão o identificava com *negotiator* (com ele, ficam Fraenkel, Syndikus, Villeneuve, Romano, etc.); por outro, Porfirião assumia que se tratava de Públio Virgílio Marão, morto em 19 a.C. (com ele, ficam Johnson e Thomas, dentre outros). Fico com a ideia de que, se não foi o poeta, seria difícil dissuadir os leitores disso, e por isso apresento aqui três motivos para lermos o destinatário como Virgílio Marão (a partir de Johnson, 2004, p. 161-2):

Horácio faz referências às suas próprias odes sobre Virgílio (1.3 e 1.24) e às obras de Virgílio (este é o único momento da obra horaciana em que vemos aparecer a Arcádia, por exemplo).

Num livro que apresenta destinatários renomados como Máximo, os dois Neros, Mecenas e o próprio Augusto, seria possível pensar em um Virgílio que não passasse de um mercador ganancioso?

Em todas as outras passagens horacianas (das nove que nos chegaram) em que Virgílio aparece, não há dissenso sobre sua identidade, portanto seria natural interpretar o nome como o do poeta.

Apesar disso, creio ser importante apresentar pelo menos três motivos contra tal leitura: a tradição manuscrita apresenta-nos a figura como um mercador; Virgílio já havia morrido, portanto seria no mínimo estranho convidá-lo para um banquete; e o tom do poeta parece ser excessivamente crítico (Horácio parece acusar Virgílio de ganância) para se dirigir a um grande poeta, ainda mais morto (cf. Fraenkel, p. 418 e ss.). Como resposta aos três problemas, eu lembraria que: em primeiro lugar, os manuscritos são uma derivação (talvez da leitura de Pseudo-Acrão, por exemplo); em segundo, nada impede um poema ficcional, e além disso há alguns indícios fúnebres no poema que talvez explicitem seu caráter *post-mortem* (o lamento de Procne, os "negros montes da Arcádia", o "fogo breu"); por último, o poema não precisa ser lido como invectiva contra Virgílio, e sim como um lugar-comum do convite ao banquete ("deixa de lado as preocupações cotidianas e vem relaxar aqui; aliás, traz dinheiro para o vinho"). Embora eu discorde de Johnson (2004, pp. 164-165) de que haveria aqui uma crítica à poética épica de Virgílio, creio, sim, que o convite ao banquete e a proposta para que Virgílio traga nardo (usado para suavizar vinhos) tenham implicações metapoéticas: o poeta épico ressurrecto é aqui convidado a participar/partilhar do suave canto lírico horaciano, como se ainda estivesse vivo com o canto duro da epopeia. As possíveis ofensas, a meu ver, estariam num campo de jogo de irônico (Thomas, p. 212) que aparece em outros poemas romanos, como em Catulo 13 (ou mesmo 16):

> 13
>
> *Cenabis bene, mi Fabulle, apud me*
> *paucis, si tibi di favent, diebus,*

si tecum attuleris bonam atque magnam
cenam, non sine candida puella
et vino et sale et omnibus cachinnis.
haec si, inquam, attuleris, venuste noster,
cenabis bene: nam tui Catulli
plenus sacculus est aranearum.
sed contra accipies meros amores
seu quid suavius elegantiusvest:
nam unguentum dabo, quod meae puellae
donarunt Veneres Cupidinesque;
quod tu cum olfacies, deos rogabis,
totum ut te faciant, Fabulle, nasum.

Bem se janta, Fabinho, aqui comigo,
logo logo, se os deuses concederem
e você me trouxer imensa e boa
janta junto do brilho de uma moça,
vinho, sal e tempero às gargalhadas.
Se isso enfim me trouxer, venusto amigo,
bem se janta, eu garanto, pois a bolsa
de Catulo se encheu de pó e teias.
Mas em troca te entrego amores puros
de deleites suaves e elegantes
e o perfume que um dia minha moça
recebera de Vênus e Cupidos,
pois você, se cheirar, dirá aos deuses
que te façam, Fabinho, um só-nareba.

Além disso, a acusação de *"studium lucri"* é ironicamente duplicada nos interesses de Horácio, que exige do poeta amigo que lhe traga um caríssimo nardo para melhorarem o vinho.

– Metro: asclepiadeu 2.

vv. 1-4: Os ventos que vinham da Trácia poderiam ser os Zéfiros, mas eram conhecidos como *"Ornithiae"*, porque traziam os pássaros (ὄρνιθοι). Nisso, já se anuncia o tema dos versos 5-8. O estilo tanto desta estrofe quanto das próximas duas retoma 1.4 e 4.7.

vv. 5-8: Horácio alude ao mito de Procne, Filomela, Tereu e Ítis: Tereu, rei da Trácia, era marido de Procne (filha de Pandíon, o rei de Atenas), porém estuprou sua irmã, Filomela, e cortou sua língua, para que ela não pudesse narrar o crime. No entanto, Filomela tece uma tela com o estupro, que logo é compreendida por Procne; esta então se vinga de Tereu servindo ao rei as carnes cozidas de seu próprio filho, Ítis. Depois de descobrir toda a vingança, Tereu perseguiu as duas irmãs, até que os três se tornaram aves: Procne tornou-se um rouxinol; Filomela, uma andorinha; Ítis, um faisão (?); e Tereu, uma poupa. O canto invernal do rouxinol passa a ser então visto como um luto pela perda do filho, Ítis, e ofende Atenas (sobre cecrópio, cf. nota a 2.1.9-12), porque o pássaro era típico da região. Em outras versões os papéis de Filomela e Procne estão invertidos. Cf. Ovídio, *Met.*, 6.424-674, mas atentar que existe uma alusão ao mito em Virgílio, *Bucólicas*, 6.79-81, e nas *Geórgicas*, 4.15.

A referência ao barbarismo se explica porque o mito acontece na Trácia, e o plural "reis" (no latim "*regum*") seria uma extensão desse tipo de crime para os abusos de outros reis.

vv. 9-12: A descrição pastoral evoca as *Bucólicas* virgilianas. Os versos 9-10 parecem ecoar a fala de Apolo para Títiro, *Buc.*, 6.4-5:

Pastorem, Tityre, pinguis
pascere oportet ouis, deductum dicere carmen

A um pastor convêm
carneiro bem cevado e canto simples, Títiro.
(trad. Raimundo Carvalho)

Convém ainda lembrar que a fístula (*fistula*) é um instrumento de sopro fundamental nas *Bucólicas* (tal como em *Buc.*, 2.37, 3.22, 3.25, 7.24, 8.33 e 10.34). O deus da Arcádia é Pã; esta é a única menção à Arcádia na poesia horaciana, e certamente aponta também para as *Bucólicas* virgilianas. Os negros montes da Arcádia são o Liceu, o Mênalo e o Erimanto.

vv. 13-16: Sobre a identidade de Virgílio, cf. nota introdutória ao poema. Sobre Líber, cf. nota a 1.12.22. Sobre Cales, cf. nota a 1.20.9-11. A descrição de Virgílio como cliente de jovens nobres ("*iuuenum nobilium cliens*"), serviria tanto para indicar que oferecia serviço aos jovens Neros quanto para indicar o poeta, já que as relações entre poeta e patrono eram marcadas pelo clientelismo.

vv. 17-20: Sobre o nardo, cf. nota a 3.1.41-4; no original, Horácio fala de um pequeno ônix de nardo ("*nardi paruus onyx*"), porque o ônix poderia ser um minúsculo frasco; por isso verti por "parco nardo". Sabemos por Porfirião (*ad loc.*) que Sulpício Galba foi um famoso fornecedor de vinhos do período, com uma loja aos pés do Aventino.

v. 26: A imagem do fogo breu ("*nigrorum ignium*") evoca duas passagens épicas de Virgílio na *Eneida*: a pira de Dido (4.384, "*atris ignibus*") e os mortos

NOTAS ÀS *ODES 4* | 549

de Troia (11.186, "*ignibus atris*"). O tema da morte certamente serve como mote para o convite ao banquete.

4.13

Lice é uma figura que já apareceu em 3.10: lá, ela aparecia como uma mulher casada que fazia com que o poeta apaixonado passasse a noite diante de sua porta, num típico *paraklausithyron*; aqui, ela aparece envelhecida, sofrendo o desprezo final de Horácio, num tom que acaba por se aproximar das odes 1.25 e 3.15 e até mesmo dos epodos 8 e 12. Por fim, o poema ainda dialoga com a ameaça de 4.10 (Ligurino ficará mais velho e perderá seus encantos), para agora se tornar constatação (Lice já está velha). Talvez a diferença, aqui, esteja no subtexto: é inevitável lembrar que o poeta também envelheceu, o que torna o drama de Lice, de certo modo, especular. De qualquer maneira, Romano parece estar certa ao afirmar que esta ode é "uma autocitação, ou melhor, um ajuntado de autocitações".

– Metro: asclepiadeu 3.

v. 1: Sobre o nome de Lice, cf. nota a 3.10.1.

vv. 7-8: "*Chia*" (Quia) era um nome comum no tempo de Horácio, embora indicasse também origem geográfica, "mulher vinda de Quios"; no entanto, o nome certamente evocaria os vinhos de Quios ("*Chia uina*", derivado do grego "Χία"), que servem tanto como marca de qualidade da bebida – um dos mais caros – quanto como alusão à poesia grega, e mesmo como afrodisíaco, se confiarmos em Aristófanes, *Atenienses*, 1.29; em Marcial (12.96), vemos que "*Chia*" ainda pode indicar um tipo de figo mais desejável, e no contexto do epigrama vemos que o figo conota o ânus dos meninos.

vv. 9-10: A metáfora de Lice em um carvalho seco é fundamental para o desenvolvimento do poema, pois vemos no último verso como ela se torna metaforicamente também um archote e em seguida cinzas.

v. 13: O púrpura de Cós é uma alusão às famosas vestes de seda feitas na região (tema de Propércio 1.2), em geral tão finas que chegavam a ser transparentes.

v. 15: Os fastos são o calendário romano, determinado pelos dias festivos. O poeta sugere que as ações de Lice foram tão desbragadas, que já se tornaram conhecimento público.

vv. 21-22: Sobre Cínara, cf. nota a 4.1.1.

v. 25: Sobre a gralha, cf. nota a 3.17.10-13.

v. 28: No original, há um trocadilho entre *"cineres"* ("cinzas") e o nome *"Cinara"* (Cínara), por isso optei por recriá-lo com "incinerar".

4.14

A ode, tanto pelo tema (vitória dos Neros sobre as tribos germânicas) como pelo metro alcaico e pelo estilo pindárico, retoma 4.4; no entanto, aqui o poema se dirige diretamente a Augusto, a fim de celebrar seus filhos adotivos: Druso e Tibério. A construção do poema indica que os valores dos filhos – ainda que adotivos – remontam à virtude do pai, pelo menos desde a vitória na Batalha do Ácio, em 31 a.C. e a tomada de Alexandria em 30 a.C.

– Metro: estrofe alcaica.

vv. 1-6: A primeira pergunta, de sintaxe complexa, é respondida pela própria prática do poeta: "Como o povo romano poderia imortalizar tuas virtudes, Augusto? Tal como eu faço". Importante notar que aqui está o único vocativo a Augusto na obra horaciana. Os "pais" são os senadores romanos.

v. 8: Sobre os vindélicos, cf. notas a 4.4.13-16, 17-18 e 18-22.

vv. 9-13: Os breunos e genaunos são dois povos que habitavam os Alpes, no vale do Inn. "Marte" é aqui metonímia da guerra.

vv. 14-19: O Nero mais velho é Tibério (42 a.C. – 37 d.C.), que viria a ser o sucessor de Augusto no governo de Roma; depois das incursões de Druso, ele também participou da campanha que derrotou os retos. Como o nome "Tibério" contém uma sequência de três sílabas breves, o poeta opta pelos seus outros nomes: "Nero" e "Cláudio". Segundo Suetônio (*Augusto*, 21), foi o *princeps* quem consultou as aves antes da guerra e recebeu o sinal de que a vitória seria certa.

vv. 20-24: Johnson (2004, p. 190 e ss.) insiste na força inusitada do símile marcado *"prope"*, que mantive na tradução. As Plêiades apareciam na primavera, no fim de novembro, um período de tempestades; por isso aqui acompanham o Austro (vento sul) que assola o mar; em Manílio (*Astronomica*, 5.140-2) vemos como elas eram as sete filhas de Atlas e Pleione, que foram metamorfoseadas em astros, formando o signo de Touro.

NOTAS ÀS *ODES 4* | 551

vv. 25–28: Sobre a Dáunia, na Apúlia, cf. nota a 1.22.13-16; e sobre o Áufido, cf. nota a 3.30.10-12. Aqui Horácio transpõe para o latim o epíteto grego "ταυρόμορφος", talvez ecoando mitos como o do Escamandro "rugindo feito um touro" ("μεμυκὼς ἠύτε ταῦρος", *Ilíada*, 21.237), ou do rio Aqueloo, que tomou a forma de um touro ao lutar contra Héracles (cf. Sófocles, *Traquínias*, vv. 507 e ss.)

v. 29: "Cláudio", aqui, é Tibério Cláudio Nero.

vv. 31–32: Sabemos por Veleio Patérculo (*História romana*, 2.95) que Druso e Tibério derrotaram os exércitos retos e vindélicos sem sofrerem maiores perdas. Creio que haja um trocadilho entre "*Claudius*" e "*clade*", por isso decalquei a palavra, já dicionarizada.

vv. 34–40: Tal como em 4.4 o poeta usa o recurso homérico e pindárico de justificar uma virtude como herança familiar; aqui também Tibério vence porque repete os feitos do pai adotivo (Augusto), que havia conquistado Alexandria em 1º de agosto de 30 a.C., portanto 15 anos antes de 15 a.C., ano das batalhas contra os vindélicos e retos.

vv. 41–44: Uma lista de povos dominados: os cântabros (cf. nota a 2.11.1), medas (cf. notas a 1.2.51 e 3.3.43-4), indos (cf. nota a 1.12.53-6) e citas (cf. notas a 1.19.10-12 e 1.35.9-12).

vv. 45–48: Agora uma lista de rios nos limites do império, ao tempo de Augusto: o Nilo, no Egito, que sobe pela África até a Etiópia; o Istro, parte inferior do Danúbio; o Tigre, em sua parte superior, que passa pela atual Armênia; e o Oceano, que separava o império romano dos bretões. De fato, as fontes do Nilo eram desconhecidas para os antigos e só foram descobertas no séc. XIX; em Sêneca (*Nat. Quaest.*, 4.1) vemos que também as fontes do Danúbio (Istro) eram desconhecidas para os romanos.

vv. 49–52: Por fim, uma lista de regiões recentemente submetidas ao império: a Gália é o ponto retomado pelos irmãos Nero; a Ibéria é referência aos cântabros dominados em 24 a.C. Sobre os sigambros, cf. nota a 4.3.33-6.

4.15

Assim como 4.4 e 4.5 formam uma continuidade de louvores, também 4.14 e 4.15 estabelecem uma relação entre o louvor a um Nero adotado por Augusto e o próprio *princeps*. A última ode do *corpus* horaciano, portanto, retoma o metro da anterior e também dá continuidade ao louvor de Augusto em 4.5 e 4.14, de modo que Porfirião (*ad loc.*) considera possível uni-la a 4.14. No entanto, aqui o poema recusa o epinício para enfim elogiar a *Pax Augusta* garantida pelo *princeps* (há muitas similaridades com *Res gestae*), ao mesmo tempo que faz uma discussão metapoética sobre as possibilidades do gênero lírico que pode ser lido retomando a série de 1.38, 2.20 e 3.30.

– Metro: estrofe alcaica.

vv. 1-4: A formulação da *recusatio* aos temas épicos (guerras e cidades vencidas) é similar a Virgílio, *Bucólicas*, 6.3-9, que por sua vez é de matiz calimaquiana (cf. introdução à ode 1.6). Na verdade, esta é a referência à passagem de Calímaco mais clara em toda a obra de Horácio. No entanto, aqui a presença de Febo Apolo é ainda mais forte, já que se trata do deus pessoal de Augusto: se por um lado, o *princeps* poderia ter pedido um panegírico por seus grandes feitos, o deus – com a lira em suas mãos, a depender da leitura – exige que se cante a paz, evitando o risco do naufrágio poético. Se em 2.12 o poeta recusava-se a cantar os temas bélicos, aqui ele deseja, mas o deus o impede; nesse caso, há mais similaridade com os finais de 2.1 (intervenção da Musa) e 3.3 (intervenção de Juno).

"*Tyrrhenum aequor*" é uma construção virgiliana (*Eneida*, 1.67) que poderia dar o tom épico necessário à abertura.

v. 5: Há um trocadilho entre "*urbis*" (v. 2) e "*uberes*" aqui; que tentei recriar com "CHÃO" e "plantaÇÃO".

vv. 6-8: Referência à perda das insígnias por Crasso, em 53 a.C. (cf. nota a 1.2.51 e 3.5.1-4 e 3.5.5-8). No entanto, sabemos que o retorno das insígnias foi pacífica, por meio da diplomacia de Augusto, e que foram depositadas no tempo de Marte Vingador, e não no de Júpiter Capitolino, como sugere Horácio.

v. 9: Em *Res gestae* 13, Augusto nos diz fechou por três vezes o portão de Jano Quirino (um deus bifronte), que só poderia ser encerrado quando não houvesse nenhuma guerra interna ou externa sobre os romanos. O costume teria se originado porque Jano ajudara os romanos contra os sabinos num momento em que os romanos praticamente se viam derrotados.

vv. 10-11: Provável alusão às legislações sobre o matrimônio propostas por Augusto em 18 a.C.: a *Lex Iulia de maritandibus ordinibus*, que tornou o casamento obrigatório para os homens entre 25 e 60 anos e as mulheres entre 20 e 50, e a *Lex Iulia de adulteriis et pudicitia*, que incentivou maior rigor na punição dos adultérios.

vv. 21-24: Quem bebe do Danúbio são os dácios (cf. nota a 3.6.13-16) e os vindélicos (cf. nota a 4.4.17-18). Sobre os getas, cf. nota a 3.24.9-16; sobre persas, ou partas, cf. nota a 1.2.51 (são infidos provavelmente porque cavalgam em fuga ao mesmo tempo que lançam flechas); sobre seros, cf. nota 1.12.53-6. Quem mora junto ao Tanais são os citas (cf. nota a 1.19.10-12 e 1.35.9-12).

vv. 25-32: As duas estrofes formam um hipérbato notável entre "*nos*" e "*canemus*", que consegui manter na tradução. Além disso, a passagem parece dialogar com um trecho de Cícero (*Bruto*, 75) que menciona as *Origens* de Catão:

Atque utinam exstarent illa carmina, quae multis saeculis ante suam aetatem in epulis esse cantitata a singulis conuiuis de clarorum uirorum laudibus in Originibus scriptum reliquit Cato!

Mas quem dera ainda restassem aqueles cantos, que Catão transcreveu em suas *Origens*, que por muitos séculos antes da sua própria era costumavam ser cantados nos banquetes por cada um dos convivas em louvor aos homens ilustres.

É certo que não podemos comprovar a factualidade histórica desses cantos de louvor no ambiente do simpósio. Mais importante é perceber como o tema era recorrente no fim da República, já que aparecem em Cícero também nas *Tusculanas*, 1.4.1-4 e 4.3.15-19 (onde também aparecem tíbias como acompanhamento) e em Varrão (*De vita populi romani*, frag. 84), e que assim o poeta encena essa tradição revivida, já que ela poderia ser a fusão entre o espaço lírico do banquete e o tema épico do panegírico. É interessante notar como, depois da *recusatio* épica que abre o poema, Horácio (re)funda uma tradição historiográfica na poesia de banquete, para em seguida terminar seu quarto livro de odes com uma clara alusão aos temas da *Eneida* de Virgílio e à sua abertura ("*arma uirumque cano*" é retomado como "*duces canemus*").

vv. 26-27: "Líbero" é o mesmo que "Líber", cf. nota a 1.12.22. Thomas (*ad loc.*) observa que mulher e filhos são uma companhia atípica da poesia horaciana e talvez mais próxima do rústico idealizado em *Epodos* 2.

v. 29: Em Platão (*República* 398e) vemos que o modo lídio, tal como o jônico, seria o mais adequado para a suavidade dos banquetes, além de ser mais afeminado: "Τίνες οὖν μαλακαί τε καὶ συμποτικαὶ τῶν ἁρμονιῶν; / Ἰαστί, ἦ δ᾽ ὅς, καὶ λυδιστὶ αὖ τινες χαλαραὶ καλοῦνται".

v. 30: Cf. nota aos versos 25-32.

vv. 31-32: Segundo o mito, Vênus teria tido um filho com o mortal Anquises: Eneias, o qual viria a liderar o grupo de troianos sobreviventes até o Lácio, tema da *Eneida* de Virgílio. A família de augusto, a *gens Iulia*, se dizia descendente de Iulo, filho de Eneias e neto de Vênus. Além disso, a expressão *"alma Venus"* certamente retoma o primeiro verso de Lucrécio, *Da natureza das coisas: "Aeneadum genetrix... alma Venus"* ("Geradora dos Enéades... alma Vênus").

Por fim, mas não menos importante, como observa Thomas (p. 260), a obra lírica horaciana termina com *"canemus"* (tal como Virgílio, *Buc.* 9.67), uma promessa futura de canto que nunca mais se cumpre, talvez num desaparecimento do eu-lírico pela voz coral de sua celebração.

Notas ao *Canto secular*

O poema foi encomendado a Horácio por Augusto para a celebração dos Jogos Seculares em 17 a.C. (de 1º a 3 de junho), numa apresentação pública realizada por 27 meninos e 27 meninas. O objetivo dos Jogos Seculares era a comemoração da virada de mais um século, mas os romanos nunca seguiram estritamente a lógica dos 110 anos (como afirma Horácio). É importante ressaltar como as figuras luminares de Apolo e Diana (cantadas no terceiro dia de celebração) tomam grande parte da celebração horaciana, sobreposição original aos deuses noturnos e ínferos, que recebiam sacrifício na primeira noite. Presume-se que essa precedência dos deuses diurnos seja por influência e interesses políticos do próprio Augusto, que tomava Apolo abertamente por seu deus pessoal.

VERSOS SIBILINOS (Zósimo, *História nova*, 2.6.)

> Ἀλλ' ὁπόταν μήκιστος ἵκῃ χρόνος ἀνθρώποισι
> ζωῆς, εἰς ἐτέων ἑκατὸν δέκα κύκλον ὁδεύων,
> μεμνῆσθαι, Ῥωμαῖε, καὶ οὐ μάλα λῆσαι ἑαυτόν,
> μεμνῆσθαι τάδε πάντα, θεοῖσι μὲν ἀθανάτοισι
> ῥέζειν ἐν πεδίῳ παρὰ Θύβριδος ἄπλετον ὕδωρ,   5
> ὅππῃ στεινότατον, νὺξ ἡνίκα γαῖαν ἐπέλθῃ
> ἠελίου κρύψαντος ἑὸν φάος· ἔνθα σὺ ῥέζειν
> ἱερὰ παντογόνοις Μοίραις ἄρνας τε καὶ αἶγας
> κυανέας, ἐπὶ ταῖς δ› Εἰλειθυίας ἀρέσασθαι
> παιδοτόκους θυέεσσιν, ὅπῃ θέμις· αὖθι δὲ Γαίῃ   10
> πληθομένῃ χοίροις ὗς ἱρεύοιτο μέλαινα.
> Πάνλευκοι ταῦροι δὲ Διὸς παρὰ βωμὸν ἀγέσθων
> ἤματι, μηδ› ἐπὶ νυκτί· θεοῖσι γὰρ οὐρανίοισιν
> ἡμέριος πέλεται θυέων τρόπος, ὣς δὲ καὶ αὐτὸς
> ἱρεύειν. Δαμάλης τε βοὸς δέμας ἀγλαὸν Ἥρης   15
> δεξάσθω νηὸς παρὰ σεῦ. Καὶ Φοῖβος Ἀπόλλων,
> ὅστε καὶ Ἥλιος κικλήσκεται, ἶσα δεδέχθω
> θύματα Λητοΐδης. <Καὶ> ἀειδόμενοί τε Λατῖνοι
> παιᾶνες κούροισι κόρῃσί τε νηὸν ἔχοιεν
> ἀθανάτων. Χωρὶς δὲ κόραι χορὸν αὐταὶ ἔχοιεν,   20
> καὶ χωρὶς παίδων ἄρσην στάχυς, ἀλλὰ γονήων

πάντες ζωόντων, οἷς ἀμφιθαλὴς ἔτι φύτλη.
Αἱ δὲ γάμου ζεύγλαις δεδμημέναι ἤματι κείνῳ
γνὺξ Ἥρης παρὰ βωμὸν ἀοίδιμον ἑδριόωσαι
δαίμονα λισσέσθωσαν. Ἄπασι δὲ λύματα δοῦναι   25
ἀνδράσιν ἠδὲ γυναιξί, μάλιστα δὲ θηλυτέρῃσιν.
Πάντες δ᾿ ἐξ οἴκοιο φερέσθων ὅσσα κομίζειν
ἐστὶ θέμις θνητοῖσιν ἀπαρχομένοις βιότοιο,
δαίμοσι μειλιχίοισιν ἱλάσματα καὶ μακάρεσσιν
Οὐρανίδαις. Τὰ δὲ πάντα τεθησαυρισμένα κείσθω,   30
ὄφρα τε θηλυτέρῃσι καὶ ἀνδράσιν ἑδριόωσιν
ἔνθεν πορσύνῃς μεμνημένος. Ἥμασι δ᾿ ἔστω
νυξί τ᾿ ἐπασσυτέρῃσι θεοπρέπτους κατὰ θώκους
παμπληθὴς ἄγυρις. Σπουδῇ δὲ γέλωτι μεμίχθω.
Ταῦτά τοι ἐν φρεσὶν ᾗσιν ἀεὶ μεμνημένος εἶναι,   35
καί σοι πᾶσα χθὼν Ἰταλὴ καὶ πᾶσα Λατίνων
αἰὲν ὑπὸ σκήπτροισιν ἐπαυχένιον ζυγὸν ἕξει.

Porém, quando vier aos homens o maior
tempo de vida, um ciclo de cento e dez anos,
lembra-te, ó Romano, e que isso não te escape,
e lembra o sacrifício aos deuses imortais:
numa planície, às amplas ribeiras do Tibre,   5
num ponto estreito, quando a noite vem à terra
e o sol esconde a sua luz, pois, sacrifica
às oniférteis Moiras cordeiros e ovelhas
negros; em sacrifício agrada as Ilitias,
são parteiras conforme o rito; então à Terra   10
oferta porca negra e prenhe de porquinhos.
Que tragam touros brancos ao altar de Zeus,
de dia, e não à noite; que aos deuses celestes
o ritual será diurno; e assim irás
sacrificar. Um belo boi e uma novilha   15
ofertarás ao templo de Hera. E Febo Apolo
também chamado Sol, receba o seu quinhão
que é filho de Latona. Que peãs latinos
meninas e meninos cantem pelo templo
dos imortais. Que as virgens cantem no seu coro,   20
e noutra parte um coro de rapazes, todos
com pais vivos no viço da sua geração.
No mesmo dia, que as mulheres já casadas,
ajoelhadas ante o honrável altar de Hera,
louvem o nume. Pois que todos ganhem sangue,   25
mulheres e homens, sobretudo as feminis.
Que todos levem algo do templo, segundo

rege a lei aos mortais que oferendam primícias
propícias para os numes plácidos e alegres,
os celestes. Conserva todo o acumulado, 30
que aos homens e mulheres sentados no canto
entregues, recordado. E nos dias e noites
seguintes, sobre o assento reservado aos deuses
se assente a turba; o sério ao riso se misture.
Guarda isso para sempre no teu pensamento, 35
e assim que toda a terra itálica e a latina
sempre tenha no cetro o jugo sobre os outros.

vv. 1-2: Como é de se esperar, também é bastante notável como as figuras de Apolo e Diana são também associadas, como de costume, ao Sol e à Lua respectivamente.

vv. 5-6: Os versos sibilinos foram supostamente recitados por Sibilas (uma espécie de sacerdotisas e videntes) em hexâmetros por inspiração divina, no tempo de Sólon, em Gérgis, no monte Ida. Foram levados até Cumas e depois comprados pelo último Tarquínio e colocados no Capitólio, de modo que ganharam muita importância para os romanos, sobretudo em decisões pátrias, até que foram queimados em 83 a.C. Augusto, na posição de Pontífice, em 12 a.C. depositou uma outra versão no tempo de Apolo Palatino. Nada do que nos chegou é verdadeiro, e trata-se de falsificações. Até mesmo os 37 versos preservados por Zósimo foram provavelmente compilados pelos *Quidecimuiri* que organizavam os Jogos Seculares para Augusto. O século religioso é de 110 anos, idade à qual ninguém sobreviveria, e portanto, não poderia assistir a outros Jogos Seculares. Os versos sibilinos em questão prescrevem que os louvores (peãs) seriam cantados por moços e virgens.

v. 7: As sete colinas de Roma: Aventino, Capitólio, Célio, Esquilino, Palatino, Quirinal e Viminal.

vv. 13-16: Ilitia, deusa dos partos também conhecida por Lucina ou Genital, é geralmente associada a Juno ou Diana, ou também aparece no plural: Ilitias. A escolha do singular por Horácio provavelmente reforça a ligação, graças ao contexto, a Diana. A ideia de "conforme o rito" significa o parto que acontece no período certo, sem prematuridade ou atraso. Ela é prevista pelo canto sibilino; e, na segunda noite dos Jogos Seculares, era comum ofertar bolos consagrados "*deis Ilithyis*" ("às deusas Ilitias").

vv. 17-20: Horácio faz referência, depois de passar pelos partos, às leis de Augusto (*Lex Iulia de maritandis ordinibus*) em 18 a.C., no intuito de restabelecer a obrigatoriedade do casamento para incentivar o crescimento populacional; também tornava o adultério um crime público, com penas previstas pela lei (*Lex Iulia de adulteriis et pudicitia*). Na verdade, a lei só foi aprovada realmente em 9 d.C., com algumas alterações, pois na época não foi bem aceita. É inevitável lembrar nesse passo que Horácio sempre levou uma vida de solteiro, e que, portanto, esse louvor soa um pouco artificial se o comparamos com a biografia do poeta. Também é espantosa a capacidade de Horácio para prosificar subitamente sua poesia, garantindo variedade constante de tons.

v. 21: Como já foi dito, essa data de 110 anos é a de um centenário religioso, mas que na prática nunca foi cumprida à risca.

vv. 25-29: As Parcas são as deusas do destino (relacionadas as Moiras gregas); sua invocação e sacrifícios estão previstos nos cantos sibilinos.

vv. 26-27: O termo "*Terminus*" em latim pode simplesmente significar o "término" de algo; mas também pode ser o deus Término, ligado à delimitação de territórios (sobretudo se lembrarmos que, num mito, sua recusa em ceder a Júpiter foi tomada como um sinal da estabilidade do poder romano, cf. Lívio, 1.55, e Ovídio, *Fastos*, 2.667). Embora a invocação do deus não faça muito sentido no trecho em questão, podemos pensar que a escolha vocabular não deixa de aludi-lo. Um fator importante pode ser a relação semântica entre as Moiras (literalmente, "lotes") e a função de Término da determinação de cada lote. Assim, mantenho ao menos o termo "predeterminado", num singelo eco do nome do deus.

vv. 29-32: Pedido por fertilidade da terra (talvez deificada como "*Terra mater*", "terra mãe") à deusa Ceres, ligada à agricultura. O fato de Ceres ser mãe de Prosérpina, deusa infernal, é deixado de lado por Horácio, que segue seu programa luminar. Júpiter é sempre referido como deus dos céus, responsável pelos ventos (auras) e chuvas (águas salutares) que aqui fecundam a terra.

vv. 33-36: A estrofe é bipartida, com uma fala a Apolo (simbolizado como um arqueiro, porém pacífico), feita pelos meninos, e outra a Diana (aqui como Lua crescente, e portanto com dois chifres), feita pelas meninas.

vv. 37-44: Referência ao mito de Eneias, que, ao fugir de Troia em chamas, chegou ao Lácio e deu origem à colônia que um dia fundaria Roma: tema da *Eneida*. As ordens referidas no verso 39 são as de Apolo a Eneias (*Aen.*, vv. 88-162). Daí que Horácio diga que Roma é resultado de Apolo e Diana ("obra vossa"). Outra parte da *Eneida* aqui aludida é a conversa de Eneias com a Sibila de Cumas (*Aen.* VI), quando esta lhe faz alguns vaticínios importantes para que ele encontre seu caminho.

vv. 43-44: "Dar-nos mais que o deixado" infere que Roma, descendente de Troia, supera suas origens; a questão para Horácio (se compararmos com referências que aparecem nos *Epodos* e nas *Odes*) é principalmente moral.

v. 45: Parte do programa moral de reforma da juventude, intentado por Augusto.

v. 47: "Povo rômulo" por serem descendentes de Rômulo, o fundador de Roma.

v. 49: Os versos sibilinos indicam o sacrifício de touros brancos em oferenda a Júpiter.

v. 50: Referência ao amor entre Anquises e Vênus, que gerou Eneias, bem como à origem da *gens Iulia*, família de Augusto.

vv. 51-52: O discurso do império romano, sobretudo sob Augusto, era justificado pela piedade aos deuses, o que concedia aos romanos a superioridade bélica, mas que se compensava por uma política da clemência aos povos subjugados (Cf. *Aen.*, vv. 851-3).

vv. 53-56: Horácio, saindo do passado heroico, chega plenamente ao Império, indicando alguns dos povos conquistados e submetidos à lei romana. "Um monumento de *Ancyra* (*Monumentum Ancyranum*[...]) menciona que Augusto recebeu várias embaixadas dos Indos, Bastarnos, Citas, Sármatas, pedindo a amizade do povo romano" (ROQUE, 2002, p. 46, n. 32). É notável, também, como, em meio a tantos temas bélicos, Horácio deixe de lado as guerras civis.

v. 54: "Albana" é referência aos habitantes de Alba Longa, cidade onde nasceu Rômulo, o fundador de Roma; e as "secures" eram machadinhos carregados pelos litores romanos como símbolo do seu poder.

vv. 57-60: Horácio retorna ao tema da restauração dos valores ancestrais romanos (que aqui aparecem divinizados), tão pregada por Augusto, e que levaria a uma incrível fertilidade. Cornucópia é o símbolo dessa fertilidade; o seu significado provém da cabra Almateia, que teria amamentado Júpiter quando ainda era bebê.

vv. 61-64: Apolo agora é invocado em outra função: a de deus da medicina, pai de Asclépio, ou Esculápio. Também como vidente, famoso por seu oráculo em Delfos; e como patrono da poesia, aceito entre as musas romanas, as Camenas.

vv. 65-68: No monte Palatino estava situado o templo de Apolo, junto a outros templos e à casa de Augusto.

vv. 69-72: Diana tinha templos nos montes Álgido e Aventino, em Roma. Os "quinze homens" da tradução são os *"quindecimuiri"*, os guardiões dos Livros Sibilinos; o seu número chegou até a 60, mas a nomenclatura continuou como de 15.

Referências

Esta é a lista completa de obras que venho consultando desde 2010 para o estudo e tradução das obras completas de Quinto Horácio Flaco. Como toda empreitada sobre um autor clássico da Antiguidade, permanecerá inacabada, por mais extensa que seja.

1. Edições críticas, traduções, comentários e escólios de Horácio e gramáticos e metricistas antigos

ALMEIDA FERRAZ, Bento Prado de. *Odes e Epodos.* Tradução e notas de Bento Prado de Almeida Ferraz. Antonio Medina Rodrigues (intr.). Anna Lia Amaral de Almeida Prado (org.). São Paulo: Martins Fontes, 2003.

BEKES, Alejandro. *Horacio: Odas, edición bilingüe.* Intro., trad. y notas de Alejandro Bekes. Buenos Aires: Losada, 2005.

BRINK, C. O. *Horace on Poetry: Prolegomena to the literary* Epistles. Cambridge: Cambridge University, 1963.

BRINK, C. O. *Horace on Poetry* II: *The Ars poetica.* Cambridge: Cambridge University, 1971.

BRINK, C. O. *Horace on Poetry* III: *Epistles Book II, the letters to Augustus and Florus.* Cambridge: Cambridge University, 1982.

BORGES, Joana Junqueira. *Marquesa de Alorna, tradutora de Horácio: estudo e comentário da Arte poética.* 2018. Tese (Doutorado em Estudos Literários) – Unesp, Araraquara, 2018.

CAMARA COUTINHO, D. Gastão Fausto da. *Paraphrase da epistola aos Pisões, commumente denominada Arte poetica, de Quinto Horacio Flacco – com annotações sobre muitos lugares.* Lisboa: Typographia de José Baptista Morando, 1853.

CETRANGOLO, Enzio. *Quinto Orazio Flacco, Tutte le Opere.* Verzione, introduzione e note di Enzio Cetrangolo, con un saggio di Antonio La Penna. 3. ed. Firenze: Sansoni, 1989.

CLANCY, Joseph P. *The Odes and Epodes of Horace: a new translation by Joseph P. Clancy.* Chicago: The University of Chicago, 1960.

CABRAL DE MELLO, José Augusto. *Odes de Q. Horacio Flacco traduzidas em verso na lingua portugueza.* Angra do Heroismo: Typ. do Angrense, do Visconde de Bruges, 1853.

COSTA E SÁ, Joaquim José. *Arte poética, ou epístola de Q. Horacio Flacco aos Pisões, vertida, e ornada no idioma vulgar com illustrações, e notas para uso e instrucção da mocidade portugueza por Joaquim José da Costa e Sá.* Lisboa: Officina de Simão Thaddeo Ferreira, 1794.

CURRIE, Joseph. *Quinti Horati Flacci Carmina: The Works of Horace with English notes – Part I. Carmina.* London: s/d.

DOTTI, Ugo. *Orazio, Epistole e* Ars poetica. Trad. e cura di Ugo Dotti. Milano: Feltrinelli, 2008.

DURIENSE, Elpino (Antonio Ribeiro dos Santos). *A lyrica de Q. Horacio Flacco, poeta romano. Trasladada literalmente em verso portuguez.* Tomo I. Lisboa: Imprensa Regia, 1807.

FALCÃO, Pedro Braga. *Epístolas.* Lisboa: Cotovia, 2017.

FALCÃO, Pedro Braga. HORÁCIO. *Odes.* Lisboa: Cotovia, 2008.

FEDELI, Paolo; CARENA, Carlo. *Q. Orazio Flacco – Le opere II: Le Satire, L'Epistole e L'Arte Poetica.* Testo critico di Paolo Fedeli. Trad. de Carlo Carena, 4 v. Roma: Libreria dello Stato, 1997.

GOWERS, Emily. *Horace, Satires, Book I.* Ed. by Emily Gowers. Cambridge: Cambridge University, 2012.

HORÁCIO. *Arte poética: Sátira I, 4; Epístolas II, 1 a Augusto; II, 2, a Floro; Epístola aos Pisões, ou* Arte Poética. Introdução, tradução e comentário de R. M. Rosado Fernandes. 4. ed. revista e aumentada. Lisboa: Calouste Gulbenkian, 2012.

HORÁCIO. *Obras completas.* Tradução de Elpino Duriense, José Agostinho de Macedo, Antônio Luiz Seabra e Francisco Antônio Picot. São Paulo: Cultura, 1941.

HORACIO. *Odas, Canto secular, Epodos.* Introducción general, traducción y notas de José Luis Moralejo. Madrid: Gredos, 2007.

HORACIO. *Sátiras, Epístolas, Arte poética.* Introducciones, traducción y notas de José Luis Moralejo. Madrid: Gredos, 2008.

Q. HORATI FLACCI OPERA. H. W. Garrod (ed.). Oxford: Clarendon, 1901.

Q. HORATI FLACCI OPERA. F. Klingner (ed.). Leipzig: Teubner, 1959.

HORATIUS OPERA. 4. ed. D. R. Shackleton Bailey. Leipzig: Teubner, 2001.

KEIL, Heinrich. *Grammatici Latini ex Recensione Henrici Keilii.* Lepizig: Teubner, 1864.

KIESSLING, Adolf; HEINZE, Richard. *Q. Horatius Flaccus, Oden und Epoden.* 13. ed. Zürich: Weidmann, 1968.

KILPATRICK, Ross S. *Q. Horatius Flaccus. Briefe.* 9. ed. Zürich: Weidmann, 1970.

KILPATRICK, Ross S. *The poetry of friendship: Horace,* Epistles *I.* Edmonton: The University of Alberta, 1986.

KILPATRICK, Ross S. *The poetry of criticism: Horace,* Epistles *II and* Ars poetica. Edmonton: The University of Alberta, 1990.

LUSITANO, Cândido. *Arte poetica de Q. Horacio Flacco, traduzida, e illustrada em Portuguez por Cândido Lusitano.* 2. ed. Lisboa: Officina Rollandiana, 1778.

REFERÊNCIAS | 563

MACEDO, José Agostinho de. *Obras de Horacio traduzidas em verso portuguez por José Agostinho de Macedo*. Tomo I. Os quatro livros das Odes, e Epodos. Lisboa: Imprensa Regia, 1806.

MACIEL, Bruno Francisco dos Santos. *O poeta ensina a ousar: ironia e didatismo nas Epístolas de Horácio*. 2017. Dissertação (Mestrado em Literaturas Clássicas e Medievais) – UFMG, Belo Horizonte, 2017.

MACIEL, Bruno; MONTEIRO, Darla; AVELAR, Júlia; BIANCHET, Sandra (orgs.). *Epistula ad Pisones*. Ed. bilíngue. Belo Horizonte: FALE/UFMG, 2013.

MANDRUZZATO, Enzo. *Orazio: Odi e Epodi*. Introduzione di Alfonso Traina, traduzione e note di Enzo Madruzzato 2. ed. Milano: Rizzoli, 1988.

MAYER, Roland. *Odes, Book I*. Edited by Roland Mayer. Cambridge: Cambridge University, 2012.

MICHIE, James. *The Odes of Horace*. Translated with an introduction by James Michie. New York: Penguin, 1967.

NÓBREGA, Vandick Londres da. *A commentary on Horace, Odes, Book 2*. Oxford: Oxford University, 1991.

NÓBREGA, Vandick Londres da. *A "Arte poética" de Horácio*. São Paulo: s/e, 1942.

NOVAK, Maria da Gloria; NERI, Maria Luiza (orgs.). *Poesia lírica latina*. Introdução de Zelia Almeida Cardoso. 3. ed. São Paulo: Martins Fontes, 2003.

NISBET, R. G. M.; HUBBARD. *A commentary on Horace, Odes, Book I*. Oxford: Oxford University, 1970.

NISBET, R. G. M.; HUBBARD. *A commentary on Horace, Odes, Book II*. Oxford: Oxford University Press, 1978.

NISBET, R. G. M.; RUDD, Niall. *A commentary on Horace, Odes, Book III*. Oxford: Oxford University, 2004.

ORAZIO FLACCO, Quinto. *Le Opere*, a cura di Mario Ramous. Milano: Garzanti, 1988.

ORAZIO FLACCO, Quinto. *Odi Scelte e Il Carme Secolare*. Intr., cenni di metrica e commento di Alfredo Bartoli. Milano: Carlo Signorelli, s.d.

PLESSIS, F.; LEJAY, F. Horace: *Oeuvres*. Texte latin. Publiés par F. Plessis et F. Lejay. 5. éd. révue. Paris: Hachette, 1912.

ROMANO, Elisa. *Q. Orazio Flacco – Le opere I*: Le Odi, Il Carme Secolare, Gli Epodi. Tomo secondo, commento di Elisa Romano. Roma: Libreria dello Stato, 1991.

ROQUE, Maria Luiza. *Horácio: O Carme Secular e os Jogos Seculares em Roma*. Edição bilíngue. Brasília: Thesaurus, 2002.

ROSTAGNI, Alberto. *Arte poetica*. Introduzione e commento di A. Rostagni. Turim: s/e, 1930.

RUDD, Niall. *Horace, Epistles, Book II and Epistle to the Pisones ('Ars poetica')*. Edited by Niall Rudd. Cambridge: Cambridge University, 1989.

RUDD, Niall. *Odes and Epodes*. Edited and translated by Niall Rudd. London: Harvard University, 2004. (LCL 33).

SCHRÖDER, Rudolf Alexander. *Die Gedichte des Horaz*. Deutsch von Rudolf Alexander Schröder. Wien: Phaidon, 1935.

SMITH, C. L. *The Odes and Epodes*. Ed. C. L. Smith. Boston: Ginn & Company, 1903.

SYNDIKUS, Hans Peter. *Die Lyrik des Horaz: Eine Interpretation der Odes*. Band I – Erstes und zweites Buch. Darmstadt: Wissenschaftliche Buchgesellschaft, 1972.

SYNDIKUS, Hans Peter. *Die Lyrik des Horaz: Eine Interpretation der Odes*. Band II – Drittes und viertes Buch. Darmstadt: Wissenschaftliche Buchgesellschaft, 1973.

THOMAS, Richard F. *Horace, Odes. Book IV and* Carmen saeculare. Cambridge: Cambridge University, 2011.

TRINGALI, Dante. *A* Arte poética *de Horácio*. São Paulo: Musa, 1993.

TRINGALI, Dante. *Horácio, poeta da festa. Navegar não é preciso*: 28 odes latim/português. São Paulo: Musa, 1995.

VELLOSO, Antonio Augusto. *Traducção litteral das Odes de Horacio por Antonio Augusto Velloso*. Revista por Augusto Versiani Velloso. 2. ed. Bello Horizonte: Graphica Queiroz Breyner, 1935.

VILLENEUVE, P. Épitres. Texte établi et traduit par F. Villeneuve. Paris: Les Belles Lettres, 1955.

VILLENEUVE, P. *Horace, tome 1: Odes et Épodes*. Texte établi et traduit par F. Villeneuve. Paris: Les Belles Lettres, 1946.

VOSS, Johann Heinrich. *Des Horazes Werke von Johann Heinrich Voss*. 2 v. 3. ed. Braunschweig, Friedrich Vieweg, 1822.

WEST, David. *Horace, Odes I: Carpe diem*. Text, translation and commentary by David West. Oxford: Clarendon, 1995.

WEST, David. *Horace, Odes II: Vatis amici*. Text, translation and commentary by David West. Oxford: Clarendon, 1998.

WEST, David. *Horace, Odes III: Dulce periculum*. Text, translation and commentary by David West. Oxford: Clarendon, 2002.

WICKHAM, Edward C.; GARROD, H. W. Q. Horati Flacci Opera *recognovit brevique adnotatione critica intruxit Eduardus C. Wickham*. Editio altera curante H. G. Garrod. Oxford: Oxford University, 1901.

WICKHAM, E. C. *The Works of Horace with a Commentary*. 2 v. Oxford: Oxford University, 1891.

WILLIAMS, Gordon. *The third book of Horace's* Odes. Edited with translation and running commentary by Gordon Williams. Oxford: Oxford University, 1969.

WILKINS, A. S. *The Epistles of Horace*. Edited with notes by Augustus S. Wilkins. London: Macmillan & Co. Ltd., 1955 [1885].

2. Estudos e outras obras literárias

ACHCAR, Francisco. *Lírica e lugar comum: alguns temas de Horácio e sua presença em português*. São Paulo: Edusp, 1994.

ADAMS, J. N. *The Latin sexual vocabulary*. Baltimore: The John Hopkins University, 1982.

AGAMBEN, Giorgio. *Ideia da prosa*. Tradução de João Barrento. Belo Horizonte: Autêntica, 2012.

AGNOLON, Alexandre. *O catálogo das mulheres: os epigramas misóginos de Marcial*. São Paulo: Humanitas, 2010.

ALBERTE, Antonio. Coincidencias estético-literarias en la obra de Cicerón y Horacio. *Emerita*, v. 57, n. 1, 1989. pp. 37-88.

ALI, Said. *Versificação portuguesa*. Prefácio de Manuel Bandeira. São Paulo: Edusp, 2006.

ALIGHIERI, Dante. *A divina comédia*. Tradução de Vasco Graça Moura. São Paulo: Landmark, 2005.

ALIGHIERI, Dante. *A divina comédia*. Tradução brasileira de José Pedro Xavier Pinheiro. Ilustrada com 136 gravuras de Gustavo Doré. Rio de Janeiro: Calçadense, 1956.

ALIGHIERI, Dante. *Divina comédia*. Desenhos de Sandro Botticelli. Tradução de José Trentino Ziller, apresentação de João Adolfo Hansen. Cotia: Ateliê, 2010.

ALIGHIERI, Dante. *Obras completas. Contendo o texto original italiano e a tradução em prosa portuguêsa*. 10 v. São Paulo: Editora das Américas, 1958.

AMBROSE, J. W. The ironic meaning of the Lollius ode. *Transactions of the American Philological Association*, 96, 1965, pp. 1-10.

ANTUNES, C. Leonardo B. *Metro e rítmica nas* Odes Píticas *de Píndaro*. 2013. Tese (Doutorado em Letras Clássicas) – São Paulo: USP, 2013.

ANTUNES, C. Leonardo B. *Ritmo e sonoridade na poesia grega antiga: uma tradução comentada de 23 poemas*. São Paulo: Humanitas/Fapesp, 2011.

ARMSTRONG, David. Horace's *Epistles* 1 and Philodemus. In: ARMSTRONG *et alii* (eds.). *Vergil, Philodemus, and the Augustans*. Austin: University of Texas Press, 2004. pp. 267-298.

ARMSTRONG, David. The impossibility of metathesis: Philodemus and Lucretius on form and content in poetry. In: OBBINK, Dirk (ed.) *Philodemus and poetry: poetic theory and practice in Lucretius, Philodemus and Horace*. Oxford: Oxford University, 1995. pp. 210-232.

ARMSTRONG *et alii* (eds.). *Vergil, Philodemus, and the Augustans*. Austin: University of Texas, 2004.

ASMIS, Elizabeth. Neoptolemus and the Classification of Poetry. *Classical Philology*, v. 87, n. 3, 1992. pp. 206-231.

ASPER, Markus. Mathematics and poetry in Hellenistic Alexandria. In: *The Classical Review*, n. 63, 2013. pp. 75-77.

BAKHTIN, Mikhail. *Estética da criação verbal*. Tradução de Paulo Bezerra. 4. ed. São Paulo: Martins Fontes, 2003.

BARCHIESI, Alessandro. *Odes* and *Carmen Saeculare*. In: HARRISON, Stephen (ed.). *The Cambridge companion to Horace*. Cambridge: Cambridge University, 2007. pp. 144-161.

BARTH, Pudentiana, RITSCHER, M. Immaculata; SCHMIDT-GÖRG, Joseph. (orgs.) *Hildegard von Bingen – Lieder*. Salzburg: Otto Müller, 1969.

BARTHES, Roland. *O prazer do texto*. Tradução de J. Guinsburg. 3. ed. São Paulo: Perspectiva, 2002.

BARTHES, Roland. *O rumor da língua*. Tradução de Mario Laranjeira. Prefácio de Leyla Perrone-Moisés. São Paulo: Brasiliense, 1988.

BEARD, Mary; NORTH, John; PRICE, Simon. *Religions of Rome: Volume 1 – A History*. Cambridge: Cambridge University, 1998.

BEARD, Mary; NORTH, John; PRICE, Simon. *Religions of Rome: Volume 2 – A Sourcebook*. Cambridge: Cambridge University, 1998.

BENEDIKTSON, D. Thomas. *Propertius, Modernist poet of Antiquity*. Edwardsville: Southern Illinois University, 1989.

BENVENISTE, Émile. *Problemas de lingüística geral I*. Tradução de Maria da Glória Novak e Maria Luiza Neri. 2. ed. Campinas: Pontes/Unicamp, 1988.

BERMAN, Antoine. *A tradução e a letra: ou o albergue do longínquo*. Tradução de Marie-Helène Catherine Torres, Mauri Furlan, Andréia Guerini. Rio de Janeiro: 7Letras, 2007.

BETTINI, Maurizio. *Vertere: una antropologia della traduzione nella cultura antica*. Torino: Einaudi, 2012.

BLANCHOT, Maurice. *O livro por vir*. Tradução de Leyla Perrone-Moisés. São Paulo: Martins Fontes, 2005.

BLONDELL, Ruby. Letting Plato speak for himself: character and method in the *Republic*. In: PRESS, Gerald A. *Who speaks for Plato: studies in Platonic anonymity*. Lanham: Rowman and Littlefield, 2000. pp. 127-146.

BLOOM, Harold. *The anxiety of influence: a theory of poetry*. London: Oxford University, 1973.

BONFANTE, Giuliano. *La lingua parlata in Orazio*. Prefazione di Nicholas Horsfall. Trad. dallo spagnolo di Manuel Vaquero Piñeiro. Venosa: Osanna Venosa, 1994 [1937].

BORGES, Jorge Luis. Las versiones homéricas. In: *Ilha do desterro: translation/tradução*, n. 17, 1º. semestre. Florianópolis: UFSC, 1987. pp. 93-99.

BORGES, Jorge Luis. Pierre Menard, autor del *Quijote*. In: *Ficcionario: una antología de sus textos*. Ed. intro. y notas de Emir Rodríguez Monegal. México: Fondo de Cultura Económica, 1992.

REFERÊNCIAS | 567

BRAUND, Susanna Morton. *Latin literature*. London: Routledge, 2002.

BRIGHT, David F. *Haec mihi fingebam: Tibullus in his world*. Leiden: E. J. Brill, 1978.

BROSE, Robert. *Epikomios Hymnos: investigação sobre a performance dos epinícios pindáricos*. 2014. Tese (Doutorado em Letras Clássicas) – USP, São Paulo, 2014.

BRUNET, Philippe. *La naissance de la littérature dans la Grèce ancienne*. Le livre de poche: Paris, 1997.

BRUNET, Philippe (éd.). *L'égal des dieux. Cent versions d'un poème recueillies par Philippe Brunet*. Paris: Allia, 1998.

BRUNET, Philippe. Mètre et danse: pour une interprétation choréographique des mètre grecs. In: CASTALDO, D., GIANNACHI, F. G.; MANIERI, A. *Poesia, musica e agoni nella Grecia antica: Atti del IV convegno internazionale de ΜΟΙΣΑ*. Lecce: Congedo, 2011. II tomo. pp. 555-571.

BRUNET, Philippe (éd). Tradition du patrimoine antique – Homère en hexamètres: rencontre internationale de traducteurs, Paris, 26 mars. 2012. *Anabases*. Paris, 2014. pp. 69-290.

BRUNET, Philippe. Principes de scansion de l'hexamètre en français. *Anabases*. Paris, 2014. pp. 121-136.

BUENO, Alexei. *Uma história da poesia brasileira*. Rio de Janeiro: Èrmakoff, 2007.

BÜCHNER, Karl. Das poetische in der Ars poeta des Horaz. *Studien zur römischen Literatur*, v. 10. Wiesbaden, 1979. pp. 131-147.

CAIRNS, Francis. *Generic composition in Greek and Roman poetry*. Edinburgh: Edinbugh University, 1972.

CAIRNS, Francis. *Sextus Propertius: The Augustan Elegist*. Cambridge: Cambridge University, 2006.

CAMPION, Thomas. *Observations in the Art of English Poesie*. Oregon: Renaissansse, 1998.

CAMPOS, Augusto de. *Invenção: de Arnaut e Raimbaut a Dante e Cavalcanti*. São Paulo: Arx, 2003.

CAMPOS, Augusto de. *Música de invenção*. São Paulo: Perspectiva, 1998.

CAMPOS, Augusto de. *Quase Borges: 20 transpoemas e uma entrevista*. São Paulo: Terracota, 2013.

CAMPOS, Haroldo de. *A arte no horizonte do provável*. São Paulo: Perspectiva, 1972.

CAMPOS, Haroldo de. A obra de arte aberta. In: CAMPOS, Augusto de, CAMPOS, Haroldo de; PIGNATARI, Décio. *Teoria da poesia concreta: textos críticos e manifestos, 1950-1960*. São Paulo: Brasiliense, 1987.

CAMPOS, Haroldo de. A transcriação do Fausto In: *Suplemento de Cultura de O Estado de São Paulo*, ano II, n. 62, 16-08-1981b. pp. 13-15.

CAMPOS, Haroldo de. *Bere'shith: a cena da origem (e outros estudos e poética bíblica)*. São Paulo: Perspectiva, 1993.

CAMPOS, Haroldo de. Da tradução à transficcionalidade. In: *34 Letras*. n. 3; março de 1989. pp. 82-101.

CAMPOS, Haroldo de. Da tradução como criação e como crítica. In: *Metalinguagem e outras metas: ensaios de teoria e crítica literária*. São Paulo: Perspectiva, 2004.

CAMPOS, Haroldo de. *Deus e o diabo no* Fausto *de* Goethe. São Paulo: Perspectiva, 1981a.

CAMPOS, Haroldo de. *Éden: um tríptico bíblico*. São Paulo: Perspectiva, 2004b.

CAMPOS, Haroldo de. Luz: a escrita paradisíaca. In: ALIGHIERI, Dante. *Seis cantos do Paraíso*. Recife: Gastão de Holanda, 1976.

CAMPOS, Haroldo de. *Hagoromo de Zeami: o charme sutil*. São Paulo: Liberdade, 1994a.

CAMPOS, Haroldo de. *Haroldo de Campos – Transcriação*. Marcelo Tápia; Thelma Médici Nóbrega (orgs.). São Paulo: Perspectiva, 2013.

CAMPOS, Haroldo de. *Mênis: A ira de Aquiles* (Canto I da *Ilíada* de Homero). São Paulo: Nova Alexandria, 1994b.

CAMPOS, Haroldo de. *Os nomes e os navios, Homero* (Canto II da *Ilíada*, acompanhada da tradução de Odorico Mendes). Rio de Janeiro: Sette Letras, 1999.

CAMPOS, Haroldo de. *Qohélet/O-que-sabe: Eclesiastes: poema sapiencial* (com uma colaboração especial de J. Guinsburg). São Paulo: Perspectiva, 2004a [1990].

CAMPOS, Haroldo de. Semiótica como prática e não como escolástica (entrevista). In: *Depoimentos de oficina*. São Paulo: Unimarco, 2002.

CARDOSO, Leandro Dorval. *A vez do verso: estudo e tradução do* Amphitruo *de* Plauto. 2012. Dissertação (Mestrado em Letras) – UFPR, Curitiba, 2012.

CARDOZO, Mauricio Mendonça. Tradução, apropriação e o desafio ético da relação. In: OLIVEIRA, Maria Clara Castellões de; LAGE, Verônica Lucy Coutinho (orgs.). *Literatura, crítica, cultura I*. Juiz de Fora: Ed. UFJF, 2008. pp. 179-190.

CARDOZO, Mauricio Mendonça. Tradução e o trabalho de relação: notas para uma poiética da tradução. In: PIETROLUNGO, Márcia Atálla (org.). *O trabalho da tradução*. Rio de Janeiro: Contra Capa, 2009. pp. 181-188.

CARRUBBA, R. W. The technique of double structure in Horace. *Mnemosyne*, 20. 1967. pp. 68-75.

CARVALHO, Amorim de. *Tratado de versificação portuguesa*. Lisboa: Edições 70, s/d.

CARVALHO, Raimundo. *Virgílio: Bucólicas* – edição bilíngüe. Belo Horizonte: Tessitura; Crisálida, 2005.

CASSIN, Barbara. *O efeito sofístico: sofística, filosofia, retórica, literatura*. Tradução de Ana Lúcia de Oliveira, Maria Cristina Franco Ferras e Paulo Pinheiro. São Paulo: 34, 2005.

REFERÊNCIAS | 569

CAVALLO, Guglielmo, FEDELI, Paolo; GIARDINA, Andrea (orgs.). *Espaço literário da Roma Antiga*, v. I. Tradução de Daniel Peluci Carrara e Fernanda Messeder Moura. Belo Horizonte: Tessitura, 2010.

CESILA, Robson Tadeu. Intertextualidade e estudos clássicos. In: SILVA, Gilvan Ventura da; LEITE, Leni Ribeiro. *As múltiplas faces do discurso em Roma: textos, inscrições, imagens.* Vitória: Edufes, 2013. pp. 11-23.

CHOCYAI, Rogério. *Teoria do verso.* São Paulo: McGraw-Hill do Brasil, 1974.

CLAYMAN, Dee L. *Callimachus' Iambi.* Leiden: E. J. Brill, 1980.

CLIFFORD, James. *A experiência etnográfica: antropologia e literatura no século XX.* José Reginaldo Santos Gonçalves (org.). Tradução de Patrícia Farias. 4. ed. Rio de Janeiro: UFRJ, 2014.

COHN, Sergio (org.). *Roberto Piva.* São Paulo: Azougue, 2010.

COLLINGE, N. E. *The structure of Horace's Odes.* London: Oxford, 1961.

COMMAGER, Steele. *The Odes of Horace: a critical study.* Norman; London: University of Oklahoma, 1962.

COMOTTI, Giovanni. *Music in Greek and Roman culture.* Transl. by Rosaria V. Munson. Baltimore: The John Hopkins University, 1991.

COMPAGNON, Antoine. *O demônio da teoria: literatura e senso comum.* Tradução de Cleonice Paes Barreto Mourão e Consuelo Fortes Santiago. 2. ed. Belo Horizonte: Ed. UFMG, 2010.

CONTE, Gian Biagio. *Generi e lettori: Lucrezio, l'elegia d'amore, l'enciclopedia di Plinio.* Milano: Mondadori, 1991.

CONTE, Gian Biagio. *The rhetoric of imitation: genre and poetic memory in Virgil and other Latin poets.* Transl. by Charles Segal. Ithaca; London: Cornell University, 1986.

CONTE, Gian Biagio; BARCHIESI, Alessandro. Imitação e arte alusiva. Modos e funções da intertextualidade. In: CAVALLO, Guglielmo, FEDELI, Paolo; GIARDINA, Andrea (orgs.). *Espaço literário da Roma Antiga*, v. I. Tradução de Daniel Peluci Carrara e Fernanda Messeder Moura. Belo Horizonte: Tessitura, 2010. pp. 87-121.

CORRÊA *et alii. Hyperboreans: Essays in Greek and Latin Poetry, Philosophy, Rhetoric and Linguistics.* São Paulo: Humanitas; Capes, 2012.

CORREIA GARÇÃO, Pedro Antônio. *Obras poeticas de Pedro Antonio Correa Garção, dedicadas ao illustrissimo, e excelentíssimo senhor D. Thomaz de Lima e Vasconcellos Brito Nogueira Telles da Silva, Visconde de Villa Nova da Cerveira, Ministro e Secretario de Estado dos Negocios do Reino, etc., etc. etc.* Lisboa: Regia Officina Typografia, 1778.

COSTA, C. D. N. (ed.). *Horace.* London; Boston: Routledge & Kegan Paul, 1973.

COSTA LIMA, Luiz. *A ficção e o poema – Antonio Machado, W. H. Auden, P. Celan, Sebastião Uchoa Leite.* São Paulo: Cia. das Letras, 2012.

COSTA LIMA, Luiz. (org.). *Teorias da literatura em suas fontes*. 2 v. Rio de Janeiro: Francisco Alves, 1983.

DAVIS, Gregson. *Polyhymnia: the rhetoric of Horatian lyric discourse*. Berkeley: University of California, 1991.

DE GUBERNATIS, M. Lenchantin. *Manual de prosodia y métrica griega*. Tradução de Pedro C. Tapia Zúñiga. México D.F.: Universidad Nacional Autónoma de México, 2001.

DELEUZE, Gilles; GUATTARI, Félix. *Mil platôs: Capitalismo e esquizofrenia*, v. 1. Tradução de Ana Lúcia de Oliveira. São Paulo: 34, 1995.

DELEUZE, Gilles. *Logique du sens*. Paris: Minuit, 1969.

DERRIDA, Jacques. *A escritura e a diferença*. Tradução de Maria Beatriz da Silva. São Paulo: Perspectiva, 1971.

DERRIDA, Jacques. *Limited inc*. Tradução de Constança Marcondes Cesar. Campinas: Papirus, 1991.

DESBORDES, Françoise. *Concepções sobre a escrita na Roma Antiga*. Tradução de Fulvia M. L. Moretto e Guacira Marcondes Machado. São Paulo: Ática, 1995.

DETTMER, Helena. *Horace: a study in structure*. Hildesheim; New York: Olm; Weidemann, 1983.

DEVINE, A. M.; STEPHENS, Laurence D. *Latin word order: Structured meaning and information*. Oxford: Oxford University, 2006.

DRAHEIM, Joachin; WILLE, Günther. *Horaz-Vertonungen von Mittelalter bis zur Gegenwart: eine Anthologie*. Amsterdam: Grüner, 1985.

DUCKWORTH, George. *Animae dimidium meae: two poets*. In: *Transactions of the American Philological Association*, n. 87, 1956. pp. 281-316.

DUNBABIN, Katherine M. D. *Mosaics of the Greek and Roman world*. Cambridge: Cambridge University, 1999.

DUPONT, Florence. *Aristote ou le vampire du théâtre occidental*. Paris: Aubier, 2007.

ECO, Umberto. *A estrutura ausente: introdução à pesquisa semiológica*. Tradução de Pérola de Carvalho. São Paulo: Perspectiva, 2012b.

ECO, Umberto. *As formas do conteúdo*. Tradução de Pérola de Carvalho. 3. ed. São Paulo: Perspectiva, 2010b.

ECO, Umberto. *Interpretação e superinterpretação*. Tradução de MF. 2. ed. São Paulo: Martins Fontes, 2005.

ECO, Umberto. *Lector in fabula: a cooperação interpretativa nos textos narrativos*. Tradução de Attílio Cancian. 2. ed. São Paulo: Perspectiva, 2011.

ECO, Umberto. *Obra aberta: forma e indeterminação nas poéticas contemporâneas*. Tradução de Giovanni Cutolo. São Paulo: Perspectiva, 2010a.

ECO, Umberto. *Os limites da interpretação*. Tradução de Pérola de Carvalho. 7. ed. São Paulo: Perspectiva, 2012a.

ECO, Umberto. *Quase a mesma coisa: experiências de tradução.* Tradução de Eliana Aguiar. Rio de Janeiro; São Paulo: Record, 2007.

ECO, Umberto. *Tratado geral de semiótica.* Tradução de Antônio de Pádua Danesi e Gilson Cesar Cardoso de Souza. 5. ed. São Paulo: Perspectiva, 2014.

EISENBERGER, Friedrich. Bilden die horazischen Oden 2, 1-12 eiden Zyklus? In: *Gymnasium*, n. 87, 1980. pp. 262-274.

EINSTEIN, Carl. *Negerplastik [Escultura negra].* Org. Liliane Meffre. Tradução de Fernando Scheibe e Inês de Araújo. Florianópolis: UFSC, 2001.

FANTHAM, Elaine. *Roman literary culture: from Cicero to Apuleius.* Baltimore: The Johns Hopkins University, 1996.

FEDELI, Paolo. As interseções dos gêneros e dos modelos. In: CAVALLO, Guglielmo, FEDELI, Paolo; GIARDINA, Andrea (orgs.). *Espaço literário da Roma Antiga*, v. I. Tradução de Daniel Peluci Carrara e Fernanda Messeder Moura. Belo Horizonte: Tessitura, 2010. pp. 393-416.

FEDELI, Paolo (ed.). *Properzio, elegie libro II.* Introduzione, testo e commento di Paolo Fedeli. Cambridge: Francis Cairns Publications, 2005.

FINNEGAN, Ruth H. *Oral poetry: its nature, significance and social context.* Cambridge: Cambridge University, 1977.

FINNEGAN, Ruth H (ed.). *The Penguin book of oral poetry.* London: Penguin, 1982.

FISKE, George Converse. Lucilius, the Ars poetica of Horace, and Persius. In: *Harvard Studies in Classical Philology*, v. 24. Harvard: Harvard University, 1913. pp. 1-36.

FLORES, Enrico. *Livi Andronici Odusia. Introduzione, edizione critica e versione italiana.* Napoli: Liguori, 2011.

FLORES, Guilherme Gontijo. *A diversão tradutória: uma tradução das* Elegias *de Sexto Propércio*. 2008. Dissertação (Mestrado em Estudos Literários) – UFMG, Belo Horizonte, 2008.

FLORES, Guilherme Gontijo. Baquílides, *Ode 18.* Teseu chega a Atenas. In: *Letras Clássicas*, v. 10, 2006. pp. 169-174.

FLORES, Guilherme Gontijo. Bertran de Born e o amor à guerra. In: IPIRANGA JÚNIOR, Pedro, GARRAFFONI, Renata Senna; BURMESTER, Ana Maria (orgs.). *Do amor e da guerra: um itinerário de narrativas.* Prefácio de Anamaria Filizola. São Paulo: Annablume, 2014. pp. 199-225.

FLORES, Guilherme Gontijo. Épica, lirica e tragédia nas *Argonáuticas* de Apolônio de Rodes. In: *Organon*, n. 49, v. 24. Porto Alegre: UFRGS, 2010.

FLORES, Guilherme Gontijo. Tradutibilidades em Tibulo. In: *Scientia traductionis*, n. 10, 2011. Disponível em: http://www.periodicos.ufsc.br/index.php/scientia/article/view/1980-4237.2011n10p141/19994. Acesso em: 1 maio 2013.

FOUCAULT, Michel. *L'Ordre du Discours.* Paris: Gallimard, 1970.

FOUCAULT, Michel. Qu'est-ce qu'un auteur? In: *Philosophie: anthologie*. Paris: Gallimard, 2004. pp. 290-318.

FOWLER, Barbara Hughes. *The Hellenistic aesthetic*. Madison: University of Wisconsin Press, 1989.

FRAENKEL, Eduard. *Horace*. Oxford: Oxford University, 1957.

FURLAN, Mauri. *Ars traductoris: questões de leitura-tradução da* Ars poetica *de Horácio*. 1998. Dissertação (Mestrado em Literatura) – UFSC, Florianópolis, 1998.

FURLAN, Mauri. Tradução romana: suplantação do modelo. In: *Nuntius Antiquus*, n. 6, 2010. pp. 83-92.

GANTAR, Kajetan. Die Archytas-Ode und ihre Stelung im dichterinschen Werk des Horaz. In: *Grazer Beiträge*. n. 11, 1984. pp. 121-139.

GATTI, Ícaro Francesconi. *A Crestomatia de Proclo: tradução integral, notas e estudo da composição do códice 239 da Biblioteca de Fócio*. 2012. Dissertação (Mestrado em Letras Clássicas) – USP, São Paulo, 2012.

GEDEA ARTE: Enciclopedia Universale dell'Arte. 18 v. Novara: Istituto Geografico de Agostini, 1999.

GOLDBERG, Simon M. *Constructing literature in the Roman Republic*. Cambridge: Cambridge University, 2005.

GOLDEN, Leon. Commentary to the *Ars poetica*. In: HARDISON, O. B.; GOLDEN, L. (eds.). *Horace for students of literature: the "Ars poetica" and its tradition*. Gainesville: University of Florida, 1995. pp. 23-41.

GOLDHILL, Simon. Who's afraid of literary theory. In: BRAUND, Susanna Morton. *Latin literature*. London: Routledge, 2002. pp. 277-287.

GOMES, João Alexandre Straub. *A representação da melancolia nas* Ayres *de John Dowland*. 2015. Dissertação (Mestrado em Música) – UFPR, Curitiba, 2015.

GONÇALVES, José Miguel Tomé. *Callida iunctura*. In: Ágora: Estudos Clássicos em debate. n. 9. Aveiro: Universidade de Aveiro, 2007. pp. 75-97.

GONÇALVES, Rodrigo Tadeu. Comédia Latina: a tradução como reescrita do gênero. In: *Phaos – Revista de Estudos Clássicos*, n. 9, 2009. pp. 117-142. Disponível em: http://www.iel.unicamp.br/revista/index.php/phaos/article/view/1404/980. Acesso em: 1 set. 2013.

GONÇALVES, Rodrigo Tadeu. L'hexametre en portugais. In: *Anabases*. Paris, 2014. pp. 151-164.

GONÇALVES, Rodrigo Tadeu. Traduções polimétricas de Plauto: em busca da polimetria plautina em português. In: *Scientia traductionis*, n. 10, 2001. pp. 214-229. Disponível em: https://periodicos.ufsc.br/index.php/scientia/article/view/1980-4237.2011n10p214/20016. Acesso em: 1 set. 2013.

GOW, A. S. F.; PAGE, D. L. *The Greek Anthology: Hellenistic epigrams*. 2 v. Cambridge: Cambridge University Press, 1965.

REFERÊNCIAS | 573

GRIFFITHS, Alan. The Odes: just where you draw the line? In: WOODMAN, T.; FEENEY, D. (eds.). *Traditions and contexts in the poetry of Horace*. Cambridge: Cambridge University, 2002.

GRIMAL, Pierre. *Essai sur l'Art Poétique d'Horace*. Paris: PUF, 1968.

GUITE, Harold. Cicero's attitude to the Greeks. In: *Greece & Rome*, v. 9, n. 2. Cambridge: Cambridge University, 1962.

GULLAR, Ferreira. *Toda poesia*. 5. ed. revista e aumentada. Rio de Janeiro: José Olympio, 1991.

GÜNTHER, Hans-Christian (ed.). *Brill's Companion to Horace*. Leiden; Boston: Brill, 2013.

HALL, Edith; WYLES, Rosie (eds.). *New directions in Ancient pantomime*. Oxford: Oxford University, 2008.

HARDISON, O. B.; GOLDEN, Leon (eds.) *Horace for students of literature: the "Ars poetica" and its tradition*. Gainesville: University of Florida, 1995.

HARDWICK, Lorna. *Translating words, translating cultures*. London: Duckworth, 2000.

HARRISON, Stephen. A tragic Europa? Horace *Odes* 3. 27. In: *Hermes*, n. 116, 1988. pp. 427-434.

HARRISON, Stephen (ed.). *The Cambridge companion to Horace*. Cambridge: Cambridge University, 2007a.

HARRISON, Stephen. Style and poetic texture. In: HARRISON, Stephen (ed.). *The Cambridge companion to Horace*. Cambridge: Cambridge University, 2007b.

HARRISON, Stephen. The reception of Horace in the nineteenth and twentieth centuries. In: HARRISON, Stephen (ed.). *The Cambridge companion to Horace*. Cambridge: Cambridge University, 2007c.

HASEGAWA, Alexandre. Dispositio *e distinção de gêneros nos* Epodos *de Horácio: estudo acompanhado de tradução em verso*. 2010. Tese (Doutorado em Letras Clássicas) – USP, São Paulo, 2010.

HASEGAWA, Alexandre. Duas traduções portuguesas do livro dos *Epodos* de Horácio no século XVIII. In: CORRÊA *et alii. Hyperboreans: Essays in Greek and Latin Poetry, Philosophy, Rhetoric and Linguistics*. São Paulo: Humanitas; Capes, 2012a.

HASEGAWA, Alexandre. Biografia e história na lírica horaciana. In: SILVA, Gilvan Ventura da; LEITE, Leni Ribeiro. *As múltiplas faces do discurso em Roma*: textos inscrições, imagens. Vitória: Edufes, 2013. pp. 57-68.

HASEGAWA, Alexandre. Deuses e *ordo* no livro IV das *Odes*. In: LEITE, Leni Ribeiro *et alii* (orgs.). *Gênero, religião e poder na Antiguidade: contribuições interdisciplinares*. Vitória: GM, 2012b. pp. 89-110.

HEGEL, G. W. F. *Estética*. Tradução de Álvaro Ribeiro e Orlando Vitorino. Lisboa: Guimarães, 1993.

HEINZE, Richard. Die horazische Ode. In: *Jahrbb. klass. Altertum.* n. 51, 1923. pp. 153-170.

HEYWORTH, S. J. *Cynthia: a companion to the text of Propertius.* Oxford: Oxford University, 2009.

HOUAISS, Antônio; VILLAR, Mauro de Salles. *Dicionário Houaiss da língua portuguesa.* Elaborado no Instituto Antônio Houaiss de Lexicografia e Banco de Dados da Língua Portuguesa S/C Ltda. Rio de Janeiro: Objetiva, 2001.

HUBBARD, Margaret. The *Odes.* In: COSTA, C. D. N. (ed.) *Horace.* London; Boston: Routledge & Kegan Paul, 1973. pp. 1-28.

HUTCHINSON, G. O. The publication and individuality of Horace's *Odes* Books 1-3. In: *Classical Quartely,* 52.2, 2002. pp. 517-537.

INGLEHEART, Jennifer. *Et mea sunt populo saltata poemata saepe* (*Tristia* 2.519): Ovid and the pantomime. In: HALL, Edith; WYLES, Rosie (eds.). *New directions in Ancient pantomime.* Oxford: Oxford University, 2008. pp. 198-217.

JAKOBSON, Roman. *A geração que esbanjou seus poetas.* Tradução e posfácio de Sonia Regina Martins Gonçalves. São Paulo: Cosac Naify, 2006.

JAKOBSON, Roman. *Lingüística e comunicação.* 8. ed. Prefácio de Izidoro Blikstein e tradução de Izidoro Blikstein e José Paulo Paes. São Paulo: Cultrix, 1975.

JAKOBSON, Roman. On linguistic aspects of translation. In: BROWER, Reuben A. (org.). *On translation.* New York: Oxford, 1966.

JANAN, Micaela. *The politics of desire: Propertius IV.* Los Angeles: University of California, 2001.

JANKO, Richard. Philodemus *on poems: Book One.* Oxford: Oxford University, 2000.

JAUSS, Hans Robert. O texto poético na mudança de horizonte de leitura. Tradução de Marion S. Hirschmann e Rosane V. Lopes. In: COSTA LIMA, Luiz. *Teorias da literatura em suas fontes.* v. 2. Rio de Janeiro: Francisco Alves, 1983. pp. 305-358.

JOHNSON, Timothy. *A symposion of praise*: Horace returns to Lyric in *Odes* IV. Madison: University of Wisconsin, 2004.

JONES, Elizabeth. Horace: early master of montage. In: *Arion,* third series, v. 16, n. 3. Boston: Boston University, 2009. pp. 51-62.

JOYCE, James. *Finnegans Wake / Finnícius Revém.* Tradução de Donaldo Schüler. v. 3. Cotia: Ateliê, 2001.

KENNEDY, Duncan F. *Five studies in the discourse of Roman love elegy.* Cambridge: Cambridge University, 1993.

KING, Sonia. *Mosaic, techniques & traditions: projects and designs from around the world.* New York: Sterling, 2002.

KLINGNER, Friedrich. Horazens Römeroden. In: *Varia variorum: Festgabe für Karl Reinhardt.* Münster: Böhlau, 1952. pp. 118-136.

KNORR, Ortwin. Horace's ship ode (1.14) in context: a metaphorical love-triangle. In: *Transactions of the American Philological Association*, n. 136. 2006. pp. 149-169.

KNOX, Peter E. Language, Style, and Meter in Horace. In: GÜNTHER, Hans-Christien (ed.). *Brill's Companion to Horace*. Leiden; Boston: Brill, 2013. pp. 527-546.

LA COMBE, Pierre Judet de; WISMANN, Heinz. *L'avenir des langues: repenser les Humanités*. Paris: Cerf, 2004.

LA PENNA, Antonio. Orazio e la morale mondana europea. In: CETRANGOLO, Enzio. *Orazio: tutte le opere*. Firenze: Sansoni, 1989. pp. ix-clxxxviii.

LAGES, Susana Kampff. *Walter Benjamin: tradução e melancolia*. São Paulo: Edusp, 2002.

LAIRD, Andrew. The *Ars Poetica*. In: HARRISON, Stephen (ed.). *The Cambridge companion to Horace*. Cambridge: Cambridge University Press, 2007. pp. 132-143.

LANDELS, John G. *Music in ancient Greece and Rome*. London: Routledge, 1999.

LASCOUX, Emmanuel. Rêves et réalités de l'hexamètre, *Anabases*. Paris, 2014. pp. 165-172.

LEFEVERE, André. *Tradução, reescrita e manipulação da fama literária*. Tradução de Claudia Matos Seligmann. Bauru: Edusc, 2007.

LEITE, Leni Ribeiro; SILVA, Gilvan Ventura da; CARVALHO, Raimundo Nonato Barbosa de (orgs.). *Gênero, religião e poder na Antiguidade: contribuições interdisciplinares*. Vitória: GM, 2012.

LEROY, Maurice. Encore la *Callida iuntura*. In: *Latomus* T. 7, fasc. ¾. Bruxelles: Societé d'Études latines de Bruxelles, 1948. pp. 193-195.

LEVETT, Brad. Platonic parody in the *Gorgias*. In: *Phoenix*. v. 59, n. ¾, 2005. pp. 210-227.

LÉVI-STRAUSS, Claude. *O cru e o cozido. Mitológicas 1*. Tradução de Beatriz Perrone-Moisés. São Paulo: Cosac Naify, 2004.

LIMA, Edilson de. *As modinhas do Brasil*. São Paulo: Edusp, 2001.

LOWRIE, Michele. A parade of lyric predecessors: Horace *C.* 1.12-1.18. In: *Phoenix*, n. 49. 1995. pp. 33-48.

LYNE, R. O. A. M. *Words and the poet: characteristic techniques of style in Vergil's* Aeneid. Oxford: Oxford University, 1989.

LYONS, Stuart. *Music in the* Odes *of Horace*. Oxford: Aris & Phillips, 2010.

MACKAY, E. Anne (ed.). *Orality, literacy, memory in the Ancient Greek and Roman world*. Leiden/Boston: Brill, 2008.

MAGALHÃES DE AZEREDO, Carlos. *Odes e elegias*. Roma: Tipographia Centenari, 1904.

MALLARMÉ, Stéphane. *Mallarmé*. Traduções de Augusto de Campos, Haroldo de Campos e Décio Pignatari. São Paulo: Perspectiva, 2002.

MARIOTTI, Scevola. *Livio Andronico e la traduzione artistica: saggio critico ed edizione dei frammenti dell'*Odyssea. Urbino: Università degli studi di Urbino, 1986.

MARKOWICZ, André. La malédiction de l'oreille. Pour Philippe Brunet. *Anabases*. n. 20, 2014. pp. 79-84.

MARKOWICZ, André. *Le livre de Catulle*. L'âge d'homme: s/l, 1985.

MARQUES, Juliana Bastos; CAVICCHIOLI, Marina Regis. Uma releitura dos frisos de Odisseu no Esquilino. In: *Revista de História da Arte e Arqueologia*, n. 11, 2009. Disponível em: http://www.unicamp.br/chaa/rhaa/downloads/Revista%2011%20-%20artigo%201.pdf. Acesso em: 1 out. 2013.

MARTINDALE, Charles. *Redeeming the text: Latin poetry and the hermeneutics of reception*. Cambridge: Cambridge University, 1993.

MARTINS, Cláudia Santana. *Vilém Flusser: a tradução na sociedade pós-histórica*. São Paulo: Humanitas; Fapesp, 2011.

MARTINS, Paulo. *Imagem e poder: considerações sobre a representação de Otávio Augusto*. São Paulo: Edusp, 2011.

MATTOSO, Glauco. *Tratado de versificação*. Prefácio e intro. de Manuel Cavalcanti Proença. São Paulo: Annablume, 2010.

MAURY, Paul. *Horace et le secret de Virgile*. Paris: s/e, 1945.

McDERMOTT, E. Greek and roman elements in Horace's lyric program. In: *Aufstieg und Niedergang der Römischen Welt*. II, 31.3. Walter de Gruyter: New York, 1981.

McELDUFF, Siobhán. *Roman theories of translation: surpassing the source*. New York; London: Routledge, 2013.

McLUHAN, Marshall. *A galáxia de Gutenberg: a formação do homem tipográfico*. Tradução de Leônidas Gontijo de Carvalho e Anísio Teixeira. 2. ed. São Paulo: Nacional, 1977.

McLUHAN, Marshall; FIORE, Quentin. *O meio são as massa-gens: um inventário de efeitos*. São Paulo: Record, 1969.

MELLO NÓBREGA, Lúcia de. *O soneto de Arvers*. 3. ed. revista e aumentada. Rio de Janeiro: Civilização Brasileira, 1980.

MENDES, João Pedro. *Construção e arte das Bucólicas de Virgílio*. Brasília: UnB, 1985.

MESCHONNIC, Henri. *Critique du rythme: anthropologie historique du langage*. Lagrasse: Verdier, 1982.

MESCHONNIC, Henri. *Ethics and politics of translating*. Translated and edited by Pier-Pascale Boulanger. Amsterdam: John Benjamins Publishing Company, 2011.

MESCHONNIC, Henri. Éthique et politique du traduire. Lagrasse: Verdier, 2007.

MESCHONNIC, Henri. *Gloires: traduction des psaumes*. Paris: Desclée de Brouwer, 2001.

MESCHONNIC, Henri. *Jona et le signifiant errant*. Paris: Gallimard, 1981.

MESCHONNIC, Henri. *Les cinq rouleaux*. Paris: Gallimard, 1970.

MESCHONNIC, Henri. *Poética do traduzir.* Tradução de Jerusa Pires Ferreira e Suely Fenerich. São Paulo: Perspectiva, 2010.

MESCHONNIC, Henri. *Politique du rythme: Politique du sujet.* Lagrasse: Verdier, 1995.

MESCHONNIC, Henri. *Pour la poétique II:* Épistémologie de l'écriture; *poétique de la traduction.* Paris: Gallimard, 1973.

MILTON, John. *Tradução: teoria e prática.* São Paulo: Martins Fontes, 1998.

MINARELLI, Enzo. *Polipoesia: entre as poéticas da voz no século XX.* Tradução, comentários e posfácio de Frederico Fernandes. Londrina: Eduel, 2010.

MINARINI, Alessandra. *Lucidus ordo. L'architectura della lirica oraziana (libri I-III).* Bologna: Pàtron, 1989.

MOLES, Abraham. *Teoria da informação e percepção estética.* Tradução de Helena Parente Cunha. Rio de Janeiro: Tempo Brasileiro, 1969.

MOORE, Timothy J. *Music in Roman comedy.* Oxford: Oxford University, 2012.

MOTTA, Leda Tenório da (org). *Céu acima: para um 'tombeau' de Haroldo de Campos.* São Paulo: Perspectiva, 2005.

MOUNIN, Georges. *Les problèmes théoriques de la traduction.* Préface de Dominique Aury. Paris: Gallimard, 1986.

MUTSCHLER, Fritz-Heiner. Beobachtungen zur Gedichtanordnung in den ersten Odensammlung des Horaz. In: *Rheinisches Museum*, n. 17, 1974. pp. 109-133.

NAGY, Gregory. *Poetry as performance: Homer and beyond.* Cambridge: Cambridge University, 1996.

NAVA, Mariano. *Callida iunctura: tradición e innovación semántica en Horacio* (*ad Pisones* vv. 46-53). In: *Actual*, n. 35, 1997. pp. 62-81.

NEGREIROS, Eliete Eça. *Ensaiando a canção: Paulinho da Viola e outros escritos.* São Paulo: Ateliê, 2001.

NETZ, Reviel. *Ludic proof: Greek mathematics and the Alexandrian aesthetics.* Cambridge: Cambridge University, 2009.

NIETZSCHE, Friedrich. *Crepúsculo dos ídolos, ou Como se filosofa com o martelo.* Tradução, posfácio e notas de Paulo César de Souza. São Paulo: Companhia das Letras, 2006 [1888].

NÓBREGA, Thelma Médici. Entrevista com Haroldo de Campos. In: MOTTA, Leda Tenório da (org). *Céu acima: para um 'tombeau' de Haroldo de Campos.* São Paulo: Perspectiva, 2005.

NOGUEIRA, Érico. Sob a batuta de Horácio: metros horacianos em português, alemão e inglês. Apresentado no Simpósio de Poesia Augustana. São Paulo, 2015. Inédito.

NOGUEIRA, Érico. *Verdade, contenda e poesia nos* Idílios *de Teócrito.* São Paulo: Humanitas, 2012.

NUMBERGER, Karl. *Inhalt und Metrum in der Lyrik des Horaz*. Dissertação. München, 1959.

OBERHELMAN, Steven; ARMSTRONG, David. Satire as poetry and the impossibility of metathesis in Horace's *Satires*. In: OBBINK, Dirk (ed.). *Philodemus and poetry*: poetic theory and practice in Lucretius, Philodemus and Horace. Oxford: Oxford University, 1995. pp. 233-254.

OBBINK, Dirk (ed.) *Philodemus and poetry: poetic theory and practice in Lucretius, Philodemus and Horace.* Oxford: Oxford University, 1995.

OBBINK, Dirk. Provenance, Authenticity, and Text of the New Sappho Papiry. Paper read at the Society for Classical Studies. Panel 'New Fragments of Sappho', New Orleans, 9 de janeiro de 2015. Disponível em: www.papyrology.ox.ac.uk/Fragments/SCS.Sappho.2015.Obbink.paper.pdf.

OBBINK, Dirk. Two new poems by Sappho. *Zeitschrift für Papyrologie und Epigraphik*, n. 189, 2014. pp. 32-49. Disponível em: https://newsappho.files.wordpress.com/2015/01/zpe-189-obbink.pdf.

O'HARA, James J. *Inconsistency in Roman epic: studies in Catullus, Lucretius, Vergil, Ovid and Lucan*. Cambridge: Cambridge University, 2007.

OLIVA NETO, João Angelo. *Dos gêneros da poesia antiga e sua tradução em português*. 2013. Tese (Livre-Docência) – USP, São Paulo, 2013.

OLIVA NETO, João Angelo. *Falo no jardim: Priapéia grega, Priapéia latina.* Cotia; Campinas: Ateliê; Unicamp, 2006.

OLIVA NETO, João Angelo. *O livro de Catulo.* São Paulo: Edusp, 1996.

OLIVA NETO, João Angelo. *O livro de Catulo.* 2. ed. São Paulo: Edusp, no prelo.

OLIVA NETO, João Angelo; NOGUEIRA, Érico. O hexâmetro dactílico vernáculo antes de Carlos Alberto Nunes. In: *Scientia traductionis*, n. 13, 2013. pp. 295-311. Disponível em: https://periodicos.ufsc.br/index.php/scientia/article/view/30277/25173. Acesso em: 1 set. 2013.

ONIANS, John. *Art and thought in the Hellenistic Age: The Greek world view 350-50 B.C.* London, 1979.

OPPERMANN, Heinrich. Zum Aufbau der Römeroden. In: *Gymnasium*. n. 66, 1959. pp. 204-217.

OSEKI-DÉPRÉ, Inês. Make it new. In: MOTTA, Leda Tenório da (org). *Céu acima: para um 'tombeau' de Haroldo de Campos.* São Paulo: Perspectiva, 2005. pp. 213-220.

PADEN JR., William D.; SANKOVITCH, Tilde; STÄBLEIN, Patricia H. *The poems of the Troubadour Bertran de Born.* Los Angeles: University of California, 1986.

PAES, José Paulo. *Tradução, a ponte necessária: aspectos e problemas da arte de traduzir.* São Paulo: Ática, 1990.

PANAYOTAKIS, Costas. Virgil on the popular stage. In: HALL, Edith; WYLES, Rosie (eds.). *New directions in Ancient pantomime.* Oxford: Oxford University, 2008. pp. 185-197.

REFERÊNCIAS | 579

PAPPALARDO, Umberto; CIARDIELLO, Rosaria. *Greek and Roman mosaics.* Translated from the Italian by Ceil Friedman. New York; London: Abeville, 2012.

PASCOLI, Giovanni. *Tutte le opera di Giovanni Pascoli*, v. 1.: Poesie. Verona: Mondadori, 1948.

PENNA, Heloísa Maria Moraes Moreira. *Implicações da métrica nas* Odes *de Horácio.* 2007. Tese (Doutorado em Letras) – USP, São Paulo, 2007.

PEREIRA, Maria Helena da Rocha. *Estudos de história da cultura clássica.* II volume – Cultura Romana. 3. ed. Lisboa: Calouste Gulbenkian, 2002.

PERRET, Jaques. *Horace.* Paris: Hatier, 1959.

PETRÔNIO. *Satyricon.* Ed. bilíngue. Tradução de Sandra Maria Gualberto Braga Bianchet. Belo Horizonte: Crisálida, 2004.

PIGHI, Giovanni Battista. *I ritmi e i metri della poesia latina: con particolare riguardo all'uso di Catullo e D'Orazio.* Brescia: La Scuola, 1958.

PIVA, Luiz. *Literatura e música.* Brasília: MusiMed, 1990.

PORT, Wilhelm. Die Anordnung in Gedichtbüchern augusteischer Zeit. In: *Philologus*, n. 81, 1926. pp. 279-308.

PORTER, David H. *Horace's poetic journey.* A reading of *Odes* 1-3. Princeton: Princeton University, 1987.

PÖSCHL, Viktor. Bemerkungen zu den Horazoden III 7-12. In: *Letterature Comparate*: Studi Paratore II. Bologna: s/e, 1981. pp. 505-509.

POUND, Ezra. *ABC of reading.* London: Faber and Faber, 1961.

POUND, Ezra. *Poems and translations.* New York: Library of America, 2003.

PRADO, João Batista Toledo. *Canto e encanto, o charme da poesia latina: Contribuição para uma poética da expressividade em língua latina.* 1997. Tese (Doutorado em Letras) – USP, São Paulo, 1997.

PROPP, Vladimir I. *Morfologia do conto maravilhoso.* Tradução de Jasna Paravich Sarhan. Organização e prefácio de Boris Schnaiderman. Rio de Janeiro: Forense, 1984.

QUINTILIANO, Marco Fábio. *Instituições oratórias.* Seleção e tradução de Jerônimo Soares Barbosa. São Paulo: Cultura, 1944. 2 v.

RAHN, Helmut. Zufall oder Absicht? Eine Vermutung zum Sinn der Gedichtzahl des ersten horazischen Odenbuches. In: *Gymnasium*, n. 77, 1970. pp. 478-479.

REINACH, Théodore. *A música grega.* Tradução de Newton Cunha. São Paulo: Perspectiva, 2011.

RENNÓ, Carlos. *Cole Porter – Canções e versões.* São Paulo: Paulicéia, 1991.

RENNÓ, Carlos. Poesia literária e poesia de música: convergências. In: OLIVEIRA, Solange Ribeiro de *et alii. Literatura e música.* São Paulo: Senac; Itaú Cultural, 2003.

REZENDE, Antônio Martinez de. *Rompendo o silêncio: a construção do discurso oratório em Quintiliano.* Belo Horizonte: Crisálida, 2010.

RIBEIRO, Larissa Pinho Alves (org.). *Carlos Drummond de Andrade*. São Paulo: Azougue, 2011.

RIESE, Horatiana. In: *Jahrbb. für klassische Philologie*, n. 12, 1866. pp. 474-476.

ROBERT, Michael. *The jeweled style: poetry and poetics in Late Antiquity*. Ithaca; London: Cornell University, 1989.

RÓNAI, Paulo. *Escola de tradutores*. Os cadernos de cultura. Ministério da Educação e Saúde, 1952.

ROSSI, L. E. I generi letterari e le loro leggi scritte e non scritte nelle letterature classiche. In: *Bulletin of the Institute of Classical Studies*, n. 18, 1971. pp. 69-94.

ROSSI, L. E. La letteratura alessandrina e il rinnovamento dei generi letterari della tradizione. In: PRETAGOSTINI, Roberto (org.). *La letteratura ellenistica: problemi e prospettive di ricerca*. s/l: 2000. pp. 149-159.

RUDD, Nial. *The Satires of Horace*. London: Bristol, 2010.

SALAT, Paul. Remarques sur la structure des Odes Romaines. In: *Annales Latini Montium Avernorum*, n. 3, 1976. pp. 51-57.

SALOMÃO, Waly. *O mel do melhor*. Rio de Janeiro: Rocco, 2001.

SANTAELLA, Lucia. Transcriar, transluzir, transluciferar: a teoria da tradução de Haroldo de Campos. In: MOTTA, Leda Tenório da (org). *Céu acima: para um 'tombeau' de Haroldo de Campos*. São Paulo: Perspectiva, 2005. pp. 221-232.

SANTIROCCO, Matthew S. *Unity and design in Horace's* Odes. Chapel Hill & London: The University of North Carolina Pressm, 1986.

SARGENT, Jeanette L. *The novelty of Ovid's* Heroides*: libretti for pantomime*. PhD Dissertation, Bryn Mawr, 1996.

SCATOLIN, Adriano. *A invenção no* De oratore *de Cícero: um estudo à luz de* Ad Familiares *I, 9, 23*. Tese (Doutorado em Letras Clássicas) – USP, São Paulo, 2009.

SCHMIDT, Magdalena. Die Anordnung der Oden des Horaz. In: *Wissenschaftliche Zeitschrift der Karl Marx Universität Leipzig*, n. 4, 1955. pp. 207-216.

SCHULZE, K. P. Besass Horaz eine Villa in Tibur? In: *Neue Jahrbb. für das klassische Altertum Geschichte und Deutsche Literatur*, n. 19, 1916.

SCOTT, Gary Alan; WELTON, William A. Eros as messenger in Diotima's teaching. In: PRESS, Gerald A. *Who speaks fo Plato: studies in Platonic anonimity*. Lanham: Rowman and Littlefield, 2000. pp. 147-159.

SÊNECA, Lúcio Aneu. *Cartas a Lucílio*. Tradução de J. A. Segurado e Campos. Lisboa: Calouste Gulbenkian, 1991.

SILVA, Gilvan Ventura da. Imagens 'bordadas' na pedra: os mosaicos como fonte para o estudo da sociedade romana. In: SILVA, Gilvan Ventura da; LEITE, Leni Ribeiro (orgs.). *As múltiplas faces do discurso em Roma: textos inscrições, imagens*. Vitória: Edufes, 2013. pp. 153-177.

SILVA, Gilvan Ventura da; LEITE, Leni Ribeiro (orgs.). *As múltiplas faces do discurso em Roma: textos, inscrições, imagens.* Vitória: Edufes, 2013.

SILVA, Luiz Carlos Mangia. *O masculino e o feminino no epigrama grego: estudo dos livros 5 e 12 da* Antologia Palatina. São Paulo: Unesp, 2011.

SKINNER, Marilyn B. Authorial arrangement of the collection: Debate past and Present. In: SKINNER, Marilyn B. (ed.). *A Companion to Catullus.* Oxford: Blackwell Publishing, 2007. pp. 36-53.

SKINNER, Marilyn B. *Catullus in Verona: A Reading of the Elegiac Libellus, Poems 65-116.* Columbus: The Ohio State University, 2003.

SMALL, Jocelyn Penny. Visual copies and memory. In: MACKAY, E. Anne (ed.). *Orality, literacy, memory in the Ancient Greek and Roman world.* Leiden; Boston: Brill, 2008. pp. 227-252.

SOUZA, Luiza dos Santos. *Uma visão estrutural do livro primeiro dos* Amores *de Ovídio:* estudo, tradução, comentários e notas. Monografia de fim de curso. Curitiba, UFPR, 2012.

SOUZA, Ricardo Pinto de. Um abismo do mesmo: sobre a autotradução de Samuel Beckett. In: *Alea – Estudos Neolatinos,* v. 14, n. 1, 2012. Disponível em: http://www.scielo.br/scielo.php?pid=S1517-106X2012000100006&script=sci_arttext. Acesso em: 11 set. 2013.

STAMPINI, Ettore. *La metrica di Orazio comparata con la greca e illustrata su liriche scelte del poeta.* Con una appendice di Carmi de Catullo studiata nei loro diversi metri. Torino: Giovanni Chiantore, 1933.

STEINER, George. *After Babel: Aspects of language and translation.* Oxford: Oxford University, 1975.

STORM, Theodor. *A assombrosa história do homem do cavalo branco / O Centauro Bronco.* Tradução de Mauricio Mendonça Cardozo. 2 v. Curitiba: Ed. UFPR, 2006.

SULLIVAN, J. P. *Propertius: a critical introduction.* Cambridge: Cambridge University, 1976.

TÁPIA, Marcelo. Apresentação. In: CAMPOS, Haroldo de. *Haroldo de Campos – Transcriação.* Marcelo Tápia; Thelma Médici Nóbrega (orgs.). São Paulo: Perspectiva, 2013.

TÁPIA, Marcelo. *Diferentes percursos de tradução da épica homérica como paradigmas metodológicos de recriação poética: um estudo propositivo sobre linguagem, poesia e tradução.* 2012. Tese (Doutorado em Teoria Literária) – USP, São Paulo, 2012.

TARRANT, Harold. Where Plato speaks: reflections on an Ancient debate. In: PRESS, Gerald A. *Who speaks fo Plato: studies in Platonic anonimity.* Lanham: Rowman and Littlefield, 2000. pp. 67-80.

TARRANT, Richard. Ancient receptions of Horace. In: HARRISON, Stephen (ed.). *The Cambridge companion to Horace.* Cambridge: Cambridge University, 2007.

TATIT, Luiz. *O cancionista. Composição de canções no Brasil.* São Paulo: Edusp, 1996.

TATIT, Luiz. *Musicando a semiótica: ensaios*. São Paulo: Annablume; Fapesp, 1997.

TATIT, Luiz. *Semiótica da canção*. 3. ed. São Paulo: Escuta, 2007.

TEIXEIRA, Francisco Diniz. *Na senda tradutória da ode: Horácio e Filinto Elísio*. 2018. Dissertação (Mestrado em Estudos Literários) – Unesp, Araraquara, 2018.

THOMAS, Richard. Horace and Hellenistic poetry. In: HARRISON, Stephen (ed.). *The Cambridge companion to Horace*. Cambridge: Cambridge University, 2007.

THOMAS, Rosalind. *Literacy and orality in Ancient Greece*. Cambridge: Cambridge University, 1992.

VALÉRY, Paul. Œuvres. v. 1. Édition établie et annotée par Jean Hytier. Paris: Gallimard, 1957. (v. 127 de la Bibliothèque de la Pléiade).

VALETTE-CAGNAC, Emmanuelle. *La lecture à Rome: rites et pratiques*. Courtry: Belin, 1997.

VERRUSIO, Maria. *Livio Andronico e la sua traduzione dell'Odissea omerica*. Edizione anastatica. Roma: Giorgio Schneider, 1977.

VIDAL-NAQUET, Pierre. *Os gregos, os historiadores, a democracia: o grande desvio*. Tradução de Jônatas Batista Neto. São Paulo: Cia. das Letras, 2002.

VIEIRA, Brunno V. G. Horácio, *Arte poética* 1-100. In: *Letras Clássicas*, n. 15. São Paulo: Edusp, 2015. pp. 88-90. Disponível em http://www.revistas.usp.br/letrasclassicas/article/view/104952/103741.

VIEIRA, Brunno V. G. Um tradutor de latim sob D. Pedro II: perspectivas para a História da Tradução da literatura greco-romana. In: *Revista Letras*, n. 80 Curitiba: UFPR, 2010. pp. 71-87.

VIVEIROS DE CASTRO, Eduardo. *A inconstância da alma selvagem e outros ensaios de antropologia*. São Paulo: Cosac Naify, 2002.

VIVEIROS DE CASTRO, Eduardo. *Métaphysiques cannibales. Lignes d'anthropologie post-structurale*. Paris: PUF, 2009.

VIVEIROS DE CASTRO, Eduardo. Perspectival anthropology and the method of controlled equivocation. In: *Tipití: Journal of the Society for the Anthropology of Lowland Southamerica*, n. 1, v. 2, 2004. pp. 3-22. Disponível em: http://digitalcommons.trinity.edu/cgi/viewcontent.cgi?article=1010&context=tipiti.

WEISSBORT, Daniel; EYSTEINSSON, Astradur. *Translation – theory and practice*: a historical reader. Oxford: Oxford University Press, 2006.

WEST, David. Horace's poetic technique in the *Odes*. In: COSTA, C. D. N. (ed.) *Horace*. London; Boston: Routledge & Kegan Paul, 1973. pp. 29-58.

WEST, David. *Reading Horace*. Edinburgh: Edinburgh University Press, 1967.

WILI, Walter. *Horaz und die augusteische Kultur*. Basel: Benno Schwabe & Co., 1948.

WILKINSON, L. P. *Horace and his lyric poetry*. Cambridge: Cambridge University, 1968.

WILLIAMS, Gordon. *Figures of thought in Roman poetry*. Hanover: Yale University, 1980.

REFERÊNCIAS | 583

WIMSATT, W. K.; BEARDSLEY, M. C. A falácia intencional. Tradução de Luiza Lobo. In: COSTA LIMA, Luiz. *Teorias da literatura em suas fontes*. v. 2. Rio de Janeiro: Francisco Alves, 1983. pp. 86-102.

WISEMAN, Peter. *Catullus and his world: A reappraisal*. Cambridge: Cambridge University, 1985.

WITTGENSTEIN, Ludwig. *Tractatus logico-philosophicus / Philosophische Untersuchungen*. Werkausgabe Band 1. Frankfurt: Suhrkamp, 1990.

WOODMAN, Tony; FEENEY, Denis (eds.). *Traditions and contexts in the poetry of Horace*. Cambridge: Cambridge University, 2002.

WRAY, David. *Catullus and the poetics of Roman manhood*. Cambridge: Cambridge University, 2001.

ZANKER, Graham. *Modes of viewing in Hellenistic poetry and art*. Madison: University of Wisconsin, 2004.

ZANKER, Paul. *The power of images in the Age of Augustus*. Translated by Alan Shapiro. Ann Harbor: Michigan University, 1990.

ZIMMERMANN, Philippe. *Rythme métrique et rythme rhétorique dans la poésie lyrique d'Horace: recherches sur une poétique du sens*. 2009. Thèse (Doctorat en Littérature Ancienne) – Université Lille III. Lille, 2009.

ZIZEK, Slavoj. *A visão em paralaxe*. Tradução de Maria Beatriz de Medina. São Paulo: Boitempo, 2008.

ZIZEK, Slavoj. Órgão sem corpos: Deleuze e consequências. Tradução de Manuella Assad Gómez. Rio de Janeiro: Cia de Freud, 2008.

ZUMTHOR, Paul. *A letra e a voz: a literatura medieval*. Tradução de Amálio Pinheiro e Jerusa Pires Ferreira. São Paulo: Cia. das Letras, 1993.

ZUMTHOR, Paul. *Escritura e nomadismo: entrevistas e ensaios*. Tradução de Jerusa Pires Ferreira e Sonia Queiroz. São Paulo: Ateliê, 2005.

ZUMTHOR, Paul. *Essai de poétique médiévale*. Paris: Seuil, 1972.

ZUMTHOR, Paul. *Introdução à poesia oral*. Tradução de Jerusa Pires Ferreira, Maria Lúcia Diniz Pochat e Maria Inês de Almeida. Belo Horizonte: Ed. UFMG, 2010.

ZUMTHOR, Paul. *Performance, recepção, leitura*. Tradução de Jerusa Pires Ferreira e Suely Fenerich. São Paulo: Cosac Naify, 2014.

3. Gravações de áudio

ANTEQUERA; ZOMER, Johanette. *Cantigas de Santa Maria*: Eno nome de Maria. Paris: Alpha, 2003 (1 CD).

THE DAVE BRUBECK QUARTET. *Take Five*. Estados Unidos: The Fat Cat, 2011 [1959] (1 CD).

BUARQUE, Chico. *Construção*. Brasil: Phonogram; Philips, 1971 (1 LP).

BUARQUE, Chico. *Não vai passar – vol. 4*. Brasil: RGE, 1993 (1 LP).

CARLOS, Roberto. *Roberto Carlos*. Brasil: CBS,1974 (1 LP).

CAMERATA MEDITERRANA; COHEN, Joel. *Bernatz de Ventador: Le fou sur le pont* – Chansons de Troubadours/Troubadour Songs. s/l: Erato, 1994 (1 CD).

CLEMENCI CONSORT; CLEMENCIC, René. *Carmina Burana*. França: Harmonia Mundi, 1990 (3 CDS).

DJAVAN. *Djavan*. Brasil: EMI, 1978 (1 LP).

ENSEMBLE UNICORN; POSCH, Michael. *The black Madonna: pilgrim songs from the Monastery of Montserrat* (1400-1420). Alemanha: Naxos, 1998 (1 CD).

JAMES, Skip. *Today!* Estados Unidos:Vanguard, 1967 (1 LP).

LENO; LILIAN. *Leno e Lilian*. Brasil: CBS, 1969.

LOBO, Edu. *Camaleão*. Brasil: Philips, 1978 (1 LP).

NEWBERRY CONSORT,The. *Wanderer's voices*: Medieval cantigas & Minnesang. EEUU: Harmonia Mundi, 1991 (1 CD).

PERCORSO ENSEMBLE; IMBERT, Céline. *Berio* +: Eduardo Guimarães Álvares, Arrigo Barnabé. São Paulo: Sesc-SP, s/d (1 CD).

PURCELL, Henry. *Music for a while & other songs*. By Alfred Deller,Wieland Kuijken & William Christie. Itália: Harmonia Mundi, 2008 (1 CD).

RADIOHEAD. *In rainbows*. Inglaterra: Beggars, 2007 (1 CD).

RIBEIRO, Pery. *Pery é todo bossa*. Brasil: Odeon, 1963 (1 LP).

THEATRE OF VOICES; HILLIER, Paul. *Cantigas from the Court of Dom Dinis*. França: Harmonia Mundi, 1995 (1 CD).

VELOSO, Caetano. *Caetano Veloso*. Brasil: Philips, 1969 (1 LP).

Lista de metros das *Odes*[1]

1. Estrofe alcaica (37 odes: 1.9, **1.16, 1.17, 1.26, 1.27**, 1.29, 1.31, **1.34, 1.35**, 1.37; 2.1, 2.3, 2.5, 2.7, 2.9, 2.11, **2.13, 2.14, 2.15**, 2.17, **2.19, 2.20**; **3.1, 3.2, 3.3, 3.4, 3.5, 3.6**, 3.17, 3.21, 3.23, 3.26, 3.29; 4.4, 4.9, **4.14 e 4.15**).

Latim: Dois hendecassílabos alcaicos, um eneassílabo alcaico e um decassílabo alcaico.[2]

$$\underline{v} - v - - \; || \; - v\,v - v\,\underline{v}$$
$$\underline{v} - v - - \; || \; - v\,v - v\,\underline{v}$$
$$\underline{v} - v - - - v - \underline{v}$$
$$- v\,v - v\,v - v - \underline{v}$$

Português: Dois hendecassílabos alcaicos (com tônicas obrigatórias na segunda, quarta, sexta e nona sílabas),[3] um eneassílabo alcaico (com tônicas nas sílabas pares) e um decassílabo alcaico (com tônicas na primeira, quarta, sétima e nona sílabas).

> *Vês como é **alta** a **neve** no **alvíssimo***
> ***Soracte** e **mal** seu **peso** sustentará*
> *o **bosque** fatigado e em **gelo***
> ***rígido** os **rios** estão **parados**?*

2. Estrofe sáfica, ou sáfico menor (26 odes: 1.2, 1.10, 1.12, 1.20, 1.22, 1.25, 1.30, 1.32, 1.38; 2.2, 2.4, 2.6, 2.8, 2.10, 2.16; 3.8, 3.11, 3.14, 3.18, 3.20, 3.22, 3.27; 4.2, 4.6, 4.11; e o *Canto secular*).

---

[1] Para dar conta das variedades rítmicas em fim de verso, usarei a nomenclatura clássica dos versos (anterior ao método de Castilho), que contabiliza até a última sílaba. Como exemplo, um decassílabo tradicional será aqui tratado como hendecassílabo (considerando que seja terminado em paroxítona).

[2] Quase sempre esse decassílabo apresenta uma cesura após a quarta sílaba.

[3] Note o leitor que, para captar a variação da última sílaba entre longa e breve, o verso hendecassílabo alcaico pode ser encerrado em oxítona ou proparoxítona. Apenas em algumas exceções, o verso terminará em paroxítona, quando será dodecassílabo.

586 | COLEÇÃO CLÁSSICA

Latim: Três hendecassílabos sáficos[4] e um adônio.

$$— v — — — \ || \ v\,v — v — \underline{v}$$
$$— v — — — \ || \ v\,v — v — \underline{v}$$
$$— v — — — \ || \ v\,v — v — \underline{v}$$
$$— v\,v — \ \underline{v}$$

Português: Três hendecassílabos sáficos (com tônicas na primeira, terceira, quinta, oitava e décima sílabas) e um pentassílabo adônio (com tônicas na primeira e na quarta).

> **Mui**ta **neve** à **terra** com **mais terrível**
> **gelo** o **Pai** man**dara** e com **sua rubra**
> **destra** en**tão feriu** cida**delas sacras**,
>   a **Urbe** ater**rava**

3. Sáfico maior (1 ode: 1.8).

Latim: Um aristofânio (ou ferecrácio primeiro, heptassílabo) e um sáfico maior (de quinze sílabas).

$$— v\,v — v — \underline{v}$$
$$— v — — — \ || \ v\,v — — v\,v — v — \underline{v}$$

Português: Um heptassílabo aristofânio (com tônicas na primeira, quarta e sexta sílabas) e um sáfico de quinze sílabas (com tônicas na primeira, terceira, quinta, oitava, nova, décima segunda e décima quarta sílabas, mantendo a cesura).

> **Lídia**, me **diz**, por **todos**
> **Deuses peço**: **por** || que de a**mor arruinar** pre**tendes**
> **Síbaris? Por** que ao **Campo**
> **Márcio** aban**donou** || se no **sol sobre** a po**eira andava?**

4. Asclepiadeu 1, ou menor (3 odes: 1.1; 3.30 e 4.8).

Latim: Asclepiadeu menor (dodecassilábico).

$$— — — v\,v — \ || \ — v\,v — v\,\underline{v}$$

---

[4] A cesura tende a cair após a quinta sílaba, mas pode aparecer após a sexta.

Português: Dodecassílabo asclepiadeu menor (com tônicas na terceira, sexta, sétima e décima sílabas, mantendo a cesura).

> *Meu Mecenas que **tens**‖ **sangue** de antigos **reis**,*
> *meu refúgio **maior**, ‖ **do**ce destaque **meu**:*

5. Asclepiadeu 2 (9 odes: 1.6, 1.15, 1.24, 1.33; 2.12; 3.10, 3.16; 4.5 e 4.12).

Latim: Três asclepiadeus menores e um glicônio segundo.

$$— — — v\,v — \ \|\| \ — v\,v — v\,\underline{v}$$
$$— — — v\,v — \ \|\| \ — v\,v — v\,\underline{v}$$
$$— — — v\,v — \ \|\| \ — v\,v — v\,\underline{v}$$
$$— — — v\,v — v\,\underline{v}$$

Português: Três dodecassílabos asclepiadeus menores e um octossílabo glicônio.

> *Vário **vai** te escre**ver** ‖ "**for**te e de**vas**tador*
> *do ini**mi**go" ao voar ‖ **na ar**te meônia*
> *e que **se**gue **fe**roz ‖ entre corcel e **naus***
> *o sol**da**do que orde**narás**;*

6. Asclepiadeu 3 (7 odes: 1.5, 1.14, 1.21, 1.23; 3.7, 3.13; 4.13).

Latim: Dois asclepiadeus menores, um ferecrácio segundo e um glicônio segundo.

$$— — — v\,v — \ \|\| \ — v\,v — v\,\underline{v}$$
$$— — — v\,v — \ \|\| \ — v\,v — v\,\underline{v}$$
$$— — — v\,v — \underline{v}$$
$$— — — v\,v — v\,\underline{v}$$

Português: Dois dodecassílabos asclepiadeus menores, um heptassílabo ferecrácio (com tônicas na terceira e na sexta) e um octossílabo glicônio.

> *Mas que **fi**no ra**paz** ‖ **ple**no de **ro**sa em **flor***
> *com per**fu**mes e a**fins**, ‖ **Pir**ra, pressiona-**te***
> *nas de**lí**cias da **gru**ta?*
> *Por quem **que**res te **pen**tear*

7. Asclepiadeu 4 (12 odes: 1.3, 1.13, 1.19, 1.36; 3.9, 3.15, 3.19, **3.24, 3.25**, 3.28; 4.1, e 4.3).

588 | COLEÇÃO CLÁSSICA

Latim: Um glicônio segundo e um asclepiadeu menor.

$$— — — \lor \lor — \lor \underline{\lor}$$
$$— — — \lor \lor — \;||\; — \lor \lor — \lor \underline{\lor}$$

Português: Um octossílabo glicônio (com tônicas na terceira e na sexta sílabas) com seguido de dodecassílabo asclepiadeu menor.

> *Que a fortíssima **Cípria**,*
> ***que** de **Helena** os irmãos, || **astros dilúcidos**,*

8. Asclepiadeu 5, ou maior (3 odes: 1.11, 1.18 e 4.10).

Latim: Asclepiadeu maior (de 16 sílabas).

$$— — — \lor \lor — \;||\; — \lor \lor — \;||\; — \lor \lor — \lor \underline{\lor}$$

Português: Verso de 16 sílabas asclepiadeu maior (com tônicas na terceira, sexta, sétima, décima e décima quarta sílabas, mantendo as cesuras).

> *Tu nem **vás** perguntar || (ímpio **saber**) || **sobre** o que a **mim** e a ti*
> *que fim **Deuses** darão, || **Leuconoé**, || **nem** babilônios*
> *astros **ouses** tentar. || **Antes** viver || **o** que **vier** sem mais*

9. Alcmânio (2 odes: 1.7 e 1.28; já aparecera no epodo 12).

Latim: Um hexâmetro datílico catalético e um tetrâmetro datílico catalético.

$$— \underline{\lor \lor} — \underline{\lor \lor} — \;||\; \underline{\lor \lor} — \underline{\lor \lor} — \lor \lor — \underline{\lor}$$
$$— \underline{\lor \lor} — \underline{\lor \lor} — \lor \lor — \underline{\lor}$$

Português: Um verso com 6 golpes (sendo que o quinto pé realiza um dátilo obrigatório), um verso com 4 batidas (sendo que a terceira realiza um dátilo obrigatório).[5]

> ***Outros** assim louvarão || **Mitilene** e **claríssima Rodes**,*
> *Éfeso e **aquele bímare muro***
> ***fei**to em **Corinto**, a **Tebas** de **Ba**|| co, a **apolínica Delfos***
> ***ou** talvez a **Tessálica Tempe**;*

---

[5] Faço uso eventual de anacruses e de elisões entre versos, neste último caso seguindo a prática do próprio Horácio (que não faz anacruses) e as possibilidades da cadência do verso em português.

10. Arquilóquio 1 (1 ode: 4.7).

Latim: Um hexâmetro datílico catalético e um trímetro datílico catalético.

$$— \underline{v}\,\underline{v} — \underline{v}\,\underline{v} — \;||\; \underline{v}\,\underline{v} — \underline{v}\,\underline{v} — v\,v — \underline{v}$$
$$— v\,v — v\,v —$$

Português: Um verso com 6 batidas (sendo que o quinto pé realiza um dátilo obrigatório), um heptassílabo (tônicas na primeira, quarta e sétima sílabas).

> **Já** *fugiram as* **neves,** *relvas re***tornam** *aos* **campos,**
> **copas** *às árvores* **vêm,**
> **toda** *a* **terra** *se* **altera** *en***quanto** *nas* **margens** *avan*çam
> **rasos** *e* **baixos** *os* **rios**

11. Arquilóquio 4 (1 ode: 1.4).

Latim: Um arquilóquio (formado por um tetrâmetro datílico seguido de 3 troqueus) e um trímetro jâmbico catalético .

$$— \underline{v}\,\underline{v} — \underline{v}\,\underline{v} — \underline{v}\,\underline{v} — v\,v \;||\; — v — v — \underline{v}$$
$$\underline{v} — v — \underline{v} — v — v — \underline{v}$$

Português: Um verso de construção mista (composto de 4 golpes mais oito sílabas, com tônicas na terceira e quinta sílabas) e um decassílabo jâmbico.

> **Solve-***se o in***verno** *amargo à* **feliz** || *primavera e* **ao** *Fa***vônio**
> *rol***danas** **correm** **sobre** *as* **quilhas** *secas,*
> **gado** *não* **quer** *mais cur***ral,** *lavra***dor** || *não pro***cura** **mais** *por* **fogo**
> *nem* **prados** **na** *geada en*tão *se al***vejam.**

12. Hiponacteu (1 ode: 2.18).

Latim: Um quaternário trocaico catalético e um trímetro jâmbico catalético.

$$— v — v — v\,\underline{v}$$
$$\underline{v} — v\,\underline{v}\,\underline{v} \;||\; — v — v — \underline{v}$$

Português: Um heptassílabo trocico (com tônicas na primeira, terceira e quinta sílabas) e um hendecassílabo jâmbico (com tônicas na segunda, quarta, sexta, oitava e décima sílabas), com cesura após a quinta sílaba.[6]

> **Nem** *marfim nem* áureos
> *artesoados* | **brilham nes**ta *casa*
> **nem** *a* **viga** *himética*
> *comprime* **bases** | *recortadas* **longe**

13. Jônico menor (1 ode: 3.12).

Latim: O poema é construído numa sequência de 40 pés jônicos de complexa separação em versos.

$$v\ v\ —\ —$$

Português: Tento uma recriação em 40 construções quadrissilábicas paroxítonas (com a terceira sílaba obrigatoriamente tônica), que imitem o efeito do pé jônico menor.

> *O menino* | *de Citera as* | *tuas* **cestas,**| *tuas* **telas,** |
> *teus trabalhos* | *de* **Minerva,** | *tudo* **leva,** *ó* | *Neo***bule,** /
> *logo* **que Hebro** / *liparense*

---

[6] Na prática, Horácio só faz uma variação no número de sílabas no v. 34, que é o único lugar onde também vario, com um dodecassílabo (tônicas na segunda, sexta, sétima, nona e décima primeira sílabas), com cesura após a sexta sílaba.

Esta edição das *Elegias de Sexto Propércio* foi impressa para a Autêntica pela Formato Artes Gráficas em janeiro de 2024, no ano em que se celebram

2126 anos de Júlio César (102-44 a.C.);
2108 anos de Catulo (84-54 a.C.);
2094 anos de Virgílio (70-19 a.C.);
2089 anos de Horácio (65-8 a.C.);
2074 anos de Propércio (c. 50 a.C.-16 a.C.);
2067 anos de Ovídio (43 a.C.-18 d.C.);
1968 anos de Tácito (56-114 d.C.);
1959 anos do *Satyricon*, de Petrônio (65 d.C.);
1625 anos das *Confissões*, de Agostinho (399 d.C.)
e
27 anos da fundação da Autêntica (1997).

O papel do miolo é Off-White 80g/m² e o da capa é Supremo 250g/m².
A tipologia é Bembo Std.